高等院校"十三五"规划

U0608394

应用管理学

主　编　陈　媛　王其和
副主编　田　姗　周　游　别宏武

南京大学出版社

前　言

　　现代社会，管理无时不在，无处不在。不管人们从事何种职业，人人都在参与管理，要么是管理者，要么是被管理者。因此，每个人都要学习管理知识。但如何学好管理，使学生在学习中不再感到"空"和"虚"，就变得极为重要。针对这一要求，我们走访相关企业，结合多年教学实践经验，组建编写团队，编写了《应用管理学》一书。

　　本书借鉴西方有关学者的管理思想，结合国内外企业的管理实践，以项目为导向，以任务为驱动，以管理的计划、组织、领导和控制等主要职能为线索展开各部分内容。全书共分9个项目、22个任务。在认真总结本课程教学特点的基础上，力求通俗易懂地阐述管理的基本理论，并重点对有关管理实践活动做出详细解读和介绍，突出以培养学生实践应用能力为主线的教育特色，强调学生职业素养和专业能力的全面提升。本书具有设计合理、编排新颖、内容凝练等特色。

　　1. 内容简洁实用。本书编写团队坚持"理论够用为度、知识注重运用"的原则，将抽象的理论通俗化、复杂的理论简洁化，并进行分类整合，以更好地满足学生学习和教师开展教学需要。通过与校企合作企业交流，对任务内容进行精简提炼，设计出符合企业实际需要的典型任务。

　　2. 理念先进科学。针对当前管理学教学"重理论、轻实践"的情况，本书编写体现两大理念：一是，根据产业（企业）的管理实践对管理理论进行整合、凝练，充分体现了教材的实践性和职业性；二是，从"学""做"分离转向"工""学"结合（如每个项目都设置了实战任务），注重对学生学习能力、实践能力和创新能力的培养，旨在提高学生的综合素质。

　　3. 体例活泼新颖。在"项目导向、任务驱动"的总体框架下，构建了"知识精讲＋案例分析＋管理游戏＋典型任务＋能力测评"的编排模式，且文章穿插大量的有趣故事，以期激发学生的学习兴趣和热情。

　　本书由陈媛、王其和担任主编，由田姗、周游、别宏武担任副主编。其中，陈媛执笔项目四、项目六、项目七；王其和执笔项目一、项目二；田姗执笔项目三和项目九；周游执笔项目五。本教材由陈媛负责大纲的撰写和最后的总纂定稿。

　　本书在编写过程中，参阅了大量的教材、著作和网络资源，在此对相关著作者表示衷心感谢！由于时间仓促，加之水平有限，不足和疏漏难免，恳请专家学者及广大读者指正，以便我们改进和完善。

编　者

2018. 5

目　录

项目一　走进管理

内容结构

任务一：认识管理活动
任务二：了解管理者

内容提要

管理广泛存在于社会生活的各个领域，是人类生活中最常见、最普遍和最重要的活动之一。虽然管理无时无刻不与我们每一个人发生联系，但要科学地理解管理、有效开展管理工作却不是一件很容易的事。本项目从认识管理活动入手，介绍了管理的概念、性质和特征，区分了管理者的类型、角色和技能，旨在使学生或读者对管理等相关概念、相关内涵和方法有一个初步的认识和了解，为后续项目的学习和实践奠定一定基础。

知识目标

- 理解学习管理的重要性，理解管理学的研究对象和研究内容，理解管理的有关原理和方法；
- 熟知管理者的角色及管理者应具备的技能和素质；
- 陈述管理的四大职能；
- 掌握管理的概念与性质。

技能目标

- 提升对管理科学性和艺术性的感悟；
- 有意识培养自己的管理素质和技能。

情意目标

通过本项目的学习，能够培养和提升学生对学习管理学的兴趣，增强对学习管理学重要性的认识，认知并提高学生自身管理素质和管理意识。

典型任务

- 分析企业管理活动；
- 分析企业家。

任务一　认识管理活动

【模块一】　知识精讲:管理概述

一、管理的定义及属性

（一）管理的定义

说管理是人类所有活动中最重要的活动之一,大概没有人会反对。自人们开始形成群体以完成个人无法完成的任务、达成个人无法达成的目标以来,管理工作就成为协调个人、群体、组织活动必不可少的因素。由于人类社会日益依赖集体的力量来完成任务,同时许多组织起来的群体也日益壮大,因此管理人员的管理工作就变得越来越重要。所以我们有必要了解什么是管理、为什么要进行管理活动、怎样才能进行有效的管理。

管理是一个广义的名词。它的适用范围十分广泛,如政治、军事、城市、文化、教育、经济、企业等领域的管理。虽然这些领域都有自己的具体对象,但在管理的含义上却有着共性。由于考察角度不同,人们对管理含义的解释也不尽相同,最主要有以下几种:

（1）哈罗得·孔茨、海因茨·韦里克:管理是设计并保持一种良好的环境,使人在群体中高效率地完成既定目标的过程。该观点强调"环境"的重要性以及内外环境区别。

（2）斯蒂芬·P·罗宾斯:指同别人一起,或通过别人使活动完成的更有效的过程。该理论强调"人"的重要性以及管理是一个"过程"。管理是活动的过程,是有科学的规律的活动,而非拍脑子活动。

（3）路易斯·古德曼·厄特:切实有效支配和协调资源,并努力达到组织目标的过程。该定义强调组织的"资源"——如人、财、物、信息的重要性。

（4）西蒙:管理就是决策。该定义强调"决策"的重要性,认为管理的过程就是决策的过程,决策正确与否关系到企业的成败。

（5）穆尼:管理就是领导,管理的有效性取决于领导的有效性。这个定义强调"领导"。认为领导是组织的关键人物,领导水平的高低、领导性的好坏决定管理的有效性。领导是一门艺术,领导水平的高低取决于实践经验的积累和对环境的认识程度。

（6）徐国华:管理是通过计划、组织、控制、激励和领导等环节来协调人力、物力和财力资源,以期更好地达成组织目标的过程。该定义强调了管理的五种职能及资源的配置。

（7）杨文士、张雁:管理是组织中的管理者通过实施计划、组织、人员配备、指导与领导、控制等职能来协调他人的活动,使别人同自己一起实现既定目标的活动过程。该定义强调了"人"的作用以及管理的职能。

"管理"一词还有很多定义,这些定义既反映了人们研究立场、方法、角度的不同,也反映了管理科学的不成熟性和发展性。综合以上关于"管理"的定义,本书对"管理"有如下定义:管理是指在特定的环境条件下,为了达到个人无法实现的预期目标,通过计划、组织、领导和控制等工作,对组织所拥有的资源（包括人、财、物、时间、信息）进行合理配置和有效使用的过程。这一定义主要包含以下几个方面的含义：

    （1）管理的载体是组织；

    （2）管理的本质是分配、协调活动或过程；

    （3）管理的对象是包括人力资源在内的一切可以调用的资源；

    （4）管理的职能是信息获取、决策、组织、领导、控制、创新；

    （5）管理的目的是为了实现既定的目标,而该目标仅凭单个人的力量是无法实现的；

    （6）管理的作用在于它的有效性:既要讲究效率,又要讲究效益；

    （7）管理的核心是协调；

    （8）管理具有一般性:无论组织的哪一个层次,管理者都履行管理职能；无论何种典型的组织,大多数情况下,管理者的工作是相同的。

小故事：管理的作用

美国 IBM 公司创始人托马斯 J. 沃森(Tomas J. Walson)曾经用一个故事生动地说明了管理在社会生活中的作用。一个小男孩弄到了一条裤子,自己很喜欢,但是穿上后才发现裤子太长了,不适合。于是找到了奶奶,央求她给改一下。奶奶说现在的家务事太多,忙不开,让他去找妈妈。于是小男孩找到了妈妈,可妈妈正在和人打桥牌,没时间。最后小男孩没办法只好去找姐姐,但姐姐说有约会,时间就要到了,高兴地跑出了家门。小男孩很失望,怀着失望的心情睡着了。过会儿,奶奶忙完家务事了,想起了小孙子说的事,就把小男孩的裤子剪短了一截。妈妈打完牌后,也剪短了一截。姐姐回来后,也剪短了一截。可想而知,小男孩的裤子会变成什么样。

思考: 这个故事给我们带来何种启示?

（二）管理的属性

人们发现,在管理工作实践中,管理工作是一项十分困难的社会活动。一个基本的事实是,人们都希望本组织的领导是一位优秀的管理者,但这个基本的要求并不那么容易实现。原因在于管理工作自身所固有的一些性质。因此,在学习和研究管理时,必须对以下属性给予充分关注。

1. 管理的科学性与艺术性

管理既是一门科学,又是一门艺术,是科学与艺术有机结合的产物。

（1）管理的科学性

管理的科学性是指管理活动存在着一系列客观规律。表现在管理活动的过程可以通过管理活动的结果来衡量,同时它具有行之有效的研究方法和研究步骤来分析问题、解决问题。因此,从管理的科学性特征来看,管理是一门研究管理活动基本规律和管理方法的科学,有一套分析问题、解决问题的科学的方法论。

（2）管理的艺术性

管理的艺术性就是强调管理活动除了要掌握一定的理论和方法之外,还要灵活运用这些理论和方法的技巧和诀窍。表现在管理的实践性上,就是发挥管理人员的积极性、主动性和创造性,并因地制宜地采取措施,为有效地进行管理创造条件。从管理的艺术性特征来看,一个成功的管理者应该既注重管理的基本理论的学习,又能够在实践中因地制宜地将其灵活运用。

管理的科学性和艺术性是相辅相成的、有机统一的。对管理中可预测可衡量的内容,可用科学的方法去测量;而对管理中某些只能感知的问题、某些内在特性的反映,则无法用理论分析或逻辑推理来估量,则可通过管理的艺术来评估。所以,管理的科学性和艺术性并不相互排斥。随着社会的不断发展,管理的科学性将不断增强,而艺术性也不会降低。

小故事:宝洁公司的婴儿尿布

宝洁公司在 20 世纪 80 年代把美国市场上最受欢迎的婴儿尿布引出国界,进入中国香港和德国市场。在一般情况下,宝洁公司每进入一个市场都要经过"实地试营销"以发现可能存在的问题。但是这次宝洁公司认为,尿布就是尿布,婴儿尿就是婴儿尿,这种尿布已经在美国销售多年,受到普遍好评,因此,决定跨越试销阶段,直接进入中国香港和德国市场。可是接下来发生的事情却大大出乎宝洁公司的意料。

香港的消费者反映,宝洁公司的尿布太厚。德国的消费者却反映,宝洁公司的尿布太薄,吸水性能不足。同样的布,怎么可能同时太厚又太薄呢?宝洁公司经过详细调查才发现,婴儿一天的平均尿量虽然大体相同,婴儿布的使用习惯在香港和德国却大不相同。香港的消费者把婴儿舒适作为母亲的头等大事,孩子一尿就换尿布,因此,宝洁公司的尿布就显得太厚;而德国的母亲比较制度化,早晨给孩子换块尿布然后到晚上再换一块,于是宝洁公司的尿布就显得太薄。

思考:在该案例中管理的科学性与艺术性是如何体现的?

2. 管理的二重性

马克思认为,任何社会的管理都具有两重属性:自然属性和社会属性。管理的二重性是相互联系、相互制约的关系。

(1)管理的自然属性

管理的自然属性也称管理的生产力属性或管理的共性。管理的自然属性是与生产力相联系的,表现为合理的组织生产力。管理的自然属性无阶级性。

在管理过程中,为了有效实现目标,要对人、财、物等资源合理配置,对产供销及其他职能活动进行协调,以实现生产力的科学组织。这种组织生产力的管理功能,是由生产力的发展引起和决定的,反映了人与自然的关系,故称为管理的自然属性。比如,无论是资本主义社会还是社会主义社会,只要进行社会化大生产,就要合理地进行计划、组织、领导和控制等,要最有效地利用人力、物力和财力资源,以提高经济效益。从这个意义上说,管理不具有明显的意识形态色彩,不会随着社会形态的变化而变化,故又称为管理的共性。

(2)管理的社会属性

管理的社会属性也称管理的生产关系属性或管理的个性。管理的社会属性是与生产关系相联系的,表现为调节各种生产关系,主要体现着管理者的意志和利益。管理的社会属性具有一定的阶级性。

在管理的过程中,为了维护生产资料所有者的利益,需要调整人们之间的利益分配,协调人与人之间的关系。这是一种调整生产关系的管理工作。它反映的是生产关系与社会制度的性质,故称为管理的社会属性。管理的社会属性是由管理所处的生产关系和社会制度的性质决定的。从这个意义上说,管理具有明显的意识形态色彩,在不同的社会制度、不同国家、不同民族之间具有较大差异,故又称为管理的个性。

小故事:擦玻璃的学问

　　有一个到日本留学的中国学生,假期到一家清扫公司打工。上班第一天,老板问他会不会擦玻璃? 他想:真是小看人,我从小学到中学,每次周六大扫除都要擦玻璃。于是回答:会。老板说:"那你把这个窗户的玻璃擦擦给我看。"他用了半个小时时间把这个窗户的玻璃擦干净了。老板说:"你再看我是如何擦玻璃的。"他只用了十分钟就把另一个窗户的玻璃擦干净了。原来他们擦玻璃的方法不同。留学生是把抹布洗干净捏成一团去擦玻璃,抹布脏了就到桶里洗,中间洗了七八次抹布,最后桶里的水都脏了,抹布也干净不到哪去,好不容易才把玻璃擦干净。而老板只洗了两次抹布:第一次洗干净后将抹布叠成手掌大的一块,这面擦完再擦另一面,然后再把抹布重新叠一下,再用干净的一面去擦到所有玻璃都擦干净了,最后再洗一次抹布。老板说,以后就这样擦。后来留学生发现,这里的很多工作都有一套固定的模式,不可以随便更改的,而按照这些模式去干,确实可以节省时间。

　　思考:老板为什么要制定一套固定的擦玻璃的模式? 老板为什么要监督留学生工作? 体现了什么管理特征?

　　正确认识管理的两重性具有非常重要的现实意义。

　　第一,全面认识管理的任务,既要合理组织生产力,提高经济效益,又要努力改善生产管理,兼顾社会责任。

　　第二,对国外管理理论和思想要正确评价和学习,要结合中国国情有所选择借鉴,不能照搬照套。

二、管理的职能

　　怎样才能保证做好"对的事情"? 管理理论认为,通过做好一系列的基本工作,即运用管理职能可保证做好"对的事情"。管理的职能即管理的职责和权限。管理的职能有一般职能和具体职能之分。管理的一般职能源于管理的二重性,就是合理组织生产力和维护一定的生产关系的职能。管理的具体职能是指一般职能在管理活动中的具体体现。

　　管理具有哪些具体职能? 经过一百年的研究,至今没有统一的结论。本书讲述的管理职能包括以下几个方面。

　　1. 计划职能

　　计划是管理的首要职能。广义的计划职能是指管理者制定计划、执行计划和检查计划执行情况的全过程;狭义的计划职能是指管理者事先对未来应采取的行动所做的谋划和安排。计划是从我们现在所处的位置到达将来预期的目标之间架起的一座桥梁。有了计划就能将不能成为现实的事物变成现实。虽然计划不能准确地预测未来,而且难以预见的情况可能干扰编制出来的最好计划,但是,如果没有计划,组织的各种工作就会打乱仗。在管理实践中,最重要的和基本的因素莫过于使人了解他们面临的目标及相应需完成的任务,以及为完成目标和任务所应遵循的指导原则。如果想使集体的努力有成效,人们必须了解组织希望他们完成的工作任务是什么。

计划职能的重要性主要体现在以下几个方面:

(1) 计划是实施管理活动的依据;

(2) 计划可以增强管理的预见性,规避风险,减少损失;

(3) 计划有利于在明确的目标下统一员工思想行动;

(4) 计划有利于合理配置资源,提高效率,取得最佳经济效益。

2. 决策职能

决策就是为了实现组织目标,运用科学的理论和方法,拟出两个以上的可行性方案,从中选择或综合出一个优化方案并付诸实施的活动总称。

决策在管理各职能中占有重要地位。决策是组织行动前必不可少的管理活动,决策的正确与否,决定着组织行动的成败。决策的实质是对未来行动方向、路线、措施等的选择,正确的决策能指导组织沿着正确的方向、合理的路线前进,遇到困难、问题,可以采取有效的措施予以解决;错误的决策,就会使组织走上错误的道路,发展下去可能会导致组织的失败、消亡。

决策前要先分析外部环境,分析本身的长处和短处,对未来的形势做出基本的判断。由于未来的形势受到很多因素影响,绝大多数情况下是不确定的,因此必须进行预测。而预测是以概率统计为基础的,很难十分准确,因而决策就必然有一定风险。为了提高预测与决策的准确性,依靠数字模型、计算机进行科学的计算和模拟就显得非常必要。另外,由于社会经济形势十分复杂,各种因素相互制约,实际上找到真正优化的方案是非常困难的,只能是比较满意而已。可见,虽然正确的抉择是行动成功的前提,但对于管理者而言,做出正确而优化的抉择是一项十分困难的任务。此外,面对同样的事实前提,不同的决策者可能做出完全不同的抉择,这与决策者的价值观和追求的目标有关。

决策贯穿管理的全过程。管理的决策职能不仅分布在各项管理活动中,并且各个层次的管理者都有。无论是计划、控制、组织,还是领导、人事、沟通、激励,都不可能离开决策职能。任何社会组织的管理活动从最高层管理者到最基层的工作者都有决策职能,一切管理人员都是决策者,每一个职能管理者都必须掌握决策职能和运用决策职能,都必须在自己的职责范围内做出决策、实施决策,不同的只是决策内容的差别而已,越往高层战略性决策愈多,越往基层执行性决策愈多。大多数战略性决策是非程序性的,比较复杂、难度较大;大多数执行性决策是程序性的,难度相对较小。

3. 组织职能

在管理学中,组织的含义可以从静态和动态两个方面来理解。从静态意义上讲,指组织结构,即组织是反映人、职务、任务以及它们之间的特定关系的网络。从动态意义上讲,指维持与变革组织结构,以完成组织目标的过程。

组织职能是指按计划对企业的活动及其生产要素进行的分派和组合,其主要内容是:根据组织目标,在任务分工的基础上设置组织部门;根据各部门的任务性质和管理要求,确定各部门的工作标准、职权、职责;制定各部门之间的关系及联系方式和规范等。

组织还是管理的基础性工作。任何部门、任何层次的管理者都首先表现为组织中各部门的人员构成部分；管理者进行管理的信息指令都要借助于组织各部门按特定次序传递；管理的目标要通过合理的组织设计和有效的组织行为来实现。可见，组织不仅是管理的职能，而且是管理的基础。组织职能是管理活动的根本职能，是其他一切管理活动的保证和依托。

4．领导职能

领导职能是指领导者运用组织赋予的权力，组织、指挥、协调和监督下属人员，完成领导任务的职责和功能。计划与组织工作做好了，还不一定能够保证组织目标的实现，因为组织目标的实现要依靠组织全体成员的努力。配备在组织机构中各个岗位上的人员，由于各自的个人目标、需求、喜好、性格、素质、价值观及工作职责和掌握信息量等方面存在很大差异，在相互合作中必然会产生各种矛盾和冲突。因此就需要有权威的领导者进行领导，指导人们的行为，沟通人们之间的信息，增强相互之间的理解，统一人们的思想和行动，激励每个成员自觉地为实现组织目标共同努力。

管理的领导职能是一门非常深奥的艺术，它贯穿在整个管理活动中。不仅组织的高层领导、中层领导要实施领导职能，基层领导如工厂的车间主任、医院的护士长也担负着领导职能，都要做人的工作，重视工作中人的因素的作用。

5．控制职能

最早给管理控制下定义的是法约尔。他说："在一个企业中，控制就是所发生的每一件事是否符合所规定的计划、所发布的指标以及所确定的原则。其目的就是要指出计划实施过程中的缺点和错误，以便加以纠正和防止重犯。控制对每件事、每个人、每个行动都起作用。"

控制职能是指按照既定的计划和标准对企业的生产经营活动进行监督、检查，发现偏差，及时采取纠正措施使工作按照原计划进行，或者改变和调整计划，以达到预期目的的管理活动。计划为控制提供目标和标准等前提条件，而控制则是顺利实现计划的手段。没有控制就不能保证企业的生产经营活动同计划规定的预期目标相一致。

管理工作的控制职能是对下属的业务工作进行计量和纠正，以保证企业目的和计划得以实现，因此，控制是自经理至基层管理人员的职能。虽然各级主管人员的控制范围不尽相同，但他们都有为实现目标而执行计划的责任，因而控制工作是各级管理人员的主要职能之一。对于企业来讲，控制职能包括管理人员为保障实际工作与计划一致而采取的一切活动。如对生产经营计划的执行情况的控制、对产品质量的控制、对财务的控制、对企业职工思想及行为的控制等。

随着科学技术和管理理论的发展，尤其是控制论、信息论和电子计算机的应用，控制职能由单纯监督发展为能动的、积极的控制，使控制职能具有科学的方法和手段，通过控制职能，使企业计划的任务和目标更好地、更快地转化为现实，以提高经济效益及社会效益。

三、管理的特性

管理是对组织的资源进行有效整合以达到既定目标与责任的动态创造性活动。自从有人群组织以来，便存在着管理这一类活动，这类活动不同于文化活动、科学活动和教育活动等，是因为它有自己的特性。

1．管理的目的性

管理是人类一种有意识、有目的的活动，因而它有明显的目的性。这也是管理区别于其他非管理活动的重要标志。没有明确目的的活动肯定不是管理活动;而组织某个单个成员的活动目的,也不是组织的目的;管理的目的是一个组织的共同目的。所以,管理的目标就是组织的目标。

2. 管理的动态性

管理是一个动态的过程,是一个在变动的环境与组织本身中进行的过程,需要消除资源配置过程中的各种不确定性。管理是一门实践性很强的学科,管理理论更重要的是教会人们在什么样的状况下如何实施具体的管理。事实上,由于各个组织所处的客观环境与具体的工作环境不同,各个组织的目标与从事的行业不同,从而导致了每个组织资源配置的过程和方式的不同性,这种不同性就是动态性的一种表现,因此不存在一个放之四海而皆准的标准管理模式。

3. 管理的人本性

管理活动是人在实施,因此管理过程必须以人为中心,把人视为最重要的资源。管理者是人,管理者的能力直接影响组织的管理水平;被管理者也是人,被管理者的素质太低,也无法保证管理的有效实施;在具体管理活动中,任何先进的机器设备都必须要有人来操作,任何科学技术成果都是人类智慧的结晶。管理的实质就是管理好人。

4. 管理的科学性

说管理不存在一个放之四海而皆准的标准管理模式,并不是说管理活动没有科学规律可循。管理活动尽管是动态的,但它的运动仍然还是有一定规律的,我们可将其分成两大类:一是程序性活动,一是非程序性活动。所谓程序性活动就是指有章可循、按一定规律变化并可预想效果的管理活动;所谓非程序性活动就是指无章可循,需要边运作边探讨的管理活动。这两类活动虽然不同,但又是可以转化的,实际上现实的程序性活动就是以非程序性活动转化而来的,这种转化的过程是人们对这类活动与管理对象规律性的科学总结,这就是管理科学性的体现。对新管理对象所采取的非程序性活动只能依据过去的科学理论进行,否则对这些对象的管理便失去了可靠性,而这本身也体现了管理的科学性。

5. 管理的艺术性

管理的艺术性是指在掌握一定理论和方法的基础上,灵活运用这些理论和知识的技巧和诀窍。由于管理对象分别处于不同环境、不同行业、不同的产出要求、不同的资源供给条件等状况下,这就导致了对每一具体管理对象的管理没有一个唯一的完全有章可循的模式,从而造成了具体管理活动的成效与管理主体管理技巧发挥的大小有很大的关系。事实上管理主体对这种管理技巧的运用与发挥,体现了管理主体设计和操作管理活动的艺术性。另一方面,由于在达成资源有效配置的目标与现行责任的过程中可供选择的管理方式、手段多种多样,因此,在众多可选择的管理方式中选择一种或几种的组合来适合于现实的管理,这也是管理主体进行管理的一种艺术性技能。艺术性更多地取决于人的天赋与直觉,是一种非理性的东西。

6. 管理的创新性

管理的创新性是指管理本身是一种不断变革、不断创新的社会活动。管理既然是一种动态活动,对每一个具体的管理对象没有一种唯一的完全有章可循的模式可以参照,因此,要想达到既定的组织目标与责任,就需要有一定的创新。管理活动正是这样一类创新性的活动,正因为它是创新性的活动,才会有成功与失败的存在,才会有不停的改革和探索,才会有日新月异的管理理论和方法的出现。管理的创新性根植于动态性之中,与科学性和艺术性相关,正是由于这一特性的存在,使得管理创新成为必需。

7. 管理的效益性

资源配置是需要成本的,因此管理就具有效益性。管理的效益性首先体现在资源配置的机会成本之上,管理者选择一种资源配置方式是以放弃另一资源配置方式的代价而取得的,这里有个机会成本的问题。其次,管理的效益性还反映在管理方式方法选择上的成本比较,因为在众多可进行资源配置的方式、方法中,其所花费的成本不同,故如何选择就存在效益性的问题。再次,管理是对资源的有效整合过程,因此选择不同资源供给和配比,就有成本大小的问题,这也是效益性的一种表现。

【模块二】 案例分析:CEO 韦尔奇

在过去的一个世纪的全球企业家中,GE 的杰克·韦尔奇可谓一颗最为耀眼的明星。据说,中国一些大企业的经营者人手一本《杰克·韦尔奇自传》。而本文作者从 1997 年起就跟踪研究 GE 的管理模式,1999 年访问了 GE 美国总部,在 1999《财富》论坛上海年会上,又现场聆听了韦尔奇先生的发言。于是他颇有心得地撰写了此文。也许杰克·韦尔奇不久就会成为"红学"一样的"显学",成为中国的企业家们日夜琢磨、常学常新的实战经典。

十几年来,尽管许多公司在全球经济的涨跌中像多米诺骨牌一样纷纷倒台,它们的总裁也像走马灯似的频繁变换,可是韦尔奇始终领导的通用电气公司,却创造了一个又一个经营奇迹。那么,韦尔奇作为一家拥有约 3 000 亿美元资产、销售额高达 1 000 多亿美元、30 万员工分布在全球 100 多个国家的企业王国的最高主管,他的管理秘诀何在?

一、被迫改革之前就进行改革

1989 年美国《财富》杂志介绍杰克·韦尔奇的人格特征和管理理念时,归纳了以下六点:第一,掌握自己的命运,否则将受人掌握;第二,面对现实,不要生活在过去或幻想之中;第三,坦诚待人;第四,不要只是管理,要学会领导;第五,在被迫改革之前就进行改革;第六,若无竞争优势,切勿与之竞争。

二、要么"数一数二"要么关门

数一数二市场原则。按照韦尔奇的理念,在全球竞争激烈的市场中,只有在市场上领先对手的企业,才能立于不败之地。任何事业部门存在的条件是在市场上"数一数二",否则就要被砍掉、整顿、关闭或出售。这一阶段,GE 共出售了价值 110 亿美元的企业,解雇了 17 万员工,韦尔奇因此得了"中子弹约翰"的绰号。在关停的同时,GE 也买进了价值 260 亿美元的新企业。GE 现有企业中表现最佳的企业都符合以下四点要求:第一,在行业内数一数二;第二,具有远高于一般水准的投资回报率;第三,具有明显的竞争优势;第四,能充分利用GE 特定的杠杆优势。

三、只有速度足够快,企业才能生存

精简、速度和自信原则。"成功属于精简敏捷的组织。"GE 人非常讲究速度、简洁和自信。韦尔奇相信,自信可以使复杂的问题简单化,而简单的程序可以保证快速地应变。用他一贯主张的速度原则表述便是:最少的监督,最少的决策拖延,最灵活的竞争。

韦尔奇认为,"精简"的内涵首先在于内心思维的集中。韦尔奇要求所有经理人员必须用书面形式回答他设定的五个策略性问题。扼要的问题使你明白自己真正该花时间去思考的到底是什么;而书面的形式则强迫你必须把自己的思绪整理得更清晰、更有条理。其次,是外部流程的明晰。韦尔奇要求为各项工作勾画出"流程图",从而能清楚地揭示每一个细微步骤的次序与关系。对于速度,韦尔奇常用"光速"和"子弹列车"来描绘。他坚信:只有速度足够快的企业才能继续生存下去。迅捷源于精简,精简的基础则是自信。对于自信,韦尔奇给予了极大的重视,他甚至把"永远自信"列入了美国能够领先于世界的一大法宝。

四、用放权与尊重培养员工自信心

车轮似组织结构和企业主管委员会。培养企业员工自信心的办法就是放权与尊重。为了达到上述目的,韦尔奇对组织结构也进行了设计。目前 GE 的组织结构就像一个车轮,轮轴是总裁和三名副总裁组成的总裁办公室,轮辐是 GE 的 13 个主要事业部。这种结构的最大优点是简洁。它使 GE 长久不消的官僚习性除去大半,创造出了满足市场需要而非官僚制度需要的组织结构。

同时,从 1985 年开始改组高层及一些重要职位,GE 成立了企业主管委员会(简称 CEC)。CEC 由 GE 的 13 个企业最高负责人和一些高级幕僚参谋人员组成,每人皆可直接向总裁报告,每季度召开例会一次。会议的目的是分享最佳的营运做法,促成 GE 多样化经营的企业之间能够有更好地协调。在 CEC 会议中,每个成员都知道其他所有成员每季度财务绩效细节并加以讨论,如果其中有一个企业主管遇到困难,其他人会帮助其提出解决方案。CEC 虽然缺乏正式的权力,但它却成为影响 GE 这样的大企业的最有效的方式。现在 GE 的每一个企业单位,都有了自己的 CEC 会议。

五、将所有人聚在一个打通的大房间

无界限行为无边界企业。GE 是个规模庞大的企业,而市场要求组织必须简洁,于是 GE 开始进行新的变革,提出 21 世纪的企业理想:21 世纪的企业特色就在于不分界限。无边界企业能够克服公司规模和效率的矛盾,具有大型企业的力量,同时又具有小型公司的效率、灵活性和自信。企业必须在自由和控制之间取得平衡。

韦尔奇说:"我们希望人们勇于表达反对的意见,呈现出所有的事实面,并尊重不同的观点。这是我们化解矛盾的方法。良好的沟通就是让每个人对事实都有相同的意见,其目的在于创造一致性。""无界限行为"的目的就是拆毁所有阻碍沟通和找出好想法的"高墙"。

韦尔奇有一个形象的比喻:"一栋建筑物有墙壁和地板,墙壁分开了职务,地板则区分了层级,而我要将所有的人全都聚在一个打通的大房间里。"从各个企业、各个层次来的员工济济一堂,发泄他们的不满,提出各种建议,清除一个又一个不具有生产能力的工作。群策群力的方法开放了 GE 的企业文化,使之能够接受来自每一个人和每一个地方的创意。

六、让每个人不懈地寻找新创意

开放、坦诚、建设性冲突、不分彼此是唯一的管理规则。企业必须反对盲目的服从,每一位员工都应有表达反对意见的自由和自信,将事实摆在桌上进行讨论。韦尔奇称此为建设性冲突的开放式辩论风格。领导的作用是要表达出对远景的眼光,取得公司同仁的支持并加以执行。这需要与每一位员工保持开放、坦诚、不分彼此的关系以及面对面的沟通。

新的全方位管理评价制度使领导注重发现和奖励那些表现出这样一种能力的人:他们能够使公司内的每一个人每天都在不懈地寻找新创意——寻找更好的方法。同时,韦尔奇认为:"年终时,我们所衡量的并非是是否实现了目标,而是与前一年的成绩相比,在排除环

境变化因素的情况下,是否有显著的成长与进步。当员工遭受挫败时,我会以正面的酬赏来鼓舞他们,因为他们至少已经开始改变。"

正如韦尔奇所说,改组 GE 的成功并非是赶上了好时机,而在于他的创新理念。韦尔奇认为,一个强大的企业必须有持续增长的收益和利润,收益的增加来自源源不断的新主意和产品创新。

七、企业文化未变转型不可能成

每个组织都需要有价值观。你必须在众人面前挺身而出,坚持不懈地传达你的价值观,价值观的形成是长远的挑战。韦尔奇从 1985 年开始,在公司年报中增加了价值观的声明一项。目前,GE 公司每位员工都有一张"通用电气价值观"卡。卡中对领导干部的警戒有九点:痛恨官僚主义、开明、讲究速度、自信、高瞻远瞩、精力充沛、果敢地设定目标、视变化为机遇以及适应全球化。这些价值观都是 GE 公司进行培养的主题,也是决定公司职员晋升的最重要的评价标准。

企业文化与价值观是企业管理中最具挑战性的一环。它关系到如何指导组织行为,有难以言传的价值和意义。主管的权力在这方面不太使得上劲,即使是革命性的领导者,通常也会将改革文化放在最后阶段。但是文化一日未变,改革转型便一日未完成。在改革企业文化方面,韦尔奇是从指挥全企业的理念对话着手的。他能够让员工思考大组织理念,让他们习惯有关自己工作的革命性理念。这些方法合起来足以使理念转变成可以接受的习惯;当习惯养成时,文化也已经改变了。

八、六个西格玛消除一切误差

全面实施六个西格玛质量标准。在 20 世纪 80 年代,六个西格玛规定了 GE 员工应如何工作。如今六个西格玛已经成为这家大公司一切理想和愿望的中心环节,成为一种规范化的工作方法。GE 把"六个西格玛"应用于公司所经营的一切活动,如债务记账、信用卡处理系统、卫星时间租赁、法律合同设计等,GE 借此活动基本消灭了公司每天在全球从事生产的每一产品、第一道工序和每一笔交易的缺陷和不足。

实施六个西格玛,GE 靠的是经过严格培训的称为"黑带大师"和"黑带"的员工来带领和指导,他们时刻活跃于各种项目中,努力消除一切误差。

九、有想法的人就是英雄

韦尔奇认为他一生中最伟大的成就莫过于培育人才。韦尔奇不无感慨地说:"这是一家由众多杰出人物管理的公司。我最大的功劳莫过于成批地物色杰出人物。他们比大多数公司的总裁要来得精明,非常杰出,他们在 GE 如鱼得水。"韦尔奇的主要工作就是寻找合适的经理人员并激发他们的工作动机。

对于 21 世纪的领导人,GE 提出了"A 级人才标准",并向各个业务部门和全球推广。这种领导人需要具有 4E 品质,即:充沛的精力(Energy);激发别人的能力(Energi zer);敢于提出强硬要求——要有棱角(Edge);执行的能力(Excute)——不断将远见变为实绩的能力。

"有想法的人就是英雄。我主要的工作就是去发掘出一些很棒的想法,扩张它们,并且以光速般的迅捷将它们扩展到企业的每个角落。我坚信自己的工作是一手拿着水罐,一手带着化肥,让所有的地方变得枝繁叶茂。"韦尔奇说。

问题:韦尔奇在管理企业时运用了管理的哪些职能?

成果与检验：

根据小组成绩、班级讨论、书面报告等综合评定。

知识链接：

杰克·韦尔奇(Jack Welch)，1935 年 11 月 19 日出生于马萨诸塞州塞勒姆市。1960 年毕业于伊利诺伊大学，获化学博士学位，毕业后加入通用电气塑胶事业部。1971 年底，韦尔奇成为通用化学与冶金事业部总经理，并不断晋升。1979 年 8 月成为公司副董事长。1981 年 4 月，年仅 45 岁的杰克韦尔奇成为通用电气历史上最年轻的董事长和 CEO。从入驻通用电气起，在 20 年间，他将一个弥漫着官僚主义气息的公司，打造成一个充满朝气、富有生机的企业巨头。在他的领导下，通用电气的市值由他上任时的 130 亿美元上升到了 4 800 亿美元，也从全美上市公司盈利能力排名第十位发展成位列全球第一的世界级大公司。2001 年 9 月退休。他被誉为"最受尊敬的 CEO""全球第一 CEO""美国当代最成功最伟大的企业家"。如今，通用电气旗下已有 12 个事业部成为其各自市场上的领先者，有 9 个事业部能入选《财富》500 强。韦尔奇带领通用电气，从一家制造业巨头转变为以服务业和电子商务为导向的企业巨人，使百年历史的通用电气成为真正的业界领袖级企业。

【模块三】 管理游戏：棒打薄情郎

游戏目标：

促进学生相互间进一步熟悉，增强班级活跃气氛。

游戏程序：

1. 选出一位执棒者站在圈内，由他所面对的人开始叫出一个人名，执棒者马上跑到那位被叫的人面前，此时如果他无法叫出另一个人的姓名，则执棒者可一棒打下，将他打醒。他如能叫出另一位，则执棒者就再跑到另外那个人面前，如他无法马上讲出另外一个人名，则照样地打一棒下去，如此继续下去。

2. 可挑出 3～5 人轮流任执棒者。

游戏准备：

准备制作棒的报纸或购买塑料棒。

成果与检验：

根据学生的参与程度及表现看游戏效果，并评定成绩。

【模块四】　实战任务：分析企业管理活动

实战目标：

1. 使学生结合实际，加深对管理系统的感性认识与理解；
2. 初步培养认知与自觉养成现代管理者素质的能力。

内容与要求：

1. 由学生自愿组成小组，每组 6～8 人。利用课余时间，选择 1～2 个中小企业进行调查与访问。
2. 在调查访问之前，每组需根据课程所学知识经过讨论制定调查访问的提纲，包括调研的主要问题与具体安排，具体问题可参考下列几条：

（1）该企业管理系统的构成状况；

（2）管理者的分类，并重点访问一位管理者，向他了解他的职位、工作职责、胜任该职务所必需的管理技能以及所采用的管理方法等情况；

（3）对其管理对象的调查与分析；

（4）该企业的一般环境与任务环境是什么？

（5）该企业中有哪些你感兴趣的管理机制？并作简要分析。

成果与检测：

1. 每人写出一份简要的调查访问报告；
2. 调查访问结束后，组织一次课堂交流与讨论；
3. 以小组为单位，分别由组长和每个成员根据各成员在调研与讨论中的表现进行评估打分；
4. 再由教师根据各成员的调研报告与在讨论中的表现分别评估。

【模块五】　能力测评：管理动机强烈程度自我评估

下面的问题用来评价你在一个大型的组织中从事管理的动机。他们基于七种管理者工作的角色维度。对每一个问题，在最能反映你的动机强烈程度的数字上划个圆圈。

	弱　　　　强
1. 我希望与我的上级建立积极的关系。	1 2 3 4 5 6 7
2. 我希望与我同等地位的人在游戏中和体育比赛中竞争。	1 2 3 4 5 6 7
3. 我希望与我同等地位的人在与工作有关的活动中竞争。	1 2 3 4 5 6 7
4. 我希望以主动和果断的方式行事。	1 2 3 4 5 6 7
5. 我希望吩咐别人做什么和用法令对别人施加影响。	1 2 3 4 5 6 7
6. 我希望在群体中以独特的和引人注目的方式出人头地。	1 2 3 4 5 6 7
7. 我希望完成与管理工作有关的例行职责。	1 2 3 4 5 6 7

成果与检验：

得分在 7～149 分之间。得分在 7～121 分之间，表示有较弱的管理动机；得分在 122～

134 分之间,表示有中等管理动机;得分在 135～149 之间,表示有较强的管理动机。

任务二　管理者概述

【模块一】　知识精讲:管理者

一、管理者

管理者是指那些在组织中从事管理过程的实现,并且对企业内的员工进行领导、组织、协调和监督其实施的人员,是那些在组织中指挥他人完成具体任务的人。如企业的厂长、公司的经理、质量控制经理、研究实验室主管等,他们虽然有时也做一些具体的事务性工作,但其主要职责是指挥下属工作。因此,管理者区别于操作者的一个显著特点就是管理者有下属向其汇报工作。

1. 管理者的层次

(1) 按管理者所处的组织层次分类

按管理者所处的层级,可以将管理者分为三个层级(图 1-1):

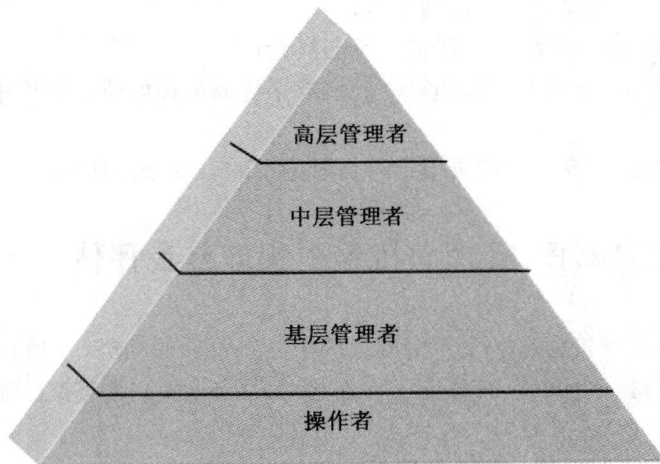

图 1-1　管理者的层次

① 高层管理者。组织中的高层管理者,对管理负有全面责任,主要任务为:制定战略目标、把握发展方向、资源分配等。企业的董事会成员、医院的正副院长、城市的正副市长等。

② 中层管理者。中层管理者介于高层和基层管理人员之间。主要职责为:执行重大决策和管理意图,监督和协调基层管理人员的工作活动,具体工作的规划和参谋。如系主任,处长,企业中计划、生产、财务等部门的负责人,政府中的主任、局长等。

③ 基层管理者。基层管理者是最直接的一线管理人员,是直接监察实际作业人员的管理者。主要职责为:直接给下属人员分派任务,直接指挥和监督现场作业活动,保证上级下

达的各项计划和指令的完成。如工长、领班、小组长等。

上述三个不同层次的管理者,其工作内容和性质存在很大的差别。一般来说,基层管理者所关心的主要是具体的战术性工作,而最高层管理者所关心的主要是抽象的战略性工作。

（2）按管理者所从事的工作领域分类

① 综合管理者。综合管理者是指负责管理整个组织或组织中某个事业部的全部活动的管理人员。

② 专业管理者。专业管理者是指负责管理组织中某一类活动（或职能）的管理人员。如生产部门管理人员、营销部门管理人员、人事部门管理人员、财务部门管理人员、研究部门管理人员等。

2. 管理者的角色

20 世纪 60 年代末期,亨利·明茨泊格通过对五位总经理的工作进行仔细研究后,得出结论:管理者只扮演十种不同的,但却高度相关的角色,这十种角色可进一步组合成三个方面（表 1-1）:

表 1-1　管理者的角色

角色类型	具体角色	角色活动实例
决策角色	企业家	利用组织资源开发创新产品和服务;决定国际化扩张,为组织产品获取新顾客
	麻烦应对者	迅速行动,采用正确措施应对组织面临的来自外部环境的突发事件（如石油危机）和来自内部环境的突发事件（生产了劣质的产品和提供了劣质的服务）
	资源分配者	在组织的不同职能和部门之间分配,为中层和基层管理者设定预算和薪资计划
	谈判者	与供应商、分销商、工会就投入品的质量和价格、技术、人力资源等达成一致,与其他组织就合作项目的资源筹集达成协议
信息角色	监控者	评估承担不同职能的管理者的工作成果,采取正确的措施提高绩效;监控可能在未来对组织产生影响的内外部环境的变化
	传播者	告知员工发生在内外部环境中的可能对他们及组织产生影响的变动,就组织的前景和目标与员工进行沟通
	发言人	发起全国性的广告宣传活动,提高新产品和新服务的知名度;在当地社区宣讲组织未来的发展意向
人际关系角色	挂名首脑	在公司会议上向员工展示未来的组织目标,阐述组织的道德原则和员工在与顾客、供应商交往时应遵循的行为准则
	领导者	为员工树立学习的榜样,向下属发布直接的命令和指示,就人力和技术资源的使用做出决策,动员员工支持特定的组织目标
	联络者	协调不同部门管理者的工作;与不同的组织建立联盟关系,以共享资源,生产新的产品和提供新的服务

小故事：跟屁虫的悲哀

有一种名叫列队虫的小昆虫，它就是我们常说的跟屁虫，它之所以有这么个难听的名字，是因为它有一种独特的爬行方式。当很多列队虫在一起走的时候，它们会一只只地首尾相接，成一行前进。带头的那只列队虫就负责找桑树叶——它们最主要食物。不管这只虫爬向哪里，后面那些一定会跟着。

有位科学家以一组列队虫做了一次有趣的试验，将它们绕成一个圆圈，让带头者和最后一只首尾相接。这样一来就没有了领导者和跟随者之分了。在圆圈的中央，它放上一盘桑叶。这位科学家想知道，这种没有领导者和跟随者之分的情景能维持多久。他认为，等它们饿得厉害时，这个圆圈一定会解散，大家会抢着去吃桑叶。但结果却大出他的预料。这些列队虫最后饿得奄奄一息，仍然首尾相接形成一个圆圈，食物虽然就在中间，离它们仅几英寸远，但它们仍然只知道一只跟着一只爬行，不知道自己应该去寻找食物。

思考：这个故事给我们什么启示？

3. 管理者的技能结构

处于不同职位和不同层次的管理者，由于其任务和职责不同，在履行管理职能时所需要的管理技能也有所不同。但是，有几项管理技能是所有管理人员都必须掌握的。根据美国的管理学专家罗伯特·卡茨的研究，认为管理者必须具备三种基本技能：技术技能、人际技能、概念技能。

（1）技术技能

技术技能指与特定工作岗位有关的专业知识和技能。如生产技能、财务技能、营销技能等。管理者不必成为精通某一领域的技能专家，但需要了解并初步掌握与其管理的专业相关的基本技能，否则很难与他所主管的组织内的专业技术人员进行有效的沟通，从而无法对所辖业务范围的各项工作进行具体的指导。不同层次的管理者，对于技术技能要求的程度是不同的。

小故事：不听工匠言

《吕氏春秋·别类》中有以下论述：宋国大夫高阳应要建造一所住宅，买了一堆木料。工匠对他说："木料没有干，现在还不能动工。如果用没干的木料盖房，当时看起来挺好，过后一定会倒塌的。"高阳应急于住进新房，反驳道："根据你说的道理，房子是倒塌不了的。因为木料和泥巴都一天比一天干燥，木料越干越硬，泥巴越干越轻，拿越来越硬的木料去承受越来越轻的泥巴，房子怎么会塌呢？"工匠被他反驳得无言以对，只是刚盖好时看上去不错，可后来还是倒塌了。

技术技能是指从事自己管理范围内的工作所需要的技术和方法。具备了这种技能便被称为"内行"，否则就是"外行"。过去关于外行能不能领导内行的问题引起过争论，现在看来，在知识经济时代，外行领导内行确实存在很多困难。

思考：高阳应指挥为何会失败？

（2）人际技能

人际技能指与处理人际关系有关的技能,即理解、激励他人并与他人共事的能力。人际技能包括领导能力,但其内涵远比领导能力广泛。因为管理者除了领导下属外,还要与上级领导和同级同事打交道,还得学会说服上级领导,领会领导意图,与同事合作等。

小故事:马蝇效应

1860年,林肯当选美国总统,他任命的参议员萨蒙·蔡斯虽然能干,但十分狂妄自大。他本想入主白宫,竞选中却输给了林肯,十分不服气。林肯就对朋友们讲了这么一个故事:"小的时候我和哥哥在肯塔基志家犁地,我吆喝马,哥哥扶犁。这匹马很懒,但有饭时间却在地里跑得很快,我差点都跟不上它。到了地头,我才发现一只很大的马蝇叮在它屁股上,我随手就把它打落了。哥哥说你为什么要打落它,我说因为它叮马。哥哥说,哎呀,正是这家伙才使马跑得这么快呀。"最后林肯说:"现在有一只叫'总统欲'的马蝇正叮这蔡斯先生,只要它能使蔡斯先生和他的部下不停地跑,我就不想去打落它"。

思考:你是否赞同林肯的做法?

（3）概念技能

概念技能指综观全局、认清为什么要做某事的能力。即管理者在任何混乱、复杂的环境中,能敏锐地辨清各种要素之间的相互关系,准确地抓住问题的实质,果断地做出正确决策的能力。

小故事:耐克跑鞋战胜阿迪达斯

20世纪70年代初期,阿迪达斯制鞋公司在跑鞋制造业中居统治地位,此时正值美国跑鞋需求量大幅度增加的前夕。随后几年间,准备从事跑步或散步活动的成千上万的人,以及不参加跑步锻炼的数百万人,都开始穿用跑鞋。然而,作为世界最大的跑鞋制造公司的阿迪达斯却没有充分利用这次跑鞋销售的大好时机,而且更为糟糕的是,它低估了美国竞争者对市场的介入和攻势。耐克公司的创始人菲尔·索特和比尔·鲍尔曼发现了这个跑鞋市场发展趋势,抓住阿迪达斯公司对跑鞋市场的增长情况估计不足和低估了耐克公司等美国制造商的攻势,加强研制开发工作,加强促销宣传活动,最终在美国市场上夺取了头把交椅。

思考:耐克创始人具备什么技能?

要成为有效的管理者,必须具备上述三种技能,缺一不可。罗伯特·卡茨认为,在不同的组织层次中,这三种技能应有不同的优化组合:在较低的层次中,管理者需要的主要是技术和人际技能;在较高的层次中,管理者的有效性主要取决于人际和概念技能;而在最高的管理层,概念技能成为高层管理者在管理工作中最重要的技能,如图1-2所示。

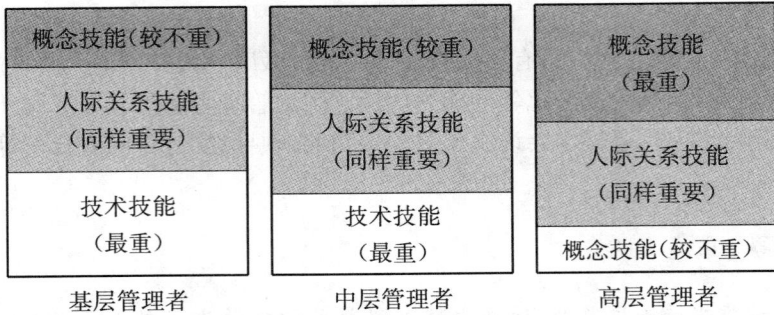

图 1-2　不同层次管理者所需技能

根据罗伯特·卡茨的理论,美国的《财富》杂志对美国银行业、工业、保险业、公共事业、零售业和运输业中最大的 300 家公司进行了调查,调查的结果基本上支持了罗伯特·卡茨的理论,如表 1-2 所示。

表 1-2　财富杂志的调查实例

管理技能/管理层次	技术技能%	人际技能%	概念技能%
高层管理	17.9	42.7	39.4
中层管理	34.8	42.4	22.8
基层管理	50.3	37.7	12.0

罗伯特·卡茨有关管理者技能的理论,不仅确立了管理者应具备的能力类型,并指出了在管理者地位变化的过程中能力变化的大致趋势,也告诉了管理者在管理工作的生涯中,应如何科学地转换自我的能力结构,以适应工作和自我发展的需要。

📚 **小故事:王师傅为何得不到提拔**

王师傅是省劳动模范、技术标兵,一直担任车工班班长,十几年了没大挪过窝。眼看着他的徒弟有的当了车间主任,还有的当了副厂长,可他就是不着急,总是乐哈哈的,一副心满意足的样子。王师傅新来的徒弟小李很为师傅抱不平,对师傅说:"师傅,你年年完成任务,工做出色,奖状一个接一个拿,那有啥用? 为什么他们就不提拔你? 你是不是也应该跑跑关系?"王师傅说:"小李,别看当官威风,也不那么好当。我不是没当过,头两年他们让我当车间主任,上下左右各种关系要应付,还要做计划、搞检查,忙得要死。工作还没多大起色,只好自己不干了。我就是当工人的料,工作干好,睡觉舒坦,比啥都强。"

思考:王师傅得不到提拔的原因是什么?

二、管理的作用

管理是保证组织有效地运行所必不可少的条件。组织的作用依赖于管理,管理是组织中协调各部分的活动,并使之与环境相适应的主要力量。所有的管理活动都是在组织中进行,有组织,就有管理,即使一个小的家庭也需要管理。从另一个方面来说,有了管理,组织才能进行正常的活动,组织与管理都是现实世界普遍存在的现象。

然而,当组织规模还比较小的时候,管理对组织的影响还不大。组织中的管理活动还比较简单,并未形成独立的管理职能,因而也就显现不出管理的重要性。如对于小生产企业来说,也可以凭借经验,维持自身的发展。但随着人类的进步和组织的发展,管理所起的作用越来越大。概括起来说,管理的重要性主要表现在以下两个方面。

1. 管理使组织发挥正常功能

管理是一切组织正常发挥作用的前提,任何一个有组织的集体活动,不论其性质如何,都只有通过管理,才能按照所要求的方向进行。组织是由组织的要素组成的,组织的要素互相作用产生组织的整体功能。然而,仅仅有了组织要素是不够的,这是因为各自独立的组织要素不会完成组织的目标,只有通过管理,使之有机地结合在一起,组织才能正常地运行与活动。组织要素的作用依赖于管理。管理在组织中协调各部分的活动,并使组织与环境相适应。一个单独的提琴手是自己指挥自己,一个乐队就需要一个乐队指挥。没有指挥,就没有乐队。在乐队里,一个不准确的音调会破坏整个乐队的和谐,影响整个演奏的效果。在一个组织中,没有管理,就无法彼此协作地进行工作,就无法达到既定的目的,甚至连这个组织的存在都是不可能的。集体活动发挥作用的效果大多取决于组织的管理水平。

组织对管理的要求和对管理的依赖性与组织的规模是密切相关的。共同劳动的规模越大,劳动分工和协作越精细、复杂,管理工作也就越重要。一般来说,在手工业企业里,要进行共同劳动,有一定的分工协作,管理就成为进行生产所不可缺少的条件。但是,如果手工业企业的生产规模较小,生产技术和劳动分工也比较简单,那么管理工作也比较简单。现代化大工业生产,不仅生产技术复杂,而且分工协作严密,专业化水平和社会化程度都高,社会联系更加广泛,需要的管理水平就更高。

总而言之,生产社会化程度越高,劳动分工和协作越细,就越要有严密科学的管理。组织系统越庞大,管理问题也就越复杂,庞大的现代化生产系统要求有相当高度的管理水平,否则就无法正常运转。

2. 管理使组织有效实现目标

任何组织都是有目标的,只有通过管理,才能有效地实现组织的目标。在现实生活中,我们常常可以看到这种情况,有些亏损企业仅仅由于换了一个精明强干、善于管理的厂长,很快扭亏为盈;有些企业尽管拥有较为先进的设备和技术,却没有发挥其应有的作用;而有些企业尽管物质技术条件较差,却能够凭借科学的管理,充分发挥其潜力,反而能更胜一筹,从而在激烈的市场竞争中取得优势。由此可见,通过有效的管理,可以放大组织系统的整体功能。因为有效的管理,会使组织系统的整体功能大于组织要素各自功能的简单相加之和,起到放大组织系统的整体功能的作用。在相同的物质条件和技术条件下,由于管理水平的不同而产生的效益、效率或速度的差别,这就是管理所产生的作用。

在组织活动中,需要考虑到多种要素,如人员、物资、资金、环境等,它们都是组织活动不可缺少的要素,每一要素能否发挥其潜能、发挥到什么程度,都会对管理活动产生不同的影响。有效的管理,在于寻求各组织要素、各环节、各项管理措施、各项政策以及各种手段的最佳组合。通过这种合理组合,就会产生一种新的效能,可以充分发挥这些要素的最大潜能,使之人尽其才,物尽其用。例如,对于人员来说,每个人都具有一定的能力,但是却有很大的弹性。如能积极开发人力资源,采取有效的管理措施,使每个人的聪明才智都得到充分的发挥,就会产生一种巨大的力量,从而有助于实现组织的目标。

【模块二】 案例分析:升任公司总裁后的思考

　　郭宁最近被所在的生产机电产品的公司聘为总裁。在准备接任这职位的前一天晚上,他浮想联翩,回忆起他在该公司工作20多年的情况。

　　他在大学时学的是工业管理,大学毕业后就到该公司工作,最初担任液压装配单位的助理监督。他当时感到真不知道如何工作,因为他对液压装配所知甚少,在管理工作上也没有实际经验,他感到几乎每天都手忙脚乱。可是他非常认真好学,一方面仔细参阅该单位所订的工作手册,努力学习有关的技术知识;另一方面监督长也对他主动指点,使他渐渐摆脱了困境,胜任了工作。经过半年多时间的努力,他已有能力独担液压装配的监督长工作。可是,当时公司没有提升他为监督长,而是直接提升他为装配部经理,负责包括液压装配在内的四个装配单位的领导工作。

　　在他当助理监督时,他主要关心的是每日的作业管理,技术性很强。而当他担任装配部经理时,他发现自己不能只关心当天的装配工作状况。他还得做出此后数周乃至数月的规划,还要完成许多报告和参加许多会议,他没有多少时间去从事他过去喜欢的技术工作。当上装配部经理不久,他就发现原有的装配工作手册已基本过时,因为公司已安装了许多新的设备,引入了一些新的技术。这令他花了整整一年时间去修订工作手册,使之切合实际。在修订手册过程中,他发现要让装配工作与整个公司的生产作业协调起来是需要有很多讲究的。他还主动到几个工厂去访问,学到了许多新的工作方法,他也把这些吸收到修订的工作手册中去。由于该公司的生产工艺频繁发生变化,工作手册也不得不经常修订,郭宁对此都完成得很出色。他工作了几年后,不但自己学会了这些工作,而且还学会如何把这些工作交给助手去做,教他们如何做好,这样,他可以腾出更多时间用于规划工作和帮助他的下属工作得更好,可以花更多的时间去参加会议、批阅报告和完成自己向上级的工作汇报。

　　在他担任装配部经理六年之后,正好该公司负责规划工作的副总裁辞职应聘于其他公司,郭宁便主动申请担任这一职务。在同另外五名竞争者较量之后,郭宁被正式提升为规划工作副总裁。他自信拥有担任此一新职位的能力,但由于此高级职务工作的复杂性,仍使他在刚接任时碰到了不少麻烦。例如,他感到很难预测1年之后的产品需求情况。可是一个新工厂的开工,乃至一个新产品的投入生产,一般都需要在数年前做出准备。而且,在新的岗位上他还要不断处理市场营销、财务、人事、生产等部门之间的协调,这些他过去都不熟悉。他在新岗位上越来越感到:越是职位上升,越难于仅仅按标准的工作程序去进行工作。但是,他还是渐渐适应了,做出了成绩,以后又被提升为负责生产工作的副总裁,而这一职位通常是由该公司资历最深的、辈分最高的副总裁担任的。到了现在,郭宁又被提升为总裁。他知道,一个人当上公司最高主管职位之时,他应该自信自己有处理可能出现的任何情况的才能,但他也明白自己尚未达到这样的水平。因此,他不禁想到自己明天就要上任了,今后数月的情况会是怎么样? 他不免为此而担忧!

　　问题:

　　1. 郭宁担任助理监督、装配部经理、规划工作副总裁和总裁这四个职务,其管理职责各有何不同？能概括其变化的趋势吗？请结合基层、中层、高层管理者的职能进行分析。

2. 你认为郭宁要成功地胜任公司总裁的工作,哪些管理技能是最重要的？你觉得他具有这些技能吗？试加以分析。

3. 如果你是郭宁,你认为当上公司总裁后自己应该补上哪些欠缺才能使公司取得更好的绩效？

成果与检验:

根据小组成绩、班级讨论、书面报告等综合评定。

【模块三】 管理游戏:角色模拟

游戏目的:

了解公司的不同角色的情境,认识管理中要素。

游戏程序:

1. 三名学员扮演工人一起被蒙住双眼,带到一个陌生的地方。

2. 有两名学员扮演经理。

3. 一名学员扮演总裁。

游戏规则:

工人可以讲话,但什么也看不见;经理可以看,可以行动,但不能讲话;总裁能看,能讲话,也能指挥行动,但却被许多无关紧要的琐事缠住,无法脱身(他要在规定时间内做许多与目标不相关的事),所有的角色需要共同努力,才能完成游戏的最终目标——把工人转移到安全的地方上去。

游戏准备:

不同角色的说明书以及任务说明书。

注意事项:

任务说明书可以由培训师根据情况设计,关键是游戏中总经理要有许多琐事缠身。

成果与检验:

根据学生的参与程度以及得出的结论评定活动成效,并评定成绩。

【模块四】 实战任务:分析企业家

实战目标:

1. 收集、整理、分析一名当代企业家的信息;

2. 撰写企业家人物分析报告。

内容与要求:

1. 由学生自愿组成小组,每组 6～8 人;

2. 利用业余时间,通过网络、图书、媒体等资源搜索你感兴趣的企业家;

3. 信息跟踪、归纳整理。

成果与检测:

1. 每个小组撰写一份人物分析报告,报告要描述该企业家的经营思想、管理素质和管理能力；

2．报告完成后,组织一次课堂交流与讨论；

3．以小组为单位,分别由组长和每个成员根据各成员在信息收集、报告撰写和交流中的表现进行评估打分；

4．再由教师根据各小组撰写的报告质量和在讨论中的表现分别评估。

【模块五】 能力测评:测试你的管理潜能

请判断下列描述与你相符程度。选"总是"得 3 分,选"有时"得 2 分,选"从不"得 1 分。

1．我可将个人和公司目标清楚地写出来,并且每天使其不断结合。

2．我将我的目标按重要程度排序以使不断提醒自己应该前进的方向。

3．从下属处我知道工作对他们的重要程度。

4．对于下属的工作指导我有信心。

5．我对于做的决定有信心。

6．我同雇员的沟通通畅。

7．我同上级的沟通通畅。

8．我关注于提高下属的工作能力。

9．我在制订会影响甚至改变下属的有关决定时,我听取他们的意见。

10．对于工作的争执我不是走开不理。

11．当我做决定时,我会考虑其影响。

12．我通过说服而不是压服让下属接受我的想法。

13．当执行新的决定时,我留心它所产生的效应。

14．我会向同事解释决定产生的原因,而不仅仅是决定本身。

15．对于新工作方式的实行,我有耐心听取下属的反馈。

16．对于新工作,我有相应的应急措施,防止其一旦受阻不致影响全局。

17．对于每天的工作我都有相应的计划。

18．我会仔细地听从下属的想法。

19．对于不同文化背景的人,我会有统一目标但不同方法的工作方式。

20．对下属的沟通,我可以做到清楚且能很好地理解他们的想法。

21．对于主持会议,我事先会将有关议程交给与会者,并且让他们知道会议的目的。

22．无论是同个人还是同小组成员的会议,我都会提前准备。

23．当下属的工作取得成绩时,我及时表扬他们。

24．我避免将表扬和批评混为一谈。

25．工作中我对事不对人。

26．对于批评只在私下进行。

27．对下属批评前我能认真听取他们的观点。

28．我经常将有关工作授权给下属。

29．我会仔细认真地将有关工作分配给最适当的人选。

30．当下属承担新工作时,我同其商量并制定出有关目标。

31. 对于下属我使用多种方法培训,以提高他们的有关技能。

32. 我鼓励下属从兴趣出发干工作。

33. 我愿意帮助下属,以使他们达到其工作目标。

34. 对于公司的要求和远景目标我充满信心。

成果与检验:

如果你的得分:>90,你已经是一名成功的中层经理了;76~90分,高于平均水平,但是还有提高的空间;66~75分,合格,但仅仅是合格而已,也可以成为"凑合";<60分,努力也够呛。

项目二　管理环境

内容提要

任何组织都不能独立存在，也不能自给自足。它们与环境相互作用，并受环境的影响。本项目主要介绍了组织的外部环境、行业环境、内部环境以及对环境的综合分析方法；介绍了利益相关者及几种商业伦理观。

知识目标

理解环境对组织生存和发展的重要性。熟悉宏观环境的分析方法。掌握行业环境及对环境的综合分析方法，了解企业内部分析方法。掌握几种典型的商业伦理观，熟知影响商业伦理行为的因素。

技能目标

学生能够应用五力模型对企业的行业环境进行分析，能够掌握经营环境分析的系统模型（即 SWOT 分析法）。能够辨析几种商业伦理的联系和区别，提出影响商业伦理行为的方法。

情意目标

通过本项目的学习，让学生对环境对组织的作用产生足够的重视，培养学生正确的商业伦理观。

典型任务

- SWOT 自我分析；
- 分析组织商业伦理。

任务一 分析组织环境

【模块一】 知识精讲:组织环境

任何组织都不能独立存在,也不能自给自足,它们与环境发生相互作用,并受环境的影响。管理人员应充分了解组织的环境对组织的决策和运作的影响,这样才能掌握机会、计划将来,以期达到组织的目标。

一、企业外部环境分析

企业的外部环境是企业经营所共同面对的环境,对每一个企业的经营活动都产生间接而却极为重要的影响作用。它一般包括经济环境、技术环境、政治法律环境、社会文化环境、自然环境等。

(一)经济环境

经济环境与企业经营的关系是最为直接的,对经营的影响也是最大的。经济环境对企业的影响主要表现在以下几方面。

1. 宏观经济周期

目前国家经济是处于何种阶段,宏观经济呈现出一种规律周期性地运行。在衡量宏观经济形势的诸多指标中,国民生产总值(GNP)是最常用的一种,它是衡量一个国家或地区经济实力的重要参考指标,它的总量及增长率与工业品市场购买力及其增长率之间有着较高的正相关关系。

2. 人均收入

人均收入是一个重要的参考指标,它与消费品市场的购买力有着很大的正相关关系。

3. 人口因素

人口因素也是一个很重要的参考指标,一个国家的人口总量往往决定着该国许多行业的市场潜力,特别是在生活必需品和非耐用消费品方面更是如此。因此,市场潜力与人口因素为正相关关系。

4. 价格因素

价格是经济环境中的一个敏感因素,价格的升降和货币的升贬之间呈负相关关系。

此外,国家的经济性质、经济体制等因素与企业经营管理有着密切的关系,但此类经济因素因其与一个国家的政治因素相关,因此,在进行经济活动分析时,应结合政治因素来考虑。另外,还需要考虑财政政策、货币政策、国家经济规划产业政策因素,如失业率的水平、工资和物价的控制状况、汇率的升降情况、能源供应与成本、市场机制的完善程度等,都应根据实际情况进行分析。

小故事：United 航空公司的票价对 Alaska 航空公司票价的影响

1993 年 1 月的一个上午，Alaska 航空公司的总裁从一份贸易报上获悉，United 航空公司将洛杉矶到西雅图的往返票价从 399 美元降到 289 美元。

作为同一航线上的竞争者，他应该怎样做呢？要想不失去市场份额，除了以同样的或更大的幅度降价外别无选择。

思考：体会外部环境对企业的影响。

（二）技术环境

经济增长率的提高主要决定于技术的进步。技术的进步将给企业提供有利的机会，但也给某些企业带来威胁。一项新技术的出现有时会形成一个工业部门，但同时也会摧毁一个工业部门。影响企业的技术因素主要包括：技术发展现状、技术发展结构、技术人员的素质和数量、技术知识的普及程度、工业技术基础的水平和产业构成。在知识经济时代里，企业提高效益，寻求发展，越来越依靠技术进步。当今无论是国内还是国外，获得突飞猛进发展的大企业，无不是靠先进的技术取得优势的。技术环境已成为企业环境中的主要因素。

（三）政治法律环境

政治法律环境包括一个国家或地区的社会制度和政治体制、对外关系以及国家或地区的方针、政策、法律和法规。政治法律环境的好坏影响着宏观经济形势，从而也影响着企业的生产经营活动。影响企业生产经营活动的政治法律环境的因素如下。

1. 国家政治体制

这是指国家的基本制度以及国家为有效运行而设立的一系列制度，如国家的政治和行政管理体制、政府部门结构以及选举制度、经济管理体制等。

2. 政治的稳定性

包括政局的稳定性（国家领导人是否经常更换、政变等）和政策的稳定性（政府的政策是否朝令夕改）两个方面。

3. 国际关系

国际关系也对企业生产经营活动发生着直接和间接的影响。军工企业、外向型企业与国际环境密切相关。良好的国际和平环境，有利于我国企业走向国际市场，也有利于企业引进资金和技术。

4. 法律体系

政府、企业、消费者的行为都需要用法律制度来规范。法律对企业的生产经营活动起着制约和规范作用，可以这样说，企业的每一项生产经营活动，都面对一系列的法律或法规。企业必须在合法的范围内经营，否则就可能受到处罚和制裁。

（四）社会文化环境

企业生产经营活动还在一定的社会文化环境中进行。社会文化环境主要指人们的价值观念、道德规范、风俗习惯、宗教信仰、生活方式、语言文字、受教育水平等。它是历史的沉淀，是不易理解但又时刻影响着企业的复杂体，社会文化既包括核心文化，又包括亚文化。所以，企业经营既要考虑整个社会价值观念、风俗习惯、文化传统的影响，又要考虑各种亚文化及其综合的影响，以便制定正确的经营发展战略。

（五）自然环境

这是指一个国家或地区的客观环境因素。主要有：自然资源；气候；地形、地质（山区和平原）；地理位置（沿海、内地，城市、乡村，离交通干线的远近等）。在自然资源有限的今天，企业对自然环境的分析主要解决日益减少的自然资源蕴藏量、日益严重的环境污染和政府对自然资源管理的干预日益加强等三个大问题。

小故事：贾府的兴衰

红楼梦的贾府中，拥有绝对权威的人物是贾母，王熙凤习钻算计，贾探春精明强干，等等。贾府如此多的代表人物，给人留下深刻的印象。那么同时也不得不佩服他们在管理这个大家庭的过程中表现出来的能力和才干。在贾府中，贾母是最高统治者，王熙凤是实际掌权者，经济决策出自王熙凤之手。贾府内无论是主子还是奴才，都有不同的等级地位，王熙凤的决策通过管家到最底层的奴才贯彻执行下去。王熙凤的话就是"理解要执行，不理解也要执行"的命令。贾府中的人按身份地位，享受不同待遇。这样一种等级森严、令出必行的管理制度，在当时的封建社会和经济条件下，却发挥了出奇的效果，偌大一个贾府被管理得井井有条，也曾一度达到奢华的巅峰。后来贾府的没落虽有很多诠释，但是很重要的一点是，贾府所在社会环境和经济环境的变迁起到至关重要的作用，再加上贾府一夜之间便没落下去。这正验证了"天时、地利、人和"对管理效果的关键作用这句话。

贾府的兴衰过程真实贴切展示了社会、经济环境和贾府内部人物的地位和思想变迁对贾府管理的巨大作用。即使是背景如此强劲的贾府，拥有皇亲国戚，也有"朝代"更迭，随着封建社会浮华没落的社会氛围越演越浓，等级森严、管理严密的贾府最终被带到了分崩离析的地步。

如果我们假设当今的企业就是一个如贾府般的组织，拥有完善的管理制度，员工分工明确，各司其职，也无法保证在不断变迁的环境下的基业长青，这也是为什么企业要不断寻求管理突破的原因，目的就是要不断适应变化的经济社会形势，不断给企业输入新鲜血液，保持自身的生存与发展。

思考： 从外部环境的作用分析贾府的兴衰。

二、行业环境分析

（一）行业环境分析概述

行业环境是指更能直接影响企业的生产经营、作用最大的企业外部环境。它与宏观环境相比，行业环境对企业的经营更具有针对性，对企业的经营发挥着更为直接的作用。宏观环境因素一般是通过行业（直接）环境因素对企业产生作用和影响。企业在经营过程中所直接面对的行业环境因素主要包括以下几方面。

1. 消费因素

消费因素构成了市场对企业的产品或劳务的需求因素，其主体是消费者（包括个人、政府和社会团体），它是企业服务的对象，是企业生存的衣食父母，消费者的购买能力、需求强度以及消费者的爱好和习惯等，决定着企业生产与经营的方向。所以，消费因素是企业最主要的行业环境因素。

2. 竞争因素

企业在市场上,只要不是独家经营,便有竞争对手。即使在某一市场上只有一个企业在提供产品或劳务,没有现实的对手,也很难断定这个市场上没有潜在的竞争企业。企业竞争对手的状况将直接影响企业的生产经营活动,因此,企业在进行经营决策前必须搞清楚竞争企业数目、竞争企业的规模和能力,竞争企业对竞争产品的依赖程度及竞争企业的营销策略,潜在竞争对手、产品或服务的替代者等问题。

3. 供应因素

供应因素又称资源因素,主要是指外部向企业提供的各种资源的总和。供应因素的主体是向企业及其竞争者提供生产经营所需资源的组织或个人。因此,供应因素包括供应资源的丰富程度、资源质量和价格、供应渠道、供应商的规模、能力、协作关系和激励方式等。供应因素对企业经营发展有实质性的影响,如影响企业产品的质量、成本和利润等。

4. 分销因素

分销因素又称营销中介因素,是指协助企业促销和分销其产品给最终消费的企业的综合。分销因素的主体是由中间商(批发商、代理商、零售商)、实体分配企业(运输、仓储)、营销服务机构(广告、咨询、调研)和金融中介机构(银行、信托、保险)等构成,是企业能否进入和占领某一特定市场的重要因素。

5. 公众因素

公众因素是指对一个组织实现其目标的能力,具有实际或潜在利害关系和影响力的一切团体和个人的综合。企业所面临的公众包括金融、媒体、政府、群众团体、当地公众、一般公众、内部公众。所有以上这些公众,都与企业的经营活动有直接或间接的关系。现代企业是一个开放的系统,在经营活动中必然与各方面发生联系,处理好与各方面公众的关系,是企业管理中一项极其重要的任务。因此,企业要注意对公众因素的分析与了解。

(二)行业环境分析的方法

行业环境分析的方法为五力分析法。五力分析法是分析行业环境中竞争因素的重要方法。

五力分析法,又称波特模型分析法,它是由美国哈佛大学的迈克尔·波特教授于1980提出来的,他认为一个行业存在着五种基本竞争力量,即现有企业之间的竞争、替代品的威胁、潜在加入者的威胁、购买者讨价还价的能力和供应者讨价还价的能力。见图2-1。

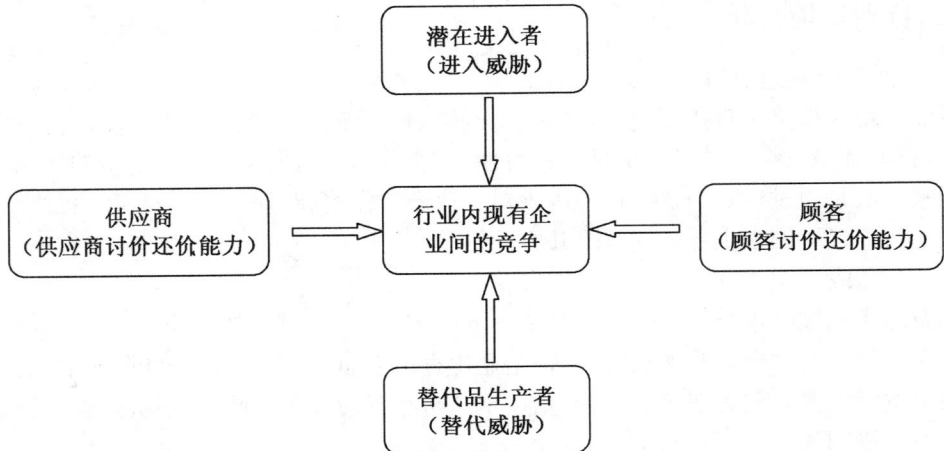

图2-1 五力模型结构

系统地考察这五种竞争力,就可以正确地估计该行业的竞争结构。这五种竞争力简要分析如下。

1. 新加入者的威胁

新加入者的威胁指潜在的竞争对手进入本产业的可能性。新加入者的威胁有两种形式:行业中增加新的企业和行业中已有企业扩大生产规模。新的入侵者会带来新的生产能力,促使获得市场占有率的愿望,并且带来了可观的财源。这种情况可能造成价格暴跌或行业内部企业生产成本的飞涨,由此减少了获利,更为严重的是,还会危及企业的生存。

新加入者威胁的状况取决于进入障碍和原有企业的反击程度。如果进入障碍大,原有企业激烈反击,潜在的加入者难以进入该行业,加入者的威胁就小。决定进入障碍大小的因素主要有:规模经济、产品差异优势、资金需求、转换成本、销售渠道等。

2. 现有企业间的竞争

企业所处的行业总会有若干数量的企业,它们之间存在着正面的竞争。现有企业之间采用的手段主要有价格战、广告战、引进产品以及增加对消费者的服务和保修等。在大多数的行业内,某家企业所采取的竞争性行为会对其竞争对手产生消极的影响,从而触发报复或抵制该项行动的努力。如果行动报复、抵制逐步升级,那么行业内所有的企业都会蒙受损失,各竞争厂家将"重新洗牌"。

3. 替代品的威胁

替代品是指那些与本行业的产品有同样功能的其他产品。替代品的价格如果比较低,它投入市场就会使本行业产品的价格上限只能处于在较低的水平,这就限制了本行业的收益。替代品的价格越是有吸引力,这种限制作用也就越牢固,对本行业构成的压力也就越大。

4. 供应商讨价还价的能力

供应商是指向特定企业及其竞争对手提供产品或者服务的企业。供应商的讨价是指供应商通过提高价格或者降低所售产品或服务的质量等手段对行业内的企业所产生威胁的大小。供应商对企业的经营具有很大的影响力,特别在企业所需资源供应来源十分稀缺时。供应商可以通过提价、限制供应、降低供货质量等条件来向企业施加压力,所以企业既要保证与一些主要的供应商建设长期稳定的供货关系,以获得稳定的供应渠道及某些优惠条件,同时又要避免单边垄断。

5. 购买商讨价还价能力

这是指顾客和用户在交易中讨价还价的能力。在买方市场占据有利条件时,顾客或用户就会有非常强的议价能力,从而使企业处于更加被动的地位,其结果是使得企业的竞争者互相残杀,导致企业利润下降。

三、企业内部环境分析

1. 企业内部环境概述

企业内部环境主要是指企业所拥有的客观物质条件和工作情况。它是企业开展生产经营活动的重要基础,是企业进行经营决策和战略规划的重要依据。进行企业内部环境分析,目的在于认清企业自身的优势和劣势,搞清造成劣势的原因,找出企业可挖掘的内部潜力,为企业正确地制定经营战略,编制经营计划,提供科学的依据。

企业内部环境分析一般包括：物力资源分析、生产能力分析、技术资源分析、企业经营分析和企业文化建设研究等。

（1）物力资源因素

物力资源因素是指企业从事生产经营活动的物质基础，它包括物资因素和资金因素。任何企业，如要从事生产经营活动，都必须拥有一定的物力资源。一定的人力只有同一定的物力相结合，企业的生产经营活动才能进行。

（2）生产能力因素

企业生产能力因素是指企业运用各种资源从事产品生产的能力的体现。它包括企业原先设计的生产规模、生产效率、生产技术条件以及可能采取变更生产能力的策略等。

企业生产能力涉及产品的生产的计划、组织和控制。它是企业固定资产在一定时期内在一定的技术组织条件下所能生产的一定种类和一定质量的产品的最大数量。它一般由生产计划能力、产品设计与创新能力、产品检验与控制能力所组成。

（3）企业组织管理能力因素

企业组织管理能力是指企业合理配置人力资源、建立高效组织机构的能力。它包括企业人员的素质、管理人员和技术人员的素质、生产工人的素质，以及企业以何种方式将这些人连接起来。企业中人的素质的管理，对整个经营活动影响是极大的。分析企业内部环境绝不可忽视人的因素。企业要提高效益，要维持生存和发展，就要有一支合格和具有竞争性的员工队伍，企业组织管理能力强，则能科学、合理地配置人力资源，有效地发挥企业员工的积极性与创造性。

（4）企业经营能力因素

企业是否存在优势，集中反映在企业的经营实力上。这方面的因素分析主要包括企业经营管理能力、产品竞争能力、技术开发能力、企业应变能力、市场营销能力和产品获利能力。

（5）企业文化建设因素

① 企业文化现状分析。应对企业的物质文化层、制度文化层、精神文化层逐一进行分析。例如精神文化层需重点分析已为绝大多数员工认同的经营宗旨、价值观、思维方式、行为道德准则、心理期望、信念、具有企业个性特点的群体意识等内容。

② 企业文化建设过程分析。企业领导人是如何塑造企业文化的？是否有科学的文化建设目标、工作内容、预算保证等？企业是如何宣传、贯彻现行企业文化的？现行文化是否为广大员工接受并付诸实践？

③ 企业文化特色分析。企业文化是企业独特的传统、习惯和价值观的积淀。企业文化的生命力和感召性在于其独具特色的震撼人心。例如海尔文化中海尔生存理念的特色是突出危机意识、居危思进、开拓进取。做好企业文化特色分析，准确把握企业文化的特色，是成功进行文化建设的关键。

④ 企业文化形成机制分析。分析研究现有企业文化的形成机制，弄清企业未来战略目标、战略方向、战略业务选择以及政策方针与员工接受的企业文化的相容或相悖程度，进而明确下一步文化建设的方向与思路。

2. 企业内部环境分析的方法

企业内部环境分析的方法主要为价值链分析法。价值链分析法由波特教授（F. E.

Porter)提出(见图2-2)。他认为企业的生产是一个创造价值的过程,企业的价值链就是企业所从事的各种活动:设计、生产、销售、储运以及支持性活动的集合体。

　　价值链中的价值活动可分为两大类,即基本活动和支持活动。基本活动主要有采购、生产、储运、营销、服务等活动;支持性活动主要有技术开发、人力资源管理、财务等活动。

　　所谓价值链分析,就是对上述企业各种经营活动(主要是基本活动与支持性活动)领域与环节,进行深入地分析。一方面可以对每一项价值活动进行分析,另一方面是对各项价值活动之间的联系进行分析。通过分析,找出优势与劣势,以提高价值的创造能力。

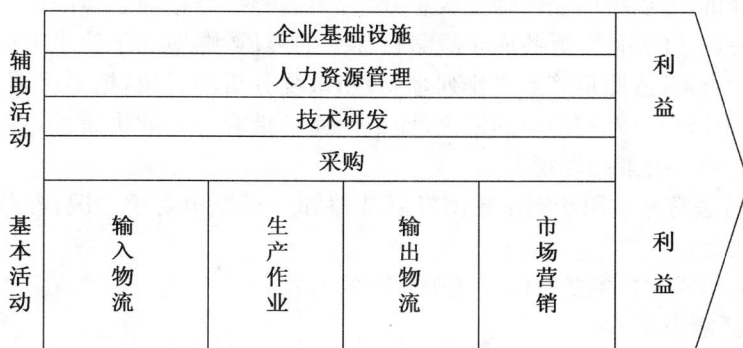

辅助活动	企业基础设施				利益
	人力资源管理				
	技术研发				
	采购				
基本活动	输入物流	生产作业	输出物流	市场营销	利益

图 2-2　价值链结构图

四、经营环境分析的系统模型

　　前面介绍了宏观环境、行业环境和企业内部环境的分析,我们再来把这三种环境综合起来分析,看一下企业经营环境分析的系统模型(图2-3)。

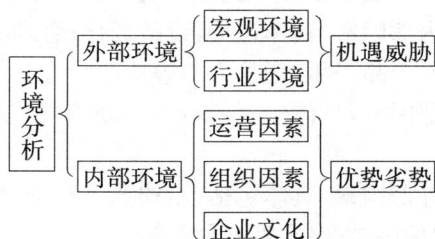

图 2-3　组织的开放系统

　　外部环境分析包括一般环境分析和行业环境分析。一般环境或宏观环境是指给企业造成市场机会或威胁的主要社会因素,对所有企业都会产生影响。一般环境分析的方法是PEST分析,即分析下列因素或力量:政治与法律因素、经济因素、社会文化及技术因素。行业环境或产业环境是指对企业经营活动有直接影响的外部环境。其主要分析方法是美国管理大师迈克尔·波特提出的五种基本竞争力量即五力模型,包括现有竞争者、供应商、顾客、潜在进入者和替代品。宏观环境分析采用PEST模型,行业环境分析采用五力模型,现在我们介绍一个系统模型分析,涉及宏观、中观和微观。如何分析呢?就采用我们常说的SWOT分析。

SWOT 分析法是研究企业经营环境的一种基本方法,是用来识别企业内部优势与劣势和企业外部机会与威胁的一种有效方法。所谓 S 是企业的内部优势(Strength);W 指企业的内部劣势(Weaknesses);O 指企业外部环境的机会(Opportunities);T 指外部环境的威胁(Threats)。将这四种因素综合起来分析,就简称为 SWOT 分析法。

从整体上看,SWOT 可以分为两部分:第一部分为 SW,主要用来分析内部条件;第二部分为 OT,主要用来分析外部条件。利用这种方法可以从中找出对自己有利的、值得发扬的因素,以及对自己不利的、要避开的东西,发现存在的问题,找出解决办法,并明确以后的发展方向。

根据这个分析,可以将问题按轻重缓急分类,明确哪些是目前急需解决的问题,哪些是可以稍微拖后一点儿的事情,哪些属于战略目标上的障碍,哪些属于战术上的问题,并将这些研究对象列举出来,依照矩阵形式排列,然后用系统分析的思想,把各种因素相互匹配起来加以分析,从中得出一系列相应的结论,而结论通常带有一定的决策性,有利于领导者和管理者做出较正确的决策和规划。

SWOT 分析法常常被用于制定集团发展战略和分析竞争对手情况,在战略分析中,它是最常用的方法之一。

进行 SWOT 分析时,主要有以下几个方面的内容:

（一）分析环境因素

运用各种调查研究方法,分析出公司所处的各种环境因素,即外部环境因素和内部能力因素。外部环境因素包括机会因素和威胁因素,它们是外部环境对公司的发展直接有影响的有利和不利因素,属于客观因素。内部环境因素包括优势因素和弱点因素,它们是公司在其发展中自身存在的积极和消极因素,属主观因素。在调查分析这些因素时,不仅要考虑到历史与现状,而且更要考虑未来发展问题。

优势,是组织机构的内部因素,具体包括:有利的竞争态势;充足的财政来源;良好的企业形象;技术力量;规模经济;产品质量;市场份额;成本优势;广告攻势等。

劣势,也是组织机构的内部因素,具体包括:设备老化;管理混乱;缺少关键技术;研究开发落后;资金短缺;经营不善;产品积压;竞争力差等。

机会,是组织机构的外部因素,具体包括:新产品;新市场;新需求;外国市场壁垒解除;竞争对手失误等。

威胁,也是组织机构的外部因素,具体包括:新的竞争对手;替代产品增多;市场紧缩;行业政策变化;经济衰退;客户偏好改变;突发事件等。

SWOT 分析法不是仅仅列出四项清单,最重要的是通过评价公司的强势、弱势、机会、威胁,最终得出以下结论:(1) 在公司现有的内外部环境下,如何最优地运用自己的资源;(2) 如何建立公司的未来资源。

（二）构造 SWOT 矩阵

将调查得出的各种因素根据轻重缓急或影响程度等排序方式,构造 SWOT 矩阵。在此过程中,将那些对公司发展有直接的、重要的、大量的、迫切的、久远的影响因素优先排列出来,而将那些间接的、次要的、少许的、不急的、短暂的影响因素排列在后面。

（三）制定行动计划

在完成环境因素分析和 SWOT 矩阵的构造后,便可以制定出相应的行动计划。制定计划的基本思路是:发挥优势因素,克服弱点因素,利用机会因素,化解威胁因素;考虑过去,立足当前,着眼未来。运用系统分析的综合分析方法,将排列与考虑的各种环境因素相互匹配起来加以组合,得出一系列公司未来发展的可选择对策。

📚 **小故事:格兰仕集团的五力分析**

广东格兰仕集团有限公司是一家全球化的家电生产企业,是中国家电业最优秀的企业集团之一。多年来,格兰仕致力于"全球微波炉制造中心""全球空调制造中心""全球小家电制造中心"三大制造基地的发展,保持了微波制造、光波炉制造的世界第一,进入了世界一线空调品牌的阵营。

微波炉处于竞争十分激烈的家电市场,格兰仕不可能采取行政性的措施不让其他企业进入,因而格兰仕采取了经济手段中最常用的方法——利用规模经济。目前,格兰仕占全球微波炉市场1/3的份额,大规模的生产带来规模经济,从而有更低的生产成本。其他企业进入微波炉市场时,只有投资于较大规模的生产线才可能取得与格兰仕相近的生产成本,从而使国内很多中小企业不可能再进入该领域。

格兰仕防范潜在竞争对手的第二招是频繁降价,目的是使微波炉的投资回报率低于跨国公司所要求的投资回报率。1996年8月格兰仕第一次大幅降价,降幅平均达到40%;1997年格兰仕第二次大幅降价,降价幅度在29%～40%之间;2000年6月,格兰仕以五朵金花系列等中档机为主第三次大幅降价,降幅仍高达40%;2000年10月,格兰仕以黑金刚系列等高档微波炉为主第四次降价,降幅也高达40%。通过一系列的降价活动,格兰仕已基本摧毁了产业的投资价值,从而使国际上多大的投资集团失去了在中国投资建立微波炉厂的兴趣。

格兰仕防范潜在竞争对手的第三招——博得"价格杀手"名声。据统计,从1996年起格兰仕先后在全国范围内打过九次或明或暗的价格战。通过多次价格战获得价格杀手称号,再加上生产规模无人能比,所以没有新进入的企业敢于与价格杀手打价格战,实际上也没有多少人敢于进入价格杀手的势力范围。

格兰仕通过上述的组合拳,打出了自己在微波炉行业的垄断地位,国内市场占有率从1996年的35%提升到1997年的47.6%。2000年,其市场占有率已达76%。与此同时,产销量从1996年的65万台,达到1998年的450万台。格兰仕通过有效防范国内外企业确立了自己在微波炉领域的领导地位,保证了自己的经营安全。

思考:将格兰仕公司的五力具体化。

【模块二】 案例分析

YC 钢绳厂

施建华(小施)是某大学管理学院的研究生。1993年寒假的一天,小施在街上遇到了他高中时的同学万鸿传(小万)。小万在某冶金学院毕业后,被分配到YC市钢绳厂技术科工作。小施向小万表达了自己想在做论文之前到工厂进行调查的愿望。小万热情地邀请小施到他工作的单位去参观和调查。

(一)概况

YC钢绳厂位于YC市郊区,从市中心乘车到该厂约需15分钟。该厂是全民所有制企业,行政上隶属于YC市冶金局。该厂建于1988年,现有正式职工200多人,合同工和临时工100多人,合计近400人。该厂有三个生产车间,即拉丝车间、热处理车间和镀金车间。另外该厂还有供应科、销售科、技术科、财务科等十多个科室。该厂有各类机器百余台,其中主要设备是拉丝机6台,镀金设备(长80余米)一套。该厂固定资产折合人民币约一千多万元。

该厂属于金属制品类型,正如该厂的名字所表明的,该厂的主要产品是钢绳。但是该厂发现钢丝绳的销售量和利润率远远低于预应力钢丝,于是近年来厂领导把产品的重点转移到预应力钢丝。表一给出了该厂近五年的销售量。

表一　YC钢绳厂近五年的产值

年份	1989	1990	1991	1992	1993
产值(万元)	54	324	410	650	1 200

1989年产值较低是因为工厂仅部分投产的缘故。工厂的实际利润的数据这里没有给出,但可以认为与产值的增长是同步的甚至于更快些。因此该厂的效益特别好,被认为是YC市少数几个富得冒油的厂家之一。据工人反映,正式职工每月的实际收入在500~600元。但人们一般认为这个说法是保守的。

(二)与胡主任的交谈

拉丝车间的胡主任是小万的好朋友,所以小万在把厂里的基本情况向小施介绍之后,就把小施带到了胡主任的办公室。胡主任四十多岁,看上去很随和,也很健谈。当小施问到工厂的效益时,胡主任说:"我们厂的效益的确好,特别是从1993年下半年开始更是如此,利润直线上升。这主要有这样几个原因。首先是市场对预应力钢丝的需求量特别大。现在经济发展很快,经济建设离不开建筑,而建筑又少不了预制板,预制板又少不了预应力钢丝。我们厂原来主要是搞钢丝绳的,现在主要力量放在预应力钢丝了。因为钢丝绳的市场有些疲软,当然我们还是生产一些钢丝绳。我们厂现在是用钢丝绳来交利税,这样预应力钢丝的收入就归我们厂了。今年下半年开始,钢材的价格下跌了,而三峡开始动工,需要更旺盛了。别人现在抢我们的产品。这没办法,就像是在肥沃的土地上风调雨顺地种粮食。"

小施问,"既然市场需求这么高,厂里收益这么高,为什么不扩大生产规模?"

胡主任回答说:"厂里是想扩大生产规模,不是搞了一个2 960万元的投资计划,国务院已经批准了。这个投资项目很大,成功之后我们厂的年产值可以达到四千万。这个项目是国家贷款,利率分别为9%和12%,国家的计划已经下来了,可是银行不给钱,说是没有钱。"

小施问:"投资需要几年建成,建成后大约几年可以收回成本?"

胡主任说:"投资大约一年多一点的时间建成,建成后大约一年多就可以收回投资。"

小施问:"既然这么高的回报率,为什么不自筹资金,而要等着国家贷款。国家计划内贷款的利率这么低,银行显然不愿意给这笔钱,你们要等到什么时候。"

胡主任说:"这我就不知道了,你该去问厂长。"

小万说:"厂长正在开会,冶金局今天来人了。"

胡主任说："我不知道头头们是怎么想的,想怎么干。厂长已经五十多岁了,干完这一届,把这个投资搞上去就要下来了。自筹资金风险太大。再说国家已经给了我们计划贷款,银行就应该给我们钱,有 12% 利率的银行贷款,为什么要去自己筹集 20% 利率的资金呢?"

小施说："那就只有等了。"

胡主任说："是这样。事实上你看到我们厂的效益这么好,这也不是干出来的,而是等出来的,我叫这为"望天收"。厂长他们成天就是打麻将,拉关系。昨天刚刚给厂里一人发了一床棉被,厂里用每床 75 元买来的,而商店里同样的东西只卖 50 元一床。"

看到扯到厂里的小事和人事关系上,小万就说到另一个车间去。在去另一个车间的路上,小万说,胡主任是全厂闻名的牢骚大王。

（三）与徐主任的交谈

热处理车间的徐主任才 28 岁,由于人比较瘦小,又留着胡子,所以看上去年龄要大些。徐主任是武汉钢铁学院 1988 年毕业生。小万介绍说,你别看徐主任年轻,他是这个厂的元老之一,这个厂刚建他就来了。

小施对徐主任说："你干得不错。"

徐主任说："马马虎虎。"

小施问："你怎么到这个厂来的?"

徐主任说："我 1988 年从钢院毕业后,并不是分在这个单位,而是在另一个单位,可是那个单位的领导好像与我过不去似的,我就自己找到这个单位,当时调动时还费了好大的劲。原来的单位既不用你,也不让你走。"

小施问,为什么?

徐主任说："你这个大学生一走,别人就会说这厂留不住人才。再说局里每年要统计各厂技术人员所占的比重,你一走,他的技术人员的比重不就下降了吗?所以他宁愿让你在那里成为一个不听话的闲人,也不放你走。"

小施问："这个厂的领导怎样?"

徐主任回答说："我感到这个厂的领导的最大特点是有魄力,重视人才。我举一个例子。我刚来这个厂子不久就被派出去出差。结果把事办砸了,给厂里造成两万多元的损失,我回来后害怕,就躲起来了。厂领导知道后说,刚出学校门,摔了跤,吸取教训就行了。我非常感激,决心将功补过。不过不是吹,我这几年也确实为厂里做出了一些贡献。"

小施说："你们厂效益不错。"

徐主任说："的确是这样,我们的原料的供应者把原材料送到我们厂,要求我们半年以内交款都行,而我们的买主得提前半年交款才有可能拿到货,我们什么也不做,仅拿利息收入就相当可观。"

小施问："既然这么好的市场需求,为什么不赶紧扩大生产规模?"

徐主任说："我们是准备扩大生产规模,你知道不,我们决定投资 2 960 万元。"

小施说："我听说了。但也听说银行没有钱。"

徐主任说："银行怎么会没钱?关键看它愿不愿意给。我听说第一批贷款 900 多万元已经到厂了。"

小施说："我听说投资建成和收回投资都只要一年多的时间就够了。这样高的利润率别人一定会往里钻的。你们考虑过这方面的问题吗?"

徐主任说:"两年前我做过一个可行性分析。全国像我们这样的金属制品厂有 400 余家,其中江苏一省就有 80 多家。江苏有些厂很小,只有几十人,只有一个厂部,几个专职办事员,几个生产小组,效率特别高,比我们当然要高多了。我们的优点是我们的地理位置。鄂西就我们这一家。我们在附近的一个小县做了调查,这个县每年需要我们的产品就 100 多吨,我们目前的产量也就 2 000 吨左右。考虑到本市的需求和三峡工程,需求是没有一点问题的。国务院给我们计划内贷款,就是考虑到我们的产品是短线产品。"

(四)厂区的印象

从徐主任办公室出来,小万又带着小施在厂区和车间走了一走。厂区面积很小,占地只有 15 亩地。小施问,新的投资将建在什么地方,小万指了指厂部外面的农舍和农田。厂里今天正在开运动会。但各个车间都没有停工。各个车间都很简陋,废渣废物到处都是。机器都是国产的,看上去并不精致。每个车间有不到 10 个人在进行一般的操作,如把生产出来的钢丝运走等。小施在想,难怪江苏几十个人也能建起这样一个厂。小施问小万:"你们厂的优势在哪里?"小万说:"客户对我们比较了解,用我们厂的产品放心。"小施说:"你们产品的质量似乎在很大程度上取决于原材料的质量。"小万说:"是这样,所以我们的检验科室力量很强。"

在厂办公室门口,停着一部很漂亮的小汽车。小施问:"这是你们厂里的汽车吗?"小万说:"这大概是局里的车子。我们的车子在车库里。"小施问:"你们厂有几部小汽车?"小万说:"四部,其中一部皇冠,一部桑塔纳。"小施问:"你们厂里有计算机吗?"小万说还没有。

中午到了,小万请小施到餐馆吃饭。在吃饭的时候小施一直在思考这样一个问题:假如我是这个厂的厂长,我应该怎么办,现在可以高枕无忧吗?

案例讨论:

1. 用 SWOT 法对该钢厂进行分析。
2. 如果你是厂长,该怎么办?

成果与检验:

根据小组成绩、班级讨论、书面报告等综合评定。

【模块三】 管理游戏

比比抓球

游戏目标:

使学生正确认识自己的实力以及对机会的评价、选择等。

游戏程序:

1. 将学生分成数量相等的小组。

2. 老师让学生估计一只手能抓起多少只乒乓球。老师对学生的回答做好统计,最少的只数是多少,最多的只数是多少,回答每一个数字的人又是多少。

3. 老师让学生试着抓乒乓球(只能用一只手,不能用另一只手帮忙),看他们能抓多少只。

4. 其他学生观察与他们先前估计的数字是否有出入。

5. 学生分享讨论。

游戏中发生了什么情况？为什么？给我们经营管理上什么启示？

游戏准备：

1. 在前一次课上宣布活动的任务、道具及分组。

2. 指定准备活动道具的负责人。道具：有编号的乒乓球若干，并用塑料袋装好。

3. 确定每组的记录人。

4. 宣布活动程序、规则及时间。不同编号的乒乓球代表不同的分值；每个人只能抓一次，时间为 10 秒钟；小组成员估计数与实际数差值越小越好，小组成员每个人的分值越大越好。

5. 控制整个活动场面，回答学生的提问，监督是否有违反规则的现象。

评分表：

小组成员	估计数（A）	实际数（B）	绝对值（A-B）	个人分值和
1				
2				
3				
4				
5				
6				
7				
8				
小计				

成果与检验：

根据学生的参与程度及表现看游戏效果，并评定成绩。

【模块四】 实战任务

自我 SWOT 分析

实战目标：

1. 增强对自我的认识，了解自己存在的差距；

2. 找出指导自我学习的最佳方法。

内容与要求：

1. 程序：写自我 SWOT 分析；小组成员分享。

2. 讨论：自己做了分析之后，是否对自己的认识更为深刻？小组的其他成员分享了之后，学到了些什么？

成果与检测：

根据小组成绩、班级讨论、书面报告等综合评定。

【模块五】 能力测评

你是个求安稳的人吗

职业定位测验:你是个求安稳的人吗? 根据自己的第一印象回答,不要过多考虑。

1. 我择业时,非常看重有无医疗保障。 （　　）
  A. 完全不同意。 B. 非常不同意。 C. 稍有不同意。 D. 无所谓。
  E. 稍有同意。 F. 非常同意。 G. 完全同意。

2. 我希望住在居民素质较高的地区。 （　　）
  A. 完全不同意。 B. 非常不同意。 C. 稍有不同意。 D. 无所谓。
  E. 稍有同意。 F. 非常同意。 G. 完全同意。

3. 我认为首先要有一个安稳的住宿,才能完全投入事业发展。 （　　）
  A. 完全不同意。 B. 非常不同意。 C. 稍有不同意。 D. 无所谓。
  E. 稍有同意。 F. 非常同意。 G. 完全同意。

4. 我希望自己的工作非常稳定。 （　　）
  A. 完全不同意。 B. 非常不同意。 C. 稍有不同意。 D. 无所谓。
  E. 稍有同意。 F. 非常同意。 G. 完全同意。

5. 我非常在意饮用水是否达到很高的卫生标准。 （　　）
  A. 完全不同意。 B. 非常不同意。 C. 稍有不同意。 D. 无所谓。
  E. 稍有同意。 F. 非常同意。 G. 完全同意。

6. 我认为家庭一定要安装防盗门。 （　　）
  A. 完全不同意。 B. 非常不同意。 C. 稍有不同意。 D. 无所谓。
  E. 稍有同意。 F. 非常同意。 G. 完全同意。

7. 我希望能拥有更便利的交通工具。 （　　）
  A. 完全不同意。 B. 非常不同意。 C. 稍有不同意。 D. 无所谓。
  E. 稍有同意。 F. 非常同意。 G. 完全同意。

8. 我认为人身保险很重要。 （　　）
  A. 完全不同意。 B. 非常不同意。 C. 稍有不同意。 D. 无所谓。
  E. 稍有同意。 F. 非常同意。 G. 完全同意。

9. 我希望平时能有比较多的休闲时间。 （　　）
  A. 完全不同意。 B. 非常不同意。 C. 稍有不同意。 D. 无所谓。
  E. 稍有同意。 F. 非常同意。 G. 完全同意。

10. 家里只有我一个人的时候,如果有陌生人敲门,我会很仔细地询问,而不会贸然开门。 （　　）
  A. 完全不同意。 B. 非常不同意。 C. 稍有不同意。 D. 无所谓。
  E. 稍有同意。 F. 非常同意。 G. 完全同意。

成果与检验:

1~5 题为生存需要,6~10 题为安全需要,分值按顺序分别为 1~7 分。

生存需要：5～24 分为较低，25～29 分为中等，30～35 分为较高；

安全需要：5～19 分为较低，20～25 分为中等，26～35 分为较高；

分数越高，表明对该需求越在意，这方面的需要的满足越可能牵扯大量精力，成为生活的核心焦点。

以上问题测试两种基本的需要：基本生存需要和安全需要。基本生存需要是各种用于满足生存的需要，如饮食、睡眠、住房等方面的需要。安全需要是个体对安全、稳定、依赖的需要，希望免受恐吓、焦躁和混乱的折磨。

任务二　了解利益相关者及商业伦理

【模块一】 知识精讲：利益相关者及商业伦理

一、利益相关者

利益相关者，是指与组织有一定利益关系的个人或其他群体，他们能够被其他一个群体组织影响，同时也能对群体组织产生影响。可能是组织内部的（如雇员），也可能是组织外部的（如供应商或压力群体）。

（一）投资者（股东）

投资者是企业中的最重要的利益主体，投资者的利益与企业的利益的相关程度最高，他们是企业的创始者，企业的营利性质直接来源于投资者追求利润的意图。投资者的出资形成了企业的财产；同时，企业财产又与投资者个人财产相分离。企业的财产来自股东的投资，投资者一旦将财产交给企业，就丧失了对该财产的所有权或者所有权受到限制。财产属于公司所有，股东无权抽回这部分财产，公司的注册资本属于公司的自有资本，这些资本是企业进行市场活动和对外承担责任的物质基础。

（二）经营者

企业的目标实现直接依赖于经营者的实践活动。经营者的内在需求是追求个人效用的最大化，包括物质方面的货币收入和职务消费，精神方面的自我实现的成就感和社会地位。如何使经营者的个人动机符合企业和投资者的利益要求，必须依赖外部因素（投资者和企业内部结构的监督、经理市场和其他市场的竞争力量）的制约。

（三）职工

职工关心的利益主要包括：① 工作保障；② 合理待遇；③ 安全的工作环境；④ 日益改善的福利；⑤ 工作上的升迁与成长。

实际享有的权利：① 参与工会取得协商权；② 行使罢工权；③ 消极怠工；④ 公开披露；⑤ 离开公司。

（四）政府

作为社会的管理者，承担着调整社会成员之间相互关系，维护社会持续稳定发展秩序的重任。

国外某重要相关课题研究表明,政府在企业社会责任履行中主要起到以下四个方面的作用:一是命令,即通过立法、财政等形式,进行监控、核查、惩处与嘉奖;二是推进,如设立基金、提高认识和觉悟、设计激励措施等;三是协调,主要是指整合资源,与利益相关者进行沟通;四是支持,包括政治支持、宣传与赞美等。

根据我国的具体情况,我国政府在企业社会责任履行中应努力充当好引导者、推动者、规制者、催化者和监督者的角色。

1. 引导者

政府应该成为企业履行会责任的引导者,构筑起一个系统而完善的平台,促使企业提高社会责任感。政府应主要从观念上引导企业,走可持续发展的道路,把一些短视行为纠正过来,树立正确的企业发展观念。

2. 推动者

政府倡导行为对市场干预程度尽可能小,一方面通过把符合社会公益的道德理念诉诸规范引导企业的具体行为,激励企业实施社会责任并对其行为进行软约束;另一方面政府可以通过运用社会资源,通过新闻媒体、行业协会等 NGO 组织来宣传、倡导和推动,提高公众和企业对企业社会责任活动的认识。

3. 规制者

政府作为社会管理者的职能之一,就是相关法规的制定,使企业社会责任纳入法制化、规范化的管理体系中。政府可以综合运用经济手段、社会手段和反垄断手段等多种方式对企业进行社会责任承担的监管。一方面政府应通过法律法规的制订与执行,以强制性规范方式,使企业承担基本的社会责任。另一方面,对不承担法定社会责任的企业,政府应加大惩处力度。

4. 催化者

政府应灵活运用多种方式,通过"拉",激励企业主动承担社会责任。政府也可通过融资优惠政策、税收杠杆、公共采购政策及资信评级及公共采购等激励企业承担社会责任,使那些主动承担社会责任的企业获得经济上的补偿和回报。

5. 监督者

政府通过法律制度和政策引导企业在获取利润的同时,主动承担对利益相关者的责任,使企业承担社会责任与纳税处于同等地位。政府的监管行为以国家强制力为后盾,主要存在于涉及公共利益与公共安全的领域,如环境、食品卫生、建筑安全、劳工权益等,形成对企业的硬约束。

国家对企业管理的目的主要有三种:一是为了维护社会秩序,包括经济秩序、治安及其他社会秩序,这可称为国家对企业的社会性管理。二是国家以税收等形式对企业进行财政性分配和再分配,实行财政性管理。三是国家为了促进社会经济结构运行的协调稳定和发展,运用国家之手调节经济,而对企业实行的经济调节性管理。

各级政府关心的利益:税收来源、财政平衡、共同建设进度、预算效率、良好的经营环境;各级政府对企业的影响力:公权力、国际地位、立法权、国家资源分配、经济实力。

(五)债权人

企业的债权人关心企业的债息收入、公司运营情况,同时还关心通货膨胀和对其他的法律保障。债权人对企业的实际影响力主要包括优先求偿权、信托契约、联合收回授信等。

（六）顾客

针对企业，顾客关心的利益主要是物超所值、价格合理；安全可靠的产品与服务；诚实的商品信息以及周到的售后服务。而顾客对企业也具有很大的直接影响力，顾客对企业的产品或其他行为不满时，会通过拒买抵制企业产品、检举企业不当的做法、购买竞争对手的产品以及反宣传和法律途径来维护自己的权益，影响企业的运转。

（七）社会主体

社会主体主要包括社区、媒体、工商支持团体、社会大众和社会利益团体等企业相关者。这些利益相关者关注企业的公共设施的安全、公害污染、社区安全、就业机会、与企业文化融合、社会正义等其他一系列问题。同时，他们可以通过申诉或诉讼、发起舆论、抗议抵制、媒体揭发、结盟对抗、向民意代表申诉、抗争、检举、诉讼、揭发、挖掘真相、以言论（报道）影响舆论、专业的发言权、形成舆论、对政府施压、支持特定的族群等方法和手段来对企业的不法行为及不正义行为进行控诉。

（八）竞争者

竞争者关心企业的市场占有率、竞争强度、产业情报、产品创新、营销手法等，但它同时也可以通过策略联盟、市场竞争、垂直整合、掌握关键技术、占领有利市场等手段来影响企业的生产经营活动。

二、商业伦理

组织通过其决策和行动也会对环境产生有益和有害的影响。一方面，组织通过有效的管理，吸收社会就业，为社会提供质优价廉的产品或服务，为社会创造更多的财富，为增进社会福利做出贡献。另一方面，组织的决策和行动也会给社会造成一些负面的影响。例如，在经济不太好的时候，缩减营业规模造成员工失去工作岗位，给一些家庭带来伤害；选择不恰当的产品及生产方式，造成有害的排放物，破坏了社区及周围环境；制造假冒伪劣产品或不安全产品对消费者利益形成损害；为了赢得一份商业合同贿赂政府官员所造成的恶劣社会影响，等等。因此，作为有社会力量的组织的管理者在每天的决策和行动中都会面临组织利益与伦理的权衡问题，"如果解雇一名绩效低下的员工，他的家庭及孩子们怎么办？""如果企业在海外投资，并且在当地使用童工合法，那么你的竞争对手已经这样做了，你是否也应该这么做？"保护所有受组织决策和行动影响的人们的利益，是管理者应该承担的不可推卸的责任。

（一）组织中的热点伦理问题

伦理丑闻在今天已经成为司空见惯的事情，从商业、体育、政治到娱乐业概莫能外，这些丑闻打击了利益相关者的信心，并且引起了对我们社会的道德一致性的质疑。当然，与此同时，我们还必须肯定绝大多数的人每天仍然在按照最高的道德标准行事。因此，当我们在总结组织中的热点伦理问题时，记住我们不能以偏概全。

1. 伦理领导

高伦理管理者的人数远远多于不伦理的管理者。但是，恰恰是这些暴露在聚光灯下的被解职的管理者们的所作所为提高了人们的警惕，从而大大增加了针对所有管理者的检查措施。由此导致的结果是所有管理者们都被期望按最高的伦理标准行事。反过来，人们又希望这样的领导能够帮助组织其他人规范其行为，建立重视伦理行为的规范和文化。

伦理领导的基本假设是,领导是组织内其他人的角色典范,他们的每一个行为都会受到检查。如果高级管理者的行为有问题,这就会向其他人发出信号:这种行为是可以接受的。反过来,其他人在面对类似情况时会回想起领导的做法。人们要求这些 CEO 们必须定下公司的道德基调,他们要诚实、直率和为公司出现的任何问题负责。

2. 公司治理中的伦理问题

公司治理中的伦理问题是另一个热点。上市公司董事会的责任是保证企业管理适当,保证企业高层的决定符合股东和其他利益相关者的最佳利益。但是,有众多的案例表明,近年来爆发的伦理丑闻往往是从公司治理结构的破坏开始的。例如,世通公司的董事会批准了给公司 CEO 埃伯斯提供私人贷款 3.66 亿美元,而几乎没有证据表明他会归还。与此相似,泰科公司董事会批准给予一名董事 2 000 万美元奖金,奖励他在收购另一家公司的过程中所做出的贡献。

但是,现在越来越多的董事会即使在没有直接做错事的情况下也会受到批评。最大的诟病往往是董事会缺乏独立性。例如,迪士尼公司就面临着这样的问题。董事会中的一些关键成员来自同迪士尼做生意的公司,另一些则是 CEO 艾斯纳多年的老朋友。艾斯纳可能由于与董事会成员的密切关系而获得超过正常需要的自主权。尽管董事会成员应当对公司和产业有所了解以更好地发挥作用,但只有充分独立才能发挥其监督职能。现在,越来越多的公司董事会制订了严格的治理标准,清楚地区分董事会和 CEO 的权限。

3. 信息技术的伦理问题

信息技术也是近来商业伦理的热点,包括个人隐私权和个人滥用信息技术的问题。在线隐私早已成为热点,因为企业已经意识到了这方面的伦理和管理问题。一家名为"双击"的网络广告公司是在隐私权方面最受争议的企业之一。这家公司收集了关于数百万上网者的习惯的数据,记录他们所访问的网站和他们所点击的广告。"双击公司"坚持说它所收集的信息是匿名的,目的只是为了在上网者和广告之间进行更好的匹配。但是,当这家企业宣布计划在它的数据库里加上姓名和地址之后,它被迫取消了这一计划,因为公众担心这样可能会侵害在线隐私权。

"双击"不是唯一一家收集人们在互联网上活动的个人信息的企业。在雅虎上注册的用户被要求提供出生日期等细节信息。亚马逊、eBay 和其他网站也要求用户登记个人信息。随着互联网用户的增加,调查显示人们对个人信息被企业收集以及谁会看到这些信息越来越担心。

打消人们顾虑的方法之一是在网站上贴出隐私政策。在政策中应当说明企业将收集哪些数据、谁会看到这些数据。它还应当让用户有权利选择是否将个人信息告诉他人或如何避免信息收集。迪士尼、IBM 和其他公司对上述做法进行了支持,它们拒绝在没有发布隐私保护政策的网站上做广告。

此外,企业还可以在网站上向用户提供修改和检查所收集到的个人信息的机会,特别是医药信息和财务信息。在网下世界里,消费者拥有法定权利检查其信用卡和医疗记录。在网上世界中,这种资料查询可能成本相对较高、手续烦琐,因为数据通常保存在几个不同的计算机系统中。除了技术上的困难,政府机构也已经在着手制定互联网隐私政策,这意味着企业必须制定内部规范、组织培训和通过领导来保证遵守。

（二）商业伦理规范的含义

商业伦理规范指的是经济活动中那些涉及对或错的道德准则或信念。根据这一定义，商业伦理在本质上是准则或信念，这些准则或信念旨在帮助有关经济活动主体判断某种行为是正确的或是错误的，或这种行为是否为组织所接受。它指导着个人与他人或群体（利益相关者）交往，同时也为确定行为是否正确或恰当提供了一个基本依据。伦理规范有助于人们在对最好的做法不甚明了时做出合乎伦理的回应，指导着管理者在不同的情境中做出应该如何行动的决策，也有助于管理者决定如何最好地回应不同组织利益相关者的利益要求。

（三）商业伦理观

管理者制定的许多决策和所采取的诸多行动必须考虑谁会受到其结果和过程的影响。长期以来，哲学家、经济学家们一直在为判断决策和行动是否合乎伦理的具体标准争论不休，他们先后提出了指导管理者制定决策可供利用的四种伦理观，即功利主义伦理观、权利主义伦理观、公正主义伦理观和综合社会契约伦理观。

1. 功利主义伦理观

功利主义伦理观是指完全按照结果或后果制定组织的各项决策。这种伦理观通过考察如何为绝大多数人提供最大的利益这种量化的方法来制定组织的决策。管理者应该对可供选择的做法可能给组织的不同利益相关群体带来的收益和成本进行比较分析，在此基础上他们所选择的做法应该符合利益相关者的最大利益。按照功利主义伦理观，管理者可能会认为，在经济不景气的环境下，解雇 20% 的员工是合理的，因为这种措施将降低成本压力，增加企业利润，确保留下的 80% 员工的工资收入，增加股东能获得的收益。人们可能也会认为偷一片面包给一个饥饿中的家庭是合乎伦理的，因为吃这片面包维系了这个家庭的生存，这片面包对于穷人的效用大于对于富人的效用。

小故事：吉德拉的"三板斧"改革

20 世纪 70 年代前期，国际汽车市场疲软，意大利最大的汽车制造企业菲亚特汽车公司内部连出管理问题，公司连年亏损，在世界汽车生产商的排名榜上接连下跌。此时，菲亚特集团的决策层中有不少人力主甩掉汽车公司这个沉重的大包袱。消息传出后，菲亚特汽车公司上下一片恐慌。

危机之下，1979 年，曾一手打造菲亚特辉煌的公司董事长贾尼·阿涅利任命 47 岁的维托雷·吉德拉出任菲亚特汽车公司总经理。

吉德拉能给心神不定的员工们带来什么呢？他看起来没有什么办法。他总是带着微笑与大家在一起交谈、访问，他询问的问题倒是不少。

不久，吉德拉的小本子已经记到了最后一页。一天，他合上笔记本，召开了公司管理人员会议。"诸位，近年来我们公司每况愈下，似乎要从欧洲汽车生产商的序列中消失了！对此，我作为一名老菲亚特人，深感痛心！今天，请大家思考——菲亚特的问题在哪里？"一片沉默。吉德拉随即宣布："散会。"众人神情严肃地离开了会议室。

看着大家的背影，吉德拉满意地笑了。看来，他的计划已成功了一半，他相信今天的会议已经调动起了大家的情绪，首先是高层管理人员的斗志，别看大家默不作声，但都已经开动脑筋了。只有这样，才能为下一步的计划铺平道路。

几天后,吉德拉又召开了公司管理人员第二次全体会议。这一次,他可没有马上宣布散会,而是举起了他的"三板斧"。"我们要大幅度地进行机构调整,大家要有足够的心理准备和承受能力。"吉德拉严肃地说,"菲亚特汽车公司机构重叠,效率低下,这是导致企业缺乏活力的重要原因……"

吉德拉动手果断、快速,他关闭了国内的几家汽车分厂,淘汰冗员,职工总数一下子减少了1/3,由15万人降至10万人。这次机构改革的另一个重点是对菲亚特汽车公司的海外分支机构的调整。这些海外机构数量众多,但绝大部分效率低下,所需费用却很庞大,经常是入不敷出,成为公司的沉重包袱。吉德拉毫不犹豫地撤掉了一些海外机构。他停止在北美销售汽车,还砍掉了设在南非的分厂和设在南美的大多数经营机构。

当然,吉德拉的"精简高效"也遇到了强大的阻力。菲亚特汽车公司的员工人数在意大利首屈一指,公司因此被称为"解决就业的典范"。这次裁减人员的数量如此巨大,自然引起各方的议论,但吉德拉丝毫不为所动,坚定地完成了计划。

吉德拉的"第二斧"是对生产线的改造。吉德拉通过在工厂的实地调查,认为技术落后、生产效率低下是造成公司陷入困境的重要原因之一。吉德拉大量采用新工艺、新技术,利用计算机和机器人来设计和制造汽车。借助计算机的分析,汽车的部件设计和性能得到了充分改进,更为科学和合理化,劳动效率也随之提高。新工艺、新技术的采用带来的另一个结果是公司的汽车品种和型号大大增加,更新换代的速度大大加快,这就增强了菲亚特汽车的市场竞争能力。

吉德拉的"第三斧",是对公司的汽车销售代理制度进行改革。从前,菲亚特不需要经销商支付任何预付金,并且,当经销商将汽车销售完之后,也不急于要求他们回款,这严重地影响了公司的资金周转速度。为此吉德拉做出了新的规定:凡是经销菲亚特公司汽车的经销商,必须在出售汽车之前垫付一定的金额,否则不予供货。这项规定生效后,有近三分之一的经销商退出了代理,公司并没有因此而影响自己的市场份额。由于产品的技术含量增加,每个经销商每月可以销售的汽车数量都较先前有所增加。

吉德拉的"三板斧"改革,干净彻底,正如他本人所说:"凡是没有必要的,就把它摈弃。"菲亚特公司开始步入正轨,焕发出新的活力。吉德拉的"三板斧"被专家们称为"吉德拉法则",广为企业家学习。

思考:吉拉德的作为体现了什么样的伦理观?

2. 权利主义伦理观

权利主义伦理观是关注于尊重和保护个人自由和权利,包括个人隐私、思想自由、言论自由、生命与安全及法律规定的各种权利。依照这种伦理观进行决策主要着眼于维护受该决策影响的人的基本权益。该伦理观并不强调行为的结果,而是强调行为本身是否合乎伦理标准,而不管这些行为产生什么样的结果。例如,一个人之所以不去偷面包,是因为偷盗本身是不道德的(这种行为侵害了被盗者的权利),即使饿死也不去偷盗。管理者应该在可供选择的做法中对利益相关者权利的影响进行比较,在此基础上所选择的做法应当保护利益相关者的权利。例如,那些对员工和顾客的安全与健康有严重损害的决策就是不合乎伦理的,因此,在牛奶中掺和三聚氰胺就是一种违背商业伦理的决策。

3. 公正主义伦理观

公正主义伦理观要求管理者公平和公正地贯彻伦理准则,并在此过程中遵循所有的法律法规。管理者可能会应用公正准则来决定给那些在技能、绩效或责任处于相似水平的员工支付同等级别的薪水,其决策的基础并不是性别、个性、种族或个人爱好等似是而非的差异。因此,基于这种准则的决策着眼于在利益相关者之间公平合理或不带成见地分配利益与损失。管理者必须学会不依照人们的外表或行为上的明显差别而区别对待,必须学会运用公平的程序去处理组织成员的收益分配问题。例如,管理者不可以给自己比较喜欢的人多加薪,对自己不喜欢的人少加薪或不加薪,更不可以篡改规则来帮助自己喜欢的人。

小故事:冯景禧的公平观

20世纪80年代,在香港十大富翁中,最惹人注目、最具传奇色彩的就是冯景禧和他的新鸿基证券公司了。冯景禧平等地对待每一个顾客的思想已深入每个员工的心,成为公司的行为准则。

冯景禧的平等思想来自一次不平等的待遇。那天,冯景禧下班回家,突然心血来潮,走到巷口转角的面店去吃面。那家店很干净,看起来很舒服。于是冯景禧叫了一碗阳春面就坐下来吃。这时隔桌的客人吃完了面去付账,他吃的是排骨面,付了55元。他出门时,老板和店员站在两边,恭恭敬敬地说:"谢谢,谢谢,欢迎您再来。"冯景禧想,这家店对顾客真热情。可当冯景禧吃完面,付了7元钱的账出门时,就没有人理他了。冯景禧心里不平:难道只有吃排骨面的人值得尊敬?吃阳春面的人就不值得尊敬吗?以后下决心再也不光顾这家面店了,同时也决心在他的店里一定要平等地对待每一位顾客。

一天,一位乞丐专程来买一块豆浆馒头,服务员感到为难,因为豆浆馒头在店里都是接仓出货的,从来没卖过一个的。恰好这时冯景禧在店里,了解了情况后,他亲自拿了一个包好后郑重地交给乞丐,并在收钱后恭恭敬敬地说:"谢谢您的惠顾。"乞丐走后,店员们好奇地问冯景禧:"老板,以前不论什么顾客光顾,都是我们招呼,这次您为什么亲自接待一个乞丐呢?"冯景禧回答:"平时那些顾客,都是有钱、有身份的人,他们光临我店,当然应该欢迎,这没什么稀罕的。而这位乞丐,为了尝一尝我们的豆浆馒头,掏出了身上仅有的一点钱。也许在这之后,他再也没有钱光顾我们店了,我当然应当亲自接待他。"

思考:你是否赞同冯景禧的公平观?

4. 综合社会契约伦理观

综合社会契约伦理观认为应当根据实证因素(是什么)和规范因素(应当是什么)制定决策,其基础是两种"契约"的综合:允许企业处理并确定可接受的基本准则的社会一般契约(超级规范或更高的规范),以及处理社区成员之间可接受的行为方式的一种更为具体的契约(微观社会契约规范)。为了保证强制性,微观社会契约规范必须与更高的规范保持一致。例如,在决定广东东莞市一家新建工厂的工人工资时,遵循综合社会契约伦理观的管理者可能根据当地当前的工资水平制定工人工资决策(只要这个工资水平不低于国家所规定的最低工资标准)。这种伦理准则提倡管理者观察当前各行各业以及各个企业的伦理观,从而决定是什么构成了正确的和错误的决策和行动,因而是与其他三种不同的伦理观。

小故事：申请陪读的风波

张三曾在 1994 年由新疆教委派遣，到日本北海学园大学进修，为期两年。半年后他想将妻子也带来陪读。根据日本入国管理局的有关规定，这是可以的，遂发了在留资格证书。北海学园大学的理事教育长基本证夫知道了这件事后找他谈话，说："你一个人在日本学习，感到孤独事可以理解的，但根据日本私立大学协会和新疆教委的协定，进修教师是不能带配偶的。因此你夫人不能到日本来。"他自知理亏，连忙道歉，说不让她来了。可后来越想越觉得出国手续都办好了，机会难得，如果不让她来，也许她这一辈子都没有出国机会了。可她如果来了又怎向他们解释呢？于是他想到日语里有一个由两个汉字组成的词叫"爱人"，它是指"情人"，不是配偶。如果妻子来了，就说这是"爱人"，别人还以为是"情人"，就不会计较了。这样，他最终还是让妻子来了，果然相安无事。

思考：文中哪些情节体现了社会契约观？

大多数的企业管理人员会采用哪种伦理观呢？我们不能否定持功利主义伦理观的管理者。因为它与效率、生产力和利润等目标是一致的。但是，由于管理者所面临的环境正在发生着剧烈的变化，所秉承的伦理准则也需要与时俱进。强调个人权利、社会公正和社区标准的趋势意味着管理者需要以非功利观为基础的伦理准则。它对今天的管理者是一个实实在在的挑战，因为依据这些准则制定决策要比依据效率和利润等功利准则制定决策含有更多的模糊性。

（四）影响管理者伦理行为的因素

一个管理者的决策行为是否合乎伦理准则，是管理者伦理（或道德）发展阶段与个人特征、组织结构设计、组织文化和伦理问题强度等这些变量的调节之间复杂地相互作用的结果（见图 2-4 所示）。缺乏强烈道德感的人，如果他们为那些反对不合乎伦理行为的准则、政策、职务说明或强文化准则所约束，那么做错事的可能性就会小很多。相反，非常有道德的人，可以被一个组织的结构和允许或鼓励不合乎伦理行为的文化所腐蚀。此外，管理者更可能对伦理强度很高的问题制定出合乎伦理的决策。

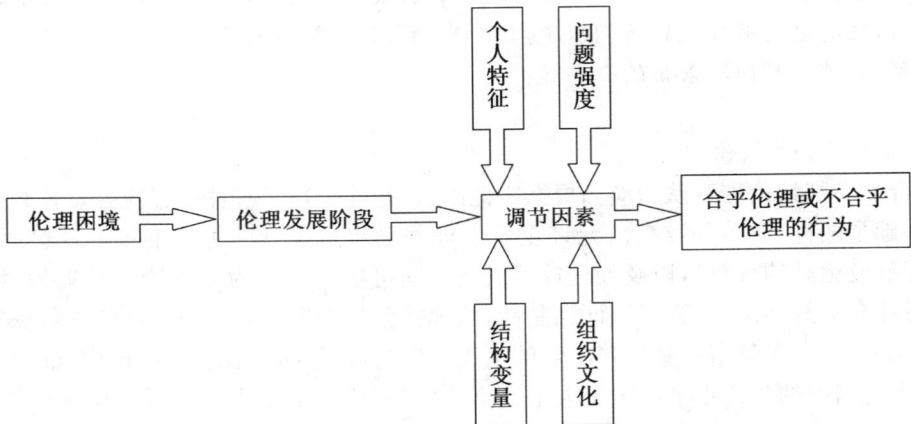

图 2-4　影响管理者伦理行为的因素

1. 伦理发展阶段

伦理发展存在三个层次,每一个层次包含两个阶段。在每一个相继的阶段上,个人伦理判断变得越来越不依赖外界的影响。这三个层次六个阶段如表3-1所示。

表 2-1 伦理发展层次

伦理发展水平	伦理发展阶段描述
原则层次	6. 遵循自己选择的伦理原则,即使它们违背了法律
	5. 尊重他人的权利,支持不相关的价值观和权利,不管其是否符合大多数人的意见
惯例层次	4. 通过履行你所赞同的义务来维护传统秩序
	3. 做你周围的人所期望的事情
前惯例层次	2. 仅当符合其直接利益时才遵守规则
	1. 严格遵守规则以避免受到物质惩罚

第一个层次为前惯例层次。在这个层次上,一个人的是非选择建立在物质惩罚、报酬或互助等个人后果的基础上。当伦理演进到惯例层次时,表明伦理价值存在于维护传统的秩序以及不辜负他人的期望之中。在原则层次上,个人做出明确的努力,摆脱他们所属的群体或一般社会的权威,确定自己的伦理原则。

通过对伦理发展阶段的分析研究表明,一是,人们以前后衔接的方式依次通过六个阶段;二是,一个人伦理水平的发展可能中断,可能停留在任何一个阶段;最后,大部分成年人的伦理发展处于阶段4上,他们的行为往往局限于遵守社会准则和法律。

2. 个人特征

组织的每一个员工都有自己的一套比较稳定的伦理价值观。这些价值观是每个员工早年从父母、老师、朋友或其他人那里习得并发展起来的关于什么是正确的、什么是错误的基本信念。因此,一个组织中的管理者由于其人生经历的差异,常常有着明显不同的个人价值观。有两个变量影响着人们的行为,它们是自我强度和控制中心。自我强度是衡量个人信念强度的一种个性尺度。自我强度得分高的人往往能够克制不合乎伦理行为的冲动,并遵循自己的基本信念。换言之,自我强度高的人更可能做他们认为正确的事。可以预料自我强度高的管理者比自我强度低的管理者将在其伦理判断和伦理行为之间表现出更强的一致性。控制中心是衡量人们相信自己掌握自己命运程度的个性特征。内控的人认为他们控制着自己的命运;而外控的人则认为他们一生中会发生什么事全凭运气或机遇。这将如何影响一个人的伦理行为呢? 外控的人不大可能对他们行为的后果负个人责任,他们更可能依赖外部力量。相反,内控的人更可能对其行为后果承担责任,并依据自己的内在是非标准来指导自己的行为。内控的管理者将比那些外控的管理者在伦理判断和伦理行为之间表现出更强的一致性。

小故事:富翁和乞丐

有两个人去寻找成功的道路,他们必须经过一片森林,在那里他们遇到了蜜蜂群。这些蜜蜂不停地嗡嗡叫,并企图蛰他们。其中一个人一边抱怨:"这个鬼地方!"一边心惊胆战地逃出了森林。另外一个人很小心地躲避这蜂群,但他边躲边四处张望,像是在寻找什么东西。许多年后,其中一个人成了乞丐,另一个人则成了富翁。当两个人偶然再见面的时候,乞丐说,上天对他太不公平了,找了一辈子也未找到成功。富翁说:"你错了,上天给了我们同样的机会,你只看到了蜂群,我却因为蜂群发现了大量的玫瑰和蜜蜂,最终成功了。"

思考:此故事中是什么决定了两人的不同境遇?

3. 组织结构变量

组织的结构设计有助于促进管理者采取合乎伦理的决策。结构设计如果能够使模糊性和不确定性减少到最小,并不断提醒管理者什么是合乎伦理的、什么是不合乎伦理的,就更有可能促进管理者的合乎伦理的行为。比如,正式的规章制度、具体明确的职务说明和明文规定的伦理准则等这类正式的指导有助于员工行为与伦理判断的一致性。组织所设计的绩效评估系统对管理者的伦理行为也有明显的影响。如果绩效评估仅关注行为的结果,管理者可能迫于绩效压力而"不择手段"地追求成果指标。奖励或惩罚越依赖于具体的绩效成果,管理者为达到那些成果并在伦理标准上妥协的压力就越大。另外,有研究表明,上司的行为对员工在伦理行为的抉择上具有最强有力的影响。人们往往注视着管理当局的行为,并以此作为什么是可接受的、期望于他们的行为的标准。伦理规范要求高层管理者以身作则,他们必须为组织的其他员工确立基本的伦理价值观和标准。员工会留心领导者的言行表现,管理者往往成为员工的伦理行为榜样,下属会密切关注他们的行为。如果高层管理者做出不合乎伦理的行为,那么他们的下属也不太可能合乎伦理行事。因为下属会想,上司都可以那么做,我为什么不可以呢!

4. 组织文化

组织文化是指在实现组织目标的过程中,对个人、群体及团队之间往来与合作构成影响的一组价值观、规范、行为准则和共同期望。通过确保伦理价值观和规范成为组织文化的核心组成部分,管理者可以强调伦理行为和社会责任的重要性。当伦理问题出现时,一家组织的伦理准则就起着指导决策的作用。这些构成组织文化内容的伦理价值观和规范有助于组织成员克服自私自利的行为,并使其认识到他们代表的不仅仅是自己。例如,赫布·凯莱赫和西南航空公司的文化十分重视员工的幸福,并将这一价值观变成组织规范,明确表明:应该避免解雇员工。即使在"9.11"恐怖袭击事件之后那段困难时期,西南航空公司不解雇员工的政策经受着严峻的考验,但公司高层领导仍不为其所动,他们明确表态:即使发生了这一人间惨剧,西南航空公司仍然是唯一一家不解雇员工的大型航空公司。

5. 问题强度

影响管理者道德行为的最后一个因素是道德问题本身的强度,它又取决于以下六个因素:危害的严重性、对不道德的舆论、危害的可能性、后果的直接性、与受害者的接近程度以及影响的集中性。这些因素决定了伦理问题对个人的重要程度。根据这些因素分析,受到伤害的人越多,认为该行为是不合乎伦理的舆论越强,该行为将要造成危害的可能性越大,人们越是能够直接地感受到行为的后果,行为者与受害者关系越接近,该行为对受害者的影响越集中,问题强度就越大。当一个伦理问题很重要时,也就是说问题的强度越大,那么,管理者越有可能采取合乎伦理的行为。

（五）改善管理者伦理行为的途径

我们都知道,不符合伦理准则的行为在我们的社会中是普遍存在的,而无论是作为个人还是作为一个组织的管理者,概莫能外。例如,作弊已经成为我国应试教育的通病。通过观察表明,有相当比例的学生认为作弊者不会付出任何代价。当他们看到别人作弊时,也不会检举那个人。有相当比例的大学生认为他们需要作弊才能在今天的竞争中处于领先地位。一些著名的企业在经营过程中曾经滥用其市场垄断地位制定不合理的价格。一些网站传播不健康的色情图片和文字来提高网民的点击率。诸如此类的一些商业行为有违伦理准则。那么,管理者如何才能减少组织中的不道德行为,他们可以做些什么呢?

1. 招聘高伦理素质的员工

我们已经知道,不同的个人可能处于伦理发展的不同阶段,他们拥有不同的个人价值标准。因此,作为一个组织的管理者在招聘员工的时候,完全可以通过严格的招聘程序——审查应聘者递交的个人材料、面试、测验、背景考察等——来剔除那些在伦理素质不符合要求的求职者。招聘过程应当作为了解应聘者个人伦理素质发展阶段、个人价值观、自我强度和控制中心的一个重要途径。当然,组织不能期望通过这个途径避免所有可能的有道德问题的人被录用。但是,如果不这样做问题可能会更加严重。

小故事:福特应聘的故事

福特大学毕业后去一家汽车公司应聘,和他同时应聘的三四个人都比他学历高,当前面几个人面试之后,他觉得自己没希望了。但既来之则安之,他敲门进了董事长的办公室。一进门他发现地上有一张纸,便弯腰捡起来,发现是一张废纸,便顺手扔进了废纸篓,然后来到董事长的办公桌前,说:"我是来应聘的福特。"董事长说:"很好,很好,福特先生,你已经被我们录用了。"福特惊讶地说:"董事长,我觉得前几位条件都比我好,你怎么把我录用了呢?"董事长说:"福特先生,前面三位的学历确实比你高,而且仪表堂堂,但他们只想对大事负责,而不想对小事负责。我认为一个敢于为小事负责的人,将来自然会为大事负责。所以我们录用了你。"福特就这样进了这家公司,后来成了这家公司的掌门人。该公司也改名为"福特公司"。福特公司在一个世纪里成为世界经济的领跑者。

思考:体会高伦理素质的人才对企业的影响。

2. 建立伦理准则和决策准则

对组织的员工来说,有太多的因素会影响他们对伦理是非问题的判断,因此,确立明确的伦理准则是至关重要的。伦理准则是表明一个组织期望员工遵守的基本价值观和伦理规则的正式文件。伦理准则是减少迷惑的一种有效方法。伦理准则应当是什么样的呢? 一方面,伦理准则应当尽可能地具体,从而向员工表明他们应以什么样的态度和精神去履行自己的职责。另一方面,伦理准则应足够宽松,允许员工有判断选择的自由。伦理准则应涵盖以下三方面的内容:(1)做诚实守信的职业者;(2)不做任何损害组织的不合法或不恰当的事情;(3)关注顾客利益。即使制定了明确具体的伦理准则,也不能确保组织员工的行为每时每刻都能符合伦理要求。为此,管理者应不断向员工传达与组织的伦理承诺相关的期望和提示,应当不断支持并重申伦理准则的重要性,坚决惩罚违反伦理准则的人。只有这样,所确立的伦理准则才能为员工的行为提供一个坚实的道德基础。

小故事：晏子治政

《晏子春秋》中讲了这么一个故事：齐景公让晏子治理东阿，三年后，国内到处能听到诽谤晏子的话，齐景公就召回晏子准备罢免他。晏子请求说："请您再让我干三年，到时候我保准誉满全国。"齐景公相信晏子的能力，就同意了。三年后，果然全国称誉晏子的德行。齐景公十分高兴，再次召回晏子，准备奖励他。晏子婉言谢绝奖励。齐景公问"为什么"？晏子说："前三年我治理东阿时，修田筑路、严管门客，荒淫的人憎恨我；任贤节俭、严惩盗贼，懒惰的人憎恨我；惩贪罚恶、不避权贵，有钱有势的人憎恨我；对待权贵、不卑不亢、尊贵的人憎恨我。这样一来，谣言四起，毁谤遍地，全国上下都是诽谤我的声音。而后三年，我一改前弦，不修筑道路，放纵宽容；不提倡节约，不惩罚盗贼；亲近的人找我办事，有求必应；对权贵也一改常态，对其偏袒侍奉。这样一来，原来诽谤我的人都称赞我，因此誉满全国。过去我应受到奖励，您却要罢免我的官；如今我应该得到惩罚，您却要给我奖赏。因此受之有愧。"齐景公听了大为惭愧。

故事的寓意十分明了，如果我们没有一个科学合理的评价体系，对绩效进行综合评价，就可能由于偏听偏信而使得对部下的功过评价失当，造成不道德的行为度生。

思考：体会建立评价标准的重要性。

3. 高层管理者的表率行为

如果希望组织的伦理准则对员工行为有强有力的指导作用，组织的高层管理者以身作则就是非常重要的。因为正是高层管理者奠定了组织文化的核心理念。在言行上，他们是表率，应认识到他们所做的可能比所说的更为重要。高层管理者还可以通过奖惩措施来建立组织文化的伦理价值观。选择谁或什么事件作为提薪奖励或是晋升的对象，将向员工传递强有力的信号。提升一个通过不正当手段取得重大成果的经理，将向其他人表明那些不正当行为是可以接受的。当错误行为被揭露时，那些希望强调合乎伦理行为的管理者必须惩罚做错事的员工，并公布事实真相，让每一个成员看到结果。这就传递了一条信息，即做错事就要付出代价，不合乎伦理的行为不是组织所期望的，也不符合员工的自身利益。

4. 设定合理的目标，进行全面的绩效评估

组织应该与员工一起共同确立明确的、通过一定程度的努力可以实现的目标。如果组织对员工的要求是脱离现实的，即使明确的目标也会引起伦理问题。当员工被迫接受过高的不现实的目标，员工就会承受极大的工作压力。为了实现这种目标，即使伦理素质较高的员工也可能会"不择手段"地去实现目标。因此，明确的现实的目标才能不使员工迷失方向。另外，过去对员工绩效评估关注的主要是业绩目标是否实现。当绩效评估只关注绩效目标时，结果就会使手段合理化。当一个组织期望员工保持高的伦理标准，它就必须在绩效评估过程中关注目标实现过程是否合乎伦理准则。

5. 对员工进行伦理教育

组织可以通过举办研讨会、专题讨论会以及类似的伦理培训项目来对员工进行伦理教育，鼓励员工合乎伦理的行为。当前，随着我国市场经济体制的逐步健全，越来越多的市场

经营者认识并建立起正确的市场竞争观念,那些具有一定规模的企业越来越重视对员工伦理观念的教育。例如,一些企业在新员工进入工作岗位前进行为期 2～3 个月的培训,其中就包括企业文化和诚信经营等道德伦理的培训。开展各种形式的伦理培训,可以提高个人的伦理发展水平,增强人们对经营伦理问题的意识;高层管理者通过开展各种形式的伦理培训项目,向员工灌输组织的行为标准,阐明什么行为是可以接受的、什么行为是不可以接受的;最后,当员工参加讨论他们所共同关心的问题时,可以发现并不是只有自己在工作中面临伦理困境,这种强化能够在他们必须采取令人不快但合乎伦理的立场时,增强他们的自信心。

6. 进行独立的社会审计

按组织的伦理准则评价决策和管理行为的独立的社会审计提高了发现非伦理行为的可能性。这是利用人们做了不合乎伦理行为害怕被发现的心理,是一种重要的制止不合乎伦理行为的途径。独立的社会审计可以是常规性的评价,定期进行;也可以是在没有预先通知的情况下的随机抽查。对于一个组织来说,有效的伦理行为评价体系应该是这两种方式的结合。为了保证评价的诚实公正,独立的社会审计人员应对公司董事会负责,并将评价结果直接向董事会报告。

7. 提供正式的伦理保护机制

组织应提供正式的机制,以保护那些面临伦理困境的员工能按照自己的判断行事而不必担心受到惩罚。组织可以通过设立伦理(道德)咨询机构,委任伦理专员的方式来疏解员工的伦理困惑。当员工遇到伦理问题时,可以向伦理机构的专员咨询,寻求伦理指导。这个伦理机构及伦理专员提供了一个让员工诉说自己所面临的伦理困境及其起因并发表意见的渠道。当经过相互之间的讨论明确了各种选择后,伦理专员可以扮演促成"正确"选择的倡议者的角色。此外,组织还可以设立一套专门的申诉程序,使员工能够放心地利用它来提出伦理问题。

【模块二】 案例分析

家乐福、沃尔玛超市"价格欺诈"事件

2011 年 1 月 26 日国家发改委公开通报了多地家乐福、沃尔玛超市存在的价格欺诈行为,包括虚标原价再低价、低价招揽顾客,高价结算、不履行价格承诺、误导性价格表示等。涉案超市门店达 19 家罚款总额 950 万元。据发改委当时披露家乐福在长春、上海、哈尔滨、昆明、重庆、长沙等六个城市的部分超市存在价格欺诈行为。

此外,沃尔玛在沈阳、南京和重庆等三个城市存在价格欺诈行为。案件曝光后,家乐福、沃尔玛承认违反了有关价格法律规定,向消费者表示歉意。同时积极采取整改措施,立即开展自救自查严格执行"五倍差价"赔偿政策。目前各项罚款均已由相关地方价格主管部门收缴财政。

欺诈手段:

1. 虚标原价再"低价"促销

低价促销是家乐福重要的销售手段之一。但有些促销价格并非真正的低价。发改委在

此次价格监管过程中发现，长春市家乐福新民店销售的"七匹狼男士全棉横条时尚内衣套装"价签标示原价每套 169 元、促销价每套 50.7 元，经查实原价应为每套 119 元。在家乐福中国总部所在地上海也有这种行为发生。

上海市家乐福联洋店销售的"正林特供香瓜子"价签标示原价每袋 14.8 元、售价每袋 6.9 元，经查实原价为每袋 7.4 元。沃尔玛也存在此种行为。沈阳市沃尔玛中街店销售的 5 公斤装"香雪高级饺子粉"价签标示原价每袋 30.9 元、售价每袋 21.5 元，经查实原价应为每袋 23.9 元。

2. 低价招徕顾客高价结算

发改委公布的信息显示在上海市家乐福南翔店一个弓箭球形茶壶价签标示每个 36.8 元，实际结算价每个 49 元。时尚衣架价签标示每排 9.9 元，实际结算价每排 20.5 元。此外昆明市家乐福世纪城店、武汉市汉福超市洪山广场店、长沙市家乐福芙蓉广场店都有"低价招徕顾客、高价结算"的现象。另外，重庆市沃尔玛北城天街店销售的"良平铁观音"价签标示零售价每袋 29 元，实际结算价为每袋 39.8 元。

3. 做出低价承诺却不兑现

实际结算价格要比海报宣传价格高出一倍。这样的事情也是在家乐福发生的。家乐福白云店销售的"老树普洱茶"宣传海报标价为每盒 60 元，实际结算价为每盒 120 元。上海市家乐福张江店销售的开心果，广告宣传每斤 43.98 元，实际结算价每斤 45.88 元。碧根果广告宣传每斤 44.88 元，实际结算价为每斤 60.8 元。

4. 误导性价格标示忽悠人

为了吸引消费者，家乐福还在价签的字体上做起了文章。根据发改委的通报，昆明市家乐福世纪城店销售的特色鱿鱼丝销售价格为每袋 138 元，价签标示时用大号字体标示"13"用小号字体标示"8.0"，诱导消费者误认为销售价格为每袋 13.80 元。

2 000 克火腿礼盒销售价格为每盒 168 元，价签标示时用大号字体标示"16"，用小号字体标示"8.0"，诱导消费者误认为销售价格为每盒 16.80 元。

2012 年"3.15"晚会家乐福被曝"返包"销售过期食品：家乐福销售过期食品早已不是新闻，在央视"3.15"晚会上，这家知名的跨国零售连锁巨头以次充好，并将过期食品重新包装销售的行为遭到曝光。

位于郑州花园路国贸 360 广场的家乐福店，每天来这里购物的消费者络绎不绝。这家店里柴鸡的价格是 11.96 元，白条鸡是 6.98 元。除了价格相差一倍，外观并没有太大的差异。但央视记者暗访时发现，售货员竟将从同一个包装袋内取出的三黄鸡，随意放置在柴鸡和白条鸡对应的位置充数。这样一来，原本的三黄鸡，经过人为摆放，变成了柴鸡，价格也相差了一倍。

不仅如此，央视还曝光这家家乐福存在着"返包"销售的现象。所谓"返包"，就是将过期产品重新包装后再进行销售。

超市出现价格欺诈原因除了法律制度的不完善和消费者的疏忽大意及法律知识的欠缺，企业自身在企业社会责任发展规划、反商业贿赂制度与措施，以及企业的环境管理和节约资源能源、降污减排方面的意识非常不足。

企业自身应加强道德意识及内部监管。社会转型时期价值观日趋多元，一些企业经营者只注重利益的最大化，背离诚信，这与企业自身原因有关，"店长负责制"是其主要隐患。

在家乐福、沃尔玛内部系统里作为考核店长的标准主要包括两方面,第一是销售量;第二是毛利率。

一些店长为了达到标准不惜私下操作,如违规促销或搞欺骗消费者的标签游戏,以及各分支机构增设名目繁多的进场费、宣传费等。这种分权的管理模式虽然能调动各个分支机构的积极性,但却缺乏有效的管理和监督,而其单一的考核模式也为各个分支机构滋生了腐败土壤。

管理者大权独揽,以利润为导向,直接导致了这些公司腐败、造假等事件的滋生。一个企业要发展,离不开社会提供的优良环境和支持。另一方面,每个企业家都有自己的社会责任,企业越强大,承担的社会责任就越多。这样我们的企业才能发展得好。

讨论:

1. 家乐福有哪些利益相关者?
2. 家乐福存在哪些商业伦理问题?
3. 你认为依靠哪些方式能抵制这样的事件重复发生?

成果与检验:

根据小组成绩、班级讨论、书面报告等综合评定。

【模块三】 管理游戏

角色模拟——恋爱潜规则

游戏目标:

让学生体会公司规章制度与个人利益之间的关系及冲突处理技巧。

游戏内容:

背景:在经济高速发展、恋爱自由的当今社会,国内一家知名企业出于自身的发展考虑,在公司发布了禁止恋爱的规章,繁忙的工作给员工不少压力,员工对此规章表示不满。

人物之间关系:

孙让(独白)

王亚(固执主管,极端的公司恋爱反对者)

马玲、王卓芮(不同部门普通员工兼情侣)

胡新民、莫小龙、陈玲(同事)

李巧云(公司经理)

故事情节:

在繁忙的工作之余,王卓芮接到了女朋友马玲的电话,由于很久没见面了,两人忘我地聊了起来。

王卓芮:喂,Honey! 是不是想我了啊,呵呵,我也想你呢!

莫小龙:哎哟,好甜蜜啊,小心我告诉主管哦,(偷笑中)王卓芮做了个拜托的手势。

马玲:亲爱的,什么破规章啊,今天想去你那找你的,那王经理老阴魂不散,都不敢去了。

王卓芮:是啊,这规章是太不合理了,亲爱的,我都想死你了。

胡新民:哎,这人啊,肉麻死了,正印证了那句古话"只羡鸳鸯不羡仙"(摆个动作)。

马玲:亲爱的,下次我可不管什么规章不规章的了,有时间了,我就要去找你,好吗? 不许说不可以哦(很暧昧地说道)。

王卓芮:好的 HONEY,我也不管了,上刀山下火海,只要有空闲,我就去你那,好吧!哈哈!

陈玲:是的是的,就是要这样,我们要力争恋爱自由,用行动反抗那破规章(满脸憧憬)。

莫小龙:哎哟,什么嘛! 光说不练,有本事,你现在就去找你女朋友去啊,切(嘲讽地笑了)。

王卓芮把脸朝向了莫小龙说道:你还以为说假啊,去就去,Honey,我来了,来了来了来了,别太想念哥了,哥只是寂寞(说完对同事得意一笑,蹦跳着跑了出去)。

马玲:亲爱的,我爱死你了,COME ON(兴奋中)。

小情侣见面,热情地一个拥抱中,正准备来个飞吻时,传说中的主管(王亚)突然出现在他们眼前,大喝道:你们在干吗,不想干了吗,竟敢在我面前搂搂抱抱,不想做了啊你们(面目狰狞地吼道)。小情侣先是吓得一滚,沉默了片刻后,突然发飙了。

王卓芮:怎么啦我们,没见过小情侣啊,哥就谈恋爱了,咋的?

马玲:芮芮,算了,公司有规定,我们别理这傻瓜(对王亚藐视了一眼)。

王亚大怒:好啊,你们两个给我记着,看我怎么对付你们,哼(掉头就走)。

"走吧你,我们早对这规章不满了。"王卓芮、马玲齐说道。王亚按照规章想开除马玲、王卓芮。由于小情侣的据理力争和众多同事的大力支持,员工和这项规章的矛盾激化,王卓芮、马玲和王亚的矛盾也激化了。

王卓芮、马玲与王亚的矛盾越闹越大,最后传到了公司经理(李巧云)的耳朵里,李巧云高度重视这个问题,就对知道内情的人进行了暗访。

李巧云:公司关于恋爱的新规定,你们有什么看法? 我想听的是你们的心里话,你们有什么敞开心怀说,不要认为我是经理就不敢说。

陈玲:我们又不是杜拉拉待的那个公司,每个企业有每个企业的文化背景,我们公司的文化底蕴就很好,而且恋爱又没有影响公司的业绩,说实话,我不赞成这个规章。

胡新民:是啊,这个规章确实不能让我接受,那我有什么办法,主管强力推行。

莫小龙:是的,是的,我们也不能接受。

李巧云:嗯,那你们对主管和王卓芮、马玲的冲突怎么看待?

莫小龙:我觉得主管太强权了,当着这么多人的面当场指责王卓芮、马玲,未免也太不给他们面子了。

胡新民:对,但也不全是主管的错,王卓芮、马玲出言不逊,态度也很恶劣。

经理:那你们的意思是小朱、小李语言有错,而主管是碍于面子才使他们的冲突越来越大。

陈玲、莫小龙、胡新民:嗯嗯嗯。

第二天,公司办公室,在座有:主管、员工若干、王卓芮、马玲公司、经理

目的:采取和平共处的办法化解冲突。

会议开始

李巧云:大家好,根据我的了解,本公司的禁止恋爱的规章很不受大多数员工的赞同,但这项规章实行后确实让公司的发展加速了很多,我认为,这项规章可以改进。

　　王亚：但他们是在实行这项规章后违规的，应该按现有规章惩罚，不然公司威严何在？

　　王卓芮：这项规章发布的时候，我们很多人本来就是不同意的，公司发展快，工作更加繁忙，再加上实行这项规章，给我们的私人空间就更少了，只会让我们更加压抑。

　　陈玲、王卓芮、马玲：是的是的。

　　马玲：再说，我们是在空闲之余才这样做的，对公司利益没有影响。

　　陈玲、莫小龙、胡新民：是的是的。

　　王亚反驳道：……

　　莫小龙反驳说：……

　　二十分钟的讨论后

　　李巧云做出了决定说：王卓芮、马玲因在语言上出言不逊给主管道歉，至于公司恋爱的规章，我们会做出调整的，至少空闲时间是应该被允许的，大家还有什么意见吗？

　　大家都没有说话。

　　主管看在经理的份上，不好说什么。再说，小情侣答应道歉了，自己有了台阶下，再固执己见，只会自找麻烦，就点点头答应说：还是经理有办法，目光远啊，有理有理。

　　陈玲、莫小龙、胡新民嘴里同时喃喃道：马屁精。

　　王卓芮、马玲也觉得这个决定很合适，就说道：没意见了。

　　此后，公司把关于恋爱的规章制度改善了，公司业绩也蒸蒸日上。

成果与检验：

　　根据学生参与程度及得出的结论或观点评定活动的成效，并评定成绩。

【模块四】　实战任务

分析企业的商业伦理

实战目标：

1. 收集国美控股权争夺案例资料，分析在此事件中企业表现出的商业伦理道德；

2. 分析影响伦理道德因素；

3. 提出改进管理者伦理行为的途径。

内容与要求：

1. 由学生自愿组成小组，每组 6～8 人；

2. 利用业余时间，通过网络、图书、媒体等资源搜索国美股权争夺信息资料；

3. 对信息归纳、整理、提炼，完成报告。

成果与检测：

1. 每个小组撰写一份企业商业伦理分析报告，报告要描述该企业的商业伦理行为、伦理思想并进行分析；

2. 报告完成后，组织一次课堂交流与讨论；

3. 以小组为单位，分别由组长和每个成员根据各成员在信息收集、报告撰写和交流中的表现进行评估打分；

4. 再由教师根据各小组撰写的报告质量和在讨论中的表现分别评估。

【模块五】 能力测评

你有什么样的道德价值观

先阅读下面的小故事，再做出选择。

小约翰和罗宾汉一起被诺定汉郡长抓住并关在地牢里，少女玛丽恩恳求郡长释放他们，因为她深爱着罗宾汉。郡长提出，除非玛丽恩和他过夜，他才可能释放罗宾汉。玛丽恩同意了。第二天早上，罗宾汉和小约翰被释放，他追问玛丽恩是如何说服郡长还他们自由的。玛丽恩告诉他真相，但是罗宾汉辱骂她，说她是个荡妇，并称再也不要看到她。玛丽恩非常伤心。就在这时，小约翰表达了他的爱意，承诺会一生一世地爱着玛丽恩，并表示要带她离开。玛丽恩接受了小约翰，他们一起离开了诺定汉。

提问：考虑到现实生活中的行为标准，你认为谁是最道德的，谁是第二道德的？

A. 小约翰最道德，玛丽恩第二道德。

B. 小约翰最道德，罗宾汉第二道德。

C. 小约翰最道德，州长第二道德。

D. 玛丽恩最道德，小约翰第二道德。

E. 玛丽恩最道德，罗宾汉第二道德。

F. 玛丽恩最道德，州长第二道德。

G. 罗宾汉最道德，小约翰第二道德。

H. 罗宾汉最道德，玛丽恩第二道德。

I. 罗宾汉最道德，州长第二道德。

J. 州长最道德，小约翰第二道德。

K. 州长最道德，玛丽恩第二道德。

L. 州长最道德，罗宾汉第二道德。

A. 你是心胸相当开阔的浪漫型，又能自得其乐。你认为人性本善，并试图生活在自己的理想中。你强烈地需要安全感，不管是情感上还是物质上。你尊重事实，又处事灵活，你喜欢和人打交道，因此别人也很容易和你交上朋友。你不是太喜欢冒险，但这不会困扰你。

B. 你是谨慎类型，中庸，而且内心充满不安全感。你认为每个人都有他的价值，但你给自己的分数并不高。你为自卑情结所左右，并且很难自我评估。你在现实生活中，也许是个理性主义者、道德至上者。

C. 你认为道德就是常识和行为得当的代名词。对你来说，道德并不是普遍正确或宗教般的真理，你会把可靠性作为自己的一大优点。另一方面，你又是传统而无趣的，你总是有些假装正经，在你的爱情生活上很容易出现问题。

D. 你是快乐的、高度自我平衡的类型，你喜欢别人，也容易为别人所接纳。你置疑是否传统的道德观无论如何总是正确的。你本质上是一个容易满足的人。有时候，你把自己当作一个小上级，你信奉自己的道德标准，认为最合时宜的就是道德。

E. 你比较可能是一个不快乐的人，你倾向于为自己的情感感到羞耻，总体来说，你对自己的观点缺乏信心。你了解所谓的生活真相，但无法享受生活本身。你不是一个现实主义者,而且有些顽固,你对异性并没有高度评价。

　　F. 你强烈抵制传统观念,认为诚实是第一重要的。对你来说,道德就是真相。你讨厌被看作软弱或缺乏安全感的人,你憎恨伪善,很难向权威取得认同。你有些冲动,而且行为有点难以预测。

　　G. 你是一个传统的道德主义者,有时会被别人称为老古董。你很可能认为大部分事物违背了你的道德标准,你通过压抑自己和羞耻感来获得快乐。你认为人们常常把性像武器一样,用于邪恶的用途,你的内心被压抑得太深了,现在是你适当解放它的时候了。

　　H. 你的生活哲学是社会惯例、自己的罪恶判断标准和浪漫主义融合成的悲观的大杂烩。你并非无情,只是个性沉静而无趣。你认为女人很软弱,而男人很自大。你感到很难接受别人的许多意见,你试图使他们相信你自己的标准。你不太容易相信别人,而且生活也不太开心。

　　I. 你对生活有些沙文主义的、过时的看法。你的价值和原则是过时的信仰,你把女性看成所有物。你不开心,虽然你也许不愿意承认这一点。作为一个无情的独裁者,道德再适合你不过了。你对女性有歧视态度。

　　J. 你的价值观很混乱,而且不够成熟。你是古怪而顽固的,当你无法按自己意志行事时,你会感到愤怒、生气。你认为女人在男人之下,即使你自己也是个女性。你认为女人是变化无常的古怪动物。你的生活观大部分从你父亲处沿袭而来。

　　K. 你声称是个现实主义者,甚至是愤世嫉俗者。事实上,你更多地表现为情绪化,浪漫主义的和诚实的。你生活在白日梦的世界里,而且逃避事实。如果你活得不开心,原因在你自己。你像一个被宠坏的小孩一样不停地叛逆。你认为真相高于道德,但对不同意你的人们你也能够相当宽容。

　　L. 虽然你总是勇于表现得过于自信,但内心里你是不快乐而且相当困惑的。你不知道什么是爱,而且更倾向于在酒吧自夸你的战利品,而非在卧室里证明这一点。你很可能会吸引错误的爱人。

项目三 决 策

内容提要

日常生活中,人们依靠直觉进行各种个人事务决策,而当问题比较复杂时,决策者就不能仅靠直觉办事。据美国兰德公司分析,世界上破产倒闭的大企业,85%的原因在于决策失误,由此可见,决策的正确性和科学性关系到个人事业和组织发展的成与败。本项目从掌握决策基本原理入手,介绍决策的概念、特征和类别,在面对问题时,构建合适的决策过程,并找到适宜的决策方法,为管理者建立科学的决策做好基础和支撑,也为其他管理职能的展开提供有力的协助和指引。

知识目标

• 理解决策的基本含义和特征;
• 了解不同的决策类型;
• 掌握决策的过程;
• 知晓决策的方法和应用场景。

技能目标

• 培养科学决策的意识;
• 学会应用各种决策的方法。

情意目标

通过本项目的学习,能够帮助学生认识决策在管理中的重要性,掌握科学决策的方法,培养学生根据不同任务性质选择不同决策类型的能力。

典型任务

• 针对一个管理困境,如何做出合适的决策?
• 决策的过程如何进行?

任务一 理解决策原理

【模块一】 知识精讲

决策概述

一、决策的含义及特征

（一）决策概念

美国著名管理学家 Herbert Simon 指出，"决策是管理的心脏，管理是由一系列决策组成的，管理就是决策"。在管理发展史上，尽管有关决策的概念，不同的学派从不同角度给出了多种描述，但基本内涵大致相同。综合而言，决策是为了实现某一目标而从若干个行动方案中选择一个满意方案的分析判断过程。决策是管理者从事管理工作的基础，是衡量管理者水平高低的重要标志之一，在管理活动中具有重要的地位与作用，具体表现在以下几方面。

第一，决策是管理的核心内容。管理工作是多方面的，都是围绕着决策而展开的。管理活动中的每一个具体环节都有具体的决策问题。首先，计划工作的每一环节都涉及决策。例如目标的制订、行动方案的选择等，都离不开决策；其次，组织、领导、人员配备、控制等管理职能的发挥也离不开决策，如采取何种组织结构形式，采用何种领导方式，如何选聘人才，如何进行控制等，都需要通过决策来解决。管理中时时处处会遇到问题，决策就是解决问题。可以说，决策贯穿于管理过程的始终，存在于一切管理领域。

第二，决策是管理者的主要职责。有组织就有管理，有管理就有决策。不论管理者在组织中的地位如何，决策都是管理者的重要职责。管理者管理水平的高低，实际上在很大程度上取决于决策水平的高低。

第三，决策事关工作目标的实现乃至组织生存与发展。决策选择的行动方案优劣直接影响目标实现的速度、程度和质量以及管理的效率，决策失误必然会导致管理与经营行为的失败。

小故事：日本人的决策

一次，日本人和美国人谈判许可协定，日方代表像走马灯似的，每隔数日就换一班人马。第一班人马做大量的笔记、提大量的问题，不表态就回去了；第二班人马来后，又重新开始，提问题，做笔记，就像以前从未进行过谈判似的。后来，再度出现新的代表团，继续进行无休止的讨论。

这种马拉松式的谈判使美国人迷惑不解，埋怨日本人优柔寡断，作风拖拉，对他们绝望了。这时日本人突然表态，做出了决策，并对美国人提出供应情报和人员的要求，使美国人反而措手不及,陷入困境。

思考:从这则故事中,你能看出日本人和美国人做决策时有何不同吗?

(二)决策特征

透过决策的内涵,可以发现决策呈现出如下特征:

第一,超前性。任何决策都是针对未来行动的,要求决策者具有超前意识、思想敏锐,能够预见事物的发展变化,适时地做出正确的决策。

第二,目标性。决策目标就是决策所要解决的问题,无目标的决策或目标性不明确的决策,往往会导致决策无效甚至失误。

第三,选择性。决策必须具有两个以上的备选方案,通过比较评定来进行选择。

第四,可行性。决策所做的若干个备选方案应是可行的,这样才能保证决策方案切实可行。所谓"可行",一是,指能解决预定问题,实现预定目标;二是,方案本身具有实行的条件,比如技术上、经济上都是可行的;三是,方案的影响因素及效果可进行定性和定量的分析。

第五,过程性。决策既非单纯的"出谋划策",又非简单的"拍板定案",而是一个多阶段、多步骤的分析判断过程。决策的重要程度、过程的繁简及所费时间长短固然有别,但都必然具有过程性。

第六,科学性。要求决策者能够透过现象看到事物的本质,认识事物发展变化的规律性,做出符合事物发展规律的决策。

第七,风险性。决策环境往往是不确定的、复杂的,目标也不很明确。人们不可能做到对未来有完全充分的了解,有时会出现失误,根据直觉、经验决策则更是如此。

小故事:五米肠管是否切除

在热映的电视剧《急诊科医生》中,有这样一个小故事。一名23岁的年轻男子因车祸重伤昏迷送至急诊科,而肇事司机逃逸,在救护车上医护人员为其进行了止血带间断止血。

急诊科的资深主任何建一接诊了这名患者,诊断病人为失血性休克,并立即对其进行了手术,然而患者在术后的恢复中突发腹部疼痛。何建一通过对该名患者腹部进行按压检查,初步诊断其是肠系膜上动脉的血管栓塞,这种疾病来势很急,症状不典型,当务之急就是马上进行手术,解除栓塞,不然的话小肠大面积坏死,病人会非常危险。手术中,医生诊断该名患者的确得了肠系膜上动脉血管栓塞,遗憾的是栓塞的位置很高,导致了大面积的小肠缺血性改变,取出血栓后,要决定是否切除这段小肠,有两种选择——即切与不切。而就在两个方案的选择上,何建一与新来的哈佛高才生江晓琪医生产生了分歧:何建一主张切除,原因在于根据其行医经验,这段五米肠管成活的概率很低,切除后,患者安全,降低了再次感染的风险和痛苦,节约了医药费用,也避免产生紧张的医患关系;江晓琪主张不切除,暂时保留,原因在于切除后,患者虽然不会发生大面积的小肠坏死,但是小肠只剩下一米,意味着术后患者吃什么拉什么,营养根本无法吸收,身体会比较差,且患者才23岁,会对其今后的生活质量造成较大影响。若小肠恢复则患者就能正常生活,但是不切除的风险则是很有可能术后造成小肠大面积坏死,病人重度感染且有生命危险,需要再次进行手术切除,这样就会增加患者的风险、痛苦和手术费用。就在两名医生商量何种方案更可行时,病人突然血压降低,房颤加重,随时可能出现问题,因此医生们必须尽快选定方案结束手术。

思考: 如果你现在就是手术台上的医生,会做出何种决策呢?

二、决策的类型

决策根据其解决问题的性质和内容不同,可分成多种类型(见表3-1)。本书从决策的重要程度、决策起点、决策的主体、决策所涉及的问题重复度、决策问题所处的条件和决策所采用的方法等六个方面对决策进行了分类。

表 3-1 决策的类型

分类依据	决策类型
决策的重要程度	战略决策、战术决策、业务决策
决策起点	初始决策、追踪决策
决策的主体	集体决策、个人决策
决策所涉及的问题重复度	程序化决策、非程序化决策
决策问题所处的条件	确定型决策、风险型决策、不确定型决策
决策所采用的方法	经验决策、科学决策

（一）依据决策的重要程度不同分类

1. 战略决策

又称宏观决策或全局决策,是对全局性、根本性的、影响深远的问题所进行的决策,重点是解决管理系统与外部环境的关系问题。战略决策解决的是"干什么"的问题,事关组织兴衰成败,它面对的是组织整体在未来较长一段时期内的活动。诸如企业远景和使命、产品的更新换代、技术研发和改造、重要人事任免等,这些决策涉及组织各个方面及部门,具有长期性和方向性,决策权主要由企业的高层领导行使。

2. 战术决策

又称管理决策或局部决策,是对局部性、短期性问题进行的决策。战术决策解决的是"如何干"的问题。诸如营销决策、物资储备、生产计划与生产能力制定、资金分配等,这类决策权主要由企业中层领导行使。

战略决策和战术决策关系密切,相互补充。战略决策是战术决策的依据,战术决策是战略决策的落实。

3. 业务决策

又称执行决策,是组织日常工作中为提高生产效率、工作效率而做出的决策。业务决策的目标是提高活动效率,保证管理决策的顺利实施。诸如工作任务的日常分配、库存的控制、工作进度安排等,这类决策权主要由企业基层领导行使。

小故事:伟大的决策者——摩西

《旧约》记载,为了摆脱埃及人的奴役,希伯来人(今以色列人)摩西率领族人远走他乡,这就是著名的"出埃及记"。

逃亡中,摩西对各种政务事必躬亲,常常东奔西忙,非常疲惫。他的岳父叶忒罗对他这种"眉毛胡子一起抓"的管理方式提出了批评。

叶忒罗向摩西建议,一要制定法令,昭告民众;二要建立等级,授权委任管理;三要责成专人专责管理,问题尽量在下面处理,只有重要的政务才提交摩西处理。

根据叶忒罗的建议,摩西建立了一个包括十夫长、五十夫长、百夫长和千夫长等职位在内的秩序井然的族部结构,这成为希伯来人在流亡中始终保持凝聚力的保障。

思考:你觉得听从岳父建议后的摩西所做的决策与之前有何不同?

(二) 依据决策起点的不同分类

1. 初始决策

又称零起点决策,是在有关活动尚未进行而环境受到影响的情况下进行的,即初始决策是在对内外环境的某种认识的基础上做出的。

初始决策的实施对环境的影响表现在两个方面:第一,随着初始决策的实施,组织与外部协作单位已经发生了一定关系;第二,随着初始决策的实施,组织内部的有关部门和人员已经进行了相应活动。

2. 追踪决策

又称非零起点决策,是在初始决策的基础上对组织的活动方向、内容或方式的重新调整。追踪决策是由于组织环境发生了变化或是由于组织对环境特点的认识发生了变化而引起的。很明显,组织中的大部分决策当属追踪决策。

与初始决策相比,追踪决策具有以下特点:

(1)回溯分析。追踪决策从回溯分析开始,即对初始决策的形成机制与环境进行客观分析,列出错误的原因,以便有针对性采取调整措施。

(2)非零起点。追踪决策所面临的条件和环境已不是初始状态,而是随着初始决策的实施,组织已经消耗了一定的人力、财务和信息资源。

(3)双重优化。不同于初始决策仅在已知的方案中择优,追踪决策需要双重优化,即不仅要优于初始决策方案,而且要能够改善初始决策实施过程中的各种可行方案,从当中选择最合适的方案,因此,第一重优化是追踪决策的最低要求,第二重优化是追踪决策力求实现的目标。

小故事:奔驰公司的决策

一位年轻人来到奔驰公司。"我想要买一辆小轿车。"他说的很简单。销售人员领着年轻人参观了陈列厅里的100多种型号的小轿车,然后征求他的意见。年轻人问:"还有没有其他颜色的车?"销售人员吃了一惊:"先生,这几十种颜色都没有您中意的吗?"年轻人失望地点了点头:"我想要一辆灰底黑边的轿车。"销售员不得不失望地告诉他,现在没有这种车。心里想这个年轻人也太挑剔了!没想到,这件事被老板卡尔·本茨知道了,他生气地说:"像这样做生意,只会让公司关门停业。"他要求必须找到那个年轻人,让他两天以后再来取车。年轻人再次来到奔驰公司时,果然见到了他希望的那种颜色的车,不过他还是不满意:"这辆车不是我想要的规格。"这次接待他的是公司销售部主任,他的阅历要比上次那位销售员丰富得多,但也没见过如此挑剔的顾客,暗想,这人怎么这么不近人情,偌大的一个奔驰公司,专门为他生产一辆车来,他竟然还不满意! 不过,他没有将心里的不快表露出来,而是耐心地问:"先生想要什么规格的,我们一定满足您的要求。"年轻人说出了他想要的规格,还把车型、式样都详细描述了一遍。销售主任一一记录下来,然后告诉年轻人,三天之后到公司取车。三天之后,年轻人来了,看到自己想要的车已经摆在眼前,自然十分高兴。不过,开着车试跑了一圈后,他对销售主任说:"要是给汽车安个收音机就好了,那样一边开车还能欣赏到动听的音乐。"销售主任十分吃惊,因为当时汽车收音机刚刚问世,应用不多,而且很多人反对车内安装收音机,认为那会分散司机的注意力,导致车祸的发生。不过,销售主任还是没有生气,问:"先生你想安一个吗?"年轻人点头。销售主任犹豫了一下说:"那你下午来取吧。"这时年轻人显得有点不安了,毕竟要求太过分了。但是奔驰公司果真为他的轿车安了收音机,让他十分满意。自此以后,奔驰公司建立订购制度,顾客需要什么样色彩、规格、座椅、音响、空调、保险门等,都可以提出来。这些要求由计算机向生产线发出指令,进行生产,很快一辆完全按顾客要求生产的车就会出现在顾客面前。

思考: 奔驰公司的决策带给你哪些提示?

(三) 依据决策的主体不同分类

1. 集体决策

决策的整个过程由两个以上的群体完成。集体决策优点在于可以掌握更多的信息资源,产生更多的可选方案,使参与者更好地了解制定决策方案,提升决策的满意度水平,并且有利于决策的实施和其合法性地位的确立。集体决策的缺点则是决策所用的总时长较高,且过多依赖群体决策会限制管理者迅速采取行动的能力,容易产生责任不明以及"从众现象"。

2. 个人决策

决策的整个过程由一个人来完成。个人决策一般决策速度较集体决策有优势,且责任明晰,但容易出现因循守旧、先入为主等问题。

小故事：让班组去做主，到底对不对

前进通用机械厂金属加工车间主任史涛听了管理学课程,对集体决策很感兴趣。他把车间第二工段的 25 名职工找来开会,说工段新购置了自动化程度高的设备,老的生产定额已经过时,大家讨论一下,看新的定额是多少才合适? 布置完了以后,他就回办公室,说让班组自己做主。一小时后,讨论结果出来了,却愁坏了史涛,原来大家一致认为原来定额太高,新定额应该降低 10%。

思考: 你觉得这次集体决策的结果是否可以采纳?

(四) 依据决策所涉及的问题重复度不同分类

1. 程序化决策

又称常规性决策或例行决策,解决的是再现性问题,有固定的决策程序套用,实施结果比较确定,一般不会发生意外。这种决策是常规的、重复的,当某一问题发生时,不必重新做决策,可以按照原有设立的一定方式进行工作。这种决策属于定型化、程序化或定规化的决策。例如订货程序、材料与工具出入库制度、工资发放等。由于这些活动经常地、重复地进行,积累了一套经验,因此把这不断重复的工作方法和顺序编成固定的工作规则和程序,即可使这类工作有章可循。这种决策工作主要由企业中、低层管理人员来承担。

2. 非程序化决策

又称随机性决策或一次性决策,它是属于非常规的、非定型化、非例行的决策。这类决策活动不是经常重复出现的,它用来解决以往没有经验可依据的新问题。诸如新产品开发、产品方向变更、市场开拓、人事变更、机构改革决策等。

但是,程序化决策与非程序化决策两者并不是截然不同的,程序化决策也有重复次数多少的不同,非程序化决策也可能包括某些部分曾是过去处理的。也就是说,程序化或重复性是从高到低的一个连续系列。

小故事:雀巢公司的政策

雀巢公司的政策是指导决策在营养、健康和优质,客户沟通,质量保证和案例产品的范围内制定。其中,公司的质量政策涵盖所有产品,包括瑞士雀巢工厂的瑞士巧克力牛奶。公司的质量政策是:"通过向消费者提供符合他们期望和偏好的产品和服务,遵守所有的内部和外部的食品安全、监管和质量要求,来建立信任。"

思考:你从雀巢公司的质量政策中得到哪些提示?

(五)依据决策问题所处的条件不同分类

1. 确定型决策

指对决策问题所处的条件全知的情况下所做的决策,即一个方案只有一个结果,并能准确地知道这一结果,这类决策一般可以通过建立数学模型进行。这种决策问题的各种未来的自然状态非常明确,只要将各个方案的结果进行比较,谁好谁坏,确定选择一个最好的方案,即可做出决策。诸如企业产品决策、材料利用率决策等。

2. 风险型决策

对决策问题所处的条件知道较多,但在不能做出充分肯定的情况下所做的决策,即一个方案可能出现几种结果,每种结果的出现都具有随机性,但可以根据已知资料预计每种结果出现可能性的大小,因此这种决策具有的一定风险。诸如产品的销售情况受到市场需求的影响等。

3. 不确定型决策

对决策问题所处条件知之甚少,主要依赖决策者经验和主观判断进行决策。比如产品销售受市场需求影响,而未来市场需求大小一概不知,在这种情况下,进行的决策就是不确定型决策。

一般认为,风险型决策和不确定型决策的区别在于:前者对各种可能结果有个客观的概率可以作为依据,而后者只能靠决策者的经验和心理因素来确定。

小故事：首富的"超人"哲学

李嘉诚被称为"超人"，因为他善于把握市场先机。正是洞悉了市场兴衰发展的规律，他才敢于在20世纪60年代大量廉价购买香港的土地，这奠定了他庞大商业帝国的根基。20世纪90年代初期，欧美国家对中国实施经济封锁，外资纷纷撤资，可是李嘉诚却果断地投资上海、深圳的港口生意，进一步扩大了自己的商业版图。正是由于李嘉诚一次次在市场最低迷时抄底入市，才积累起今天的巨额财富。

思考：你从李嘉诚起家的故事中，得到哪些启示？

（六）依据决策所采用的方法不同分类

1. 经验决策

指靠决策者的知识才干和经验判断进行的决策。决策并非易事，经验能让决策由艰难变轻松，缩短决策时间，节省决策者的精力。但是惯于经验决策的人往往会患有"选择偏好症"：容易偏好某些方式、方法，不管问题发生在何时何地，他们都习惯优先考虑早已选定的解决办法。因此经验性决策是具有时效性、地域性和行业性的。

2. 科学决策

指决策者运用科学的原则、程序、方法和工具进行的决策，需要应用运筹学、计算机和管理信息系统等现代决策技术。

小故事：法国迪士尼乐园的选址决策

法国迪士尼乐园最初的经营由于一系列决策失误，遭遇了失败，甚至一度关门歇业。

作为继美国加利福尼亚、佛罗里达和日本东京之后世界第四个迪士尼乐园，其在选址上，充分借鉴了前三个园的成功经验。法国迪士尼乐园所处地是世界知名的旅游胜地，交通体系四通八达，并且原汁原味地保留了美国特色。在门票定价方面，前三个园都遵循"撇脂效应"，采取高定价迅速回笼前期资金投入，法国园也以此定出了51美元每人次的高价。另外，法国园还充分吸取了其他乐园在运营过程中的教训：加利福尼亚乐园面积过小，当后期准备扩张时，只能被迫高价买地，法国园则在建园时一口气拿下了4 800英亩的土地；佛罗里达园虽然面积够大，却痛失依靠酒店业发财的机会，法国园为此建造了拥有5 200个房间的大酒店。

当所有人都预计法国园将延续迪士尼的神话时，结果却令人大跌眼镜。法国园开业第一年就亏损了9.6亿美元，且营业损失还在以每年100万美元的速度扩大。事后分析，才得知当初支撑所有经验以及吸取的教训都被证明是软肋和缺陷。首先，作为交通便利和旅游胜地的法国，其到来的游客往往只把法国迪士尼乐园当作旅游当中的一站而已，很少会在这里过夜；其次，原汁原味的美国文化引起了巴黎塞纳河左岸的一些欧洲传统知识分子的反感和排斥；再者，51美元的高价，让很多面对欧洲经济衰退正在缩减开支的法国家庭望而却步；同时，法国乐园花重金购置的大片土地和修建的酒店，成为乐园日常经营当中的沉重负担。

思考：法国迪士尼乐园的选址决策失误在哪里？

【模块二】 案例分析

阿里巴巴的诞生

20 世纪末期，当电子商务在外国大行其道时，一个叫马云的人却认为电子商务在中国是三年以后的事情，因为中国的银行没有准备好，配送也没准备好。

在创立中国黄页时，马云曾为"中国的雅虎"之梦而激动过，但 1999 年回杭州再次创业时，他却改变了这种想法。当时，大部分互联网从业者都想走雅虎的老路，但走雅虎的道路意味着要在广度上横向发展，而一贯不按常理出牌的马云却认为，如果一个方案 90% 的人都觉得好，一定要把它扔到垃圾箱里。于是，雅虎的模式被马云"枪毙"了。

在外经贸部做大内网的工作经历让马云学会了站在国家发展战略的高度来思考问题。当时美国甚至全世界的电子商务都为大企业服务，而大企业实力雄厚，他们自己可以利用包括网络在内的多种渠道营销；而中小企业恰恰没有能力单独进行世界范围内的运作。马云明白了一个道理：中小企业是电子商务的最大需求者，小企业通过互联网组成独立的世界，这才是互联网真正的革命性所在。于是，马云决定推出一种新的模式——B2B（企业对企业）。

马云想，他将来要做的网站，就是一个虚拟世界中的义乌小商品城。在那个未来的"网上义乌"中，人们应该可以找到并兜售一切东西——袜子、塑料花、饮水吸管、浴室装置、圣诞装饰物等。

1999 年 2 月 21 日，马云在他家里开了一次动员会，这次会议也是阿里巴巴历史上第一次全体员工会议。参加这次会议的人，就是阿里巴巴最初的创业元老——"十八罗汉"。

阿里巴巴第一次员工大会的气氛非常凝重。会上还弥漫着一种失落、迷茫和犹豫的气氛。虽然马云自己的心情也很沉重，但他还是不忘给大家打气："我们要办的是一家电子商务公司，我们的目标有三个。第一，我们要建立一家生存 80 年的公司；第二，我们要建立一家为中国中小企业服务的电子商务公司；第三，我们要建成世界上最大的电子商务公司，要进入全球网站排名前十位。"

马云向上挥舞着手臂，大声地说。这回，大家面面相觑，心理的嘀咕犯得更大了，"就凭我们这几杆枪"？

马云拍拍胸膛，掷地有声地对大家说："在未来五年内，阿里巴巴一旦成为上市公司，我们每一个人所付出的所有代价都会得到回报。那时候我们得到的不仅是这样大的一套房子，而是 30 套这样的房子。"

就这样，在 1999 年的 2 月，阿里巴巴在杭州马云的公寓里诞生了。集团的首个网站是英文全球批发贸易市场阿里巴巴。刚开始，网站上每天只有 10 来条信息；过了几天，变成了 20 来条；好多天以后，才突破 100 条；几个月后，又突破几百条、上千条；到该年年底，阿里巴巴的会员数突破 10 万。2001 年 12 月，阿里巴巴注册用户数超越 100 万；2005 年 10 月，阿里巴巴集团接管中国雅虎；2007 年 11 月，阿里巴巴网络有限公司在香港联交所主板挂牌上市；2014 年 9 月 20 日，阿里巴巴集团于纽约证券交易所上市，当日以 92.7 美元开盘，93.89 美元收盘，市值达到 2314 亿美元，成为当时位列苹果、谷歌、微软之后的全球第四大市值科技公司,更是仅次于谷歌的全球第二大市值互联网公司;2016 年 3 月,阿里巴巴集团中国零售交易市场的交易总额超越 3 万亿元,成为全球最大的零售体。"让天下没有难做的生意"——阿里巴巴集团还在不断成长中。

问题:你怎样理解"把 90% 的人都觉得好的方案扔到垃圾箱"这句话?

成果与检验:

根据小组成绩、班级讨论、书面报告等综合评定。

知识链接:

马云,1964 年 9 月 10 日生于浙江省杭州市,祖籍浙江省嵊州市(原嵊县)谷来镇,阿里巴巴集团主要创始人,现担任阿里巴巴集团董事局主席、日本软银董事、TNC(大自然保护协会)中国理事会主席兼全球董事会成员、华谊兄弟董事、生命科学突破奖基金会董事。1988 年毕业于杭州师范学院外语系。1995 年创办中国第一家互联网商业信息发布网站"中国黄页"。1999 年创办阿里巴巴,并担任阿里集团 CEO、董事局主席。2013 年 5 月 10 日,辞任阿里巴巴集团CEO,继续担任阿里集团董事局主席。2016 年 5 月 8 日,马云任中国企业家俱乐部主席。2017 年 11 月 16 日,马云以 2 555.3 亿元位列福布斯 2017 中国富豪榜第三名。

【模块三】 管理游戏

BEAUTY 4U 的困境

游戏目标:

当团队成员拥有不同的优先权和个人价值观时,经历制定决策的挑战。

游戏程序:

1. 游戏概要

要求游戏参与者扮演 the Beauty 4U 公司雇员的角色。该公司在一种产品的生产方面发生了过失,造成公司在财务和伦理上的困境。参与者必须考察这个问题并尝试在解决方案上达成共识,详见附录一。这次活动呈现出公司在决策上的不同的优先权和个人价值观。

团队被分成四个部分:市场营销、财务部、公共关系部和生产部。每个部门要求召开紧急会议,并对整个管理部门成员得出的建议达成共识。

2. 游戏步骤

(1) 使用概况中的信息来描述 Beauty 4U 的困境;

(2) 分发附录一、附录二;

(3) 将团队分成 Beauty 4U 的四个部门:

① 市场营销部

② 财务部

③ 生产部

④ 公共关系和沟通部

（4）阅读说明，并进行 40 分钟的部门会议；

（5）听取各个部门的活动汇报。

游戏准备：

准备游戏所需的附录一、附录二。

附录一：

Beauty 4U 公司背景

你所在的公司，Beauty 4U，从事研究、开发、生产和销售天然美容产品。由于近几年天然产品有成长的趋势，一个年轻的企业已经迅速地成长。

始终走一流的道路是公司的既定方针，目前公司资金短缺，启动成本还在负担。公司除通过保健食品店和药店等传统渠道接触顾客外，还抓住电子商务的机遇，通过网站直销其产品。在过去的三年里，公司已经超越了原定目标，现在正在进行公司的公众化，期待着上市。Beauty 4U 在创新进取地开拓市场的同时提供高产品的质量，使其赢得了零售商和顾客的忠诚，并且使它拥有了较高的市场地位和美好的公司形象。

在你们产品的标签上有"你可信赖的天然产品"的字样。

最近，公司推出了一种新的面霜，经临床研究证明，该产品具有能在短短几周内减少皱纹和紧缩皮肤的惊人的能力。为了该产品的推出，公司做了很多宣传和大手笔的市场预算。由于产品有较长的柜台寿命加上计划的强势销售，公司已经生产了数以万计的产品，很快成为最畅销的产品。但是经过质量检查，发现产品在生产中有失误。影响皮肤的最重要成分——X 因子，不小心被换成了另一种成分——Y 因子。Y 因子不仅能使面霜失效，而且还有干燥成分使肌肤老化。

Beauty 4U 的使命

Beauty 4U 力争成为全球最高质量美容产品的主要供应商。我们的成功体现在顾客满意、雇员满意和股东满意上。

附录二：

Beauty 4U 的困境——游戏指南

1. 你们将会被指定为如下的管理小团队之一：市场营销部、财务部、公共关系与沟通部以及生产部。

2. 你们团队要为 Beauty 4U 的下一步行动达成一致。你们可以有如下选择：

- 撤下货架上的该产品并用新的产品替换库存，同时宣布任何在替换之前购买的产品可以退货；

- 撤下货架上的存货并用新的存货替换；

- 保留货架上的产品，但是替换仓库中的存货；

- 什么都不做——坚持，在下一个产品周期中做改变（一旦剩余的存货售完）；

- 撤下并放弃该产品；

- 其他方法。
3. 准备向大的管理团队介绍你们的决定。

成果与检验：

根据学生的参与程度及表现看游戏效果，并评定成绩。

【模块四】 实战任务

企业是如何做决策的

实战目标：

通过资料查找，了解知名企业如何做出决策。

实战内容与要求：

1. 引导学生利用互联网和图书馆，查找在各大期刊杂志上报道的近期知名企业做出了何种决策？（可以在第一财经周刊、商业周刊等上查找资料）

2. 根据查找的资料，分小组互换资料并综合讨论，这些公司做出决策的依据是什么？这些决策制定会遭遇哪些风险？

3. 深入思考，这些决策会为企业的经营活动带来哪些影响？你如何评价这项决策？

成果与检验：

针对不同的资料，分组讨论完成。根据每个同学在对话中的表现和课后书面材料进行评估。

【模块五】 能力测评

风险意识测试

测评目标：

测试学生在进行决策时，风险意识的强弱。

测试内容与要求：

下面的每个问题可供选择的有 5 种答案，请你从中任意选出一个适合自己情况的答案。"是"用 5 表示；"倾向于"用 4 表示；"不知可否"用 3 表示；"倾向于否"用 2 表示；"否"用 1 表示。

1. 在时速 150 公里的火车上，你敢立在车厢门口的踏板上吗？（5 4 3 2 1）

2. 河里流水非常凉，你敢第一个下水泅渡吗？（5 4 3 2 1）

3. 若驯兽师事先告诉你保证安全，你敢和他一道进入关着狮子的铁笼吗？（5 4 3 2 1）

4. 没有经过训练，你敢驾驶帆船吗？（5 4 3 2 1）

5. 在有专门技术工人的带领下，你敢爬到工厂里高大的烟囱上去吗？（5 4 3 2 1）

6. 惊马狂奔,你敢抓住它的缰绳吗?(5 4 3 2 1)

7. 外出旅行,驾驶汽车的是你熟悉的司机,不久前他出过严重的车祸,你敢坐他的车吗?(5 4 3 2 1)

8. 站在 10 米高的楼房上,下面是张开的消防救护帆布大篷,你敢往下纵身一跳吗?(5 4 3 2 1)

9. 久病卧床需动手术,而手术又有生命危险,你同意这样治疗吗?(5 4 3 2 1)

10. 电梯的载重量只限 6 个人,你敢和另外 6 个人同乘这部电梯吗?(5 4 3 2 1)

11. 上司告诉你裸露的高压电线里没有电流,并让你用手触摸,你敢这样做吗?(5 4 3 2 1)

12. 听过几次驾驶直升机的技术讲座,你认为你有把握驾机飞行吗?(5 4 3 2 1)

成果与检验:

得分在 50 分以上,说明你是一个敢于冒险的人;得分在 25 分以下,则说明你是一个小心谨慎的人。

任务二 掌握决策过程

【模块一】 知识精讲

决策过程

管理者要提高决策的质量,必须遵循科学的决策过程。图 3-1 描述了科学决策的 6 个步骤。

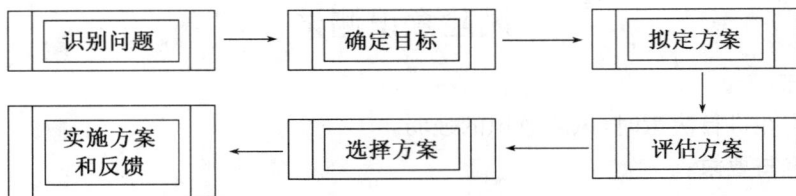

图 3-1 决策过程

一、决策过程

(一)识别问题

问题是决策的始点,决策始于问题的识别,即发现问题,问题就是现实和理想之间的差异。识别和发现问题在决策过程中是比较难的。例如,企业产品销售量一个季度下跌了 5%,一些人认为是问题,另一些人却认为是正常波动。如果确实是问题而不采取行动,到下个季度下跌 8% 时,所有人都认为是问题再采取行动就为时已晚。所以管理者必须及时去识别问题,而这需要不断地对组织与环境状况进行深入地调查研究和创造性地思考才能做到。发现问题后还必须对问题进行分析,包括要弄清问题的性质、范围、程度、影响、后果、起因等各个方面,为决策的下一步做准备。

小故事:贾尼尼的金蝉脱壳

1928 年夏天,积劳成疾的美国银行家贾尼尼把业务交给儿子去打点,自己跑到风光旖旎的家乡意大利米兰休养。一天贾尼尼看到报纸头条刊载着这样一条消息:"贾尼尼此次在劫难逃!他的控股公司——纽约意大利银行的股票暴跌 50%;加州意大利银行的股票亦出现 30%的跌幅。"贾尼尼大吃一惊,立马坐飞机赶回旧金山。

他马上召开了紧急会议,面对心力交瘁的儿子玛丽欧,他平静地说:"股票暴跌如此猛烈,一定是有人背后捣鬼,查出是谁了吗?"一旁的律师站起来替玛丽欧回答:"股票暴跌是由摩根的纽约联邦储备银行引起的,他们认为我们意大利银行涉嫌垄断,逼我们卖掉 51%的股份。"局势危急,需要立即做出决策,于是公司上下都在提出各种方案,等着贾尼尼带领大家"背水一战"。然而,此时的贾尼尼却提出:"我年纪大了,身体又不好,因此决定辞去意大利银行总裁的职务。"这个决定,立马震惊了所有人,他的儿子玛丽欧更是表示不解。贾尼尼说道:"我之所以辞职,就是要以个人的身份去游说美国总统和财政部部长,促使他们制定一条新的法令,使商业银行的全国分行网络化。这样,一方面是争取合理化;另一方面是缓兵之计,意大利银行不但不会倒下,而且还要在它的基础上设立一家更大的全国性的控股公司。"

在贾尼尼的安排下,玛丽欧很快注册成立了泛美股份有限公司,其最大股东就是意大利银行。由于它的股票分散在很多小股东手里,因而既巧妙地避开了垄断嫌疑,又掌握了实际的控制权。贾尼尼又以泛美股份公司的名义,把散落在外人手中的暴跌的意大利银行股票低价买进,最终意大利银行不仅没有垮,而且越来越壮大,后来还合并了美洲银行。

思考:你认为银行家贾尼尼在做决策时发现的关键问题是什么?

(二)确定目标

目标体现的是组织要达到的目的。目标是决策活动的开始,而实现目标,即取得预期的管理效果是决策的终点。

确定目标时,要注意以下几点:

1. 目标应明确具体

决策目标的确定是为了实现它,因而要求决策目标定得要准确,首先要求概念必须明确清晰,即决策目标的理解应当只有一种,能够使执行者明确地领悟含义。如果一个目标的含义,怎样理解都可以,那么就无法做出有效的决策,也无法有效地执行。

2. 目标要分清主次

在决策过程中,目标往往不止一个,多个目标之间既有协调一致的时候,有时也会发生矛盾。例如,要求商品物美价廉就有矛盾,物美往往要增加成本;价廉就得降低成本,有时还会影响质量。在诸多目标中,有的目标是必须达成的,有的目标是希望达成的,这样就可以使实现目标的严肃性和灵活性更好地结合起来。因此,在处理多目标问题时,一般应遵循下列两条原则:第一,在满足决策需要的前提下尽量减少目标的个数,因为目标越多,选择标准就越多,选择方案越多,越会增加选择的难度。第二,要分析各个目标的权重,分清主次,先集中力量实现必须达到的主要目标。

3．要规定目标的约束条件

决策目标可以分为有条件目标和无条件目标两种，凡给目标附加一定条件者称为有条件目标，而所附加条件称为约束条件；不附加任何条件的决策目标称为无条件目标。约束条件一般分为两类：一类是客观存在的限制条件，如以一定的人力、物力、财力条件；另一类是目标附加一定的主观要求，例如目标的期望值，以及不能违反国家的政策法规等。凡是有关条件目标，只有在满足其约束条件的情况下达到目标时，才算其真正实现了决策目标。

4．决策目标数量化

就是要给决策目标规定出明确的数量界线。有些目标本身就是数量指标，例如产值、产量、销售量、利润等。在制定决策目标时要明确规定增加多少，而不要用"大幅度"和"比较显著"之类的词。有些属于组织问题、社会问题、质量问题等方面的决策，目标本身不是数量指标，可以用间接测定方法，例如产品质量可以用合格率、废品率等说明。

5．决策目标要有时间要求

决策目标中必须包括实现目标的期限。即使将来在执行过程中有可能会因情况变化而对实现期限做一定修改，但确定决策目标时也必须把预定完成期限规定出来。

小故事：蚂蚁的智慧

有两只蚂蚁想翻越前面一段墙，寻找墙那边的食物。这段墙长有20来米，高有近百米。其中一只蚂蚁来到墙角前就毫不犹豫地向上爬，辛苦地努力着向上攀爬，可是每到它爬到大半时，就会由于劳累、疲倦等因素而跌落下来。但是它不气馁，它相信只要付出就会有回报。一次次跌下来，它又迅速地调整一下自己，重新开始向上爬。

而另一只蚂蚁观察了一下，决定绕过这段墙。很快地，这只蚂蚁绕过这段墙来到食物面前，开始享用起来，而那只"勇敢、坚定"的蚂蚁还在不停地跌落下去后又重新开始爬墙。

很多时候成功除了勇敢、坚持之外，更需要方向。也许有了一个好的方向，成功会来得比想象得更快。

思考： 从这则故事中，你得到了哪些启示？

（三）拟定方案

决策目标确定以后，就应拟定达到目标的各种备选方案。拟定备选方案，要注意以下几方面：

首先，要分析和研究目标实现的外部因素和内部条件，积极因素和消极因素，以及决策事物未来的变化趋势和发展状况。

其次，将外部环境各不利因素和有利因素、内部业务活动的有利条件和不利条件等，同决策事物未来趋势和发展状况的各种估计进行排列组合，拟定出实现目标的方案。

再次，将这些方案同目标要求进行粗略的分析对比，权衡利弊，从中选择出若干个利多弊少的可行方案，供进一步评估和抉择。

拟定可行方案的过程是一个发现、探索的过程，也是淘汰、补充、修订、选取的过程。应当有大胆设想、勇于创新的精神，又要细致冷静、反复计算、精心设计。对于复杂的问题，可邀请有关专家共同商定。在拟定方案时,可运用"头脑风暴法""对演法"等智囊技术。"对演法"就是让相互对立的小组制定不同的方案,然后双方展开辩论,互攻其短,以求充分暴露矛盾,使方案越来越完善。

小故事:罗斯福的第二方案

美国前总统罗斯福在1932年当选之前,竞选纲领全以正统的经济计划为基础,提出的口号是"经济复兴"。但在同时,罗斯福还组织了另一批人才,专门研究"另一方案"。这"另一方案"乃以早年罗斯福总统时代的进步党建议为基础,他以经济和社会的全面改革为目的,是一种截然不同的政策。罗斯福第二年3月就职后,国际和国内经济发生了很大变化,原先的正统性经济发展方案行不通了,他立即胸有成竹地提出了革新的第二方案,结果挽回了局面。

思考:罗斯福是如何拟定方案的?

(四)评估方案

备选方案一经确定,决策者必须对每一备选方案进行评估。在评估过程中,要使用预定的决策标准以及每种备选方案的预期成本、收益、不确定性和风险。为了解决决策的困难,通常的方法是根据目标的权重排出先后次序,然后通过加权求和的方式将其综合为一个目标,或者将一些次要目标看作决策的限制条件,使某个主要目标达到最大(或最小)来选择方案。

小故事:苏格拉底弟子的选择

古希腊哲学大师苏格拉底的三个弟子求教老师:怎样才能成功呢?苏格拉底没有直接答,却让他们去走麦田埂,只许前进,且仅给一次机会,要求是:选摘一个最好最大的麦穗。第一个弟子没走几步,就看见一个又大又漂亮的麦穗,高兴地摘了下来。但他继续前进时,发现前面又有许多麦穗比他摘的那个大,但他没有机会了,只得遗憾地走完了全程。第二个弟子正好相反,每当要摘时,总是自我提醒:后面可能还有更好的。他一直走到终点才发现自己失去了很多机会。第三个弟子的做法是:当他走过全程的1/3时,即分为大、中、小三类;再走过1/3时,验证分类是否准确;在剩下的1/3里,他较早地挑出了属于大类中的一个美丽的麦穗。虽然这个麦穗不一定是麦田埂里最大的,但肯定是令人满意的。

思考:第三个弟子做出选择前对麦穗的分类,为什么帮助他找到了令人满意的麦穗?

(五)选择方案

从已列出的并且评估过的备选方案中选择最佳方案这一步骤是决策的关键阶段。通过可行性分析和评估,确定出每个方案的经济效益和社会效益,以及可能带来的潜在问题,按照一定的标准比较各个方案的优劣,从中选择最佳方案。方案选择的具体方法有两种类型:一种是定性方法即决策者根据以往的经验和掌握的材料,经过权衡利弊,做出决断;一种是定量方法即借助于数学和计算机技术进行决策的方法。

小故事：猫、老鼠和鸡

刘基的《郁离子》中有一个寓言：有个赵国人忧愁老鼠为害，就到中山国去要猫。中山国的人给了他一只。这只猫既善于捉老鼠，又善于吃鸡。一个多月时间，老鼠被捉完了，而他家的鸡也被吃完了。他的儿子为这事发愁，对父亲说："为什么不把猫赶走呢？"父亲答道："这个道理不是你所能懂的。我们家的祸害在于老鼠，不在于没有鸡。有了老鼠，它就偷吃我们的食物，咬坏我们的衣裳，穿透我们的墙壁，毁坏我们的农具，最终我们就要挨冻受饿了。这不比没有鸡危害更大吗？没有鸡，只不过不吃鸡就算了，离挨饿受冻还远着呢，为什么要赶走那只猫呢？"

思考： 寓言中的父亲为什么选择留下猫呢？决策中的最佳方案是最优方案吗？

（六）实施方案和反馈

实施决策是指将决策传递给有关人员并得到他们行动的承诺。只有通过付诸实施，才能最终检验决策是否合理有效，才能发现偏差并作必要的调整。

一个决策方案的实施需要较长时间，在这段时间内，由于组织内部条件和外部环境的不断变化，原来的决策方案可能已经不符合实际情况。因此，管理者要对决策效果评价，及时获得决策方案执行情况的反馈信息，对没有达到预期效果的项目要找出原因，与既定目标发生偏离的，要对原定方案进行修订；对客观情况发生重大变化，原定目标无法实现时，则要重新寻找问题或机会，重新审定目标，按照决策程序，直到选出新的最优化方案为止。

小故事：国王的抱负

有个年轻的国王，登位时由于急于公正地统治他的国家，便广征国内智者，命令他们把世界上的智慧搜集整理，以方便他阅读和学习，制定好的政策。智者们离去，30年后回来，身后的骆驼队背着5 000本厚厚的书，交给国王。国王因事务繁忙，无法阅读那么多书，便命令他们把知识浓缩。15年后，他们又回来了，身后的骆驼只背了500本书，但国王仍嫌太多。几年过去了，这次他们带来的书不超过50本，但国王已年老力衰，又叫智者浓缩成一本书。5年后，他们将辛辛苦苦几十年得到的成果奉献到国王手里时，国王已奄奄一息，再也没有时间阅读这本书了。

思考： 你如何评价这位国王和他的决策？

二、决策的影响因素

（一）环境因素

任何组织都是在一定环境下从事经营活动的。管理决策所面临的环境包括企业经营的一般环境和具体环境。环境的特点影响着组织决策的频率和内容。特别是在大数据时代，环境因素实现了数据化,对企业决策的支撑作用更加重要,许多企业越来越多地使用大数据进行更加科学有效的决策。

（二）过去决策因素

企业过去决策方案的实施,不仅伴随着人、财、物等资源的消耗,而且带来了内部状况的改变,带来了对外部环境的影响。过去的决策是目前决策过程的起点。过去的决策对目前决策的制约程度要受到它们与现任决策者关系的影响。如果过去的决策是由现任决策者制定,因决策者通常要对自己的选择及其后果负管理上的责任,所以当前阶段组织的活动不会做出太大调整,资源会再次投入到过去方案的执行中。相反,如果现行的决策者与组织过去的决策没有较大关联,则旧的方案则可能会停止,资源会投入到新的决策方案中。

（三）组织文化因素

组织文化制约着组织及其成员的行为方式。一个新的决策要求企业文化的配合与协调。如果企业文化表现为开放、创新与变革,那么企业中的人们会用发展的眼光看待即将发生的变化,员工会欢迎和支持变化,新决策就有利于实施;如果企业文化表现为保守、维持和安于现状,那么企业中的人们就会根据过去的标准来判断现在的决策,会产生怀疑甚至是抵制的情绪,这将给新的决策实施带来很大阻力。

（四）决策者的素质和价值观

决策者的价值观、战略眼光、领导能力、民主作风、知识结构、对待风险的不同态度会直接影响着决策方案的选择。领导能力强、知识丰富、具有战略眼光的决策者往往愿意承担风险,在被迫对环境做出反应以前就已经采取进攻性的行动,能够集思广益,提高决策质量。

小故事:IBM 公司的决策人路易斯·郭士纳

最初,人们都不太相信,一个有着纳比斯克公司和美国运通公司经理生涯背景的人能够领导一个像 IBM 这样的技术导向型公司。然而,这就是路易斯·郭士纳。他上任之初做出了两个决策:第一,他不拆散公司;第二,他集中于服务业务。尽管郭士纳的时间非常紧张,但是他仍然抽出时间从事一些社会公益性事业,尤其是与学校有关的活动。郭士纳做出的一项重大战略决策是服务器市场,那时这个市场被阳光微型计算机系统公司推出的 UNIX 服务器所垄断。IBM 公司采取降价策略,给它的竞争对手们,如阳光公司、惠普公司和康柏公司造成了极大的压力。

作为高层管理者,郭士纳必须在制定战略决策和战术决策、产品和服务、国内计划、战略制定和实施诸多方面平衡他的时间资源以及在处理公司事务与承担社会责任方面分摊他的精力。

思考:透过郭士纳,你觉得公司的决策者素质会如何影响公司决策?

（五）决策时间的紧迫性

战争中军事指挥官的决策都要求迅速而且尽量准确,这类决策对速度的要求更优于决策质量,属于时间敏感型的决策。而企业中一般关于组织活动方向与内容的决策,多半要求人们要充分利用知识,做出尽可能正确的选择,因此属于对决策时间要求不是很严格的知识敏感型决策,这类决策主要取决于决策质量,着重于抓住可利用的机会而不是避开威胁,放眼未来而不是近期。因此,对决策时间紧迫性的不同需求,会导致决策偏重点不同。

📚 **小故事：艾森豪威尔决策诺曼底登陆**

1944年6月4日，盟军集中45个师、1万多架飞机、各型舰船几千艘，即将开始规模宏大的诺曼底登陆作战。就在这关键时刻，在大西洋上的气象船和气象飞机却发来令人困扰的消息：今后两天，英吉利海峡将在低压槽控制之下，舰船出航十分危险！盟军最高统帅艾森豪威尔面对气候恶劣的英吉利海峡一筹莫展。盟军司令部的司令官们都知道，登陆战役发起的"D"日，对气象、天文、潮汐这三种自然因素条件都有要求。就在大家几乎束手无策时，盟军联合气象组负责人、气象学家斯塔格提出一份预报，有一个冷锋正向英吉利海峡移动，在冷锋过后和低压槽到来之前，可能会出现一段转好的天气。当时，联合气象组对6日的天气又做了一次较为详细的预报：上午晴，夜间转阴。这种天气虽不理想，但能满足登陆的起码条件。艾森豪威尔沉思片刻，果断做出最后决定："好，我们行动吧！"后来虽因天气不好，使盟军空降兵损失60％的装备，汹涌的海浪使一些登陆舰船沉没，轰炸投弹效果差，但诺曼底登陆作战一举成功，却是不可否认的事实。

思考：你如何评价艾森豪威尔的决策？

（六）决策的权利因素

在组织内部，决策的执行效果还要受到决策下达者的权利因素的影响。决策者在下达决策之初，必定会根据组织内外部环境、数据的收集与整理结果以及对组织未来状态的判断等因素去制定决策。如果一个决策在下达之后，受到来自组织内部其他权利因素的干扰，则该决策在执行过程中，必然脱离决策制定者预先设计的流程，最终的效果也会和预期产生较大偏差。因此，决策下达者是否具有绝对的权利是日后决策顺利下达并执行的重要保证。

【模块二】 案例分析

顺丰快递

它从不打广告，不打算上市，不打算引入战略投资……这无疑是家另类低调的企业。不过，这家低调企业的掌门人王卫，却是"电商教父"马云最佩服的人。因为快递远不是收货、发货这么简单。

■"垄断"通港快件

王卫有一句名言：顺丰的一线收派员"才是最可爱的人"。因为他也是收派员出身，做过"背包客"。

1971年，王卫出生在上海，父亲是一名空军俄语翻译，母亲是江西一所大学的老师。七岁时，王卫和家人迁往香港。高中毕业后，他不再读书，到顺德做起了印染。20世纪90年代初期，受邓小平南方谈话影响，香港八万多家制造工厂移到内地，其中珠三角就占了五万多家，香港与珠三角之间的信件、货运业务量开始暴增。一开始，王卫受人之托，在广东和香港之间夹带点儿私货。慢慢地，东西越来越多，用拉杆箱也装不下的时候，他意识到这是一个商机。1993年3月26日，王卫拿着跟父亲借的10万元，在顺德注册了顺丰速运，一个只有六个人的公司。同时，他在香港砵兰街租了几十平方米的店面，专替企业运送信件到珠三角。王卫和员工们早出晚归用背包和拉杆箱运货,被称为"水货佬"。"别人70元一件货,顺丰收40元",王卫"割价抢滩"的策略吸引了大批客户,甚至带旺了冷清的砵兰街。由于市场需求旺盛,顺丰很快将触角延伸到广东各地。当时,顺丰每建一个点,就注册一个新公司,分公司归当地加盟商所有,这使得顺丰在几年的时间内,便将珠三角一带的快递市场牢牢抓在自己的手上。但也因这样野蛮的增长方式,顺丰一度被业内称为"老鼠会"。在这样的疯狂下,到1997年,王卫几乎垄断了所有的通港快件。据悉,当时行驶在通港公路上的快件货运车有70%是顺丰的业务。这时的王卫不过26岁。

■强势收权

1999年,王卫已淡出公司日常运营管理。但在接到一通投诉电话后,他展开了顺丰历史上的最大改变。原来,加盟模式推广后,受利益驱使,一些顺丰的加盟商擅自在货运中夹带私货,有的加盟商更是自己开始延揽业务当上了"土霸王"。王卫开始强势收权。王卫曾说:"顺丰提出差异化经营后,承包网点收回直营便遇到了很多麻烦。"当时一个承包网点就是一个小王国,根治这些问题,压力非常大。当时,一度传言有可能让王卫付出生命的代价,时至今日,王卫走到哪里,总有几位保镖跟从。2002年,王卫收权成功,顺丰从加盟制转为直营制,并在深圳设立总部,将自身定位于国内高端快递。

■抓住"非典"契机延伸至航空运输"保快"

2003年"非典"爆发,人们都不敢出门,顺丰迎来转折性的发展契机。疫情期间,航空公司的生意非常萧条。借航空运价大跌之际,顺丰顺势与扬子江快运签下包机5架的协议,第一个将民营快递业带上天空,为顺丰的"快"奠定了江湖地位。

此时,顺丰的经营思路也开始确定。王卫坚持只做快递,而且只做小件,不做重货,与四大国际快递重叠的高端不做,五六元钱的同城低端也不做,剩下的客户被锁定为唯一目标,1千克内收不超过20元的邮费。由于坚持只做小型快递,顺丰甚至拒绝了摩托罗拉这样的"肥"订单。

2009年底,中国民航局发布了一条不起眼的公告,宣布顺丰航空正式获准运营。顺丰申请建立航空公司并一次性购买两架属于自己的飞机——这也是中国民营快递企业第一次拥有自己的飞机。

2011年,这家公司的销售额已经达到150亿元,拥有15万名员工,年平均增长率50%,利润率30%。

20年的发展,直营模式、高端定位以及航空运输,成了顺丰成功的三驾马车。

王卫其人在顺丰优选的前总裁刘淼看来,王卫是他见过的最有钱的工作狂,这多半源于王卫创业初期保留下来的职业习惯。20年来,他每天工作14个小时再正常不过,还定期到一线收发快递。有高管说王卫是那种很有危机感的人,三个月没有创新和变革,就会让他有危机四伏的感觉。

大多数跟随王卫的高管都评价王卫是一个很"规矩"的人。在顺丰速运集团副总裁杨峰看来,王卫是个责任感很强的人:"他想做事,他办企业的根本目的不是挣钱。"也因此,王卫多次拒绝了联邦快递、UPS等海外巨头的收购。顺丰最难能可贵的是始终坚持专业化的发展环境,不被其他利益诱惑,在前些年多数快递企业纷纷转型力求赚快钱时,只有王卫在埋头研究如何能够更加专业化、标准化地提高效率,让用户有更好的体验。这种专业化显然是顺丰在原始资本积累阶段就一直保持的核心竞争力,正因为对信息化、标准化的大量投入,顺丰很快便甩掉了其他快递公司。

王卫十分低调,接受媒体采访的次数屈指可数,网上也极难找到其照片。就连顺丰的企业内刊《沟通》也从未出现过这位掌门人的面孔。王卫还是个十分坚持自我的人。在前两年金融危机的时候,顺丰没有裁掉一名员工,不论在公司内部讲话,还是在公开的会议场合,王卫经常强调"收派员才是顺丰最可爱的人"。

■计件工资

事实上,顺丰发展到今天的独有秘诀之一就是它的计件工资。这样的制度保证了顺丰一线员工的高收入,高收入支撑着顺丰以快为核心的高服务质量。其收派员的基本工资并不高,但收入全部根据工作业绩提成,每个月的收入都是可以预期的,而且非常稳定。在顺丰,每个快递员都是自己的老板,因为他们的报酬全系于勤奋以及客户的认同,而月薪上万的收派员在顺丰早已不是特例。

原宅急送总裁陈平说:"顺丰的收派员和企业是分配关系,不是劳务上下级关系。这就是王卫聪明的地方,当年收权,他没有全收。当时是加盟老板不听话,他把老板收了,老板底下的员工我就容忍你,只要你听我话就行了,歪打正着了。"

一名在顺丰工作五年的司机告诉记者,今年他刚通过晋升机制成为一名真正的管理人员,顺丰最令他敬佩的是两点:一是对员工负责,除了保证收入,还给员工的家属各项补贴和福利;另外,顺丰会给员工提供学习的机会,员工可以通过内部的晋升机制不断升职。据说目前在顺丰有一半以上的高管都是从基层收派员做起来的。

问题:

1. 为什么王卫会做出强势收权的决策?
2. 成立顺丰航空的决策依据是什么?
3. 你觉得在顺丰发展的不同阶段,王卫每次的决策过程是否相同?

成果与检验:

根据小组成绩、班级讨论、书面报告等综合评定。

【模块三】 管理游戏

派谁出国

游戏目的:

了解决策的过程。

游戏程序:

1. 12名学生扮演12名工程师。
2. 1名学生扮演工程部经理。
3. 1名学生扮演公司CEO。
4. 余下学生为决策智囊团。

游戏规则:

一天,公司CEO告诉工程部经理,由于业务发展,海外一家分公司需要从工程部外借四名工程师到国外工作6~8个月,而这个国家条件比国内环境差,工资只会相应上调10%。

工程部经理整理 12 名工程师资料,发现所有工程师都能完成此项任务,而从当前项目和完成未来项目角度看,没有什么特别理由说哪个工程师是必须留下的。此时工程部经理需要找 12 名工程师谈话,了解 12 人近期工作、生活情况以及对于外派的意愿。而在谈话中 12 名工程师需要说出各自不愿外派的理由,作为工程部经理该派谁出国? 智囊团同学给出方案。

游戏准备:

不同角色的说明书以及任务说明书。

注意事项:

12 名扮演工程师的学生理由不要重复,且不可被拒绝的难度越大越好。

成果与检验:

根据学生的参与程度以及得出的结论评定活动成效,并评定成绩。

【模块四】 实战任务

轿车购买决策过程

实战目标:

使学生结合实际,加深对决策过程的认识与理解。

实战内容与要求:

1. 由学生自愿组成小组,每组 6～8 人。利用课余时间,选择当地 1～2 个汽车销售 4S 店进行购车询问。

2. 在进行购车询问之前,每组需根据课程所学知识经过讨论制定决策过程,决策标准参照以下内容:

(1) 购车心理价格范围是多少?

(2) 购买轿车的品牌有何种要求? 制造厂商要求?

(3) 购买轿车的外观样式要求?

(4) 购买轿车的主要功能参数要求?

(5) 购买轿车的备选设备要求?

成果与检测:

1. 每组制定一份轿车购买决策步骤提纲;

2. 4S 店购车询问后,组织一次课堂交流与讨论,并给出各组最终的模拟购买轿车决策方案;

3. 以小组为单位,分别由组长和每个成员根据各成员在调研与讨论中的表现进行评估打分;

4. 最终教师综合评定成绩。

【模块五】 能力测评

创造性测试

测评目标：

测试学生在进行决策时，创造性思维运用能力。

测试内容与要求：

1. 画四条直线连接下图中所有的点，你的笔不允许离开纸面。直线允许交叉，但不能重叠。

● ● ●

● ● ●

● ● ●

2. 以下词组的共同点是什么（不是指它们都是英语单词）？

CALMNESS　　FIRST

CANOPY　　　SIGHING

DEFT　　　　STUN

3. 将 10 个同样大小的圆排成五行，每行有四个圆。

测试三个练习完成的时间并记录。

成果与检验：

根据上述三个练习完成的时间评定，越快完成说明你在进行决策时创造思维能力越强；完成时间越长，说明你的创造思维能力需要加强训练。

任务三　应用决策方法

【模块一】 知识精讲

决策的方法

随着决策理论和实践的不断发展，已经创造出许多科学的决策方法。总的归纳起来可以分为两大类：一类是定性决策方法；另一类是定量决策方法。决策者应当根据决策过程的性质和特点，灵活地运用各种方法，优势互补，才能提高科学决策的水平。

一、定性决策方法

定性决策方法又称为"软方法"，也叫主观决策法，是指决策者根据个人或专家的知识、经验和判断能力，充分发挥出专家的集体智慧，进行决策的方法，所以也叫主观决策法。定性决策的优点是方法灵活简便，通用性大，为一般管理者易于采用，有利于调动专家的积极性,激发人的创造力,更适用于非常规型决策。但其缺点是定性决策方法多建立在专家个人主观意见的基础上,未经严格论证,主观性大。

(一)德尔菲法

德尔菲法是 20 世纪 50 年代由美国兰德公司发明的,最早用于预测,后来推广应用到决策中来。它是一种通过信函向专家征求对未来有关事项意见的一种决策方法。也是目前采用得最普遍的一种现代预测和决策方法。

德尔菲的要点是:① 不记名投寄征询意见;② 收集各专家意见;③ 统计、整理专家意见;④ 将整理后意见进行多次反馈、咨询,直至意见比较集中为止。由于德尔菲法是以匿名及书信的方式进行的,因此避免了专家们聚集一堂时彼此产生的心理作用,可以最大限度地利用专家资源,获得比较满意的结果。但是,德尔菲法也有不足之处:一方面用书信的方式咨询意见,使问题的讨论受到了很大的限制;另一方面,如果组织者不能很好地理解专家的意见,就有可能在整理和归纳专家意见时出现误差。

(二)头脑风暴法

又名畅谈会法。类似于我们颇为熟悉的"诸葛亮会议",其思想是邀请有关专家敞开思路,不受约束的条件下,激发灵感,集中体现自由开放、群策群力,发挥集体智慧,针对某些问题畅所欲言,创造一种自由奔放的思考环境,诱发创造思维的共振和连锁反应,产生更多的创造性解决方案。此方法产生的结果是名副其实的集体智慧的结晶。

该方法的具体操作规则可以用实例来说明,比如:选择 5~12 人,1 人为主持人,1~2 名记录员(最好是非正式与会人员),要求人人参与会议,时间以不超过 2 小时为宜,地点环境不受外界干扰,不允许有质疑和批评,不允许反驳,也不要做结论,建议越多越好,广开思路,不要重复别人的意见,思考、表达创意的气氛和空间应该是完全轻松自由的。这种方法适用于简单问题的决策。

(三)列名小组法

列名小组法是采用函询与集体讨论相结合的方式征求专家意见的方法。这种方法分为两个步骤:第一步,请有关专家在互不接触的条件下,用函询的方式提出自己对某一个问题的意见。第二步,邀请专家聚会,把第一步收集的意见匿名发表给大家,使大家畅所欲言,深入探讨。列名小组法可以有效地避免头脑风暴法和德尔菲法的弊端,既可以使专家们在第一阶段毫无顾忌地各抒己见,又可以在第二阶段相互启发,取长补短。但是,这种方法如果使用不当,也会失之偏颇。

(四)方案前提分析法

方案前提分析法是通过分析、评估决策方案赖以成立的前提,来进行决策的方法。由于方案前提分析法不是讨论方案本身,而是讨论方案的前提,这样就能较好地避免决策中一些人为因素的消极影响。方案前提分析法的关键在于找出方案的前提。另外,在讨论时对前提成立的条件要尽量刨根究底,以求更详细、透彻地对方案的前提进行了解。

(五)提喻法

提喻法是通过讨论从其他角度提出的与方案有关或类似的其他方案,借助类比达到分析评估方案目的的方法。提喻法是 20 世纪 60 年代由美国学者哥顿首创的一种决策方法,因而也称哥顿法。由于运用提喻法可以隐瞒决策问题的真相,因而可以防止与会者因个人利害关系而产生消极影响。同时还有利于与会者从新的角度和侧面探讨问题,进行创造性思维,避免他们囿于成见而束缚思想。

(六) 创造工程法

创造工程法是运用创新思维提出问题与解决问题的一种方法。这种方法把决策过程看成是一个有秩序、有步骤的创新过程。包括三个阶段:第一阶段是确定问题阶段;第二阶段是孕育、创新阶段;第三阶段是提出设想和付诸实施阶段。创造工程法的核心是第二阶段,其灵魂是创造性思维。

小故事:用直升机扫雪

飞机扫雪,看起来纯属异想天开,然而,美国电信公司经理奥斯本却让它变成了现实。美国北方格外寒冷,经常大雪纷飞,使电线上积满冰雪。大跨度的电线常被积雪压断,严重影响了通信。电信公司做过不少努力,试图解决这一困扰了他们多年的难题,但都未能如愿。后来,时任电信公司经理的奥斯本组织了一个讨论会,他要利用大家的智慧来解决这一难题。

参加座谈会的是不同专业的技术人员。会上,有人提出设计一种专用的电线清雪机;有人想到用电热来化解冰雪;有人建议用振荡技术清除积雪;还有人提出带上几把大扫帚,乘直升机去扫电线上的积雪。对于"坐飞机扫雪"的设想,不少人都觉得滑稽可笑。然而,一位工程师听了这个设想之后,认真思考,迅速构思出了一种简单可行的清雪方法——飞机扇雪。每当大雪过后,出动直升机沿积雪严重的电线飞行,依靠高速旋转的螺旋桨即可将电线上的积雪迅速扇落。公司的专家对各种设想分类论证后认为,用飞机扫雪是一种既简单又高效的好办法。后来经现场试验,用直升机螺旋桨扇雪真能奏效。就这样,一个久悬未决的难题终于解决了。

思考:你能发现这则故事中运用了哪种决策方法吗?

二、定量决策方法

定量决策方法又称"硬方法",是指建立在数学、统计学等基础上的决策方法。它的核心就是把决策变量、变量与目标之间的关系用数学公式表示出来,建立数学模型。然后根据决策条件,通过计算(复杂问题要用计算机)求得答案。这种方法既可以适用于决策过程中的任何一步,也特别适用于方案的比较和评价。

(一) 确定型决策方法

最常用的确定型决策方法就是盈亏平衡分析法,又称保本分析法或量本利分析法,是通过考察销售量、成本和利润的关系以及盈亏变化的规律来为决策提供依据的方法。

在运用盈亏平衡分析法时,关键是找出企业不盈不亏时的销售量(称为保本销售量或盈亏平衡销售量,此时企业的总收入等于总成本)。该法常用图形来考察销售量、成本和利润的关系。在应用图解法时,通常假设产品价格和单位变动成本都不随销售量的变化而变化,所以销售收入曲线、总变动成本曲线和总成本曲线都是直线,盈亏平衡分析是一种简单的方法,对管理者而言是很有价值的。

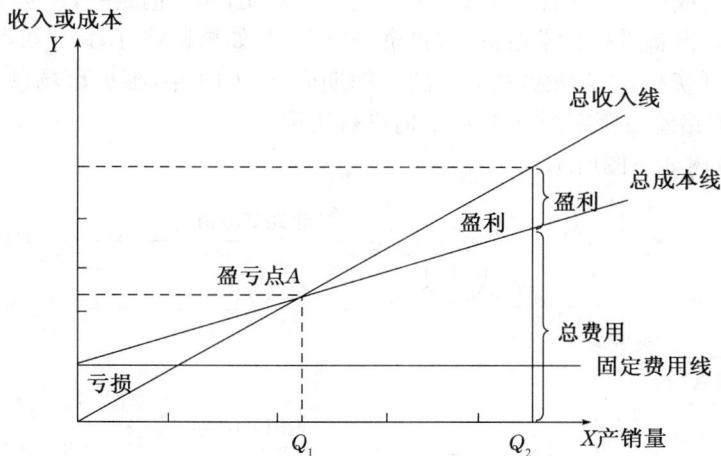

图 3 - 2 盈亏平衡分析图

由图 3 - 2 可以看出,盈亏平衡的产销量为 Q_1 时,在这一点的产销量企业不亏不盈。当产销量低于 Q_1 时,就产生亏损,产销量越少,亏损额越多;当产销量高于 Q_1 时就产生利润,产销量越多,产生利润也就越多。通过公式也可计算出盈亏平衡点 A,决策者需要知道产品销售的单位价格(P)、单位可变成本(V)及总固定成本(C)。盈亏平衡点 A 的产销量 Q_1 计算公式如下:

$$Q_1=C/(P-V) \qquad\qquad 公式①$$

从上述公式中可以看出:① 当组织以某个大于可变成本的价格销售产品达到某个单位时,总收入一定可以等于总成本;② 价格与可变成本的差与销售数量的积等于固定成本。由此公式可以推算出有一定利润(L)的产销量 Q_2 的计算公式:

$$Q_2=(C+L)/(P-V) \qquad\qquad 公式②$$

例 3 - 1:长城股份有限公司生产销售机器,总固定成本 10 万元,单位变动成本 500 元,每台机器售价 1 000 元,请计算出保本点销售量。依据公式可得:

$$Q_1=C/(P-V)=100\ 000\div(1\ 000-500)=200(台)$$

若该公司想赚取 5 万元的利润,那么,这时的销售量应是多少?依据公式得:

$$Q_2=(C+L)/(P-V)=(100\ 000+50\ 000)\div(1\ 000-500)=300(台)$$

(二)风险型决策方法

风险型决策最常用的方法就是决策树法。决策树法是根据逻辑关系将决策问题绘制成一个树型图,按照从树梢到树根的顺序,逐步计算各结点的期望值,然后根据期望值准则进行决策的方法。

决策树由决策点、方案分枝、自然状态点、概率分枝和结果节点组成。决策点是进行方案选择的点,在图中用"□"表示;方案分枝是从决策点引出的若干直线,每条线代表一个方案;自然状态点是方案实施时可能出现的自然状态,在图中用"○"表示;概率分枝是从自然状态点引出的若干条直线,每条直线表示一种可能性。结果节点是表示不同方案在各种自然状态下所取得的结果,在图中用"△"表示。

例 3 - 2:A 公司准备生产某种新产品,可选择两个方案:方案一,是引进一条生产线,需投资 500 万元,建成后如果销路好,每年可获利 150 万元,如果销路差,每年要亏损 30 万元;方案二,是对原有设备进行技术改造,需投资 300 万元,如果销路好,每年可获利 60 万元,如果销路差,每年可获利 30 万元。两方案的使用期限均为 10 年,根据市场预测,产品销路好时概率为 0.6,销路差时概率为 0.4,应如何进行决策?

先绘制决策树如下图所示:

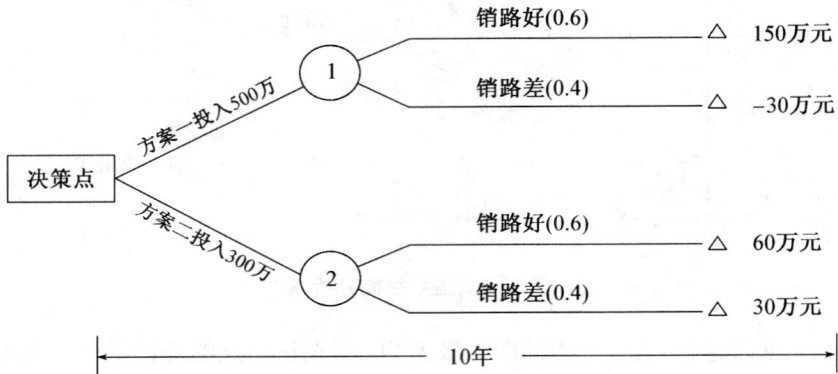

图 3-3　决策树

然后计算两种方案的期望收益值:

方案一:① = (150×0.6-30×0.4)×10-500=280(万元)

方案二:② = (60×0.6+30×0.4)×10-300=180(万元)

最后根据期望值选择方案:

比较两种方案的期望收益可知,方案一的期望收益值大于方案二,所以决策者应选择方案一,即引进一条生产线。

（三）不确定型决策方法

常用的不确定型决策方法有大中取大法、小中取大法和最小最大后悔值法。下面通过实例来具体说明这些方法的应用。

例 3-3:飞鹅厂打算生产一种新产品,根据市场预测,产品的市场需求有需求旺盛、需求一般和需求低迷三种情况。资料显示,生产该产品有新建生产线、改造生产线和外包生产三种方案。各种方案的损益值如表 3-2 所示:

表 3-2　企业产品生产各方案损益值　　　　　　　　　　　单位:万元

损益值　　自然状态 决策方案	市场需求		
	需求旺盛	需求一般	需求低迷
新建生产线(A1)	580	200	-180
改造生产线(A2)	425	180	-80
外包生产(A3)	150	100	15

1. 大中取大法

也被称作乐观准则,决策者通常对未来持乐观态度,认为未来会出现最好的自然状态。

决策时,对各种方案都按照它带来的最高收益考虑,然后比较哪种方案的最高收益最高,即大中取大法。在例 3-3 中,三种方案的最大收益分别是 A1 为 580 万元,A2 为 425 万元,A3 为 150 万元,所以最终决策方案是 A1——新建生产线。

2. 小中取大法

也被称作悲观准则,决策者通常对未来持悲观态度,认为未来会出现最差的自然状态。决策时,对各种方案都按照它带来的最低收益考虑,然后比较哪种方案的最低收益最高,即小中取大,坏中取好。在例 3-3 中,三种方案的最小收益分别是 A1 为 -180 万元,A2 为 -80 万元,A3 为 15 万元,所以最终决策方案是 A3——外包生产。

3. 最小最大后悔值法

也被称为后悔值准则,决策者在选定方案后,如果条件改变,其他备选方案会取得好更好收益,企业将遭受机会损失,决策者因此而后悔。后悔值准则决策步骤如下:

(1) 求出在不同自然状态下的最大收益值。在本例 3-3 中,需求旺盛时的最大收益为 580 万元,需求一般时最大收益为 200 万元,需求低迷时最大收益为 15 万元。

(2) 找出每一方案的最大后悔值,并建立决策矩阵表如表 3-3 所示:

表 3-3 决策矩阵表　　　　　　　　　　单位:万元

损益值 ＼ 自然状态　＼　　　决策方案	市场需求			最大后悔值
	需求旺盛	需求一般	需求低迷	
新建生产线(A1)	580-580=0	200-200=0	15-(-180)=195	195
改造生产线(A2)	580-425=155	200-180=20	15-(-80)=95	155
外包生产(A3)	580-150=430	200-100=100	15-15=0	430

(3) 选择最大后悔值最小的方案。在本例 3-3 中,为 A2——改造生产线方案。

最小最大后悔值决策法一般比较适用于有一定基础的中小企业。这类企业一方面能承担一定风险,可以不必太保守;另一方面,这些企业并不能抵挡大的灾难,不能像乐观决策法那样过于冒险,它属于稳中求发展的决策。

【模块二】 案例分析

王石——人生如此与众不同

冯仑说:"王石是企业领袖中接近完美的一个典型。"也许你不一定同意冯仑的看法,但你一定同意:王石的人生在企业家中绝对是与众不同。他的人生之所以与众不同,是因为他做了下列五个与众不同的重要决策。

(1) 不当老板

王石是万科的创始人。冯仑说:"王石是创业者中一个不当老板的人。"1988 年 12 月 28 日,万科公开发行股票。按照当时深圳的规定,4 100 万公司股票中有大约 500 万股职工股,其中 10% 允许量化到个人名下。王石放弃了他个人应得的部分,而是自己掏了两万元买了公司股票,目前他个人拥有的万科股份还不到万分之一。王石放弃了个人股份,管理层其他成员当时也放弃了。王石说他当时之所以放弃基于三点想法：① 社会价值取向。名利之间只能选择一项，或默不出声赚钱，或两袖清风实现一番事业。王石选择了后者。回过头来看，他的确如此。他不是个富豪，富豪榜上从来没有他的名字，但王石的名字却常常出现在捐款名单上，2009 年王石在大学演讲时说过"我八年工资奖金和广告收入是 1 800 万，但捐了 1 300 万"。② 讨厌暴发户形象。③ 家族没有掌管财富的 DNA。冯仑多次问过王石为什么不当老板的问题。王石后来解释，他不当老板，主要原因是当时有很多老人和他一起创业，如果他要当老板，那些人也要当，很多事就不容易摆平。所以他选择了经理人的定位，就不存在合伙人的问题，他用这种方式妥善解决了第一代人之间通常很难解决的一个矛盾，万科很早就进入了稳定的状态。冯仑分析：当不当老板的第二个差别就是公司的业务取向问题。你选择当老板，你会有"原罪"，于是就容易产生暴力需求，所以公司就容易有暴力倾向，偏爱豪赌、赚钱的冲动和解决危机的冲动都会导致你这个老板去做铤而走险的事情。而你若不是老板，心态平衡了，会少犯许多错误。万科甚至明确规定超过 25％ 利润的项目不做。第三个差别，就叫作价值观不同，万科坚持阳光下的价值观，王石把它叫作"阳光下创造财富"。所以万科一直讲"不行贿"。王石的确不行贿，为什么？他不是老板应是原因之一。通常经理人主动行贿的确很少，都是老板行贿。由于经理人本身不追求暴利，他就没有必要为了不是自己的事，去做那么多冒险的事。第四个差别是治理结构。由于他不做老板，他是经理人，他就一定有一个董事会，而且一定形成经理人文化，而不是股东文化。中国早期的创业者，大多忽视公司治理结构，自己成为老板，自己的钱跟公司的钱、股东的钱不分，家里的事和公司的事不分，为所欲为，缺少股东约束，自己又当股东又当经理，自己监督不了自己。

（2）"减法"决策：万科专业化

1993 年之前，万科走的是综合商社模式的多元化发展道路。1993 年 1 月，王石决定放弃综合商社模式，确立城市居民住宅为主导业务。1993 年至 2001 年，王石带领万科开始做"减法"：一是整体业务方面的收缩。退出与住宅无关的产业，从多元化经营向专营房地产集中，至 1995 年，房地产业务利润所占比重增长到 75％ 以上，实现了多业务经营向主导的专业化经营的过渡；二是投资区域的集中。收缩住宅产业战线，从 13 个城市削减到深、沪、京、津四个城市，开始分期转让在全国的 30 多家企业股份；三是提出以城市中档住宅为主，减少房地产产品的品种；四是资金的集中。在股权投资上从 1994 年起，万科把持有的全国 30 多家企业股份，开始分别转让，将资金回收用于主业。经历历时 10 年的"减法"，万科把最多时105 家企业减至 30 多家，从涉足的 18 个行业减至一个，万科终于走上了专业化发展房地产的道路。万科从多元化向房地产专业化转变，再由房地产公司的多元化向单一住宅产品转变，使自己成为简单的住宅公司，最终向精细化冲刺，终于使万科在 2010 年成为中国首家销售额冲破千亿元关口的房地产龙头企业。

（3）辞去总经理职务

1999 年 2 月，王石辞去万科总经理职务，只任董事长。48 岁的王石辞去总经理职务时说："我给万科留下了什么？一是选择了一个蓬勃发展的行业——房地产，二是建立了现行的企业制度，三是培养了科学的团队，四是塑造了自己的品牌。制度化、科学化的管理，已不需要你什么事都亲力亲为了。"王石接受采访时说："辞去总经理职务后，作为董事长，我将在决策层面继续发挥作用，分离的总经理将在执行董事会决策的层面上扮演重要角色，这样的分工不仅减少了管理层对某个人的依赖，进而减少了公司长远发展的人事风险，还有利于万科人事管理规范化的建设,有利于职业经理的培养。"

（4）登山

王石在中国企业家圈中是一个特例,他积极倡导和实践极限运动,从 2002 年至 2006 年的 5 年时间中,他成功登顶了世界七大洲的最高峰,并且徒步到达了南北极点。王石曾经表示:"极限运动使我超越自我而满足。"而目前全世界只有 10 个人完成此项冒险。

但谁能想到王石曾被诊断可能会下肢瘫痪呢。1995 年,医生在王石的腰椎处发现了血管瘤,并且肿瘤压迫到了神经,由此诊断出王石可能会下肢瘫痪。王石震惊之余,为自己定了一个计划:去西藏,这是他长久以来的愿望。在摆脱缠绕了两年的工作之后,1997 年,王石终于第一次休了一个月的长假,他和朋友两人取道青海格尔木,沿青藏线入藏。第一次入藏,改写了王石以后的生活。在著名的珠峰大本营,他见到了中国登山队的高级教练金俊喜。金俊喜刚从梅里雪山上下来,那里刚刚经历过一场空前的生死离别:因为雪崩,中日联合登山队的 17 名成员全部在梅里雪山遇难。金俊喜落寞地从梅里雪山来到珠峰大本营,准备再次登山。金俊喜对王石说:"你也可以登山。"这让王石坚定了自己挑战高峰的念头。

有次演讲时有人提出这样一个问题:"王总,绝大多数人的人生都是为了工作,尤其像您,一个大公司的董事长,在这个市场千变万化、竞争瞬息万变的时代,公司做得再大都要面临各种各样的挑战,决策者要随时随地待命做出应对。那么,是什么让您放得下心去登山呢? 更何况,登山那么危险。您有没有想过万一出意外怎么办?"王石用很简单的一句话回答了他:"因为我不喜欢做生意,不喜欢当生意人;我赚钱,是为了让我的生活更美好。"

事实上,王石登山也遭遇过很多危险,"比如我登珠峰快到山顶的时候,正准确一鼓作气冲上去,突然发现我的氧气瓶快没氧气了,连下山补给都不够用。怎么办? 我仍然坚持要先登顶再下山,给自己留了后路相当于是劝自己不要全力以赴! 真到了下山的时候,我只好捡先前登山者丢弃的废旧氧气瓶,像接力棒一样,一个挨着一个换,勉强撑到山下,才算捡回一条命""既然登山这么危险,为什么我还要坚持去登山呢? 我的回答是这样的:人总是要死的,你不去登山就可以避免一死吗?""2003 年 5 月登顶珠峰的经验,我想跟大家分享一下。上去之后呢,我环顾四周,发现能见度极低。你看珠峰的照片,都是雾,在雾里面什么都看不到。所以什么'一览众山小'啊、'只缘身在最高层'啊,都是瞎扯。""在登山途中,我专门躺在帐篷里休息,队员们都纳闷为什么老王不出来拍照。为什么? 要保持体力。我最大的目标是登顶,其他多余动作都不做。所以我保存了大量的体力。"

（5）哈佛游学

2011 年春天,60 岁的王石决定到哈佛大学游学,开始攀登"知识的山"。王石说:"我的经历、背景在大学登知识的山比登物理的珠穆朗玛峰还难。可是在学校登知识的山峰真的是就差点得抑郁症了。"在哈佛,他是郁闷的后进生,半个残疾人,带着翻译听讲座。"只要做游戏,你就是最白痴的那个。"然而,王石坚持下来了,并且乐在其中。2013 年 10 月,王石来到剑桥,开始了新的学习旅程。

问题:

1. 你如何理解王石"不当老板"的决策?

2. "减法决策"为万科带来了哪些发展?

3. 王石的人生决策给你带来了哪些启示?

成果与检验：

根据小组成绩、班级讨论、书面报告等综合评定。

【模块三】 管理游戏

合同履行

游戏目标：

通过游戏使学生了解决策的方法，练习如何在模拟决策中取胜并获利最大。

游戏程序：

1. 游戏背景资料说明

甲乙两家公司，注册资本金分别为 1 000 万元和 500 万元，双方经多次谈判，最终达成了一个总金额为 400 万元的年度交易合同。这一合同包含了六次交易，规定甲方每两个月在接到乙方汇款通知后立即向乙方发一次货。

在履行合同的过程中，双方遵循一定的市场规则（以出红、黑牌为例，红牌表示诚实履行合同，黑牌表示欺诈）

（1）六次交易逐笔进行，即做完一笔再做下一笔；

（2）每一次交易双方同时出牌。若双方均为红牌，则各获利 30 万元；若双方均出黑牌，则双方各亏损 20 万元；若一方为红、另一方为黑，则出红牌方亏损 50 万元，出黑牌方获利 50 万元。其中，第三轮和第六轮的损益值加倍。

（3）双方每一次出什么牌都由各方董事会集体决策，决议过半数同意有效。

（4）在课堂模拟游戏中，每一笔交易须在 15 分钟内完成，全部六次交易在 50 分钟内完成。如果在规定时间内没有做出相应决策，则中止交易。

2. 游戏操作

（1）组建模拟决策小组。每个小组人数由单数组成，组数应为偶数，模拟董事会。

（2）由教师确定各组交易对象，分别代表甲乙两公司。交易双方在地理位置上尽可能离远一些。各小组成员理解模拟决策意图，画好表格，记录交易过程和结果。

（3）教师宣布开始，各小组开始决策讨论，决策双方各自写下决策思维过程和结果。

（4）在教师的协助和公证下，双方做完一笔再做下一笔，直到完成六笔交易为止。

（5）整个交易结束后，各方计算损益值，各自总结经验教训，并当场进行公开交流。

游戏准备：

红牌、黑牌、决策记录表。

成果与检验：

根据学生的参与程度及提交的实验报告综合评定成绩。

【模块四】 实战任务

为企业经营进行决策

实战目标:

1. 消化理解决策方法。

2. 训练企业决策数据分析能力。

3. 培养实施决策的初步能力。

实战内容与要求:

1. 以模拟公司为单位,深入一家企业。

2. 调查企业目前经营的产品销售收入与成本情况,通过定量决策方法确定该企业生产产品的合理产量。(实地调研资料不充分时,可结合网络数据资料整合分析。)

3. 在模拟公司内部组织研讨。运用所学理论,研究如何对所调查的企业或部门进行有效决策,制定出该企业的决策流程。

4. 每个模拟公司制定一份决策方案(包括资料收集、流程制定、方法应用和结果反馈)。

成果与检验:

1. 以班级为单位,组织交流与评价,由各模拟公司汇报应用训练情况与效果;

2. 对各模拟公司或个人制定的决策方案及调研资料,综合交流会表现,教师最终给出评价。

【模块五】 能力测评

你是决策高手吗

测评目标:

测试学生的决策能力强弱。

测试内容与要求:

决策能力是企业家维持其企业生存的必备素质。只有通过恰当的决策,企业家才可以对企业资源进行优化配置。通过下面的测试题来看看自己是不是决策高手吧。

1. 你会在决策前发现并确定需要做出决定的问题。 ( )

    A. 是的　　　　　　　　B. 有时会　　　　　　　　C. 不会

2. 你会获取尽可能多的信息和尽可能真实的信息。 ( )

    A. 是的,这样利于决策

    B. 经常关注,但很难确保取得足够的真实信息

    C. 从不在意信息积累

3. 解决问题前你会拟上几个备选方案,以期找到更多的解决方式。 ( )

    A. 是的　　　　　　　　B. 不一定　　　　　　　　C. 你认为这样太费时间

4. 你会让熟悉有关业务的人员参与决策。 ( )

    A. 是的　　　　　　　　B. 有时这样　　　　　　　　C. 不会

5. 你设置了决策机制，来使决策尽量程序化。　　　　　　　　　　（　　）

    A. 是的　　　　　　　　　　B. 有时会　　　　　　　C. 不会

6. 对于重大决策，你会让决策经过不同部门的论证。　　　　　　　（　　）

    A. 是的，这样才会尽可能降低风险

    B. 偶尔会让人们去论证

    C. 还没有这样做

7. 你会去实施没有反对意见的决策。　　　　　　　　　　　　　　（　　）

    A. 大家一致赞同的意见肯定没问题

    B. 多数情况下会马上实施，但有时会想一想

    C. 不会马上做，这里可能存在着风险

8. 你会去执行只有一种解决方案的决策。　　　　　　　　　　　　（　　）

    A. 是的　　　　　　　　　　B. 有时会　　　　　　　C. 不会

9. 做决策时，你总是表现得决心很大，却忽视了具体情况的复杂性。（　　）

    A. 是的，你为此犯过错误　　B. 有时是这样　　　　C. 不是，你会综合考虑

10. 你会让参与决策者的能力与决策的难易程度相匹配。　　　　　（　　）

    A. 很少如此　　　　　　　　B. 有时会　　　　　　　C. 是的

11. 对于管理者的个人决策，你会设置一定的制约机制，使其慎重。（　　）

    A. 你还没有想过这方面的问题

    B. 有这方面的想法，但未付诸实施

    C. 是的，你已这样做

12. 对于群体决策，你会对提出建设性意见者进行奖励。　　　　　（　　）

    A. 没有这样做

    B. 偶尔会口头表扬

    C. 你会在精神和物质方面同时奖励

测评结果：

1～6题选 A 得 3 分，选 B 得 2 分，选 C 得 1 分；

7～12题选 A 得 1 分，选 B 得 2 分，选 C 得 3 分；

最后将分数加总。

成果与检验：

得分为 12～20 分的：你的决策能力较差。在企业最容易出现的问题中会出现决策失误，从测评来看，你的决策能力较差，今后你需要采用更加合理的方式集思广益，三思而后行，以此提高决策的正确性。

得分为 21～28 分的：你的决策能力一般。对一些有利于提高决策准确性的步骤或习惯或方法，你有时能自觉运用，但是有可能还没有建立程序化的决策机制，所以你需要在这些方面继续努力。

得分为 29～36 分的：你是决策高手。决策制定后，通常会面临不可控的风险，你在决策上的慎重，包括你在决策程序上的关注，这大大减少了决策失误，降低了决策风险，提高了企业的安全系数。

项目四 计 划

内容提要

凡事预则立,不预则废。计划职能是管理过程中的首要职能,它作为一条主线,贯穿于管理的全过程。我们在日常生活中经常会有这样的体会,如果行动前能对整个事情有一个周密的计划,对要做什么、何时做、在哪做以及怎么做都能了然于胸,那么我们能以更大的信心和把握投入到所要做的事情中去,结果的成功率一般也会高许多。当我们进行个人计划时把考虑的因素扩展到整个组织的范畴中,则计划工作就成为全部管理职能中最基本的一项职能。主管人员围绕着计划制定的目标去从事组织、领导、控制等活动,以达到预定的目标。所以说,对组织而言,严密、细致而统一的计划是组织目标得以实现、组织中各项活动得以有序协调进行的有力保证,计划工作是十分重要的。

知识目标

- 了解计划的概念及构成要素;
- 理解不同类型的计划;
- 了解计划的编制步骤;
- 理解各种计划方法的原理。

技能目标

- 学会编制并运用计划的程序与方法;
- 能运用目标管理分析和解释企业的管理行为。

情意目标

通过本项目的学习,教师能够引导学生讨论计划工作的原理,使学生能够把计划工作的程序与原理运用到管理工作中去。培养出做事不急不躁的习惯,认识到做事"预则立"的重要性,培养果断决策的作风。

典型任务

- 制订企业计划；
- 开展目标管理。

任务一　认识计划职能

【模块一】　知识精讲

计划概述

一、计划职能的概念

所谓计划,就是为了实现既定的目标,对未来行动进行规划、安排以及组织实施的一系列管理活动的总称。

计划职能是管理的首要职能,它贯穿于管理全过程之中,它包括组织未来的可能预期结果以及相应的措施。具体地讲,计划职能是为实现一定目标而科学预计和制定的未来行动方案。换言之,计划就是一个组织要做什么和怎么做的行动指南。对于计划职能含义的理解有以下几点。

第一,计划是管理工作的一项首要职能;

第二,计划是在调查、分析、预测的基础上形成的;

第三,计划是对未来一定时期内的工作安排,是现实与未来目标间的一座桥梁;

第四,计划也是一种管理协调的手段;

第五,我们用"5W2H"来清楚地描述计划工作的任务和内容:

(1) What——是什么? 目标与内容。要明确组织的使命、战略、目标以及行动计划的具体任务和要求,明确一个时期的中心任务和工作重点。例如,企业在未来五年要达到什么样的战略目标;企业年度经营计划主要是确定销售收入、销售哪些产品、生产哪些产品、生产多少,合理安排产品投入和产出的数量和进度,使企业的资源和能力得到尽可能充分发挥和利用。

(2) Why——为什么做? 原因。要论证组织的使命、战略、目标和行动计划的可能性和可行性,也就是要提供制定计划的依据。

(3) Who——谁去做? 人员。计划不仅要明确规定目标、任务、地点和进度,还应规定由哪个部门、哪个人负责。比如,开发一种新产品,要经过市场调查、产品设计、样品试制、小批量试制和正式投产几个阶段。在计划中应要明确规定每个阶段由哪个部门参加、哪个人具体负责、哪些部门协助配合,各阶段的接口处由哪些部门和哪些人员参加鉴定和审核等。

(4) Where——何地做? 地点。规定计划实施的地点或场所,了解计划实施的环境条件和限制,以便合理安排计划实施的空间组织和布局。

（5）When——何时做？时间。规定计划中各项工作的开始和完成的进度，以便进行有效的控制和对资源及能力进行平衡。

（6）How——怎么做？方式、方法、手段。制定实施计划的措施，以及相应的政策和规则，对资源进行合理分配和集中使用，对人力、生产能力及各类资源进行平衡，对各派生计划进行综合平衡。

（7）How much——多少成本？资金、费用。制定计划，必须有较科学的资金使用、分配方案。

小故事：运筹帷幄

汉高祖刘邦打败了楚霸王项羽，当了皇帝。论功行赏的时候，把张良评为头功，元帅韩信听了，很不高兴，认为天下是自己带领士兵浴血奋战、一刀一枪打下来的，他张良坐在帐子里，怎么就拿了头功？刘邦知道后，说了一句著名的话："运筹帷幄之中，决胜千里之外。"意思是说，正是因为张良在大帐里出谋划策，你韩信才能在千里之外取胜。韩信想了想没话说了。

思考：计划和执行是什么关系？

二、计划职能的基本特征

计划工作的基本特征可以概括为五个主要方面：即目的性、首位性、普遍性、效率性和创新性。

1. 目的性

计划工作是为实现组织目标服务，任何组织都是通过有意识的合作，来完成群体的目标而得以生存的。计划工作旨在有效地达到某种目标。

2. 首位性

由于计划、组织、人员配备、领导和控制等方面的活动，都是为了支持实现组织的目标，管理过程中的其他职能都只有在计划工作确定了目标以后才能进行。因此，计划工作是管理活动的桥梁，是组织、领导、人员配备和控制等管理活动的基础，计划职能在管理职能中居首要地位。

例如，对于一个是否要建立新工厂的计划研究工作，如果得出的结论是新厂建设在经济上不合理，所以也就没有筹建、组织、领导和控制一个新厂的必要了。图4-1概略地描述了这种相互关系。

3. 普遍性

虽然各级管理人员的职责和权限各有不同，但是他们在工作中都有计划指导，计划工作在各级管理人员的工作中是普遍存在的。

4. 效率性

计划工作要追求效率。计划的效率是指对组织目标所做贡献扣除制定和执行计划所需要的费用后的总额。一个计划能够达到目标，如果在计划的实现过程中付出了太高的代价或者是不必要的代价，那么这个计划的效率就是很低的。因此，在制定计划时，要时时考虑计划的效率,不但要考虑经济方面的利益,而且还要考虑非经济方面的利益和损耗。

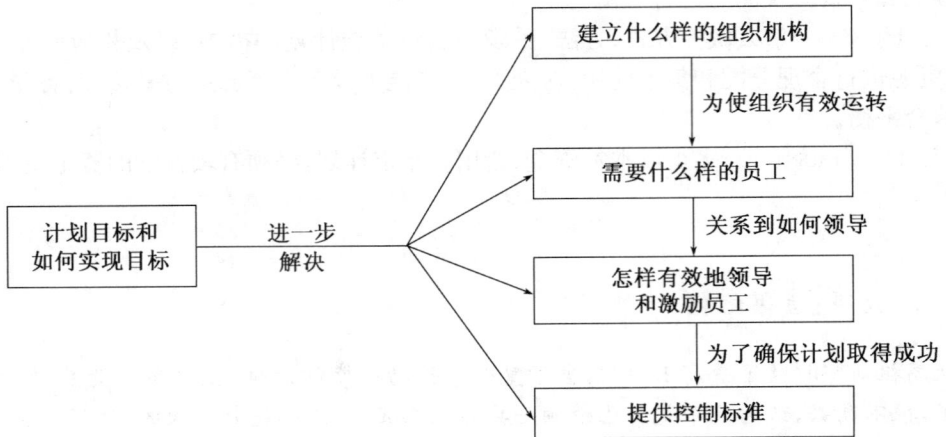

图 4-1 描述了计划工作领先于其他管理职能的流程。

计划目标和如何实现目标 → 进一步解决 →
- 建立什么样的组织机构
  - 为使组织有效运转
- 需要什么样的员工
  - 关系到如何领导
- 怎样有效地领导和激励员工
  - 为了确保计划取得成功
- 提供控制标准

图 4-1　计划工作领先于其他管理职能

5. 创新性

计划工作是针对需要解决的新问题和可能发生的新变化、新机会而做出决定,因而它是一个创新过程。计划工作实际上是对管理活动的一种设计,正如一种新产品的成功在于创新一样,成功的计划也依赖于创新。

小故事:马谡的教条主义

《三国演义》中有个故事,叫"诸葛亮挥泪斩马谡",说的是司马懿大军压境,诸葛亮派参军马谡和上将王平统领二万五千精兵守街亭。到了街亭,看了地形,王平就主张在五路总口安营扎寨,而马谡却认为应该在四面都不相连的山上扎寨,并笑话王平:"你真是个没见识的人,难道不知道兵法上说的凭高视下、势如破竹吗?"王平说:"这山是条绝路,如果故军断了水道,不就全完了吗?"马谡听了气愤地说:"你不要再胡言乱语了,孙子兵法上明明写道置之死地而后生,若魏军断了水道,士兵们岂不拼命死战?"马谡不听劝阻,领大队人马上山驻守,只给王平五千人马在山下驻扎。结果,司马懿大军来到后,果真把马谡围在山上,断了他的水道。士兵吃不上饭,喝不上水,不战自乱。王平领军拼命救援马谡,终因兵力太少,寡不敌众。最后马谡只带了几个残兵突围,街亭失守。

思考:故事说明了计划的什么特征?

三、计划职能的重要意义

一个组织要在复杂多变的环境中生存和发展,就需要科学地制定计划,协调与平衡各方面的关系,不断地适应变化了的形势,寻找新的生存与发展机会。因而,计划在管理中的地位日益提高。计划作为管理的基本职能,在管理中具有重要的作用。

1. 指引方向

计划为组织活动的分工提供了依据,有了计划就有了一个行动目标,计划可以促使企业管理人员对准目标。每个计划还有派生计划,所以组织的各个部门都有自己的目标,任务明确,这对行动更有利。计划工作使组织全体成员有了明确的努力方向,并且相互明确自己应该在什么时候、什么地点、采用什么方式做出何种贡献。同时,计划是一种协调过程,可使组织成员之间的关系更加紧密。当所有有关人员了解了组织的目标和为达到目标他们必须做什么贡献时,他们就能开始协调他们的活动,互相合作,结成团队。

2. 提高效率

计划为组织活动的资源筹措提供了依据。在计划过程中人们知道什么资源短缺,什么资源富裕,并进行协调平衡,这样可减少浪费、冗余和瓶颈卡壳,从而使各种资源得到充分合理的分配和利用。计划工作还可以减少重复性和浪费性的活动,它用共同的目标和明确的方向来代替不协调的分散的活动;用均匀的工作流程代替不均匀的工作流程,以及用深思熟虑决策来代替仓促草率的判断。这样,就大大提高了工作效率。

3. 便于控制

没有计划,就没有控制,计划为组织活动的检查与控制提供了依据。在计划中我们设立目标,而在控制职能中,我们将实际绩效与目标进行比较,发现可能发生的重大偏差,采取必要的矫正行动。计划工作不仅需要确定未来一定时期内应该达到的目标,同时要对达到的目标进行定量的描述与规定。这样管理者只要熟知自己工作的计划目标是什么,就可以随时对实际工作绩效结合工作目标进行检验,使各项控制得以实施,得出自己的工作是否富有成效的结论。

4. 降低风险

计划弥补不确定和变化带来的缺陷。计划是面向未来的,而未来又是不确定的,所以计划工作的重要性就体现在它能促使管理者展望未来,预见变化,减小不确定性。这其中有这样两点原因。

(1)计划工作是经过周密预测的,它要接近客观实际,计划越接近实际,它越成功。一般来讲,计划时间越短,不确定因素越少;计划时间越长,不确定因素越多。所以目前很多企业都不做过长的计划,一般 2~3 年。

(2)企业一般有几套计划,当环境发生变化的时候,它可以启动备用计划。这些备用计划就是为应付不时之需的,它有相应的补救措施,并随时检查计划,尽量减少由于环境变化带来的损失,并使之减少到最小的程度。当然我们也要认识到计划可以弥补环境的不确定性和变化而带来的动荡和损失,但是计划不可能消除变化。

5. 激励士气

计划是激励人员士气的武器。计划通常包含目标、任务、时间安排、行动方案等。由于计划中的目标具有激励人员士气的作用,所以包含目标在内的计划同样具有激励人员士气的作用。例如,有的研究发现,当人们在接近完成任务的时候会出现一种"终末激发"效应,即在人们已经出现疲劳的情况下,当人们看到计划将要完成时会受到一种激励,使人们的工作效率又重新上升,并一直会坚持到完成计划,达到目标。

小故事:为何如此不同

曾经有人做过这样一个实验:组织三组人步行,让他们分别向着 10 公里以外的三个村子行进。

第一组的人既不知道村庄的名字,也不知道路程有多远,只告诉他们跟着向导走就行了。这个组刚走出两三公里就开始有人叫苦,走到一半的时候,有人几乎愤怒了,他们抱怨为什么要大家走这么远,何时才能走到;有的人甚至坐在路边不愿再走了,越往后走,他们的情绪也就越低落。

第二组的人知道村庄的名字,也知道路程有多远,但路边没有里程碑,人们只能凭经验来估计行程的时间和距离。这个组走到一半的时候才有人叫苦,大多数人想知道他们已经走了多远,比较有经验的人说:"大概走了一半的路程。"于是大家又簇拥着继续向前走。当走到全程的3/4的路程时,大家情绪开始低落,觉得疲惫不堪,而路程似乎还有很长。当有人说:"快到了!""快到了!"大家又振作起来,加快了行进的步伐。

第三组的人不仅知道村子的名字、路程,而且公路旁每一公里就有一块里程碑,人们边走边看里程碑,每缩短一公里大家便有一阵小小的快乐。这个组的情绪一直很高涨。走了七八公里以后,大家确实都有些累了,但他们不仅不叫苦,反而开始大声唱歌、说笑,以消除疲劳。最后的一两公里,他们越走情绪越高,速度反而加快了。因为他们知道,要去的村子就在眼前。

思考:故事说明计划的什么作用?

四、计划的种类

计划的种类很多,可以按不同方式进行分类。不同的分类方法有助于我们全面地了解计划的各种类型。一般较为普遍的是按照制定计划的组织层次、计划规划的时间、计划的约束力、计划的对象、企业职能和计划的表现形式来分类。

1. 按照管理层次来划分

按照制定计划的组织在管理系统中所处的层次来划分可以分为高层计划、中层计划、低层计划。

高层计划是由高层领导机构制定、并下达到整个组织执行和负检查的计划。一般是总体性的,是整个组织的战略构思和长时期的行动纲领。一般具有构思宏大、眼光深远、认识超前等特点,同时也较为抽象和稳定。

中层计划是中层管理机构制定、下达或颁布到有关基层执行并负责检查的计划。从属于高层计划,并指导低层计划。

低层计划是基层机构制定、颁布和负责检查的计划。一般是执行性计划,低层计划的制定必须以高层、中层计划的要求为依据,保证高层、中层计划目标的实现。低层计划具有构思细微,认识实在的特点,一般较为具体和易变。

高层、中层、低层计划是相对而言的,后者一般是前者分解的结果,前者则是后者的纲领和综合。较低层级的计划是较高层级计划的落实和保证。

2. 按照时间跨度来划分

按照计划规划时间的长短来划分,可分为长期计划、中期计划和短期计划。

长期计划的期限一般在十年以上,是组织在较长时间内的发展目标和方向。属于纲领性和轮廓性的计划。

中期计划的期限一般为五年左右,它来自长期计划,并且按照长期计划的执行情况和预测到的具体条件变化而进行编制。

短期计划的期限一般在一年左右,以年度计划为主要形式。它是在中期计划的指导下,具体规划组织本年度的工作任务和措施的计划。

三者的关系:长期、中期、短期计划在时间上的要求是相对的,在不同单位可能不同。而且,它们之间也是相比较而存在的。前者是后者计划制定的原则和框架,后者是前者的具体化和实施。长期、中期、短期计划有机协调和相互配套,是计划目标得以实现的保证。

3.按照计划的约束力来划分

按照计划对执行者的约束力来划分,可分为指令性计划和指导性计划。指令性计划是由上级部门下达的具有行为约束力的计划。它具有强制性、权威性、行政性和间接市场性的特点。指导性计划是由上级主管部门下达的起导向作用的计划。它具有参考性、灵活性和调节性的特点。

4.按照计划的对象来划分

按照计划的对象来划分,可以分为综合计划、局部计划和项目计划。

综合计划是指具有多个目标和多方面内容的计划。

局部计划是指限于指定范围内的计划,它是在综合计划的基础上制定的,是综合计划的一个子计划。与综合计划相比较而言,局部计划涉及的对象比较单一,计划的内容专一性强。

项目计划是为完成某一特定任务而制定的计划,内容专业性较强,目标比较明确。项目计划既可以包括在局部计划之中,又可以单独设立。作为局部计划的一个组成部分,项目计划是局部计划的进一步分解和落实;作为单独设立的项目计划又往往与综合计划相关。

5.按企业职能分类

计划还可以按企业职能进行分类。例如,我们可以将某个企业的经营计划按企业职能分为新产品开发计划、供应计划、生产计划、销售计划、财务计划、人力资源计划、设备维修计划、安全计划、后勤保障计划等。由此看来,这些职能计划通常就是企业相应的职能部门编制和执行的计划。从而按职能分类的计划体系,一般来说是与组织中按职能划分管理部门的组织结构体系相对应的。

6.按计划的表现形式分类

按计划内容的表现形式分类,可将计划分为宗旨、目标、战略、政策、规则、程序、规划和预算等内容。

第一,宗旨(Mission)。各种有组织的活动,都具有或者至少应该有目的或宗旨。这种目的或宗旨是社会对该组织的基本要求。反映的是组织存在的社会价值。

第二,目标(Objective)。目标是在宗旨指导下提出的,它具体规定了组织及其各个部门的经营管理活动在一定时期要达到的具体成果。目标不仅仅是计划工作的终点,而且也是组织工作、人员配备、领导以及控制等活动所要达到的结果。

第三,战略(Strategy)。战略是指组织面对激烈变化、严峻挑战的市场环境,为求得长期生存和不断发展而进行的总体性谋划。是指对确立组织的长期目标,如何采取行动,分配必需的资源,以达到目标。

第四,政策(Policy)。政策是指在决策或处理问题时指导及沟通思想活动的方针和一般规定。政策指明了组织活动的方向和范围,鼓励什么和限制什么,以保证行动同目标一致,并有助于目标的实现。

第五,程序(Procedure)。它规定了如何处理那些重复发生的问题的方法、步骤。程序就是办事手续,是对所要进行的行动规定时间顺序。程序是行动的指南。因此,程序是详细列出必须完成某类活动的准确方式。

第六,规则(Rule)。规则是对在具体场合和具体情况下,允许或不允许采取某种特定行动的规定。规则也是一种计划。规则常常容易与政策和程序相混淆,应特别注意区分。规则不像程序,因为规则指导行动,而不说明时间顺序,可以把程序看作是一系列规则的总和。政策的目的是要指导决策,并给管理人员留有酌情处理的余地。虽然规则有时也起指导作用,但是在运用规则中,没有自行处理的权利。

第七,规划(Programs)。规划是综合性的计划,它是为实现既定方针所需要的目标、政策、程序、规则、任务分配、执行步骤、使用资源以及其他要素的复合体。因此,规划工作的各个部分的彼此协调需要系统的思考方法。

第八,预算(Budget)。预算作为一种计划,是一份用数字表示预期结果的报表。预算又被称为"数字化"的计划。例如,财务收支预算,可称之为"利润计划"或"财务收支计划"。一个预算计划可以促使上级主管对预算的现金流动、开支、收入等内容进行数字上的整理。预算也是一种控制手段,又因为预算是采用数字形式,所以它使计划工作更细致、更精确。有关预算的详细情况将在本书控制职能中详细讨论。

五、计划工作的程序

组织的计划过程是一个复杂的过程。就是计划目标的制订和组织实现的过程。具体而言,计划工作的包括以下六个步骤。如图 4-2 所示。

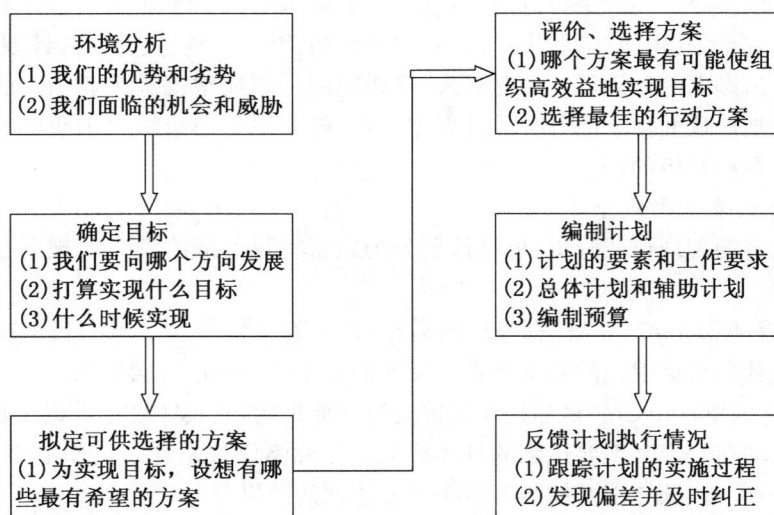

图 4-2　计划工作程序

1. 分析环境,预测未来

运用科学的分析方法(如 SWOT 分析)对组织环境进行综合分析,找到组织自身的优势和劣势、外部环境的机会和威胁。在此基础上,才能确定组织所要达到的目标。

2. 确定目标

组织要在环境分析的基础上制定组织目标,计划工作的目标是指企业在一定时期内所要达到的效果。它指明所要做的工作有哪些、重点放在哪里,以及通过战略、政策、程序、规划和预算等各种计划形式所要完成的是什么任务。

3. 拟定可供选择的方案

确定目标之后,就要拟定各种可行的计划方案供评价和选择。这一步是一个创新过程。因为一个计划往往有几个可供选择的方案。拟定方案时,不是找可供选择的方案,而是减少可供选择方案的数量,以便可以对最有希望的方案进行分析。当然,方案不是越多越好;拟定可行性方案应做到既不重复又不遗漏,拟定若干个比较有利于预期目标实现的可行性方案,借助教学方法和计算机进行选优,排除希望最小的方案。

计划工作的第三步是评价备选方案并选择最佳方案,这是计划的关键一步,也叫决策。本步骤是根据环境分析和组织目标来权衡各种因素,对各个方案进行评价。比较各个方案的利弊的前提下选择最合适的方案。有时候,可供选择方案的分析和评估表明两个或两个以上的方案都是合适的。在这种情况下,管理者应在确定首选方案的同时,可把其他几个方案作为后备的方案,这样可以增加计划工作的弹性,使之更好地适应未来的环境。

4. 编制计划

做出决策之后,就要根据计划目标和最佳方案,按照计划工作的要求,采用科学的方法编制计划。因为,总体计划要靠辅助计划来支持,而辅助计划又是总计划的基础。所以,一方面要编制总体计划,另一方面还要编制辅助计划。

5. 反馈计划执行情况

为了保证计划的有效实施,要对计划执行情况进行跟踪检查,及时反馈计划的实施情况,分析计划执行中出现的问题并做出相应的措施。

【模块二】 案例分析

顾军的打算

进入 12 月份后,宏远实业的总经理顾军一直在想两件事:一是,年终已到,应好好总结一年来的工作。二是,好好谋划一下明年怎么办? 更远的是该想想以后五年怎么干,甚至以后 10 年怎么干? 上个月顾军抽出身来,到省财经学院工商管理学院去听了三次关于现代企业管理知识的讲座,教授精彩诙谐的演讲对他触动很大。公司成立至今,转眼已有 10 多个年头了。10 多年来,公司取得了很大的成就,其中有运气、有机遇,当然也有自身的努力。仔细琢磨,公司的管理全靠经验,特别是顾军自己的经验,遇事都是由他拍板,从来没有公司通盘的目标和计划。可现在公司已发展到几千万资产、300 多人,再这样下去可不行了。顾军每想到这些,晚上都睡不着觉,到底该怎样制定公司的目标和计划呢?

宏远公司是一家民营企业,改革开放的春风为宏远公司的建立和发展创造了条件。15年前,顾军三兄弟来到省里的工业重镇滨海市,借了一处棚户房落脚,每天出去找活干。在一年的时间里,他们收过废旧物资、贩过水果、打过短工。兄长顾军经过观察和请教,发现滨海市的建筑业发展很快,但建筑材料如黄沙和水泥却很紧缺。他想到,在老家,他表舅开了家小水泥厂,但由于销路问题,不得不限制生产。三兄弟一商量,决定做水泥生意。他们在滨海市找需要水泥的建筑队,讲好价,然后到老家租船借车把水泥运出来,去掉成本每袋水泥能赚几块钱。利虽然不厚,但积少成多,一年下来他们赚了几万元。三年后,他们从家乡组建工程队开进了城,当然水泥照样贩,算是两条腿走路了。

一晃15年过去了,顾军三兄弟已经成为拥有几千万资产的宏远公司老板了。公司现有一家贸易公司、一家建筑装饰公司和一家房地产公司,有员工300多人。兄长顾军当公司总经理,两个弟弟做副经理。顾军妻子的叔叔任财务主管,表舅的儿子做销售主管,顾军具有绝对的权威。去年,顾军代表宏远公司拿出50万元捐给省里的贫困县建希望小学而使顾军名声大振。不过,顾军心里明白,公司近几年的日子也不太好过,特别是今年。建筑公司任务还可以,但由于成本上升,只能勉强维持,略有盈余。贸易公司今年做了两笔大生意,挣了点钱,其余的生意均没有成功,而且仓库里的存货很多,无法出手,贸易公司的日子也不好过。房地产公司更是一年不如一年,生意越来越难做,留着的几十套房子把公司压得喘不过气来。

面对这些困难,顾军一直在想如何摆脱这种状况,如何发展。发展的机会也不是没有。上个月在省财经学院工商管理学院听讲座时,顾军认识了滨海市一家国有大公司的老总,得知这家公司正在寻找在非洲销售他们公司当家产品———一小型柴油机的代理商。据说这种产品在非洲很有市场。这家公司老总很想与宏远公司合作,利用民营企业的优势去抢占非洲市场。顾军深感这是个机会,但该如何把握呢?10月1日顾军与市建委的一位处长在一起吃饭,这位老乡告诉他,市里规划从明年开始江海路拓宽工程,江海路两边都是商店,许多大商店都想借这一机会扩建商厦,但苦于资金不够。这位处长问顾军,有没有兴趣进军江海路? 如想的话,他可牵线搭桥。宏远公司早就想进军江海路了,现在诱人的机会来了,但投入也不少,该怎么办? 随着住房分配制度的变化,一段时间没有正常运作的房地产是不是该动了? 这些问题一直盘旋在顾军的脑海中。

案例讨论:

1. 宏远公司是否应该制定短、中、长期计划?
2. 你如何为顾军编制公司发展计划出谋划策?
3. 你如何看待顾军捐资修建希望小学这件事?

【模块三】 管理游戏

"飞船"竞赛

游戏目标:

使学生在游戏过程中体会计划的重要性、工作创新的重要性。

游戏程序:

1. 分组。
2. 培训师宣布游戏开始和结束的时间。
3. 学员根据提供的材料设计制造你们的"飞船",以及一面标志着你们"飞船"着陆地点的旗帜。

4. 当学员完成前一步骤后,就请去发射现场。

5. 所有的小组成员将用力使他们的"飞船"在空中"航行"。

6. "航行"最远并且鸡蛋不破者获胜,并给予一定的奖励。

7. 之后,每个团队将用 30 分钟进行反思,讨论并写出反馈意见和改进建议。

游戏规则:

1. 给定材料造一艘"飞船",然后用力把它投出去。越远越好,而且鸡蛋不能破。记住只能用给定的材料制造"飞船",而且只能用手扔。

2. 如果"飞船"航行过程中或落地时鸡蛋破了,则被淘汰,不能参加评分。

3. 你的"飞船"中的鸡蛋必须可以被清楚地看到,以便确定其中的鸡蛋是否破了。

4. 你们不可以与团队之外的任何人交流你们的"飞船"制造计划,包括你们的辅导员。

5. 你们必须设计一面旗帜以标明"飞船"的着陆地点,有创意的设计将得到奖赏。

6. 在设计制造过程的前 10 分钟内,你们可以向辅导员提问有关材料和过程的事宜,辅导员不得就如何制造"飞船"提出任何建议。

游戏准备:

硬卡纸、生鸡蛋等各种有利于学生组合的辅助材料。

注意事项:

1. 在允许的时间内,正式开始后利用几分钟时间仔细审查你们的材料,并就如何安排使用这 90 分钟制订一个计划。

2. 任命一个协调者并设计几个角色,分别由小组成员承担。

3. 要有创意精神,并使过程充满乐趣。

成果与检验:

根据学生的参与程度及表现看游戏效果,并评定成绩。

【模块四】 实战任务

学习计划制订

实战目标:

训练日常学习计划的制订。

实战内容与要求:

杰克·韦尔奇曾言:"你要勤于给花草施肥浇水,如果它们茁壮成长,你会有一个美丽的花园;如果它们不成材,就把它们剪掉,这就是管理需要做的事情。"

结合韦尔奇的论述,分析一下你的学习状况,做出是否是高效的判断。列出你目前正在进行的所有项目,并按重要程度排序,再重新分配你的时间,列出学习计划,实施后是否提高了你的效率?

成果与检验:

根据书面作业评定成绩。

【模块五】 能力测评

你是一个称职的计划人员吗

测评目标：

测试自己是否是一个优秀的计划人员。

测试要求：

对下列的每一个问题只需回答是与否。

（1）我的个人目标能以文字形式清楚地说明。

（2）多数情况下我整天都是乱哄哄的和杂乱无章的。

（3）我一直都是用台历或者约会簿作为辅助。

（4）我很少仓促地做出决策，总是仔细研究了问题之后再行动。

（5）我利用"速办"或"缓办"卷宗对要办的事情进行分类。

（6）我习惯于对所有的计划设定开始日期和结束日期。

（7）我经常征求别人的意见和建议。

（8）我想所有的问题都应当立刻得到解决。

成果与检验：

优秀的计划人员的答案应该是（1）、（3）、（4）、（5）、（6）、（7）为是；而（2）、（8）为否。

任务二　运用计划方法

【模块一】 知识精讲

计划的方法

一、滚动计划法

（一）滚动计划法的含义

滚动计划法是企业将短期计划、中期计划和长期计划有机地结合起来，根据计划的执行情况和企业内外环境的变化情况，定期修订未来企业计划并逐期向前推移的方法。滚动计划法对促进长、中、短期计划的衔接是十分有效的，因为在管理实践中，长期、中期和短期计划必须有机地衔接起来，长期计划要对中、短期计划具有指导作用，而中、短期计划的实施又有助于长期计划的实现。不考虑长期计划目标，仅局限于短期任务的完成，这种管理工作实际上是属于一种无目的的行为。

（二）滚动计划法的指导思想

由于环境的不断变化，在计划的执行过程中现实情况和预想的情况往往会有较大的出入,这就需要定期地对计划做出必要的修正。滚动计划法是一种定期修正未来计划的方法,它的基本思想是:根据计划执行的情况和环境变化的情况定期调整未来的计划,并不断逐期向前推移,使短期计划和中期计划有机地结合起来。如图 4-3 所示,假设计划的周期为 5 年,按照近细远粗的原则分别定出年度计划。计划执行一年后,认真分析实际完成情况与计划之间的差异,找出其影响原因。根据新的情况和因素,按照近细远粗的原则修正各年度计划,并向后延续一年,以此类推。该方法虽然使得编制计划的工作量加大,但随着计算机技术的发展,计划的制定或修改变得简便容易,大大提高了滚动计划法的推广应用。

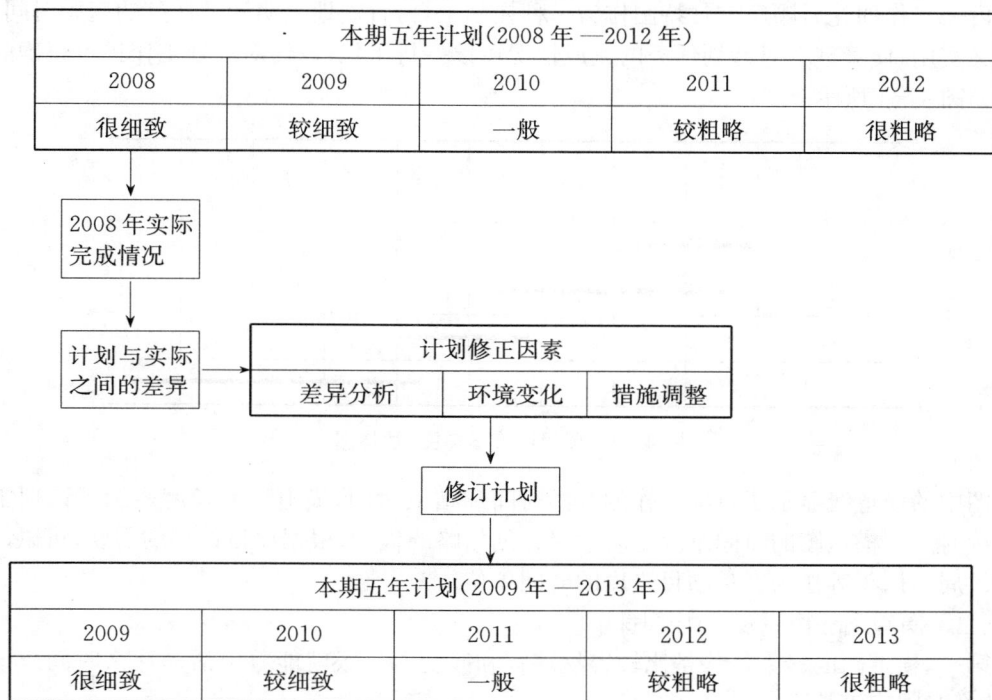

本期五年计划(2008 年—2012 年)				
2008	2009	2010	2011	2012
很细致	较细致	一般	较粗略	很粗略

2008 年实际完成情况

计划与实际之间的差异

计划修正因素		
差异分析	环境变化	措施调整

修订计划

本期五年计划(2009 年—2013 年)				
2009	2010	2011	2012	2013
很细致	较细致	一般	较粗略	很粗略

图 4-3 滚动计划法示意图

(三)滚动计划法的优点

(1)适合于任何类型的计划。

(2)缩短了计划的预计时间,提高了计划的准确性。编制这种计划时对 3 年后的目标无须做出十分精确的规定,从而使计划在编制时有更多的时间对未来 1～2 年的目标做出更加准确的规定。

(3)使短期计划和中期计划很好地结合在一起。

(4)使计划更富有弹性,实现了组织和环境的动态协调。

由于长期计划的计划期较长,很难准确预测到各影响因素的变化,因而很难确保长期计划的长期实施。而采用滚动计划法,就可以根据环境的变化和实际完成情况,定期对计划进行修订,使组织始终有一个较为切合实施的长期计划做指导,并使长期计划始终与短期计划紧密衔接在一起。

二、横道图法

(一)横道图概述

横道图法由享利·甘特于 1900 年发明,所以也叫作甘特图,他通过条状图来显示项目、进度和其他时间相关的系统进展的内在关系随着时间进展的情况。横轴表示时间,纵轴表示要安排的工作内容,线条表示在整个期间计划和实际任务完成情况,线条之间有平行与先后两种关系,其中平行关系表示工作内容同时进行,先后关系表示必须前一工作完成后才能开始后一工作的先后顺序。甘特图作为一种控制工具,直观地表明计划任务的起始时间,既简单又实用,使管理者对计划任务的完成情况可以一目了然,以便对计划工作进行正确的评估。如图 4-4 所示。

时间 工作	1	2	3	4	5	6	7	8	9
A									
B									
C									
D									

图 4-4 项目进度横道图(甘特图)

图中的横道线显示了每项工作的开始时间和结束时间,横道线的长度表示了该项工作的持续时间。横道图的时间维决定着项目计划粗略的程度,根据项目计划的需要,可以以小时、天、周、月、年等作为度量项目进度的时间单位。

(二)横道图的特点及适用范围

第一,横道图的最大优势是比较容易理解和改变。一眼就能看出活动什么时间应该开始,什么时间应该结束。

第二,横道图是表述项目进展(或者项目不足之处)的最简单方式,而且容易扩展来确定其提前或者滞后的具体因素。在项目控制过程中,它也可以清楚地显示活动的进度是否落后于计划,如果落后于计划那么是何时落后于计划的,等等。

但是,横道图只是对整个项目或者把项目作为系统来看的一个粗略描述。它有以下缺陷:第一,虽然它可以被用来方便地表述项目活动的进度,却不能表示出这些活动之间的相互关系,因此也不能表示活动的网络关系。第二,它不能表示活动如果较早开始或者较晚开始而带来的结果。第三,它没有表明项目活动执行过程中的不确定性,因此没有敏感性分析。这些弱点严重制约了横道图的进一步应用。所以,传统的横道图一般只适用于比较简单的小型项目。

(三)横道图的应用

横道图的主要作用之一是通过代表工作包的条形图在时间坐标轴上的点位和跨度来直观地反映工作包各有关的时间参数;通过条形图的不同图形特征(如实线、波浪线等)来反映工作包的不同状态(如反映时差、计划或实施中的进度);通过使用箭线来反映工作之间的逻辑关系。

横道图的主要作用之二是进行进度控制。其原理是将实际进度状况以条形图的形式在同一个项目的进度计划横道图中表示出来,以此来直观地对比实际进度与计划进度之间的偏差,作为调整进度计划的依据。

横道图的主要作用之三是用于资源优化、编制资源及费用计划。

三、网络计划技术法

(一)网络计划技术法的一般概念

随着现代化生产的不断发展,项目的规模越来越大,影响因素越来越多,项目的组织管理工作也越来越复杂。用甘特图这一传统的进度管理方法,已不能明确地表明各项工作之间相互依存与相互作用的关系,管理人员很难迅速判断某一工作的推迟和变化,无法确定项目中最重要的、起支配作用的关键工作及关键线路。为了适应对复杂系统进行管理的需要,20 世纪 50 年代末,在美国相继研究并使用了两种进度计划管理方法,即关键线路法 CPM (Critical Path Method) 和计划评审技术 PERT (Program Evaluation and Review Technique),将这两种方法用于进度管理,并利用网络计划对项目的工作进度进行安排和控制,便形成了新的进度计划管理方法——网络计划技术方法。

(二)网络图的构成与绘制

1. 网络图的构成

网络图是网络计划技术的基础。任何一项任务都可以分解成许多步骤的工作,根据这些工作在时间上的衔接关系,用箭线表示他们的先后顺序,画出一个各项工作相互关联,并注明所需时间的箭线图,这个箭线图就称作网络图。

网络图是因其开关与网络相似而得名,它是表达一项计划的进度安排、各项活动之间的相互衔接关系以及所需时间、资源的图解模型。就其构成看,主要由活动、事项和线路三个部分构成。

(1)活动

活动是用箭线表示的,箭尾表示活动的开始,箭头表示活动前进的方向,箭头线上部注明活动的名称,箭头线下部标明活动所需的时间。一般情况下,箭头线的长短与时间无关,但在时标网络图上,箭头线的长度应与时间成正比。

网络图中还有一种虚活动,即不存在的虚设活动,它只是用来表示活动之间的相互依存和相互制约的逻辑关系,但不消耗资源,也不占用时间。

(2)事项

在网络图中,事项表示一项活动的开始和结束。它是相邻活动的分界点和衔接点,即两条或两条以上箭头线的交点,称为结点。事项用标有号码的圆圈表示,如图 4-5 所示。

网络图中只有一个始点事项,表示一项工程或任务的最初活动的开始,只有一个终点事项,表示最终活动的结束,其余的事项都具有双重含义,

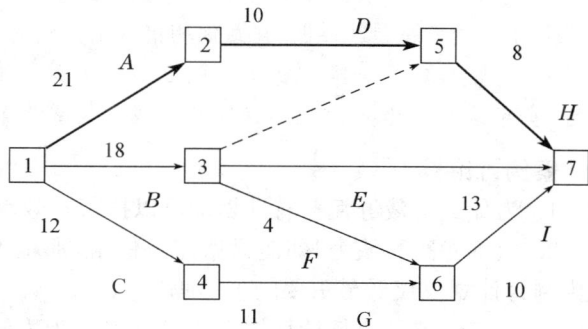

图 4-5 网络图

它是前项活动的结束和后项活动的开始。事项既不占用资源,也不占用时间,仅仅是表示某项活动开始或结束的一个符号。

(3) 线路

线路是从起点开始,顺着箭头的方向,连续不断地到达终点的通道,一般网络图中有若干个通道。线路上各项活动之和称为路长,路长值最大的线路称为关键线路或主要矛盾线,关键线路之外的线路称为非关键线路。关键线路上的活动称为关键活动,网络分析主要是找出工程任务的关键线路。关键线路不是固定不变的,关键线路和非关键线路可以转化。如采取一定的技术措施后,可缩短关键路径上关键活动的作业时间,则使非关键路径上的一般活动的矛盾突现出来,成为新的关键,引起关键线路的转化,这种变化是网络技术动态性的表现,必须随时注意计划的进度,及时发现关键线路的变化,对计划进行相应的调整。

(三) 网络计划技术的评价

网络计划技术虽然需要大量而烦琐的计算,但在计算机广泛运用的时代,这些计算已大都程序化了。这种技术之所以被广泛运用是因为它有一系列的优点:

(1) 通过网络图,可使整个项目及其各组成部分一目了然;

(2) 可足够准确地估计项目的完成时间,并指明哪些活动一定要按期完成;

(3) 使参加项目的各单位和有关人员了解他们各自的工作及其在项目中的地位和作用;

(4) 便于跟踪项目进度,抓住关键环节;

(5) 可简化管理,使领导者的注意力集中到可能出问题的活动上。

【模块二】 案例分析

效率专家的药方

美国某钢铁公司总裁舒瓦普向一位效率专家利请教如何更好地执行计划的方法。利声称可以给舒瓦普一样东西,在10分钟内能把他的公司业绩提高50%。接着,利递给舒瓦普一张白纸,说:"请在这张纸上写下你明天要做的6件最重要的事。"舒瓦普用了约5分钟时间写完。利接着说:"现在用数字标明每件事情对于你和公司的重要性次序。"舒瓦普又花了5分钟做完。利说:"好了,现在这张纸就是我要给你的。明天早上第一件事是把纸条拿出来,做第1项最重要的。不看其他的,只做第1项,直到完成为止。然后用同样的办法对待第2项、第3项……直到下班为止。即使只做完一件事,那也不要紧,因为你总在做最重要的事。你可以试着每天这样做,直到你相信这个方法有价值时,请按你认为的价值给我寄支票。"

一个月后,舒瓦普给利寄去一张2.5万美元的支票,并在他的员工中普及这种方法。5年后,当年这个不为人知的小钢铁公司成为世界上最大的钢铁公司之一。

案例讨论:

1. 为什么总裁舒瓦普有计划却难以执行?效率专家利的方法的关键在哪里?

2. 效率专家利认为"即使只做完一件事,那也不要紧,因为你总在做最重要的事"。你认为制订计划仅仅做最重要的事够吗?

3. 效率专家利执行计划的方法使这个不为人知的小钢铁公司成为世界上较大的钢铁公司之一。为什么计划能起这么大的作用?

【模块三】 管理游戏

头脑风暴法

游戏目标：

掌握头脑风暴法。

游戏规则：

1. 课上时间：20～30分钟。

2. 组成3个或4个小组，指定一位发言人在老师提问时向全班报告你们小组的发现与结论。运用头脑风暴法确定如何赚钱。

游戏步骤：

1. 小组集体花5～10分钟的时间，来制定你们的方案。每位小组成员都要尽可能地富有创新性和创造力，对任何提议都不能加以批评。

2. 指定一位小组成员把所提出的各种方案写下来。

3. 再用10～15分钟时间讨论各个方案的优点与不足。作为集体，确定一个使所有成员意见一致的最可能成功的方案。

4. 在做出你们的决策后，对头脑风暴法的优点与不足进行讨论，确定是否有产生阻碍的现象。

成果与检验：

根据学生的参与程度以及得出的结论多少评定活动的成效。

【模块四】 实战任务

开一家小店

实战目标：

从计划与决策的角度熟悉管理。

实战内容与要求：

你决定在社区开一家小店（饭店、超市、浴室、美发店等），总投资为35万元，请你思考并回答下列几个问题：

1. 你将给企业确定怎样的组织目标？

2. 小店的主要竞争对手是谁？它将有什么竞争优势？

3. 你计划如何配置与使用企业资源？

4. 你能列出一份工作计划吗？

5. 你认为在小店管理过程中什么要素是最重要的？

成果与检验：

根据对思考题目的回答评定成绩。

【模块五】 能力测评

你利用时间的效率如何

你是否了解自己？也许你会说："当然,除了我之外谁还能最了解自己?"但是这种了解往往含有虚假的成分。每个人都有自己习惯的工作方式,但自己利用时间的效率如何呢?

下面的测试将会帮你进行思考。

对于下面的问题如果回答"是",就在问题的前面画"√"。

1. 你约会经常迟到吗?
2. 你是否经常对工作所需要的时间做出错误判断?
3. 你是否总因为起步太晚而不能在规定的期限内完成工作?
4. 你是否需要设定最后期限来促使你动手做某事?
5. 你是否把每件事都拖到最后才做,但通常还是能按时完成任务?
6. 你喜欢挑战危机吗?
7. 你是否经常因为感到信息不足而推迟决策?
8. 在开始一项工作之前,你是否需要时间思考、调研和规划你的工作?
9. 对于令你生气的事,你是否总是推迟处理并且希望它们会自动消失?
10. 在事情开始时不假思索立即着手,然后逐渐泄气,最后发现难以完成?
11. 你是否喜欢一气呵成地将一件事做完? 如果不能,是否就会丧失兴趣?
12. 你是否在一件工作与另一件工作之间换来换去,结果毫无进展?
13. 你的精力是否容易被分散? 或者虽然嘴上埋怨,而实际上喜欢被打断?
14. 你是否在打电话、给同事发电子邮件或聊天上花费的时间太多?
15. 你是否愿意计划好每一天,但如果没能恪守计划就会感到有压力?
16. 你是否愿意在某一段时间内持续工作?
17. 你是否有时因为在某个环节投入太多时间而不能按时完成全部工作?
18. 你是否有时卷进不属于你分内的事?
19. 你是否眉毛胡子一把抓,结果忙不过来?
20. 你是否从来没有时间从事案头工作?

测评结果:

对这些问题的回答可以了解你在时间利用方面的效率如何,没有什么有效的办法可以帮助你立刻解决问题,但下面的一些反馈可能会对你有所帮助。

1. 时间观念(问题1~3)。如果在问题1~3中画"√",表示你不善于利用时间,制订计划是你的弱项。

2. 需要压力才能行动(问题4~6)。如果对第4~6题画"√"的话,你可能是行动型的人,需要压力来激励自己前进。

3. 拖拉推延(问题7~9)。给自己思考问题的时间与拖延是有区别的。如果第8题选择了"是",不算拖延。思考过多的人有做"白日梦"的危险,这很容易演变成拖延的习惯。

4. 虎头蛇尾(问题10~14)。如果第10~14题的答案是"是",一般情况下你可能在工作开始时不会遇到什么困难,问题会出现在后面。

5. 缺乏灵活性(问题 15～17)。如果第 15～17 题选择肯定的答案,说明工作计划做得很周全并能贯彻这个计划。对于细节的关注是恰当的,但当突发事件发生时,如果不能及时调整计划,就可能陷入困境之中。

6. 忙碌的本质(问题 18～20)。由于各种原因,每个员工都可能掉进"忙碌"这个陷阱。为自己团队负责并不意味着要事必躬亲,必须把一部分责任交给其他人,并且尊重他们的判断力。

任务三　开展目标管理

【模块一】 知识精讲

目标管理

一、目标

(一)目标的含义与作用

1. 目标的含义

目标是使命或宗旨的具体化,它是指个人或组织根据自身的需求而提出的在一定时期内经过努力要达到的预期成果。目标能够为管理决策确立方向,并可作为标准用以衡量实际的成效。良好的目标是组织获得成功的基础和保障,实现组织战略的必备手段。

从管理学的角度看,组织的目标具有独特的属性,通常称为 SMART 特性,即目标一定要具体明确(Specific);可以度量或测量(Measurable);可以实现(Achievable);目标之间相互关联(Relevant);时间限定(Timebond)。管理者制定目标时,一定要把握好目标的这些基本特征。

小故事:职业生涯目标

小艾毕业后四年来一直在一家中型外企供职。刚开始在行政部做助理,半年后调到市场部任广告主管,负责终端宣传物料的广告设计、制作。下面专柜、专卖店经常要海报、POP,而且要得很急,所以常常要广告公司赶时间设计、制作,也不时出现一些设计或印刷上的失误,她往往碍于情面就收了货,结果遭到零售点的多次投诉。半年后,公司又把她调到客户服务中心做文员,文员工作比较清闲,但小艾心里的焦虑和危机感越来越强烈。她知道广告主管的职位并不适合自己,而文员又不可能做一辈子,必须要有所突破或是转型。但是往哪里转? 怎样突破? 她不知道。她也想再去拿一个本科文凭,但是该学什么,她并不清楚。她有时拿一些参考书来看,开始几天还比较认真,但慢慢就松懈了,一本书 3 个月也看不完,最后是不了了之。她感到很害怕,因为她觉得女孩子就是那么几年的时间,再过几年,男孩子还可以奋斗,但女孩子就要考虑家庭和孩子的问题了。所以她想如果这几年她不能建立起事业的基础,那以后真的就要被淘汰了。

思考:小艾的职业目标出了什么问题?

2. 目标的用途

目标给人的行为设定明确的方向,使人充分了解自己每一个行为所产生的效果;目标可以使自己知道什么是最重要的事情,有助于合理安排时间;目标能清晰地评估每一个行为的进展,正面检讨每一个行为的效率;目标能预先看到结果,稳定心情,从而产生持续的信心、热情与动力。

目标有四种重要用途:首先,它们向组织成员提供指导和统一的方向。目标有助于每一位成员理解组织的方向以及这种方向的重要性。在数年前,通用电气公司的最高层经理们曾经设定目标,要求公司的各个业务部门必须在所在的产业内保持数一数二的地位。这一目标帮助企业经理们在同像惠而浦和伊莱克斯这样的企业竞争时做出适当的决策。与此相似,宝洁公司设定的下年销售收入翻番的目标帮助公司里每一位成员认识到推动公司成长和扩张的重要性。

其次,目标的设定强烈地影响规划工作的其他方面。有效的目标设定可以促进好的规划,好的规划可以协助未来的目标设定工作。例如,宝洁公司雄心勃勃的收入目标可以用来说明目标设定和制定与实现目标的规划之间的互补性关系。更强劲的增长目标鼓励经理在规划中为扩张寻找新的市场机会。同时,他们还要警惕竞争对手的威胁,并发掘有助于未来扩张的新的思想。

再次,目标是对组织成员的一种激励。具体的和适当难度的目标可以激励人们工作更加努力,特别是在达成目标后可以获得奖励。意大利家具制造商 Industrie Natuzzi SpA 公司用目标来激励员工。每一位员工都有一个目标,要在多长时间内完成工作。例如,缝制沙发垫上用的皮革或为扶手椅子制造木制框架。完成工作后,员工们将自己的工号和完成工作的数量输入公司的计算机系统。如果完成工作的时间比目标值少,计算机系统会自动将奖金加入他们的账户。

最后,目标可以创造有效地评估和控制机制。有了目标,就可以在未来对工作业绩进行评估。例如,假设美国慈善基金会的官员设定了在一个小型社区中募集 25 万美元的目标。时间过半后,他们发现自己刚刚募集到 5 万美元,他们很清楚必须改变做法或加大投入。如果他们最终只募集到 10 万美元,他们必须仔细分析没能实现目标的原因,决定明年应当如何改进。在另一方面,如果他们成功地募集到 26.5 万美元,评估的结果将会完全不同。

小故事:跳高

有人曾经做过一个实验。他把一群人分成两组,让他们去跳高。两组人的个子差不多,先是一起跳过了 1 米。他对第一组说:你们能够跳过 1.2 米。对第二组则说:你们能够跳得更高。然后让他们分别去练习,由于第一组有具体的目标,结果第一组每个人都跳过 1.2米,而第二组的人因为没有具体目标,所以他们中大多数人跳过了 1 米,只有少数人跳过了1.2 米。

思考:故事说明制定目标应该注意什么问题?

(二)目标的分类

目标可分为长期目标和短期目标,主要目标和次要目标,控制性目标和突破性目标,定量目标和定性目标。

1. 长期目标和短期目标

按时间跨度分为长期目标和短期目标。一般来说,短期目标是指时限一年内的目标;长期目标是指时限为五年以上的目标。如果要使计划工作收到成效就必须把长期目标和短期目标有机地结合在一起。

2. 主要目标和次要目标

按目标的重要程度分为主要目标和次要目标。目标的优先次序意味着在一定的时间内某一目标的实现相对来说要比实现其他目标更为重要。从而,确定目标的优先次序是极为重要的,任何一个组织都必须合理分配其资源。确定目标及其优先顺序是一种科学决策的体现。

3. 控制性目标和突破性目标

控制性目标是指生产水平或经营活动水平维持在现有水平;突破性目标是指生产水平或经营活动水平达到前所未有的水平。例如,某企业的产品的废品率在 15% 左右,在计划工作中不断提高产品质量,使废品率下降到 10%,这个 10% 就叫突破性目标。

4. 定量目标和定性目标

按考核目标的性质分为定量目标和定性目标。要使目标有意义就必须是可以考核的。使目标能够考核的最有效、最方便的方法就是定量化。但是,在许多场合是不宜于用数量来表示的,在组织的经营活动中,定性目标是不可缺少的。大多数定性目标是可以考核的,但考核的标准不可能和定量目标一样准确。尽管确定可考核的目标是十分困难的,但经验告诉我们,任何定性目标都能用详细的说明或用其他目标的特征和完成日期的方法来提高其可考核的程度。

二、目标管理

(一)目标管理的由来

目标管理是以泰罗的科学管理和行为科学理论(特别是其中的参与管理)为基础,形成一套管理制度。美国管理学家彼得·德鲁克于 1954 年在他的著作《管理的实践》中首先提出了"目标管理"这一概念。他认为,企业的宗旨和任务必须转化为目标,组织各级管理人员必须通过这些目标对下级进行领导,以此达到组织总体目标。他强调组织的成员参与目标的制定,通过"自我控制"实现目标。由于有明确的目标作为考核标准,因此对员工的评价和奖励更客观、更合理,大大激发员工为完成组织目标而努力工作,由于它较好地体现了现代管理的原理,在管理实践中受到广泛的重视,特别适用于对管理人员的管理,所以被称为"管理中的管理"。

(二)目标管理的概念

当今有许多组织都在帮助其员工设定绩效目标,以便实现组织目标,这可以通过一种叫目标管理(Management By Objectives,管称 MBO)的过程加以实现。

目标管理是指这样一个系统:由上、下级共同决定具体的绩效目标,首先确定出整体目标,将组织的整体目标转换为组织单位和成员的目标,层层分解,逐级展开,采取保证措施,定期检查目标的进展情况,依据目标完成过程中的具体情况来进行考核,从而有效地实现组织目标。

简言之,所谓目标管理就是指组织内部各部门乃至每个人为实现组织目标,自上而下地制定各自的目标并自主地确定行动方针、安排工作进度、有效地组织实施和对成果严格考核的一种系统的管理方法。

目标管理是一个全面的管理系统,它用系统的方法,使许多关键管理活动结合起来,它将整体目标细分为组织中的单位与个人的具体目标,所以目标管理既是自下而上进行,也是自上而下进行的,其结果是形成了一个不同层次之间目标相连的层级体系。如果组织中所有人都达到了各自的目标,那么单位的目标也就达到了,这样,组织的整体目标也就会实现。所以,德鲁克把目标管理看作是将每一工作的目标导向整个组织的目标。

(三)目标管理的基本思想

1. 目标管理是指一个组织的目标和任务必须转化为目标,以求有效地进行工作

如果一个领域没有特定的目标,则这个领域必然会被忽视。因为组织的工作往往以目标为准绳,工作的目的也是为了目标的实现。

2. 目标管理是一种程序,由上下级共同决定目标

各级管理人员只有通过这些目标对下级进行领导,而且依这个目标来衡量下级的工作或贡献大小,并适当给以必要的物质和精神激励,才能保证总目标的实现。如果一个企业没有一个共同目标,其组织也不会有效地进行工作,并且组织规模越大,人员越多,产生冲突和浪费的可能性就越大。

3. 目标分解与落实,强调自我控制

正是由于一个共同目标存在的必要性,让组织中的每个员工都根据总目标来制定个人目标,并积极努力达到个人目标,进而实现组织的总目标。然后,在目标管理的实施阶段和评价阶段,充分信任员工,发扬民主并下放权力,让员工实行自我控制,依靠个人力量,独立完成各自的目标。

4. 考核依据

在考核时,严格依据每个员工的实际贡献如实进行评定,做到实事求是,这也是尊重员工的表现,这样,可以进一步刺激员工的工作热情,充分发挥员工的积极性、主动性和创造性。

目标管理与危机管理、压制管理不同。"危机管理"是指管理者平时无所事事,只有在发生意外时才忙成一团,是一种"消防队救火式"的管理方式。"压制管理"是指管理者每时每刻都紧盯着他的下属,是一种"监工式"的管理方式。而目标管理与这两种管理方式截然不同,企业的管理者在进行计划、组织、指挥、控制及人力资源等管理工作时,事先怀有"目标",在执行过程中,充分相信员工,有条不紊,紧张而不慌乱,以达到"目标"的程度评价管理效能的优劣,因此,目标管理既融合了泰罗的科学管理学说,又渗入了梅奥的人际关系学说,是一种根据工作目标来控制每个员工行动的管理方法。它的目的是通过目标的激励,来刺激员工的上进心和成功欲,以达到总目标。

（四）目标管理的基本特点

1. 整体性

目标管理体现了系统论和控制论的思想，它是把组织目标作为一个系统看待，是经过总体思考而产生的。也就是在确定总目标的时候，就已经充分考虑了分目标的分解和落实，形成完整的目标体系。

2. 目的性

目标管理要求组织确定下来的目标必须明确、具体，具有较高的清晰度。清晰度就是指目标的简洁程度。第一，组织在确定具体项目时应突出重点，在结构上，每个工作方面最好为一项目标；第二，目标的文字表达要简单明了，使员工易于记忆和理解。

3. 层次性

目标具有层次性，目标管理相应也有层次性，总目标经过逐级分解之后，层次就显示出来了，重要的是怎样才能保持层次性。如果层次稳定下来，也就实现了目标管理；如果层次稳定不下来，实际上目标分解就没有落实，目标管理必然流于形式。

层次性稳定的根本问题在于合理授权。在目标管理中，科学的领导应当只抓两项工作：一是根据组织的总体目标向下一层次发出指令信息，最后考核指令的执行结果；二是协调下一层次各单位（部门）之间的关系，对有争议的问题做出裁决。

4. 民主性

目标管理的重要原则之一是自我控制，经过目标分解。应当有利于提高人的主动性和创造性。目标管理的民主性，体现在制定目标时要广泛实行民主参与，使员工对目标的意义有充分的了解，满足员工自我表达的需要，而且，员工主动介入制定和控制目标，能促使他们约束自己的行为。当目标确定之后，对于选择什么样的方法去实现目标，应当给执行者留存较大的自由度。无论目标的分解如何细，不体现民主性都不是真正的目标管理。

（五）目标管理的基本过程

纵观目标管理工作的实践是怎样取得成功的，我们便能看出目标管理的重要性。由于各组织的活动性截然不同，目标管理的过程也不尽一样，可以分为以下几个步骤。

1. 确定总目标

企业在确定总体目标时，必须注意到目标的可分解性。就是说，不是主观地分解目标，而是根据目标的实际需要分解目标。总体目标的可分解性涉及许多方面的问题，但最主要的是利益问题。就我国企业的现状来看，职工利益与企业利益相背离是实行目标管理的障碍。这一问题如不能解决，职工不会主动去关心企业的目标，企业目标得不到落实，也就失去了可分解性。企业必须承认员工的利益和权力，但员工的利益只有与企业的利益挂起钩来才能实现。解决这一问题是实行目标管理的前提条件。

决策理论学派的代表人物西蒙和马奇指出：确定企业目标应看成是由经营者、员工、股东、消费者、中间商参加所构成的共同行为，个人的目的在企业中是通过诱因和贡献的平衡来实现。企业目标的确定应遵循的原则是：第一，要以市场需求为依据，体现企业发展的战略思想；第二，在一定的价值观的支配下，提高企业的经济效益；第三，从实际出发，最有效地利用企业的有限资源；第四，要先进合理，应当是经过努力可以达到的；第五，要提高目标的清晰度。

按照系统论的原则，确定目标时应当保证目标之间的整体性，而要按照先整体后局部的原则,经过由整体到局部,由长远到近期,由专业到岗位、由总体到层次的全面考虑之后,再确定目标体系。

2. 目标分解

当企业总体目标确定之后,如何具体地将目标落实下去,这就是目标的展开问题。目标展开应包括以下工作。

(1)目标分解。从形式上看,目标分解就是将目标一层层划开,大划中、中划小、一直分解到班组和个人。在分解过程中,一定要理解这样做的目的,它的实质性是一种自上而下层层展开,自下而上层层保证的过程,在企业中,目标分解是一项具有艺术性的工作,不能把目标分解理解为"目标均摊",目标分解首先要将总体目标分解为专业目标,然后将专业目标经分解再落实到基层,形成基层的综合目标。经过层层分解,就形成了一个由综合到专业,再由专业到综合的有机分解过程。

(2)目标协商。在目标协商这一点上,充分体现着目标管理的特征。目标协商是指在目标在分解过程中,企业上下级之间围绕企业目标的分解、层次目标的落实所进行的沟通和意见商讨。

目标协商是目标管理不可缺少的环节,它从根本上改变了过去上级往下级压任务,下级讨价还价的不正常现象。因此,目标协商有以下作用:

① 能使上下级的目标统一。由于层次目标主要是各层次根据企业目标自己制定的,有可能产生偏差,通过协商可以消除。

② 可以加深执行者对目标的理解。通过目标协商,下级可以认识实现目标的意义。在协商过程中,上级可以向下级讲解为什么要实现目标,使员工增强完成目标的荣誉感和责任感;同时,还能促使员工树立全局观念,这就为以后进行横向协调打下基础。

③ 可以消除下级的顾虑。经过协商之后,下级掌握了更多情况,了解实现新目标的条件,就会提高实现目标的信心。

④ 目标协商实现了员工民主参与。民主参与使员工摆脱了执行者受驱使的感觉,感受的自身价值的实现,从而有利于调动员工的工作积极性。

(3)对策展开。当目标确定之后,实现目标的关键在于抓住主要问题,制定措施及时予以解决。对策展开的实质就是解决问题。

(4)明确目标责任。它不仅包括实现目标的质量标准和承担责任的项目,还包括向有关方面提供保证,同时配以奖惩措施。这些都应以明确的方式表示出来,使目标的执行者随时都可以检查自己的目标实现程度。若没有明确的责任加以约束,总体目标最终难以实现。

(5)编制目标展开图。目标展开图是以图表的方式,将目标管理所要实现的内容表示出来,图表方式比较直观,目标的分解、对策、责任、标准一目了然,而且还能使人们了解目标体系结构和自己在目标体系中所处的地位。目标展开图公布于众,有利于人们把握实现目标的进度,同时也便于讨论和分析问题。

通过以上工作就形成了自上而下层层展开,自下而上层层保证的目标分解展开图,见图4-6。

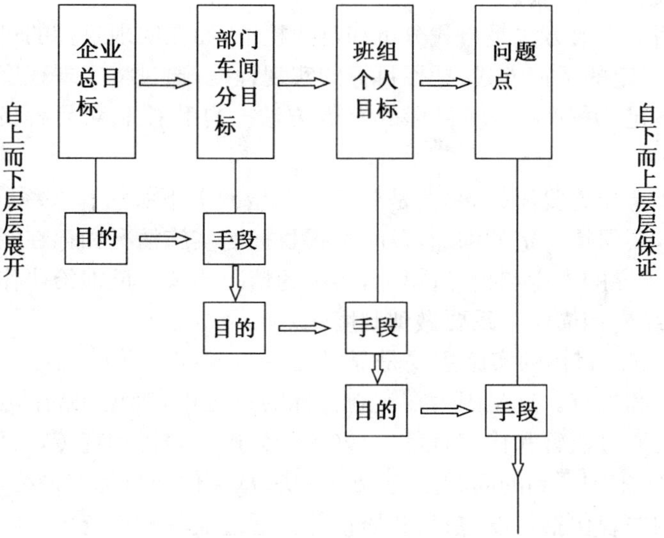

图 4-6　目标分解展开图

小故事：剥洋葱法

在把总体目标具体化的过程中，可以像剥洋葱一样，将大目标分解成若干个小目标，再将每个小目标分解成若干个更小的目标，一直分解下去，直到知道现在该去干些什么，即得出即时目标。实现目标的过程是由现在到将来，由低级到高级，由小目标到大目标，一步步前进的。但是设定目标最有效的方法却与实现目标的过程正好相反，运用"剥洋葱法"，由将来到现在，由大目标到小目标，由高级到低级层层分解。

思考：进行个人职业生涯规划时，可不可以应用"剥洋葱法"？如果可以，我们将如何实现？

3. 目标的实施

目标的实施阶段就是目标实现过程，这一阶段的工作质量直接影响着目标成效。为了保证各层次、各成员能实现目标，必须授予相应的权力，使之有能力调动和利用必要的资源，保证目标实施有效地进行。这一阶段包含的内容如下：

（1）编制计划。经过目标分解和协商之后，各个部门和各个岗位所需完成的目标已经确定下来，目标分解解决的是每个部门应该做什么的问题，而编制计划则是要解决的是什么时候、做什么的问题。因此，在目标分解的基础上还要编制计划。

编制计划实际上就是制定实现目标的措施和确定实现目标的手段，在目标管理中，这一步虽然要由目标执行者自己进行，但绝不等于放任自流，而是要求领导者给予必要的协助。如提出各种建议，提供各种信息，组织各种沟通交流活动等。力图使制定出的计划更加严密和切实可行，同时也更加符合总体目标的要求。

（2）自我控制。自我控制是目标管理的一个十分重要的特征。它是员工按照自己所承担的目标责任，按照目标责任的要求，在目标实施过程中进行自主的管理。由于受控于目标,不会出现自由放任的现象。

自我控制采用的主要方法是自我分析和自我检查,而在实现目标的过程中,不断地总结经验与教训,通过一定的反馈方式,把握目标的实现程度;通过将实现程度与目标进行对比,从中找出差距与不足,并研究实现目标的有效方法。自我控制对目标的实现起着积极的作用。

自我控制并不意味着脱离领导,而是要建立新型的上下级协作关系。实现这种类型的关系要做到:第一,要保持一定的沟通,及时汇报目标的实施情况和存在问题,使上级掌握工作进度,以便取得领导的支持和指导;第二,实施的情况要及时反馈给协作部门,以便实现相互间的良好配合,纵向和横向关系要做到制度化。

(3) 监督与检查。目标的实施主要是靠员工的自我控制,但并不排斥管理者对目标实施进行必要的监督和检查。这是因为在实施目标的过程中,难免在局部会出现不利于总体目标实现的行为。通过监督和检查,可以对好的行为进行表扬和宣传,对偏离目标的现象及时指出和纠正,对实施中遇到的问题及时给予解决,从而保证目标的最终实现。

监督和检查的内容包括进度、数量和质量等。通过监督和检查可以实现对偏差的调整,并保证完成目标的均衡性,实现有效的协作和信息沟通。

4. 目标成果的评价

目标成果的评价是实施目标管理过程中不可缺少的环节,它可以起到激励先进和教育后进的作用。目标成果评价的步骤大致是这样的:先由执行者进行自我评价,并填入目标卡片中,送交上级主管部门;然后再由上级实事求是地给予评价,确定其等级。

进行评价的依据主要是目标的完成情况。同时,包括目标的困难程度和为完成目标的努力程度。若在执行目标过程中,由于各方面情况的变化对目标进行了必要的修整,则还应包括修正部分,对目标完成情况的考核一定要有说服力,能充分体现职工实际成绩的好坏。而且,考核的具体办法应事先就规定好的,让员工做到心中有数,具体的考核评价办法,可由企业根据自身的实际情况确定,其原则就是要能准确真实地反映员工的绩效。

5. 实行奖惩

根据评价结果实行奖惩,评价考核一定要同物质及精神奖励结合起来,体现多劳多得。评价考核工作是否公平、合理、是否照顾到了大家的利益,这对下期工作的影响是很大的。因此,企业领导人一定要谨慎抓好这项工作。

6. 新的目标管理循环

目标成果评价与奖惩,既是对某一阶段组织活动效果以及组织成员贡献的总结,也为下一阶段的工作提供参考和借鉴。在此基础上,再制定新的目标,开始目标管理的新一轮循环。

(六) 目标管理的优缺点

虽然目标管理是现在最广泛的实际管理方法之一,但它的效果有时还有问题。管理实践表明,要评价目标管理的真正效果是困难的。原因是,其一,目标管理是由各种各样的组织给它下不同的定义和进行不同的实践。它有的只是指简单地设置目标,而有一些则把它看作是一个全面的管理系统,其二,有效性也是不容易下定义的,而且业绩的增减可能是由于目标管理以外的其他因素造成的,要完成一项目标管理计划可能用 2～5 年的时间,在这期间,这个计划以外的许多其他因素也可能对企业的经营有影响。那么,如果一个目标管理方法产生效果,它一定与其特定的环境条件相适应。尽管目标管理方法有很多优点,但也有若干的弱点和缺点。但目标管理在管理过程中是必不可少的一个重要环节。为了进一步认识目标管理的必要性,扬长避短,我们有必要了解目标管理的优缺点。

1. 目标管理的优点

(1) 有利于提高管理效率。目标管理的全部好处可以扼要地讲,就是目标管理导致管理工作有很大的提高。用目标和预期结果来定向的计划工作,是非常有效的办法。目标管理迫使管理人员去考虑关于计划的效果,而不仅仅是计划本身的工作。为了保证目标的实现,它也需要管理人员去考虑实现目标的方法,考虑必需的组织、人员和物资。

(2) 有利于明确组织任务和结构。目标管理可以迫使管理人员弄清组织的任务和结构。在可能的范围内,各个岗位应该围绕所期望的关键目标建立起来,各个岗位应有人负责。从而尽可能地把主要目标所要取得的成果落实到对实现目标负有责任的岗位上。

(3) 可以有效地调动人们的积极性、创造性和责任心,鼓励他们专心致志于自己的目标。人们不再只是做工作、执行指示、等待指导和决策的被动行为。他们实际上是参与制定目标,且都是明确规定目标的个人。他们已有机会把自己的想法纳入计划之中了。他们了解自行处理的范围——他们的职权——而且他们还能从上级领导那里取得帮助,以保证他们完成自己的目标。这些都是有助于承担责任感的因素。

(4) 更有效地实施控制。控制就是测定工作,就是采取措施以纠正在计划实施中出现的偏差,以确保目标的实现。管理控制系统的一个主要问题是要知道去监视什么,一套明确的考核目标就是进行监视的最好指导。

2. 目标管理的缺点

(1) 对目标管理的原则阐明不够。"目标"二字看起来很简单,但是要把它付诸实施的管理人员,必须对它很好领会和了解。他们必须依次向下层人员解释目标管理是什么,它怎样起作用,为什么要实行目标管理,在评价绩效时它起什么作用,以及参与目标管理的人能够得到什么好处。但是实际上,许多管理人员对目标管理的基本思想理解不深。

(2) 目标难以确定。真正可考核的目标是很难确定的,为了追求目标的可考核性,人们可能过分使用定量目标,而且不宜用数字表示的一些领域里也企图利用数字,或者对一些项目最终成果用数量表示有困难的重要目标,他们可能降低等级。例如,一个良好的企业形象,可能成为企业的关键目标领域,但它用数字表示是困难的,为了体现目标管理的思想,可能会导致定量化的目标无法充分反映组织的总体要求,甚至会降低标准。

(3) 目标短期化。在大多数的目标管理计划中,所确定的目标一般都是短期的,很少超过一年,常常是一个季度或更短。然而组织强调短期是危险的,会损害长期目标的实现。因此,为防止短期目标导致的短期行为,上级管理人员必须从长期角度提出总目标和制定目标的指导准则。

(4) 不灵活。目标管理要取得成效。就必须保持其明确性和稳定性,如果目标经常改变,就难以说明它是经过深思熟虑和周密计划的结果,这样的目标是没有意义的。计划是面向未来的,而未来存在许多不确定因素,使得必须根据已经变化了的环境对目标进行修正。目标的改变可能导致目标前后不一致,给目标管理带来困难。

即使目标管理在某些情况下有这些困难,但实际上,这种管理方法所强调的是设置目标,人们一直认为那是计划工作和管理工作不可缺少的部分。这就要求组织成员要不断探索,总结经验,以取得最好效果。

【模块二】 案例分析

年度销售计划是"管理"出来的

柴磊是一家商贸公司的营销总经理,每到年末,柴磊就成了公司里最忙、最头疼的人——如何实现年度考核和激励? 如何计算和制定下一年度的销售计划? 费用账、人头账林林总总,而其中最重要的就是年度销售计划的制定。

面对 2009 年度的营销计划,柴磊首先想到的问题是:制定年度销售计划的根本目的是什么?

面对这个问题,大多数人都会简单地回答:年度销售计划就是为了确定年度销售量指标。柴磊也曾经这样认为,当他成为营销总经理之后却发现——销售量指标仅仅是企业各项工作和活动的自然结果,并不能反映出企业的营销状况。因此,年度销售计划是根据企业年度经营与发展的目标,对企业各项管理与销售资源进行全面分配的一个过程。

柴磊快速地在脑海中进行了企业战略层面的扫描和规划:利用制定年度销售计划的时机,加强与老板等经营层的沟通,对企业的发展战略和目标进行再次确认,并达成共识。在这个基础上,将整个销售目标逐步分解为部门(区域)目标和个人目标。最终,形成个人目标确保部门目标,部门目标确保企业目标的层层确保体系,通过这种体系把企业的战略目标与长期目标、具体目标和年度预算进行衔接。

另外,业务员出身的柴磊也明白,营销过程其实更是企业比拼资源的过程。对于资源配置计划的制定,柴磊总结出了一套方法,那就是在制定各个区域或细分市场的销售指标时,要求营销人员根据自己对市场的判断,在提交销售计划指标的同时,也提交一份市场运作计划。在市场运作计划中,营销人员要将对促销活动的设想、对渠道政策的基本要求等内容尽可能地加以明确,并依据销售量提升的不同要求制定出相应的资源投放估算。最后,柴磊再将各个区域的资源需求和销量预估进行汇总,并进行最终的预算和平衡。

当然,为了确保销售计划的可行性和准确性,柴磊使用了平衡计分卡。根据平衡计分卡的原理,柴磊对企业销售计划的相关指标进行了逐层分解,确定了年度销售计划的关键要素和考核要素。另外,为了防止区域经理和销售人员在计划制定上低报销售额,柴磊又使用了销售指标的互动激励系统,希望通过适当的激励手段确保销售计划制定的准确性。

案例讨论:
通过上述材料,你认为应该如何来制定一个有效的计划?
成果与检验:
根据小组成绩、班级讨论、书面报告等综合评定。

【模块三】 管理游戏

杯子有多大（时间管理）

游戏目标：

认识安排工作及管理时间的方法。

游戏程序：

1. 演示装满一杯水后，放大石头、小石头、沙子，水溢出来的情景。

2. 演示装满一杯沙子，放大石头、小石头，没有空间装的情景。

3. 演示装满一杯小石头，放大石头，没有空间装的情景。

4. 演示先放满一杯大石头，再分别放入小石头，沙子、水的情景。

5. 请所有学员分享游戏给我们的启示。

游戏准备：

一次性杯子、沙子、小石头、大石头等。

附：总结参考资料

资源分配——利弊分析法（重要资源与非重要资源的运用）

1. 运用这项资源的成本是多少？运用这项资源的机会成本是多少？如此运用这项资源而获得的收益是否大于成本？我是否已发掘和考虑所有可用的资源来达到目标？

2. 是否能利用不同的资源来达到相同甚至更好的结果？

3. 在考虑成本的时候，是否平衡了短期利益和长期利益？

时间安排象限图

	重要		
紧迫	1.	2.	不紧迫
	3.	4.	
	不重要		

每日工作安排表

时间	工作内容	备注1	备注2
重要而紧迫			
重要不紧迫			
紧迫不重要			
不重要不紧迫			

善用时间的好习惯：

做事有计划——明白自己将要做什么；

真正把时间看得很宝贵——时间是财富；

懂得处理事情的轻重缓急——懂得做先做的事；

凡事不能拖拉——今天能做的事今天做——并让你的下属也知道你的习惯；

重点的事重点对待——懂得关门做事；

要为下属形成一些习惯和程序——让他们知道什么时候该做什么和不做的后果，根本不需要你的催促；

懂得分工授权——实际上下属可以帮你处理许多烦琐事务，花很多时间处理小事情是非常不明智的；

不要贪大求全和拘泥于形式——做事情看效果，而不一定看是否所有的程序都走到；

不要去处理重复出现的事情——这样的事你应该总结一下，看看能不能程序化，或者把引起这种事情的原因杜绝掉。

成果与检验：

根据学生的参与程度及得出的结论多少评定活动的成效，并评定成绩。

【模块四】 实战任务

计划循环与评价

实战目标：

1. 培养学生具有创意性的思维；

2. 培训学生制订计划的能力；

3. 培养学生分析和评价的能力；

4. 培养学生沟通的能力。

实战内容与要求：

1. 将全班分成 A、B 两组，并相对而坐，围成圆圈。

2. 教师每十分钟发放一道题目（也可以抽签）。

3. 第一节课由 A 组制订计划，B 组分析评价计划；第二节课 A、B 两组轮换角色。

4. 教师公布题目后，负责制订计划的一组用抢答的方式确定制订计划者，经过 5～10 分钟准备后提出一个简要的计划。

5. 制订计划的重点：注重创意思维；注重方案运筹，形成基本合理的可行方案。

6. 计划提出后，另一组成员对该计划进行评论，指出其合理之处、存在问题和不足；制订一方本组人员可对计划做进一步补充和解释说明。

7. 每一个计划的题目大约进行 10 分钟，总共利用大约两节课时间。

成果与检验：

1. 对于通过竞争制订计划的学生，为 1 分；计划制订较好者，为 2 分。

2. 分析评价方态度积极，观点正确，为 1 分；表现突出、反驳有力的，为 2 分。

3. 其他参与发言的，一般记 1 分；较好的，一般记 2 分；如果计划好，评价也好的，记 3 分。

4. 课程结束后上交书面资料（即计划提纲）。

附：计划项目

1. 如果你是班长，怎样抓好班级建设，请草拟一份计划书。

2. 请为你班策划一次周末联欢活动,草拟计划书。

3. 计划在"3·15"消费者权益日策划一次街头宣传活动,请你做一份策划书。

4. 如果你想承包一家校园超市,怎样经营策划?

5. 请你为校园"十大歌手大赛"进行策划。

6. 请你为高职学院学生会体育部将要进行的足球比赛制作一份计划书。

7. 最近某班频繁发生违纪现象,请对此制定一个整顿纪律的工作方案。

8. 假如你所在寝室同学之间关系不和,寝室卫生较差,你作为新任寝室长将如何改变这种局面?

9. 如果你所在的班级厌学,学习气氛不浓,请你制订一份激励全班同学努力学习的方案。

10. 学生会举行校内大规模的校园文化活动,需要你去拉赞助,请制定一份工作方案。

【模块五】 能力测评

计划能力评测

测评目标:

计划能力评测。

测评内容与要求:

1. 请选择一个最能表达你的情况或感受的答案。　　　　　　　　　　(　　)

　　A. 通常会提前筹划自己几天后的事情

　　B. 了解我所在的工作部门的组成方式、各成员的职责及主要负责人的控制幅度

2. 有时我将今天应该做的事,拖到明天去做。　　　　　　　　　　　(　　)

　　A. 是　　　　　　　　　　　　　　B. 否

3. 请选择一个最能表达你的情况或感受的答案。　　　　　　　　　　(　　)

　　A. 知道如何评估计划的实施效果

　　B. 当听他人说话时,我能集中精力

4. 将"(1)比/(2)别人强/(3)相信自己/(4)每个人"组成通顺的句子,顺序是　(　　)

　　A. (4)—(2)—(1)—(3)

　　B. (4)—(3)—(1)—(2)

　　C. (3)—(4)—(1)—(2)

　　D. (4)—(1)—(3)—(2)

5. 有时我真想骂人。　　　　　　　　　　　　　　　　　　　　　　(　　)

　　A. 是　　　　　　　　　　　　　　B. 否

6. 请选择一个最能表达你的情况或感受的答案。　　　　　　　　　　(　　)

　　A. 习惯于面对并解决工作中的困难

　　B. 当从事某一专门工程时,在动工之前会详细地进行规划

7. 无论上班或约会,我从未迟到。　　　　　　　　　　　　　　　　(　　)

　　A. 是　　　　　　　　　　　　　　B. 否

8. 小天有 19 元,买笔用去 6 元 5 角,买纸用去 2 元 3 角,还余多少? （　　）
    A. 10.2 元   B. 9.4 元   C. 8.8 元   D. 11.6 元

9. 请选择一个最能表达你的情况或感受的答案。 （　　）
    A. 我的许多朋友志趣和想法差别很大
    B. 在做出重要决策时,会详细地考虑可能出现的结果

10. 我从未故意说谎。 （　　）
    A. 是   B. 否

11. 有时我也会说别人的闲话。 （　　）
    A. 是   B. 否

12. 小明比小强大,小明比小红小,下列陈述中哪一个是正确的? （　　）
    A. 小红比小强小
    B. 小红与小强一样大
    C. 小红比小强大
    D. 无法确定小红与小强谁大

13. 请选择一个最能表达你的情况或感受的答案。 （　　）
    A. 常常在规定的时间内完成工作
    B. 能清晰地预计自己决策的前景

14. 我有时会发怒。 （　　）
    A. 是   B. 否

15. 我喜欢我认识的所有人。 （　　）
    A. 是   B. 否

16. 请选择一个最能表达你的情况或感受的答案。 （　　）
    A. 能很好地处理各种日常问题
    B. 曾经写过受人赞许的文章

17. 请选择一个最能表达你的情况或感受的答案。 （　　）
    A. 经常主动工作,而不需被别人要求或被指挥
    B. 在工作上,会进行长远规划的设计

18. 无论做什么事我都能完成任务。 （　　）
    A. 是   B. 否

19. 张三有 7 本书,李四有 10 本,王五有 6 本,刘三有 8 本,他们四人共有多少本。
                                                   （　　）
    A. 21   B. 41   C. 31   D. 33

20. 偶尔我听了下流的笑话也会发笑。 （　　）
    A. 是   B. 否

21. 请选择一个最能表达你的情况或感受的答案。 （　　）
    A. 常常在规定的时间内完成工作
    B. 通常早晨醒来后,我觉得精力充沛

22. 偶尔我会想到一些坏得说不出口的话。 （　　）
    A. 是   B. 否

23. 请选择一个最能表达你的情况或感受的答案。 （ ）

    A. 面对困难而又一时找不到确切的办法时，我经常能提出创造性的见解

    B. 知道如何评估计划的实施效果

24. 两瓶酱油 4 元，买 5 瓶酱油要多少钱？ （ ）

    A. 7 元   B. 10 元   C. 9 元   D. 8 元

25. 无论做什么事，即使比别人差，我都无所谓。 （ ）

    A. 是   B. 否

26. 有时我也讲假话。 （ ）

    A. 是   B. 否

27. 请选择一个最能表达你的情况或感受的答案。 （ ）

    A. 很关注可能影响自己工作的新趋势

    B. 当从事某一专项工程时，在动工之前会详细地进行规划

28. 我身体不舒服的时候，有时会发脾气。 （ ）

    A. 是   B. 否

29. "ABAB"对于"工人工人"相当于"BBABA"对于（ ）。

    A. 工人人工工

    B. 人人工人工

    C. 工工工人人

    D. 人人人工工

30. 请选择一个最能表达你的情况或感受的答案。 （ ）

    A. 在工作上，会进行长远规划的设计

    B. 习惯于定期检查工作成效

31. 我喜欢结识一些重要人物。 （ ）

    A. 是   B. 否

32. 请选择一个最能表达你的情况或感受的答案。 （ ）

    A. 通常会提前筹划自己几天后的事情

    B. 关心其他部门的运作状况

33. 将"(1)人才素质测评/(2)识别人才/(3)可以/(4)客观、有效地"组成通顺的句子，顺序是 （ ）

    A. (2)—(1)—(3)—(4)

    B. (4)—(3)—(1)—(2)

    C. (3)—(2)—(1)—(4)

    D. (1)—(3)—(4)—(2)

34. 请选择一个最能表达你的情况或感受的答案。 （ ）

    A. 在做出重要决策时，会详细地考虑可能出现的结果

    B. 当批评别人时，我会选用建设性的语言

35. 做游戏的时候，我只愿赢，不愿输。 （ ）

    A. 是   B. 否

36. _____对于"大动物"就好比"蚂蚁"对于_____。 （ ）

    A. 大象,蚂蚁   B. 大的,动物

    C. 大的,小动物   D. 大象,小动物

37. 人才素质测评可以快速地_____人的能力、性格等素质。请选择一个合适的词语放在括号处,使句子通顺完整。   (   )

    A. 好比   B. 可以   C. 了解   D. 就是

38. 下列四个成语中,哪一个是错的?   (   )

    A. 驷马难追   B. 一言九鼎

    C. 随机应变   D. 三心二意

39. "水"对于"水管"相当于"电"对于   (   )

    A. 光线   B. 开关   C. 电话   D. 电线

40. 将"(1)浩创人才测评中心/(2)专业化的测评机构/(3)是/(4)广东地区"组成通顺的句子,顺序是   (   )

    A. (1)—(3)—(4)—(2)

    B. (3)—(4)—(2)—(1)

    C. (1)—(4)—(3)—(2)

    D. (3)—(2)—(1)—(4)

成果与检测:

教师自行设定评分标准评定。

项目五　组　织

内容提要

　　组织是管理的重要职能之一。企业目标能否顺利实现,很大程度上取决于企业组织能否有效地运行,组织结构是否合理,组织功能能否有效发挥,组织变革能否顺利实施。因此,合理的组织结构设计至关重要。

　　本项目从认识组织及组织设计入手,介绍了组织的概念,组织设计的内涵、任务和原则,掌握组织结构的常见类型,旨在使学生或读者对组织结构等相关概念、相关内涵和类型有一个初步的认识和了解,为以后的实践打下一定的基础。

知识目标

- 理解组织的概念,理解组织设计的内涵和任务;
- 熟知组织的层级化与管理幅度;
- 掌握组织设计的原则;
- 掌握组织结构常见类型。

技能目标

- 掌握组织结构的常见类型;
- 有意识地培养并提升自我的组织能力。

情意目标

　　通过本项目的学习,能够培养学生对组织设计的原则的认同,增强对组织结构各种形式的理解,从而提高学生进行组织设计的能力。

典型任务

- 掌握组织设计的原则;
- 分析组织结构各种类型的优缺点。

任务一　认识组织设计

【模块一】 知识精讲

组织设计

一、组织与组织设计

（一）组织的概念

通常来讲,组织是按照一定的宗旨和系统建立起来的集体。在一个组织中,人们为了一个共同的目标而集合在一起,彼此分担相应的权利和义务,同时进行相互协调,以确保组织目标的实现。

对于组织的理解,古今中外的管理学家也从不同角度给出了界定。管理学家曼尼认为"组织就是为了达到共同目的的所有人员协力合作的形态";巴德纳将组织定义为:"两个或两个以上的人,有意识地加以协调的活动或力量系统";罗宾斯将组织定义为有一群具有正式关系的人组成的群体。

组织一般有广义和狭义之说。从广义上讲,组织是指由诸多要素按照一定方式相互联系起来的系统。我们通常所讲的系统论、信息论、控制论、耗散结构论和协同论等,都是从不同的侧面研究有组织的系统的。所以在这个层面上,组织和系统是同等程度的概念。同时,在这个定义中包含了生物学中有机体的组织,如皮下组织、肌肉组织等来自细胞组成的活组织;动物的群体组织,如蜜蜂就是一个以蜂王为核心、井然有序、纪律严明的群体;以及人的组织等。从狭义上说,组织就是指人们为了实现一定的目标,互相协作结合而成的集体或团体,如企业、党组织、工会组织、军事组织,等等。由此可以看出,狭义的组织专门指人群而言,运用在社会管理之中。在现代社会生活中.人们已普遍认识到组织是人们按照一定的目的、任务和形式编制起来的社会集团,组织不仅是社会的细胞、社会的基本单元,而且可以说是社会的基础。本书所要研究的组织是指狭义的组织。

从管理学的角度来看,组织是指在一定的环境中,由一定的群体组成的有机体,是一个为了实现某种共同的目标,按照一定的原则,通过组织设计以特定的结构运行的一种集合体。

虽然随着实践的发展,人们对组织的认识将不断深入,并将进一步的演变和深化,但究其根本,组织包含三个方面的内容:第一,每个组织都会确立一个目标,并为了目标的实现而努力;第二,目标不会自动实现,组织中的群体必须通过各种行动来实现这个目标;第三,所有组织都需要构建一个系统来规范组织成员的行为。

（二）组织设计的基本内涵

组织设计是组织工作基本过程的第一步,是组织工作中最重要、最核心的一个环节,也是有效管理的必备手段之一。组织设计是一项操作性很强的工作,其着眼于建立一个理论上比较合理、实践中能高效运行的组织结构框架,对组织成员在实现组织目标中的工作分工协作关系做出正式、规范的安排。

组织设计又称为组织结构设计,是指建立或改造一个组织的过程,即对组织活动和组织结构的设计和再设计,是把任务、岗位、部门、流程、职权、职责和制度等进行有效的组合和协调的活动。

可以看到,组织设计是一个动态的工作过程,包含了众多的工作内容。其目的就是要通过创建柔性灵活的组织,动态地反映外部环境变化要求,能够使组织内的资源有效地积聚起来,并协调好组织内部各个部门间的关系,最终保证组织工作有条不紊地开展和组织目标的顺利实现。总的来说,就是要进行科学的组织设计,即要根据组织设计的内在规律而有步骤地进行,只有这样才能取得良好效果。

组织结构设计通常用于三种情况:新建的企业需要进行组织结构设计;原有组织结构出现较大的问题或企业的目标发生变化,原有组织结构需要进行重新评价和设计;组织结构需要进行局部的调整和完善。由此可见,组织结构设计是一个过程,而不是一次性就能完成的事,而是一种连续的或者周期性的活动。同时,设计建立的组织结构也不是一成不变的,而是因地、因时、因人而异的。

小故事:变与不变之争

一整天的公司高层例会结束后,D公司S总经理不禁陷入沉思。

例会由S总经理主持、几位副总经理参加。原本他就想商谈一下公司今后的发展方向问题,不过会上的意见争执却出乎自己预料。很明显,几位高层领导在对公司所面临的主要问题和下一步如何发展的认识上,存在着明显的分歧。

作为公司创业以来一直担任主帅的S总经理在成功的喜悦与憧憬中,更多了一层隐忧。在今天的高层例会上,他在发言时认为公司成立已经6年,回过头来看,过去的路子基本上是正确的。但也面临着许多新问题,如组织管理中管理信息沟通不及时、各部门协调不力、战略发展是否应坚持多元化等。

管理科班出身、主管公司经营与发展的L副总经理认为公司成长到今天,人员在膨胀,组织层级过多,部门数量增加,这就是组织管理上出现了问题。现有的组织结构已不能适应公司的发展,所以进行组织变革是必然的,问题在于我们应该构建一种什么样的组织机构以适应企业发展需要。

主管财务的大管家C副总经理认为,公司要走出目前的困境,关键是要强化内部管理,特别是财务管理。现在公司的财务管理比较混乱,各个分部独立核算后,都有了自己的账户,总公司可控制的资金越来越少。如果要进一步发展,首先必须做到财务管理上的集权,该收的权力总公司一定要收上来,这样才有利于公司通盘考虑,共谋发展。

高层会议各领导的观点在公司的管理人员中间亦引起了争论,各部门和下属公司也产生了各自的打算:房地产开发部要求开展铝业装修,娱乐部想要租车间搞服装设计,物业管理部提出经营园林花卉的设想。甚至有人提出公司应介入制造业,成立自己的机电制造中心。

思考:这则案例给我们带来何种启示?

二、管理幅度、管理层次与组织结构的基本形态

（一）管理幅度

1. 管理幅度

管理幅度，又称为管理宽度或管理跨度，是指一个主管能够有效地指挥和监督下属的数量。例如，总经理直接领导多少名副经理，副经理直接管理多少名科长和车间主任，车间主任直接领导多少名班组长等。若上级直接领导的下级的人员数量多，则称为管理幅度大或是管理跨度宽。由此可见，管理幅度是一个组织横向结构扩展的表现。

2. 影响管理幅度的因素

从表面上看，管理幅度反映的是上级直接领导下级的数量，但这些下级或多或少承担着某个部门的管理业务，所以从实质上来讲，管理幅度也反映了上级直接控制和指挥业务量的多少。因此，建立有效的管理幅度是至关重要的。其有效性受到许多因素的影响，这些因素包括四个方面的内容。

（1）工作能力

这里的工作能力主要包括管理人员自身的能力和下属人员的能力两方面。管理人员自身的综合能力越强，在其他条件相同的情况下，就能有效地领导更多的下属，从而可以适当地增加管理的幅度。因此，经过系统的培训、拥有丰富的知识和工作经验、具有领导能力的管理人员，管理的下属可以多一些。除此之外，下属人员的工作能力和素质也对管理幅度提出了限制。若下属的工作能力强，能在工作中独立的处理所遇到的各种问题，就较少需要上级的指导和帮助，从而减少了对上级的时间占用。反之，管理者则需要花费更多的时间去指导、监督和帮助。也就是说，下属工作能力的强弱决定了他对上级的依赖程度，从而影响了管理幅度的选择。

（2）工作内容和性质

工作内容和性质主要包括四个方面，即管理者所处的管理层次、下属工作的相似性、计划的完善程度及非管理性事务的多少。

① 管理者所处的管理层次。高层管理者往往是站在战略的角度去考虑整个组织的全局性问题，因此直接指挥、监督下属的时间较少，而中、基层的管理者往往直接面对下属人员。因此，高层管理者直接管理的下属要比基层管理者少。换句话说，高层管理者的管理幅度应小些，而中、基层管理者的管理幅度可以适当大些。

② 下属工作的相似性。下属从事的工作内容和性质相近，那么管理者所给出的指导和建议也会基本相同，所以在这种情况下，管理幅度就会大。反之，管理幅度就会小。

③ 计划的完善程度。完善的计划使得管理者不需要花大量时间向下属人员进行解释说明，所以管理幅度可以大些；反之，计划不完善，管理幅度小。

④ 非管理事物的多少。非管理事物多，管理幅度小；非管理事物少，管理幅度大。

（3）工作条件

在这里，工作条件包含了助手的配备情况，信息手段的配备情况和工作地点等因素。如果管理者配有必要的助手，使其能更好地指挥下属，这时管理幅度可以大些。相同地，如果配有先进的信息手段，则管理幅度应该大些。对于下属的工作地点问题，若下属的工作地点分散，则不利于管理人员及时地与下属之间沟通交流，则管理幅度应该小些。但随着网络的

发展,人们之间的沟通越来越方便,空间上的距离已不再成为沟通的障碍。所以,对这一因素应全面考虑。

(4)工作环境

组织环境的稳定与否会影响组织活动内容和政策的调整频率与幅度。环境变化越快,越不稳定,管理者就会花更多的时间在应对环境的变化,从而用于管理下属人员的时间就会减少,这种情况下,管理幅度越受到限制。因此,环境越不稳定,管理幅度应该小些。

以上四点并不能包含所有影响管理幅度的因素,组织必须根据组织自身的特点来确定适当的管理幅度,从而决定管理层次。

(二)管理层次

1. 管理层次

管理层次是指组织内部纵向管理系统所划分的等级数。可见,管理层次是一个组织纵向结构扩展的表现。在组织人数一定的条件下,管理宽度的限制必然引起多层管理层次的产生。

2. 管理层次与管理幅度、组织规模的关系

① 当组织的规模(组织人数)一定的情况下,管理幅度与管理层次存在反相关关系。即管理幅度越大,管理层次越少;反之,管理幅度越小,管理层次越多。如图 5-1:

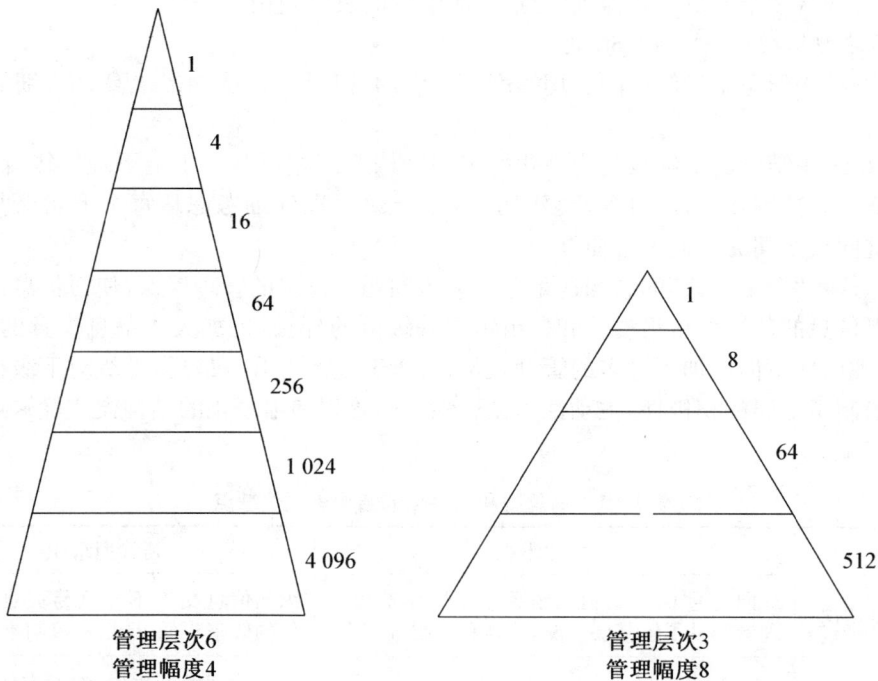

　　　1
　　　4
　　　16
　　　64
　　　256
　　1 024
　　4 096

管理层次6
管理幅度4

　　　1
　　　8
　　　64
　　　512

管理层次3
管理幅度8

图 5-1　管理层次与管理幅度的关系

② 在组织的管理幅度确定后,管理层次与组织规模成正比关系。组织规模越大,包括的成员越多,则层次越多。

③ 在同一组织内部,越往组织上层,管理幅度越小;越往组织下层,管理幅度越大。

（三）两种基本的管理组织结构形态

管理幅度过宽，会影响管理人员的工作效率，而管理层次过多，又会影响管理工作中信息传递的速度和管理的有效性。所以，一个组织的幅度和层次是在组织建设中需要考虑的重要问题。从而，管理层次与管理幅度的反比关系决定了两种基本的管理组织结构形态：扁平结构形态和高耸型结构形态。

1. 扁平结构形态（Flat Structure）

扁平结构形态是指一种在组织规模一定的情况下，较大的管理幅度而较少的管理层次的组织结构形态。这种结构形态的优点体现在：

（1）由于管理层次少，缩短了上下级之间的距离，上传下达信息的速度变快，有利于高层尽快地发现问题，并及时采取相应的措施；

（2）扁平结构形态也减少了中间管理层的信息过滤，信息失真的可能性降低；

（3）扁平型组织结构由于管理层次少，人员精简，从而降低了企业的成本开支；

（4）由于管理幅度大，上级对每名下属的控制相对较松，使下属的自主性增强，从而有利于提高他们的工作积极性，从而获得更多的满足感。

然而，扁平化的组织结构也不是完美无缺的，还是存在一定的问题。主要反映在上级对下属的控制较松，对其监督上不够充分，容易失控；同时同级之间的沟通比较困难；最后，由于每个主管会从多个下属那儿得到信息，影响信息的及时利用。

2. 高耸型结构形态（Tall Structure）

高耸型结构形态是指较小的管理幅度而较多的管理层次，从而形成高、尖、细的金字塔式的结构。

高耸型组织结构的优缺点与扁平化的组织结构刚好相反。由于上下级等级森严，纪律严明，对下属的控制度高；同时管理幅度小，从而上级可以仔细考虑从每个下属那儿得到的信息，并且同级之间的沟通很方便。

然而，这种"金字塔式"的结构还是存在诸多问题。过多的管理层次，使得信息沟通环节增多，使得信息的传递变得很慢；同时，组织中等级链的延长，也加大了信息失真的可能性。过多的管理层次不但增加了过多的管理人员，使管理成本上升。最后，上级对下级控制得过多过死，遏制了下属的积极性、主动性和创造性。高耸型和扁平化的结构模式优缺点具体比较见表 5-1。

表 5-1 高耸型和扁平化的结构模式优缺点

比较项目	扁平化组织	高耸型组织
纵向信息传递	纵向沟通渠道短，信息畅通且失真小，高层管理者容易了解基层情况，计划和控制难度小	纵向信息交流不畅且易失真，管理工作的效率降低，计划和控制难度大
同级沟通	同级管理者人数多；沟通不方便；但管理者掌握情况较多，沟通和协调的效果好	同级管理者人数少；沟通方便；但各管理者掌握情况较少，沟通和协调的效果差
对下属的控制	管理者对下属控制较松，下属需要自律，否则容易失控；但高层管理者对下级更接近，更有亲和力	上下级之间等级森严，纪律严明，领导的权威性高，便于对下属控制，组织稳定性高

比较项目	扁平化组织	高耸型组织
工作负荷	工作负荷重,精力分散,对管理人员素质要求高	组织成员职责分明,分管工作面狭窄,工作负荷轻,工作质量高
管理成本	管理人员数量较少,管理费用降低	管理人员数量较多,管理费用升高
决策民主化	有利于提高组织决策的民主化程度	组织决策的民主化程度不高
管理人才的培养	有利于促进下级管理人员的成长	下级管理人员锻炼机会少

小故事：虚拟组织创造了虚拟的会议

房地产网络空间协会(Real Estate Cyberspace Society)作为一个完全虚拟的组织于1996年在波士顿创立。这个营利性协会开发了一个系统,用录音带和时事通信来帮助那些运用技术和互联网改进业务的房地产专业人士。在2001年9月11日后,协会的员工精准地预测,传统的人际活动的参会者和参展商会下滑。鉴于其在网上的经验,2002年4月,协会的领导者决定举办一场在线展会。这一活动在22 000名房地产从业者为时5天的参与下取得了巨大的成功。参会者注册会议、聆听演讲、网络和拜访参展商摊位——全都在线进行。

2004年4月,会议从5天延长到7天,42 000名房地产从业者参加了这次展会。在为期7天的展会上,参会者可以随时去往展会观看展品,并且可以和参展商现场交谈。2005年、2006年和2007年的展会都吸引了超过40 000名参会者。2008年的展会将在一个全新的会议中心举行,这能够使参会者沉浸其中。这个新的中心以一个网络式休息室为特色,该休息室包括一系列精选的展览摊位和一个24小时"自动信息显示系统",它能够及时播放相关事件和专业图像。

思考:在该案例中,虚拟组织属于哪种组织结构形态?

三、组织设计的任务和原则

(一)组织设计的任务

组织设计的实质就是在进行专业分工的基础上,继而建立起使各部分能够相互协调、密切配合的系统过程。所以组织设计的任务就是设计清晰的组织结构,规划和设计组织中各部门的职能和职权,确定组织中职能职权、参谋职权、直线职权的活动范围并编制职务说明书。简单地讲,组织设计的任务就是建立组织结构和明确组织内部的相互关系,提供组织结构图和职务说明书。

1. 横向管理部门划分

部门是指由若干性质相同或内在联系紧密的职务组成的管理单位。也就是根据各个职务所从事工作的性质、内容及职务之间的特点及相互关系,采取一定的部门化方式,依照一定的原则,将每个职务组合成被称为"部门"的管理单位。划分部门是管理者提高工作效率的有效手段,这也是劳动分工思想在组织结构设计中的运用方法之一。虽说划分部门的标准千差万别,但主要还是受到组织活动的特点和环境条件的影响。总之,部门划分的依据要根据企业的具体情况进行有效的设计。

2. 设计管理层次

由前面可知,管理层次是组织内部纵向管理系统所划分的等级数,也就是说,它是一个组织纵向结构扩展的表现。管理层次的设计一般由基层开始,向上逐级设置,最终确定组织的全部管理职务类别、数量与管理层级。在设计管理层次时,要根据组织的规模和其工作任务的性质,仔细分析需要设置哪些工作岗位和相应的管理职务。认真研究每个职务应承担的职责及担任该职务的人员应具备的素质是组织结构设计的基础。但是,当现有的组织结构需要改进和调整时,往往自上而下地重新组合各类职务和确定纵向等级层级。

3. 组织结构形态的选择

组织横向部门的划分和管理层次的设计使组织结构在纵向与横向上交叉,从而建立了组织的框架结构。但明确各类层次的职务与各水平职位之间的相互关系是使组织结构有效运行的关键,在此基础上,每一位管理人员都能明确自己的职责和权限,明白自己上下左右的组织联系,从而形成一个管理严密、组织有效的管理系统。这个环节是通过对组织的职责和权限的分配以及对各种联系手段的度量,使组织中各构成部分(各职务、各部门、各层次)联结成一个有机的整体,使各方面的行动协调配合起来。

组织设计工作的最终结果体现在两方面。一个是组织结构系统图,也称组织结构图或组织图,它是组织结构的视觉表现。一般是以树状图形的形式简洁明了地展示组织内部结构构成及主要职权关系。二是职务说明书,它一般是以文字的形式规定出各种职位的工作内容、职责和职权,各职位与组织中其他职务或部门之间的相互关系,以及各职务担当者所必须具备的任职条件等。

(1) 组织结构图(Organization Chart)

简单来讲,组织结构图就是描述组织中所有部门以及部门之间关系的结构图(如图5-2所示)。通过组织结构图,管理者和组织中的成员可以清晰明了地了解各部门之间的关系以及信息传递的网络,同时也可以清楚地知道自己所在部门的位置。尤其是在组织结构需要进行调整的时候,组织结构图可以帮助管理人员知道哪些部门需要裁减、哪些部门需要增员。

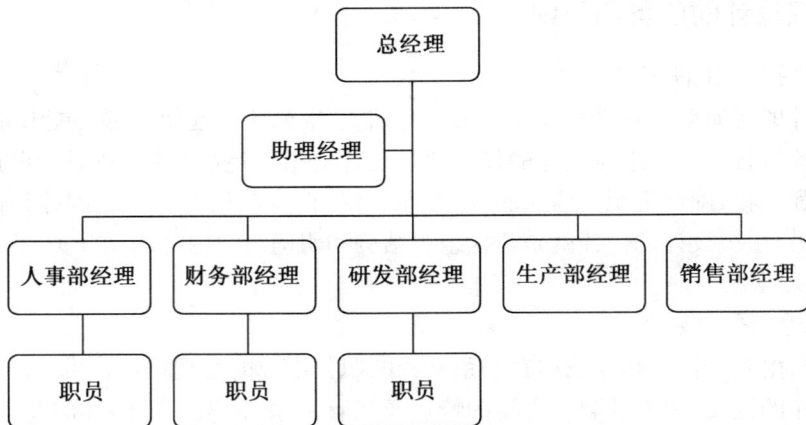

图 5-2　组织结构图

（2）职务说明书

职务说明书是描述管理岗位上的管理者的工作内容、职权职责范围、任务性、与其他部门以及管理者之间的关系、管理者应当具备的基本素质、技术知识、工作经验以及对该职务完成任务的考核指标、未完成工作任务的惩罚、完成任务后的奖励等内容的文件。

所以可以看到，职务说明书简单而明确地描述了组织的职权分配、信息传递方式、部门划分以及组织的集权分权程度。通过对职务说明书的编制，每一项职务变得非常清晰，同时重复或者是忽视的问题也会在此过程中浮现出来，这都有利于职务的清晰、完整以及职务之间的分工与配合。其次，职务说明书可以使任何一个刚刚走上工作岗位的管理者迅速地了解与其工作有关的一切情况。因为说明书对每一项职务应当做什么、做到什么程度、完成任务有什么样的报酬奖励、没有完成任务将受到什么样的惩罚都进行了明确的规定，这就使每一个管理者对自己在组织目标完成中所起的作用有清楚的认识，进而形成管理者的自我约束与激励。

表 5 - 2 某企业信息部主任的职务说明书

工作名称:信息部主任	直接上级:情报系统经理	工资等级:12级
定员:1人	所辖人员:12人	工资水平:14 800～20 700 元/年
分析日期： 年 月	分析人:人事部李某某	批准人:人事部经理周某某

工作概要:指导控制信息处理、设备维修、保养和履行所分配的其他任务的职责

工作职责:
1. 基本活动
(1) 独立上机操作 (2) 定期向上汇报 (3) 听取信息使用者意见
2. 选择、培训、发展人员
(1) 挑选信息处理人员 (2) 发展合作精神,增强相互了解 (3) 保证下属得到必要的培训 (4) 指导下属工作
3. 计划、指导和控制
(1) 向下属分配任务 (2) 检查、评价下属的工作 (3) 指导和解决问题
4. 分析业务,预测发展
5. 制定部门发展计划

资格要求:
1. 知识
(1) 教育:具备硬件、软件方面的知识,四年制工商管理和信息处理技术方面的证书。
(2) 经验:五年以上信息处理和程序编制的实际经验。
(3) 技能:必须在信息处理的方法、系统设备方面有很高技能,并有处理人际关系的良好能力。
2. 解决问题的能力
(1) 分析:具备分析评价技术理论方面和人事管理方面的能力。
(2) 指导:根据下属业务能力状况,把复杂的任务转化为可理解的指令和程度。
(3) 沟通:具备广泛的沟通能力,能使用简练的语言或术语交流技术和思想,维护本部门和其他部门以及硬件销售单位所建立的联系。
3. 决策能力
(1) 人际关系:能正常运用正式或非正式的方法,指导、辅导和培养下属,紧密结合下属工作和其他管理系统的技术技能。
(2) 管理方面:接受一般监督,在复杂的环境中指导下属履行信息处理人员的活动。
(3) 财务方面:有 50 000 元以下的财产处理权力和 15 000 元以下的现金处理权力,并参与计划和控制。
4. 负有责任
成功地完成所分配的任务,增加信息使用者的理解和满意,提高工作效率。

（二）组织设计的原则

组织在不同时期所处的环境、制定的战略、发展的规模和采用的技术都不同,从而所需的部门和相应的职务也不同。因此,为了有效地降低管理成本,集合各种资源,提高企业竞争力,企业在设计组织时,必须遵循以下几个方面的基本原则。

1. 目标一致原则

企业组织结构设计的根本目的,就是为了实现企业的经营管理目标,尤其是实现企业的战略目标。这是一条最基本的原则,是由组织具有特定目标的特点决定的。任何一个组织都有其特定的目标和任务,否则就没有了存在的意义。因此,管理者在进行组织设计时,无论采用何种形式的组织结构,设置何种职位、部门和层次,都必须服从组织总体目标的实现这一前提。具体来讲,就是对组织目标层次的分解,相应的是将机构层次建立下去,直到每一个人都了解自己在总目标实现的过程中应完成的任务。那么这样建立起来的结构才是一个有机的整体,才能为保证目标的实现奠定基础。如一个企业在没有开展国际化经营之前组织结构中没有专门的负责国际业务的机构,而当企业开展这项任务之后,就需要增加海外业务部,随着海外业务的增加,可能还需要建立子公司等。

2. 权责对等原则

组织中每个部门都必须完成规定的工作任务,每个职务都必须履行一定的职责。为了每个部门和部门中的每个成员都能按照工作目标的要求保质保量地完成工作任务,必须对组织的人、财、物及信息、技术等进行合理的调配、安排,不仅要明确各部门的任务和责任,还要明确规定这些部门利用人、财、物以及信息、技术的权力。总的来说,职权与职责要匹配。如果有责无权,或者权力范围过于狭小,责任方就有可能因缺乏主动性、积极性而无法履行责任,甚至无法完成任务;如果有权无责,或者权力不明确,权力人就有可能滥用权力,势必影响到整个组织系统的顺畅运行。

3. 管理幅度与管理层次相结合的原则

一般说来,任何主管人员因为精力时间等原因能够直接有效地指挥和监督的下属人员总是有限的。管理幅度过大,会造成指导监督不力,使组织陷入失控状态;管理幅度过小,又会造成主管人员配备增多,管理效率降低。又因为管理幅度的大小同组织层次的多少呈反比关系,所以,组织设计必须一方面根据管理人员的能力、下属人员的素质、工作的性质和组织的环境等确定恰当的管理幅度,尽可能地做到精简高效;另一方面在确定管理层次时,既要对层次的数量进行控制,又要考虑到管理幅度的制约,尽量做到管理幅度与管理层次的相互协调。

4. 因事设职与因人设职相结合的原则

前面我们讲到,组织设计的根本目的是为了保证组织目标的实现。因事设职指的是在进行岗位或职位设计时要以事为中心,因事设机构、设岗位、设职务,配备适宜的管理人员,做到人和事的高度配合,正所谓"事事有人做"。因事设职,简单地讲就是使目标活动的每一项内容都能落实到具体的岗位和部门。但这并不意味着在组织设计中要忽视人的因素。由于组织中的每项活动都是由人去完成,组织部门设计就必须考虑人员的配置情况,使得人尽其能、才尽其用。因此,要认真贯彻二者相结合的原则,及时调整与组织环境不相适应的部门和人员,从而实现组织内人力资源的整合和优化。

5. 统一指挥原则

统一指挥原则是组织设计中一个最古老的原则。统一指挥是指一个下级只能有一个直接的上级领导者,并且对于某一具体任务只能服从一个上级领导者的指令,以避免多头领导。换句话说,在进行组织设计时,一定要考虑到任何一个下级只能接受一个上级的指挥,或者说一个人只能接受一个领导的命令。若出现多个上级,则会因为上级可能下达不同的命令而使下属困惑。所以,如果确实需要两个或两个以上领导同时指挥时,那么在下达命令前,领导人必须提前互相沟通,达成一致意见后再行下达。如果情况紧急,来不及沟通,就必须在事后讲清楚,以避免出现多头指挥的现象。

6. 集权与分权相结合的原则

企业在进行组织设计和调整时,既要有必要的权力集中,又要有必要的权力分散,两者不可偏废。这一原则要求,在处理上下管理层次的关系时,必须将必要的权力集中于上级(集权)与把恰当的权力分散到下层(分权)正确结合起来,只有这样才能增强组织的灵活性和适应性。集权和分权都是相对的。集权是社会化大生产的客观要求,它有利于保证组织的统一领导和指挥,有利于人、财、物的合理分配和使用。而分权则是调动下属的积极性、主动性的必要组织条件。合理分权有利于基层根据实际情况迅速而准确地做出决策,也有利于上层领导摆脱日常事务,集中精力抓大事。因此,集权与分权是相辅相成的,是矛盾的统一。在组织设计时,一定要找出最佳结合点。

【模块二】 案例分析

巴恩斯医院

10月的某一天,产科护士长黛安娜给巴恩斯医院的院长戴维斯博士打来电话,要求立即做出一项新的人事安排。从黛安娜的急切声音中,院长感觉到一定发生了什么事,因此要她立即到办公室来。5分钟后,黛安娜递给了院长一封辞职信。

"戴维斯博士,我再也干不下去了",她开始申述,"我在产科当护士长已经四个月了,我简直干不下去了。我怎么能干得了这工作呢? 我有两个上司,每个人都有不同的要求,都要求优先处理。要知道,我只是一个凡人。我已经尽最大的努力适应这种工作,但看来这是不可能的。让我来举个例子吧。请相信我,这是一件平平常常的事。像这样的事情,每天都在发生。"

"昨天早上 7:45,我来到办公室就发现桌子上留了张纸条,是杰克逊(医院的主任护士)给我的。她告诉我,她上午 10:00 需要一份床位利用情况报告,供她下午在向董事会做汇报时用。我知道,这样一份报告至少要花一个半小时才能写出来。30分钟后,乔伊斯(黛安娜的直接主管、基层护士监督员)走进来质问我为什么我的两位护士不在班上。我告诉她雷诺兹医生(外科主任)从我这要走了她们两位,说是急诊外科手术正缺人手,需要借用一下。我告诉她,并也反对过,但雷诺兹坚持说只能这么办。你猜,乔伊斯说什么? 她叫我立即让这些护士回到产科部。她还说,一个小时以后,她会回来检查我是否把这事办好了。这样的事情每天都会发生好几次的。一家医院就只能这样运作吗?"

问题:

1. 这家医院违背了哪些组织设计的原则?

2. 有人越权行事了吗?

3. 从这个案例中,发现了什么问题?

成果与检验：

根据小组成绩、班级讨论、书面报告等综合评定。

【模块三】 管理游戏

你说我做

游戏目标：

通过游戏使学生明白组织设计的重要性。

游戏程序：

1. 将参加人员分成若干组,每组 4～6 人为宜。

2. 每组讨论三分钟,根据自己平时的特点分成两队,分别为"指导者"和"操作者"。

3. 请每组的"操作者"暂时先到教室外等候。

4. 这时老师拿出自己做好的模型,让每组剩下的"指导者"观看(不许拆开),并记录下模型的样式。

5. 15 分钟后,将模型收起,请"操作者"进入教室,每组的"指导者"将刚刚看到的模型描述给"操作者",由"操作者"搭建一个与模型一模一样的造型。

6. 教室展示标准模型,用时少且出错率低者为胜。

7. 让"指导者"和"操作者"分别将自己的感受写在白纸上。

游戏准备：

教师需用积木先做好一个模型。

游戏点评：

1. 身为指导者的你,体会到什么?

2. 身为操作者的你,体会到什么?

3. 当操作者没有完全按照你的指导去做的时候,指导者的你有什么感觉?

4. 当感觉到你没能完全领会指导者意图的时候,操作者的你有什么感觉?

5. 当竞争对手已经做完,欢呼雀跃的时候,你们有什么感受?

6. 当看到最后的作品与标准模型不一样的时候,你们有什么感受?

成果与检验：

用时少且出错率低者为胜。时间依人数的多少自定。根据学生的参与程度以及表现看游戏的效果,并评定成绩。

【模块四】 实战任务

组织设计

实战目标：

掌握企业如何进行组织设计。

实战内容与要求：

参观当地一家以客户为中心的销售或服务企业的门店。在参观时，以观察家的冷静视角考察店内的组织活动：拍摄门店与客户接触的瞬间，将你的思考用文字记录下来。最后，基于你的照片和文字，对该企业的组织活动写一篇短文，讨论他们是如何设计以迎合顾客各种需要的。

成果与检验：

根据书面作业评定成绩。

【模块五】　能力测评

组织能力测验

测评目标：

组织能力测验。

测试内容与要求：

请用"是"或"否"回答下面的问题

1. 你能正确区分各种事情的轻重缓急吗？　　　　　　　　　　　　　（　　）
2. 你能在收到函电后当日立即处理吗？　　　　　　　　　　　　　　（　　）
3. 你知道自己一天当中什么时间效率最高，从而将最重要的事情安排在这个时间处理吗？　　　　　　　　　　　　　　　　　　　　　　　　　　　（　　）
4. 你能保持桌面整洁，不乱放文件吗？　　　　　　　　　　　　　　（　　）
5. 你是否每天在固定的时间与外界进行电话联络？　　　　　　　　　（　　）
6. 你每天上班时就有明晰的全天工作安排吗？　　　　　　　　　　　（　　）
7. 你有将重要的事情写在记事本上的习惯吗？　　　　　　　　　　　（　　）
8. 你有加速处理日常工作的小窍门吗？　　　　　　　　　　　　　　（　　）
9. 你如果有急事外出，记得给他人留下联络电话吗？　　　　　　　　（　　）
10. 你在召开重要会议时，会吩咐切断电话吗？　　　　　　　　　　（　　）
11. 你有一套严谨的工作方法吗？　　　　　　　　　　　　　　　　（　　）
12. 你能充分利用记事本来记录日期、时间、地点、人名及电话号码吗？（　　）
13. 你在打电话之前是否先将谈话要点写出来？　　　　　　　　　　（　　）
14. 你每天在固定时间处理重要事情吗？　　　　　　　　　　　　　（　　）
15. 你知道自己办公桌每个抽屉里装着什么吗？　　　　　　　　　　（　　）

评分标准：

回答"是"得 5 分，回答"否"无分。

成果与检验：

60～75 分：你深深懂得良好的工作习惯可以节省时间，提高效率，是一位组织能力极强的经营管理者。

35～55 分：你的粗心大意虽不至于招灾引祸，但仍害人害己。严谨的工作作风才是成功的保证。

30分或以下：你由于工作作风涣散而浪费大量宝贵的时间，也失去了大家对你的尊敬，长此下去实在危险。

任务二　辨识组织结构

【模块一】 知识精讲

组织结构

从组织设计的定义可以看到，组织设计实质上是通过对管理劳动的分工，把不同的管理人员安排在不同的管理岗位和部门中，通过他们在特定环境、特定相互关系中的管理作业来使整个管理系统有机运转起来。这也就是如何把工作组合起来以更好地满足组织的环境、战略、技术和人力资源的需要。

管理劳动的分工，主要有横向和纵向两个方面。横向的分工，是基于不同的标准，将管理分解成不同岗位和部门的任务，可以说横向分工的结果就是部门的设置；纵向分工，是根据管理幅度的限制，从而确定管理系统的层次，并根据管理层次在管理系统中的位置规定管理人员的职责和权限。所以说，纵向分工的结果，是责任分配基础上的管理决策权限的相对集中或分散。

下面，我们将具体列出一些常见的组织结构类型，包括：直线制、职能制、直线职能制、事业部制、矩阵制和网络制。

一、直线制组织结构

直线制，是一种最古老的，最简单的也是最早开始使用的组织结构形式。在这种组织结构形式中不设专门的职能机构，组织中的各种工作和职务是按照垂直系统直线排列，各级主管人员对所属下级拥有一切职权，并按照统一指挥的原则对所属下级行使管理职权。直线制是一种典型的集权式组织结构形式。如图5-3所示。

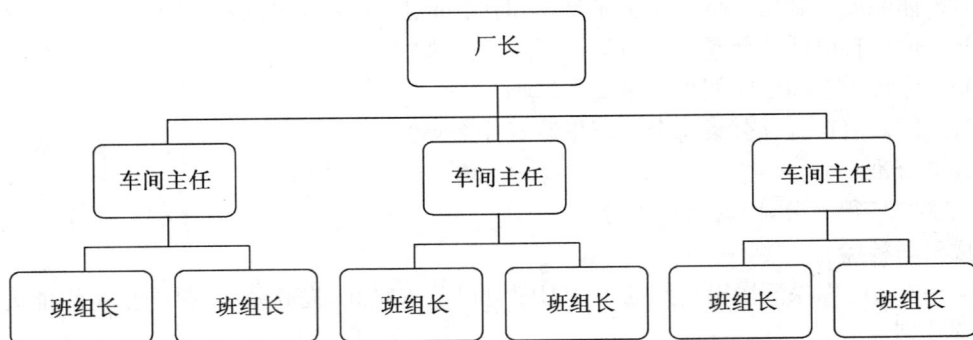

图5-3　直线制组织结构

从图示上可以看到,直线制优点明显:结构比较简单,管理人员少,管理成本比较低;同时权力相对集中,权责分明,便于统一指挥和集中管理;信息沟通便捷,决策迅速。但是缺点也是很显著的,直线制结构横向联系少,管理中更注重纵向的沟通而往往忽视横向联系;没有职能机构分担管理任务,管理工作量和难度大,从而使管理者的负担较重,特别是在组织规模扩大的情形下,管理工作会显得更加繁重且复杂,使得管理会变得越来越缺乏效率。直线制结构一般适用于那些人数少、规模小、无须按照职能实行专业化管理的小型组织。

二、职能制组织结构

职能制结构又称 U 形组织结构。职能制结构突出在组织活动按照职能的不同被划分为若干垂直管理部门,每个部门实行职能分工,并直接由最高主管协调控制。同时,权力集中于组织高层,实行等级化的集权式控制,如图 5 - 4 所示。

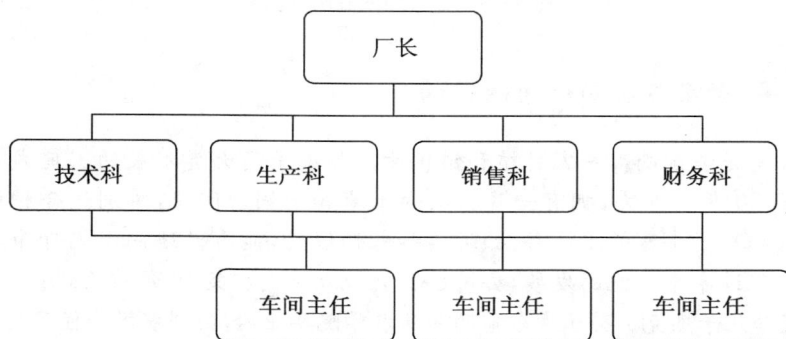

图 5 - 4　职能制组织结构

职能制的优点在于:分工严密,职责明确,实行职能专业化分工,每个管理者只负责一方面的管理工作,能够更好地发挥专业人才的作用;能够集中利用有限资源,具有较高的组织效率。但职能制结构的缺点也不能忽视:过度集权,组织适应性比较差。职能制结构适用于小规模、产品单一、市场销售较稳定的企业。

三、直线职能制组织结构

直线职能制结构由直线制和职能制两种组织结构形式结合而成。这种组织结构的特点在于:以直线为基础,在各管理层次上设置职能部门,从事专业管理,协助直线主管工作。直线职能制结构是一种"直线指挥＋职能参谋"的组织结构类型,如图 5 - 5 所示。

显而易见,直线职能制综合了直线制和职能制各自的优点,抛弃了各自的缺点。这种组织结构既保持了直线制统一指挥,又吸取了职能制发挥专业管理职能的作用,实现了集中统一指挥和职能专业化管理的结合,提高了组织管理的效率。正因如此,直线职能制结构是组织管理史上的一个重大进步。然而,这种结构也存在一定的缺点:首先,各职能部门的横向联系较差,直线主管和职能主管之间会因目标不一致而产生矛盾;其次,下级缺乏必要的自主权,因为权力集中于最高的管理层,同时高层管理者高度集权,也使组织对环境变化的适应能力比较差;最后,可以看到,信息链较长,信息沟通速度较慢。直线职能制结构也是典型的集权式管理。

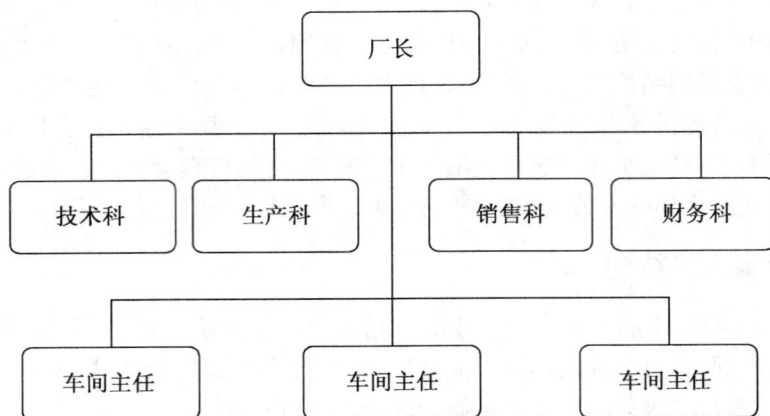

图 5-5　直线职能制组织结构

小故事：金果子公司的组织结构

金果子公司是美国南部一家种植和销售黄橙和桃子两大类水果的家庭式农场企业，由老祖父约翰逊 50 年前开办，拥有一片肥沃的土地和明媚的阳光，特别适合种植这些水果。公司长期以来积累了丰富的水果存储、运输和营销经验，能有效地向海内外市场提供保鲜、质好的水果。经过半个世纪的发展，公司已初具规模。老祖父 10 年前感到自己年迈，将公司的管理大权交给儿子杰克。孙子卡尔前两年从农学院毕业后，回到农场担任了父亲的助手。

金果子公司大体上开展如下三方面的活动：一是，有相当一批工人和管理人员在田间劳动，负责种植和收获黄橙和桃子；二是，有一些人员从事发展研究，他们主要是高薪聘请来的农业科学家，负责开发新的品种并设法提高产量水平；三是，有一些是市场营销活动，由一批经验丰富的销售人员组成，他们负责走访各地的水果批发商和零售商。公司的销售队伍实力强大，而且他们也像公司其他部门的员工一样，非常卖力地工作着。

杰克和卡尔对金果子公司的管理一直没有制定出什么正式的政策和规则，对工作程序和职务说明的规定也很有限。因此，杰克和卡尔都感觉到有必要为公司建立起一种比较正规的组织结构。

思考：哪种组织结构更适合目前的金果子公司，为什么？

四、事业部制组织结构

职能型结构的缺点随着企业的不断成长日益明显，尤其是多元化经营等问题的出现，职能型结构不能再应付多种多样的产品、顾客和地理区域。因此，大型组织的多数管理者选择采用事业部组织结构来创立一系列业务单元，从而为不同的顾客生产其所需要的产品。所谓事业部制结构，就是在一个企业内对具有独立的产品责任、市场责任和利益责任的部门实行分权管理的一种组织形态。也就是说，事业部制结构必须具备三个要素：具有独立的产品和市场，是产品责任或市场责任单位；具有独立的利益，实行独立核算，是一个利益责任单位；是一个分权单位，具有足够的权力，能够自主经营。

　　事业部制结构遵循的是集中决策和分散经营的原则,这也是事业部制的突出特点。事业部制结构实行集中决策指导下的分散经营,按产品、地区和顾客等标志将企业划分为若干独立的经营单位,分别组成事业部。各事业部在经营管理方面拥有较大的自主权,是在公司的统一领导下实行独立经营、独立核算与自负盈亏,并可根据经营需要设置相应的职能部门。可以看到,各事业部都是多种职能或多个部门的一种组合,这些职能或部门共同运作。建立事业部的目的在于在组织内部创建一个更小、更好管理的单位。

　　一般来说,事业部结构有三种形式:产品结构、地区结构和市场结构。产品型结构,即当管理者按照他们提供的产品和服务的类型来组织事业部;地域型结构,是管理者按照经营运作所在的区域来组织事业部;而当管理者按照他们不同的顾客类型来组织事业部时,他们采取的是市场型结构。

（一）产品型结构

　　在产品型结构中,高层管理者把各种截然不同的产品线或业务放到不同的事业部,并让事业部经理负责制定适当的业务层次的战略,使该事业部在其产业市场上进行有效竞争。每个事业部独立自治,具有众多职能,如营销、R&D、财务等,职能经理向业务部经理汇报,业务部经理向高层管理者或公司经理汇报。多元化倾向强烈的企业偏重使用产品型结构。强生公司就是一个典型的产品型组织结构,共有168个事业部,它们被划分成33个组,每一组都对少数产品负责。如图5-6所示。

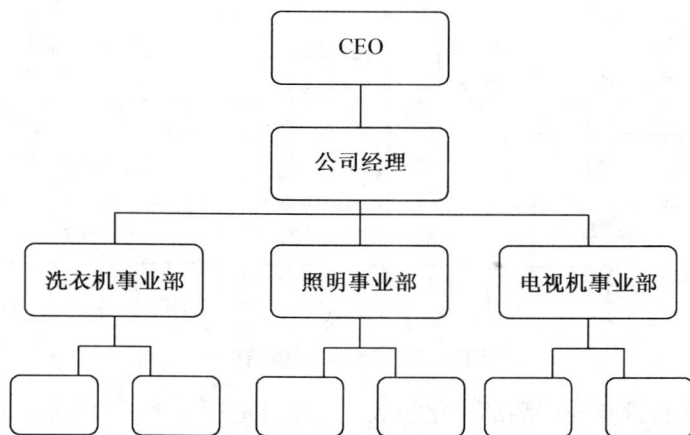

图5-6　事业部制结构

　　产品型结构的优点体现在:首先,这种结构能使企业将多角化经营和专业化经营结合起来,有利于企业及时调整生产方向;其次,有利于促进企业的内部竞争并有利于高层管理人才的培养。然而,这种结构依然存在一定的局限性,表现在:需要较多高素质管理人员;各个部门可能过分强调本单位利益,从而影响企业的统一指挥;机构设置重叠,管理费用增加。这种结构比较适用于组织规模较大、产品较多的企业。

（二）区域型结构

　　当组织在国内和国外迅速扩展时,对于总部或中心的管理者要管理全国乃至世界的业务就会更加困难,而区域型结构就是事业部按消费市场的地理位置来划分,在这种情况下很容易成为管理者的选择(如图5-7所示)。同时,当企业寻求跨国战略时,由于处在不同地区的消费者对产品的要求会存在很大差异,管理者会多采用全球性的地域型结构,即在组织运作的世界每个区域设计不同的事业部(如图5-8所示)。

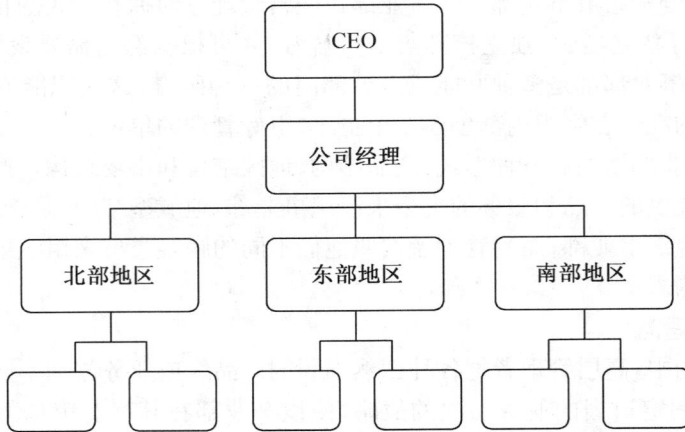

图5-7　区域型结构

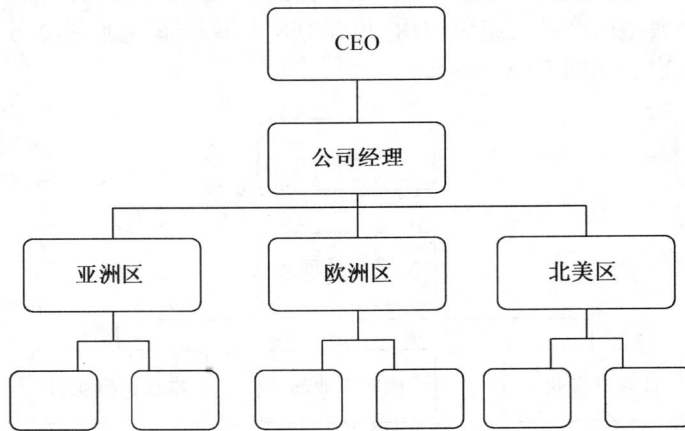

图5-8　全球区域型结构

区域型结构的优缺点与产品部门化相似。它主要适用于组织规模较大、产品较多、地区分散的企业。

(三) 市场型结构

市场型结构主要针对的是不同顾客对产品产生的不同要求,例如银行贷款部可能面临小企业、个人消费贷款、抵押贷款、大笔投资性贷款等不同的客户要求。这种情况下,公司可能采取市场型结构来满足各种各样的顾客需求(如图5-9所示)。事业部按照顾客的需求类型组合起来,能够使管理者对顾客的需求反应变得更迅速,从而能根据顾客不断变动的需求迅速做出决策。

总的来说,事业部制的优势还是很明显的。它既具有较高的组织稳定性,又有较高的组织适应性;事业部制能充分发挥各事业部对经营管理的主动性、积极性,同时又有利于公司总部摆脱日常具体事务而集中于公司的总体战略部署。在此基础上,有利于培养出全面的管理人才。此外,因为每一个事业部都是一个利润中心,所以考核部门的绩效评价体系容易构建。但是缺点还是存在的：一方面，各事业部利益的独立性，容易使各事业部只考虑自己的利益，影响各事业部之间的协作；另一方面，公司与各事业部的职能机构重叠，用人较多，费用较大，容易导致资产的滥用和浪费。

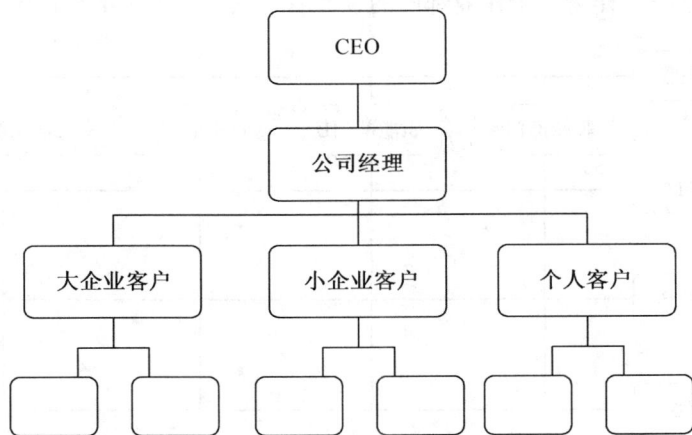

图 5-9　市场型结构

小故事：CEO 艾尔弗雷德·斯隆

艾尔弗雷德·斯隆，美国企业家，是一位传奇式领袖，曾长期担任通用汽车公司的总裁及董事长。

斯隆被誉为一位成功的职业经理人，是在管理与商业模式上创新的代表人物。美国《商业周刊》75 周年时，斯隆获选为过去 75 年来最伟大的创新者之一。他在 1921—1922 年期间就提出了一种叫"集中政策控制下的分散经营"组织机构模式，这是事业部制组织结构的雏形。他把通用汽车公司按产品划分为 21 个事业部，分属四个副总经理领导。有关全公司的大致方针，如财务控制、重要领导人员的任免、长期计划、重要研究项目的决定等，由公司总部掌握，其他具体业务则完全由各事业部负责。斯隆认为：这种管理体制贯彻了"政策决定与行政管理分开"这一基本原则，因而能使集权和分权得到较好的平衡。通用汽车公司经过斯隆的改革和整顿后，迅速发展成为世界上最大的汽车公司。斯隆担任通用汽车公司总裁 23 年，短短三年让濒临破产的通用汽车反败为胜，更为企业组织管理立下世纪典范，与通用电气的杰克·韦尔奇并称为 20 世纪最伟大的 CEO。

思考：斯隆所采用的是哪一种形式的事业部制，有什么样的优点？

五、矩阵制结构

矩阵制结构又称规划—目标结构，是指把按职能划分的部门和按产品划分的部门结合起来组成一个矩阵（如图 5-10 所示）。矩阵制结构是由纵横两套管理系统叠加在一起组成一个矩阵，是在原有的直线职能制组织结构的基础上，再建立一套横向的组织系统。其中纵向系统是按照职能划分的指挥系统，横向系统一般是为完成某项专门任务而组成的项目管理系统。例如,企业为了开发一项新产品,在研究、设计、试制、生产各个方面,要由有关职能部门派人参加,组成一个专门小组,小组里的成员既同原职能部门保持组织上和业务上的联系,接受原部门主管的领导——主要是专业技术上的领导,又要对项目小组的主管负责,服从项目主管的管理——作为一个作业部门的领导者对其工作人员的全面管理。

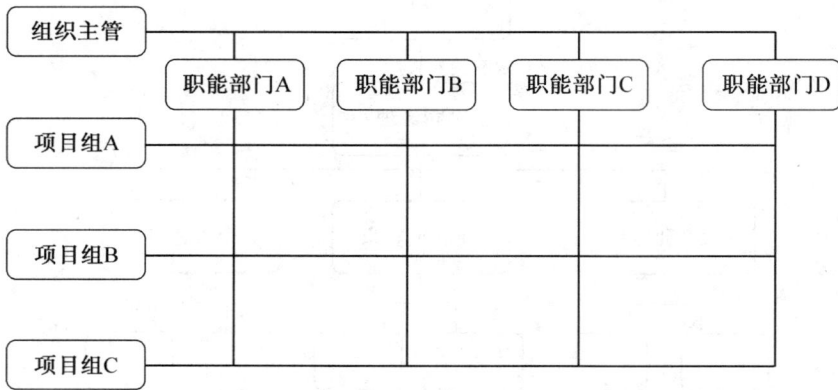

图 5-10　矩阵制组织结构

矩阵制组织结构的优点在于:将企业横向联系和纵向联系较好地结合起来,为各部门之间的沟通提供了渠道,有利于加强各职能部门之间的协作和配合,组织具有较大的灵活性和适应性;实行了集权与分权兼有的结构,有利于发挥专业人员的潜力,有利于各种人才的培养。缺点在于:首先,多头领导的问题,由于组织成员必须接受双层领导,当双重主管意见出现分歧时,下属会感到无所适从,而工做出现差错时,又不易分清领导责任;其次,由于小组成员来自各个职能部门,当任务完成后,仍要回到原来的工作部门,因而容易产生临时观念,对工作有一定的影响,稳定性差;再次,小组成员来自不同的部门,也给项目负责人带来了很大的管理困难;最后,从职能部门看,人员经常调进调出,也会给正常工作造成某些困难。这种结构通常适用于需要对环境变化做出迅速而一致反应的企业。

小故事:COMBO 公司销售部的组织结构设计

COMBO 公司制造、销售和分销陆用和水用车辆。陆用车是两马力、两发动机的双轮脚踏车。现已经大体发明了一种新的方法,将一部现有的链锯马达装备到一款流行的法国自行车上。水用运输车采用同样的链锯马达,被装备到有专用螺旋桨和方向舵的小船上。

与现有竞争对手相比,这种产品的优势在于:由于减轻了所使用的发动机的重量,自行车和小船同样也可以手动操作,而且与没有装发动机的自行车和小船相比,功效几乎没有什么损失。市场调研表明这种产品的市场是很大的。

COMBO 公司的陆用和水用车辆既为民用也为军用。最近 COMBO 公司在中等规模的东部城市和西部城市各建了一家工厂。东部的工厂负责密西西比河以东的所有业务活动,西部的工厂则负责密西西比河以西的所有业务活动。

思考:若你负责该公司的销售工作,请设计一个适合于此情境的矩阵结构。在这种情境下,矩阵结构的利弊是什么?

六、网络型结构

网络型结构是指一种很精干的核心机构,以契约关系的建立和维持为基础,依靠外部机构进行制造、销售或其他重要业务经营活动的组织形式。如图 5 - 11 所示。

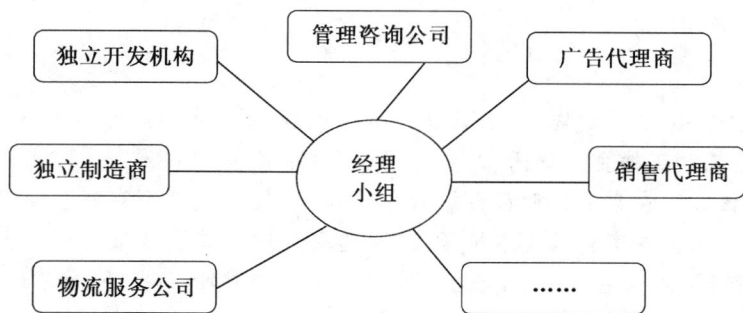

图 5 - 11　网络型结构

随着信息技术的发展,工业社会开始向信息社会转变,于是管理学家指出必须建立一个与信息社会相适应的经济模式,这就是网络经济。网络经济强调企业之间的联合,进行资源共享,这样一个企业就不必拥有所有职能,它可以将一部分职能"外包"出去,只保留一些有竞争优势的职能。网络中的企业不会出现功能的重复,在很大程度上将规模经济和范围经济结合在一起。

网络型组织结构的优点体现在:首先,这种组织结构具有高度的灵活性,便于适应动态变化的环境;其次,这种结构适于经济全球化趋势,易于形成全球竞争力;第三,这种结构易于降低管理费用。缺点表现在:与传统组织相比,对一些职能部门(特别是制造部门)的控制力有所减弱。此外,也会丧失组织的职责,削弱员工的忠诚度。

小故事:组织结构类型

下面是一家公司四位主管的对话。

"你知道,除非我们生产出东西,否则公司就什么也没发生。"生产部门主管说。

研发部主管评论道:"不对,除非我们设计出产品,否则公司什么都没发生。"

"你们说什么?"营销主管说,"除非我们卖掉这些东西,否则公司就什么也没发生。"

最后,恼怒的财务主管反击道:"你们生产、设计、销售什么无关紧要,除非我们核算出各种结果,否则谁也别想知道我们发生了什么。"

思考:这段话反映了这家公司是什么类型的组织结构?

【模块二】 案例分析

一个成功企业家的难题

一、前言

刘月是一家拥有16亿元资产、下属9家境内独资及控股子公司、4家境外独资公司的大型综合性铜冶炼加工的企业集团(伟业集团公司)的老总。

一直以来,该公司在整个行业都占据着主导地位,效益十分可观。企业经营状况良好,前景一片光明,公司正在实施低成本扩张战略,已成功地兼并了几家关联企业,按计划将在5年内成为中国铜业的霸主。对此,年届不惑的刘月充满信心。然而,深谋远虑的刘月并非盲目乐观之人。他隐约感到公司似乎已处在某种生死攸关的嬗变阶段,许多问题操作起来都已不如以前那么得心应手,第六感觉告诉他,潜在的危机越来越大。经过几天的冥思苦想后,他请来了新近的担任公司高级人事顾问的杨教授。

此时杨教授正坐在一间非常简陋的办公室里。如果不是门口挂着的牌子上赫然写着的"刘董办公室"的字样,杨教授一定会以为是走进了一间乡村中学教师的办公室:一张书桌,一张椅子,外加一张单人床。办公室有一扇门直通隔壁会议室,公司全体高层管理干部正在开会,门未关紧,本地方言的争论声伴着一股呛人的烟味一阵阵传来,刘董的声音总是最洪亮的。

"真不可思议,这就是一个拥有16亿元资产的大型企业集团的高层会议室,这屋子里的决策者们竟然没有一个受过正规的高等教育。"尽管杨教授是长年泡在企业,为企业提供各类咨询服务的实务型管理专家,也不得不惊叹于家乡这一知名企业迅速崛起的奇迹。凭经验,他感觉到此行的担子不轻,也预感到面临的可能是中国当代企业所遇到的典型难题。他不由得涌起一种莫名其妙的激动与兴奋……

两个星期后,通过与公司所有上层管理成员的深入接触,以及一系列规范化的调查分析,杨教授带着研究小组反复讨论过的初步诊断意见,与刘月花了一整天时间,就有关重要问题专门探讨交换意见之后,得出了一些初步研究纲要。

二、公司管理概况

伟业集团是先有一个核心企业,再由"核"扩散发展起来的,产权纽带紧密,实际上属于一种较典型的母子控股公司模式。集团公司对下属子公司的经营战略、重大投资决策和人事任免均有绝对控制权。刘月既是集团公司董事长兼总经理,又是二级控股(独资)公司的董事长、法人代表。集团公司总部管理班子十分精干,总共不到80人。新老三会在职能上实际是交叉互兼得:党委会、工会与职代会的主要领导是监事会的主要成员。集团董事会是最高权力和决策机构,由集团正副总和二级公司总经理组成的理事会实质上协商和执行机构,无决策权。这是一种较典型的中小型企业集团的管理模式。

在职能部门设置方面,董事会实际上只有董事会办公室是实体,其职能并未与董事会的需要相吻合。理事会是最近才设立的,职能也未明确界定。从人员配置上看,各部部长都是由对应的主管副总兼任,形式上是直线职能模式,实质上是职能式组织模式,即职能部门除了能实际协助所在层级的领导人工作外,还有权在自己的职能范围内向下层人员下达指令。这种模式运行起来可能会不利于集中统一指挥,各副总之间协调工作量大,主要负责人易陷入事务之中,不利于责任制的建立和健全。公司组织机构变动频繁,高层管理人员的职位更迭更是像走马灯似的,许多高层经理都弄不清公司现在的组织结构。

三、面临的困惑

刘月说,他请来杨教授,主要是为了解决以下三大难题。

一是集权分权问题。刘月觉得自己太累了,每天签审公司上下报账的财务票据就要花2小时,公司其他大小事情几乎都要他拍板,总有做不完的事。他平均每天只睡3个小时,最近就有两次晕倒在办公室,再这样下去肯定不行。

当杨教授听说公司采购员差旅费也要刘董亲自签字时,不禁惊讶地问:其他副总和部门负责人怎么不分忧?不分权怎么能经营这种大型企业?刘月敏感地解释道:"我也懂得要分权,而且曾坚决奉行"用人不疑"的原则,可是教训太大了。曾经因为放权,贸易公司经理用假提单卷走了980万元人民币,至今没有下落。我只得集权,工作不到两年,实在不行,只好再度放权,没想到这次是总经理携款1 500万元跑到国外去了,他还是我的亲戚,公司的创业元老。我只好再次集权,如今是董事长总经理一肩挑,每天上午8:00~10:00就成了审批资金报告的专门时间。我知道这不是长久之计,但现在实在不知道该相信谁了。该怎么办,到底人家外国人是怎么分权的,请专家们帮助筹划。"

二是决策风险问题。公司越做越大,大小决策都集中在自己身上。"我总是胆战心惊的",刘月恳切地说,"过去我拍板下去,涉及的资金少的只有几十元,多的也就几万、几十万元,现在任何决策动辄就是几千万上亿元,弄不好就是全军覆没。我心里没底,但也得硬着头皮拍板,怎么会不紧张惧怕呢?我表面故作轻松,其实心理压力太大了。这不,才40岁,头发几乎全白了。"

三是控制问题。在深入的交谈中,刘董向杨教授剖白了心迹:外面的人总以为我在公司里是绝对权威,甚至耀武扬威、随心所欲。其实我觉得要控制这家公司是越来越困难了。过去,我给员工发一个小红包、拜个年什么的,就会得到员工真诚努力的回报。近年来,尤其是有关部门界定我个人在公司中的产权占90%、镇政府只占10%后,员工们的心里似乎在悄悄地变化,过去最亲密的战友都和我疏远了,工作表面上很努力,实际上大多是在应付我。我给他们的工资一加再加,现在高层经理年薪已达10万~15万元,还每人配备了专车、司机和秘书,但他们就是怪怪的,提不起劲。现在公款消费和大手大脚浪费的现象也开始在公司蔓延,原有民营企业的优势正在逐步消失,两起携款外逃事件似乎是必然的,而且以后也还可能发生类似的事情。我感觉到我的公司在全面地腐化堕落。更糟糕的是,我控制不了局面,在这个庞大的公司面前竟显得那么虚弱和无能为力。我对前景感到害怕……

(资料来源:郑煜.现代企业管理:理念、方法与应用.清华大学出版社,2011.)

讨论:

1. 如何重新设计集团组织结构,从而解决集权分权问题?
2. 如何减少决策风险,避免个人的错误决策?
3. 如何增强企业的凝聚力?

成果与检验：

根据小组成绩、班级讨论、书面报告等综合评定。

【模块三】 管理游戏

大转移

游戏目的：

在游戏中体会公司不同层次所承担的责任。

游戏程序：

1. 将所有成员分成 4 组。

2. 一组成员扮演健康人岛上的居民，都是健康人。

3. 一组成员扮演盲人岛上的居民，他们是盲人，能说但看不见。

4. 一组成员扮演哑巴岛上的居民，他们是哑巴，能看但不能说。

5. 一组成员扮演人造渡船。

6. 角色扮演分配之后，接下来全体成员的目标是要将不健康的人转移到健康人岛上。

游戏规则：

所有角色说明书、任务说明书教师不做公开宣布，至于学生如何开展完全让学生自己做决定。教师只告诉完成游戏的标准是所有的非健康人都到健康人岛上。

游戏准备：

准备蒙眼睛的布及布置岛屿分布的纸张、器材等；不同岛上的居民的角色说明书、任务说明书等。

成果与检验：

根据学生的参与程度以及得出的结论或观点评定活动的成效，并评定成绩。

【模块四】 实战任务

绘制组织结构图

实战目标：

掌握组织结构图编制方法。

实战内容与要求：

以小组的方式，选择并收集一个企事业单位组织方面的信息，尝试描绘组织结构图。结合你们自身的感受分析你们单位的组织运行情况，发现问题，并提出必要的改进建议。

成果与检测：

根据书面作业评定成绩。

【模块五】　能力测评

测试组织协调能力

测评目标：

测试自我的组织协调能力。

测评内容：

1. 你上司的上司邀请你共进午餐，回到办公室后，你发现你上司对此颇为好奇，此时你会：　　　　　　　　　　　　　　　　　　　　　　　　　　　（　　）
  A. 告诉他详细内容
  B. 粗略描述，淡化内容的重要性
  C. 不透露蛛丝马迹

2. 当你主持会议时，有一位下属一直以不相干的问题干扰会议，此时你会：　（　　）
  A. 告诉该下属在预定的会议结束之前先别提出其他问题
  B. 要求所有的下属先别提出问题，直到你把正题讲完
  C. 纵容下去

3. 当你跟上司正在讨论事情，有人打长途电话来找你，此时你会：　　　　（　　）
  A. 告诉对方你正在讨论重要的事情，待会再打回电话
  B. 接电话，而且该说多久就说多久
  C. 告诉上司的秘书说不在

4. 有位员工连续四次在周末向你要求他想提早下班，此时你会说：　　　　（　　）
  A. 你对我们相当重要，我需要你的帮助，特别是在周末
  B. 今天不行，下午四点钟我要开个会
  C. 我不能再容许你早退了，你要顾及他人的想法

5. 你刚好被聘为部门主管，你知道还有几个人关注这个职位。上班的第一天，你会：
  　　　　　　　　　　　　　　　　　　　　　　　　　　　　（　　）
  A. 把问题记在心上，但立即投入工作，并开始认识每一个人
  B. 忽略这个问题，并认为情绪的波动很快会过去
  C. 找个别人谈话，以确定哪几个人有意竞争此职位

6. 有位下属对你说，"有件事我本不应该告诉你的，但你又没有听到……"你会说：
  　　　　　　　　　　　　　　　　　　　　　　　　　　　　（　　）
  A. 谢谢你告诉我怎么回事，让我知道详情
  B. 跟公司有关的事我才有兴趣听
  C. 我不想听办公室的流言

7. 你认为你的文字和口头表达能力强吗？　　　　　　　　　　　　　　（　　）
  A. 是　　　　　　　　B. 一般　　　　　　　C. 很差

8. 你能很好地运用肢体语言表达你的意思吗？　　　　　　　　　　　　（　　）
  A. 是　　　　　　　　B. 一般　　　　　　　C. 很差

9. 一个陌生的人你能很容易地认识他吗？　　　　　　　　　　　　　　（　　）

    A. 是　　　　　　　　　　B. 有时　　　　　　　　C. 否

10. 你能影响别人接受你的观点吗？　　　　　　　　　　　　　　　　（　　）

    A. 是　　　　　　　　　　B. 有时　　　　　　　　C. 否

11. 与人交谈时你能注意到对方所表达的情感吗？　　　　　　　　　　（　　）

    A. 是　　　　　　　　　　B. 有时　　　　　　　　C. 不能

12. 你能否用简单的语音表述复杂的意思吗？　　　　　　　　　　　　（　　）

    A. 是　　　　　　　　　　B. 一般　　　　　　　　C. 否

13. 朋友评价你是个值得信赖的人吗？　　　　　　　　　　　　　　　（　　）

    A. 是　　　　　　　　　　B. 一般　　　　　　　　C. 不是

14. 你能积极引导别人把思想准确地表达出来吗？　　　　　　　　　　（　　）

    A. 是　　　　　　　　　　B. 有时　　　　　　　　C. 不能

15. 你能否善于听取别人的意见，而不将自己的意见强加于人？　　　　（　　）

    A. 是　　　　　　　　　　B. 有时　　　　　　　　C. 不能

测试标准：

选择 A 得 2 分，选择 B 得 1 分，选择 C 得 0 分，然后将各题所得的分数相加。

测试结果：

（1）总得分为 22～30 分，即有良好的组织协调能力，社交面较宽，能够利用各方面的资源为本职工作服务。

（2）总得分为 15～21 分，即组织协调能力较强，能够运用一定的方法和技巧调动参与者的积极性，同时能够保持融洽的关系。

（3）总得分为 14 分及以下，即具备一定的组织技巧，保障工作正常进行，但缺乏创意，对参与者缺乏吸引力。

项目六　领　导

内容提要

领导是企业管理成功的关键因素。当领导者的方法有效时,其下属就会被高度激励,忠于组织并有好的业绩。当领导者的方法无效时,其下属就不会尽其所能,不会受到激励,也可能产生不满情绪。作为管理的一种职能,领导职能的作用主要是通过有效的领导行为和领导方式,对下属产生影响力,带领和激励组织中的成员去实现组织目标。因此,管理的领导职能主要是通过指挥、激励和沟通等手段,去影响组织成员的行为,提高下属工作的积极性,接受领导的统筹安排,使组织成员为实现组织目标而共同努力。

知识目标

- 把握领导的实质;
- 正确识别领导与管理的区别;
- 再现领导理论的基本观点;
- 善用领导艺术。

技能目标

- 培养学生掌握科学的领导方式;
- 学会运用领导艺术,提升领导能力。

情意目标

通过本项目的学习,教师能够培养学生的领导能力和领导艺术,形成良好的合作精神和团队意识。

典型任务

- 分析管理人的领导风格;
- 运用领导技巧。

任务一　掌握领导含义

【模块一】　知识精讲

领导概述

一、领导概念的界定

（一）领导的概念

领导的概念是一个在历史中形成的概念。领导是一种职能，就是影响组织成员或群体，使其为确立和实现组织或群体的目标而做出贡献和努力的过程。该职能包含着下面三个含义：

1. 领导者一定要有领导的对象

领导者一定要与群体或组织中的其他成员发生关系，这些人就是领导者的下属，或者说是被领导者。没有被领导者，领导工作就失去意义。

2. 权力在领导者和被领导者之间的分配是不平等的

领导者拥有相对强大的权力，可以影响组织中其他成员的行为；而组织中其他成员却没有这样的权力，或者说其所拥有的权力并不足以改变其领导的地位。领导者在权力方面的优越性是领导工作得以顺利进行的重要基础。

3. 领导者对被领导者可以产生各种影响

领导的本质是影响力。领导者拥有影响其下属思想和行动的权力。正是由于影响力的存在，领导者才能够对组织的活动施加影响，并使得组织或群体成员追随与服从。也正是由于被领导者的追随与服从，才能够保证领导者在组织、群体中的地位，并使领导过程成为可能。

（二）领导与管理的联系与区别

从上述定义中可以清楚地看到领导与管理是相互关联的，但两者之间并不是等同的关系，也可能只是管理者或领导者。

1. 联系

从行为方式看，两者都是一种在组织内部通过影响他人的协调活动，实现组织目标的过程。从权力的构成看，两者也都是组织层级的岗位设置的结果。

2. 区别

从本质上看，管理是建立在合法的、有报酬的和强制性权力基础上的对下属命令的行为。而领导则可以建立在合法的、有报酬的和强制权力基础上的，也可以并且更多的是建立在个人影响力和专长权以及模范作用的基础上，且两者所担负的工作内容不同。具体区别见表6-1所示。

表 6-1　管理和领导的区别

比较项目	管　理	领　导
从职能上看	管理的范围大	领导行为是属于管理的范围
从岗位上看	管理者未必是领导者	领导者必定是管理者
制定计划	为达成目标,制定出详细的步骤和计划进度,进行资源分配	展现未来的前景与目标,指明达到远景目标的战略
组织和人员配备	组建所需组织结构及配备人员,规定权责关系,制订具体政策和规程,建立一系列的制度监督下属的工作状况	重在指导人员。同协作者沟通,指明方向、路线。帮助人们更好理解目标、战略及实现目标后的效益。引导人们根据需要组建工作组、建立合作伙伴关系
执　行	在执行中强调采用控制的方式来解决问题。通过具体的详细的计划监督进程和结果	一般采取鼓动和激励的方式。在思想上动员和鼓励人们克服工作中的障碍与困难,推动各项工作顺利开展
成　果	建立在某种程度上的可预见性和秩序,并且有可能为不同的利益相关者创造一致的和重大的成果	往往带来戏剧性的变革,有能力制造极端有用的变革

小故事：韩信点兵

司马迁《史记·淮阴候传》记载:韩信是我国古代杰出的军事家,他作为统帅带领汉军打垮了楚霸王项羽强大的武装力量,为刘邦统一天下,建立汉朝立下了大功,因而被封为楚王。

汉高祖刘邦在位几年后,有人上书说韩信居功自傲,要谋反。刘邦对韩信早就有顾忌之心,为防止韩信造反,他就设置圈套将韩信抓了起来。不久,刘邦又赦免了韩信,但是撤掉了他的王位,只给了他一个淮阴侯的封号。韩信知道刘邦嫉才妒能,心中闷闷不乐,于是经常托病不去朝见皇帝。

刘邦反而经常找韩信谈话,议论各位将军才能的大小。一次,刘邦问韩信:"像我这样的人,能带多少兵?"韩信说:"您最多只能带 10 万人。"刘邦又问:"那么您呢?"韩信答话:"我带兵多多益善。"刘邦笑了,说:"你带兵多多益善,怎么又会被我抓住呢?"韩信说:"陛下虽然不能带更多的兵,但您却善于统帅和指挥将领,所以我就被您抓住了。"

思考:本故事告诉我们,领导者与管理者的差别是什么呢?

二、领导权力的来源

领导实质上是一种对他人的影响力,即管理者对下属及组织行为的影响力,这种影响力能改变或推动下属及组织的心理与行动,为实现组织目标服务。这种影响力可以称为领导力量或者领导者影响力,管理者对下属及组织施加影响力的过程就是领导的过程。领导者对下属及组织的影响力来自两方面:一是权力(又称为制度权力)影响力,二是非权力(又称为个人权力)影响力。

（一）权力影响力

1. 权力影响力

权力影响力包括法定的权力、强制的权力、奖励的权力。它由组织正式授予管理者并受组织规章的保护。这种权力与特定的个人没有必然的联系。它只同职务相联系。权力是管理者实施领导的基本条件。没有这种权力，管理者就难以有效地影响下属，实施真正的领导。

第一，法定的权力来自上级的任命。组织正式授予领导者一定的职位，从而使领导者占据权势地位和支配地位，使其有权对下属发号施令。这种支配权，是管理者的地位或在权力阶层中的角色所赋予的。

第二，强制的权力是和惩罚权相联系的迫使他人服从的力量。在某些情况下，领导者是依赖于强制的权力与权威施加影响的，对于一些心怀不满的下属来说，他们不会心悦诚服地服从领导者的指示，这时领导者就运用惩罚权迫使其服从。这种权力的基础是下属的惧怕。这种权力对那些认识到不服从命令就会受到惩罚或承担不良后果的下属的影响力是最大的。

第三，奖励的权力是在下属完成一定的任务时给予相应的奖励，以鼓励下属的积极性。这种奖励包括物质奖励如奖金等，也包括精神的奖励如晋升等。依照交换原则，领导者通过提供心理或经济上的奖酬来换取下属的遵从。

2. 影响权力影响力的主要因素

对权力影响力的影响因素主要有：

第一，传统观念。几千年的社会生活，使人们对领导者形成心理观念，由此产生了对领导者的服从感。由于这种传统观念从小就影响着每一个人的思想，从而增强了领导者言行的影响力。

第二，职位因素。由于领导者凭借所授予的指挥他人开展具体活动的权力，可以左右被领导者的行为、处境，甚至前途命运，从而使被领导者对领导者产生敬畏感。领导者的职位越高，权力越大，下属对他的敬畏感越甚，领导者的影响力也越大。

第三，资历的影响。一个人的资历与经历是历史性的东西，它反映了一个人过去的情况。一般而言，人们对资历较深的领导者，心目中比较尊敬，因此其言行也容易在人们的心中占据一定的位置。

权力是通过正式的渠道发挥作用的。当领导者担任管理职务时，由传统心理、职位、资历构成的权力的影响力会随之产生，当领导者失去管理职位时，这种影响力将大大削弱甚至消失。

小故事：士为赞赏者死

韩国某大型公司的一个清洁工，本来是一个最被人忽视、最被人看不起的角色，但就是这样一个人，却在一天晚上公司保险箱被窃时，与小偷进行了殊死搏斗。事后，有人为他请功并问他的动机时，答案却出人意料。他说：当公司的总经理从他身旁经过时，总会不时地赞美他"你扫的地真干净"。你看，就这么一句简简单单的话，就使这个员工受到了感动，并"以身相许"。就如中国的一句老话——"士为知己者死"，这个清洁工正可谓"士为赞赏者死"。

（二）非权力影响力

1．非权力影响力

非权力影响力包括专长影响力和品质的影响力。

第一，专长影响力是指领导者具有各种专门知识和特殊技能或学识渊博而获得同事及下属的尊重和佩服，从而在各项工作中显示出的在学术上或专长上的举足轻重的影响力。这种影响力的影响基础通常是狭窄的，仅仅被限于专长范围之内。

第二，品质影响力是指由于领导者优良的作风、思想水平、品德修养，而在组织成员中树立的德高望重的影响力。这种影响力是建立在下属对领导者承认的基础之上的，它通常与具有超凡魅力或名声卓著的领导者相联系。

2．构成非权力影响力的主要因素

对非权力影响力的影响因素有以下几方面：

第一，品格。主要包括领导者的道德、品行、人格等，优秀的品格会给领导者带来巨大的影响力。因为品格是一个人的本质表现，好的品格能使人产生敬爱感，并能吸引人，使人模仿。下属常常希望自己能像领导者一样。

第二，才能。领导者的才干是决定其影响力大小的主要因素之一。才干通过实践来体现，主要反映在工作成果上。一个有才干的领导者，会给事业带来成功，从而使人们对他产生敬佩感，吸引人们自觉地接受其影响。

第三，知识。一个人的才干是与知识紧密地联系在一起的。知识水平的高低主要表现在对自身和客观世界认识的程度。知识本身就是一种力量。知识丰富的领导者，容易取得人们的信任，并由此产生信赖感和依赖感。

第四，感情。感情是人的一种心理现象，它是人们对客观事物好恶倾向的内在反映。人与人之间建立了良好的感情关系，便能产生亲切感；相互的吸引力越大，彼此的影响力也越大。因此，一个领导者平时待人和蔼可亲，关心体贴下属，与群众的关系融洽，他的影响力就往往较大。

由品格、才干、知识、感情因素构成的非权力影响力，是由领导者自身的素质与行为造就的。在领导者从事管理工作时，它能增强领导者的影响力。在不担任管理职务时，这些因素仍会对人们产生较大的影响。

领导工作有效性的核心内容就是领导者影响力的大小及其有效程度。管理者要实施有效的领导，最关键的就是要增强其对下属及组织影响力的强度与有效性。

小故事：佛塔上的老鼠

一只四处漂泊的老鼠在佛塔顶上安了家。佛塔里的生活实在是幸福极了，它既可以在各层之间随意穿越，又可以享受到丰富的供品。它甚至还享有别人所无法想象的"特权"：那些不为人知的秘籍，它可以随意咀嚼；人们不敢正视的佛像，它可自由休闲，兴起之时，甚至还可以在佛像头上留些排泄物。每当善男信女们烧香叩头的时候，这只老鼠总是悠闲地看着那令人陶醉的烟气慢慢升起，然后猛抽着鼻子，心中暗笑："可笑的人类，膝盖竟然这样柔软，说跪就跪下了！"

有一天，一只饿极了的野猫闯了进来，它一把将老鼠抓住。"你不能吃我！你应该向我跪拜！我代表着佛！"这位"高贵"的俘虏抗议道。"人们向你跪拜，只是因为你所占的位置，不是因为你！"野猫讥讽道，然后，它像掰开一个汉堡包那样把老鼠掰成了两半。

（三）权力的运用

管理者或领导者如何运用权力？一种方法是合乎要求，这是以合法权利为基础的。管理者要求下属服从，因为下属认识到组织授予管理者提出要求的权力。管理者和下属间绝大多数日常接触属于这一类型。另一种运用权力的方式是工具性服从，它是以激励的强化理论为基础的。下属服从是为了换取管理者所控制的奖励。假设管理者要求下属做本职以外的工作，例如在周末加班，停止同一个有长期关系的采购商的业务或发布坏消息，如果下属服从，则管理者以表扬或资金作为交换。下一次下属被要求做此类事情时，他就会知道服从可以换取更多的奖金。因此，工具性服从的基础是明确重要的绩效奖励机制。

当管理者中暗示拒绝接受指令的下属将会受到惩罚、解雇或申斥时，他运用权力的方式是强制。另一方面，理性说服是管理者向下属证明服从是符合下属最佳利益的一种方法。例如，经理可能会告诉下属工作变动对其职业发展有利。在某种程度上，理性说明类似奖励权力，只不过经理实际并不控制这样的权力。

个人认同是另一种运用权力的方式。管理者可能认识到他对某一下属拥有参考权力，他通过自己的示范来影响下属。也就是说，管理者有意识地成为下属的模范，利用个人认同的力量。还有另一种做法是鼓舞性的要求。参考权力在很大程度上决定了鼓舞性要求能否成功，因为它的效果至少部分地取决于领导的说服能力。

一种可疑的运用权力的方法是信息扭曲。管理者通过隐瞒或干扰信息影响下属的行为。例如，如果经理同意根据大家的意见挑选团队成员，但他在心中已经偏向某一候选人，于是他有意隐瞒其他候选人的优点以促成他所中意的人入选。这种做法是十分危险的，是不合乎伦理的。一旦下属发现这种行为，管理者将失去下属的信任。

三、领导的作用

1. 带领组织成员共同实现组织目标

领导工作的一个重要作用就在于引导组织中的全体人员有效地理解和领会组织目标，协调组织成员的关系和活动，使组织成员充满信心、步调一致地朝着共同的目标前进。

2. 指挥作用

在组织活动中，需要有高瞻远瞩、运筹帷幄的领导者，帮助组织成员认清所处的环境和形势，指明组织活动的目标和达到目标的途径。领导者通过激励、沟通、指挥、指导活动，推动组织成员最大限度地实现组织的目标。在整个活动中，要求领导者作为带头人来引导组织成员前进，鼓舞人们去奋力实现组织的目标。只有这样，才能真正发挥指挥的作用。

3. 有利于调动组织成员的积极性

从事社会活动的人是具有不同的需求、欲望和态度的。人的身上蕴藏着任何一个组织所需要的生产力。领导就可以诱发这一力量，通过领导工作就能够调动组织中每个组织成员的积极性、主动性和创造性，使其以高昂的士气自觉、自动地为组织做出贡献。

4. 有利于个人目标与组织目标趋于统一

人们的个人目标有很多，并且也不统一，有的为了获得高收入，有的是为名望，有的是为工作的挑战性,有的是为得到上级领导的认可与肯定,有的为了实现自我价值,等等,不一而足。一旦他们加入某个组织工作时,就会想方设法去努力实现自己的个人目标,但是,个人目标与组织目标就不见得一致,长此以往,将不利于组织目标的实现。通过领导工作,就可以去帮助他们认识个人对组织、对社会所承担的义务,让他们体察到个人与组织的密切关系,进而使他们主动地放弃一些不切实际的要求,自觉地服从于组织目标。所以,领导者也要创造一种环境,在实现组织目标的同时,在条件允许的范围内,满足个人的需求,使人们对组织产生自然的信赖和依赖的感情,从而为加速实现组织目标而做出努力。

【模块二】 案例分析

欧阳健带来了什么

蓝天技术开发公司由于在一开始就瞄准成长的国际市场,在国内率先开发出某高技术含量的产品,其销售额得到了超常规的增长,公司的发展速度十分惊人。然而,在竞争对手如林的今天,该公司和许多高科技公司一样,也面临着来自国内外大公司的激烈竞争。当公司经济上出现了困境时,公司董事会聘请了一位新的常务经理欧阳健负责公司的全面工作。而原先的那个自由派风格的董事长仍然留任。欧阳健来自一家办事古板的老牌企业,他照章办事,十分古板,与蓝天技术开发公司的风格相去甚远。公司管理人员对他的态度是:看看这家伙能待多久!看来,一场潜在的"危机"迟早会爆发。

第一次"危机"发生在常务经理欧阳健首次召开的高层管理会议上。会议定于上午9点开始,可有一个人姗姗来迟,直到9点半才进来。欧阳健厉声道:"我再重申一次,本公司所有的日常例会要准时开始,谁做不到,我就请他走人。从现在开始一切事情由我负责。你们应该忘掉老一套,从今以后,就是我和你们一起干了。"到下午4点,竟然有两名高层主管提出辞职。

然而,此后蓝天公司发生了一系列重大变化。由于公司各部门没有明确的工作职责、目标和工作程序,欧阳健首先颁布了几项指令性规定,使已有的工作有章可循。他还三番五次地告诫公司副经理徐钢,公司一切重大事务向下传达之前必须先由他审批。他抱怨下面的研究、设计、生产和销售等部门之间互相扯皮,踢皮球,结果使蓝天公司一直没能形成统一的战略。

欧阳健在详细审查了公司人员工资制度后,决定将全体高层主管的工资削减10%,这引起公司一些高层主管向他辞职。

研究部主任这样认为:"我不喜欢这里的一切,但我不想马上走,因为这里的工作对我来说太有挑战性了。"

生产部经理也是个不满欧阳健做法的人,可他的一番话颇令人惊讶:"我不能说我很喜欢欧阳健,不过至少他给我那个部门设立的目标我能够达到。当我们圆满完成任务时,欧阳健是第一个感谢我们的人。"

采购部经理牢骚满腹。他说:"欧阳健要我把原料成本削减20%,他一方面拿着一根胡萝卜来引诱我,说假如我能做到的话就给我丰厚的奖励。另一方面则威胁说如果我做不到,他将另请高就。但干这个活简直就不可能,欧阳健这种'大棒加胡萝卜'的做法是没有市场的。从现在起,我另谋出路。"

但欧阳健对被人称为"爱哭的孩子"的销售部胡经理的态度则让人刮目相看。以前,销售部胡经理每天都到欧阳健的办公室去抱怨和指责其他部门。欧阳健对付他很有一套,让他在门外静等半小时,见了他对其抱怨也充耳不闻,只是一针见血地谈公司在销售上存在的问题。过不了多久,大家惊奇地发现胡经理开始更多地跑基层而不是欧阳健的办公室了。

随着时间的流逝,蓝天公司在欧阳健的领导下恢复了元气。欧阳健也渐渐地放松控制,开始让设计和研究部门更放手地去干事。然而,对生产和采购部门,他仍然勒紧缰绳。蓝天公司内再也听不到关于欧阳健去留的流言蜚语了。

大家这样评价他:欧阳健不是那种对这里情况很了解的人,但他对各项业务的决策无懈可击,而且确实使我们走出了低谷,公司也开始走向辉煌。

案例讨论:

1. 欧阳健进入蓝天公司时采取了何种领导方式?这种领导方式与留任的董事长的领导方式有何不同?他对研究部门和生产部门各自采取了何种领导方式?

2. 当蓝天公司各方面的工作走向正轨后,为适应新的形势,欧阳健的领导方式将作何改变?为什么?

3. 有人认为,对下属人员采取敬而远之的态度对一个经理来说是最好的行为方式,所谓"亲密无间"会松懈纪律。你如何看待这种观点?你认为欧阳健属于这种领导吗?

【模块三】 管理游戏

导航塔

游戏目标:

在轻松的游戏中把松散的工作小组转变为团结、高效的工作团队。

游戏程序:

1. 分组。

2. 培训师宣布每个小组的任务是要为本组建一座导航塔,越高越好。

3. 分发材料;宣布在规定时间内开拓成员的创新意识建塔。

4. 游戏分享讨论:你的小组是如何工作的;你的塔为什么最低;从高塔本身而言我们获得了什么团队管理的启示。

游戏规则:

所建的塔要接受其他组选出的检验员的检验,以吹不倒而且最高为胜利。

游戏准备:

纸杯、报纸、透明胶带、吸管、橡皮筋和一把手工剪刀。

成果与检验:

根据学生的参与程度及得出的结论或观点评定活动的成效,并评定成绩。

【模块四】 实战任务

校园模拟指挥

实战目标：

1. 培养现场指挥的能力；

2. 培养应变能力。

实战内容与要求：

1. 设定一定的管理情景，由学生即时进行决策或指挥。

2. 建议可处置的管理情景为：晚上 11 点多钟，男生宿舍一楼的卫生间里水管突然爆裂。此时楼门和校门已经关闭（水闸门手轮锈住），人们都沉睡在梦中，只有邻近的几个学生惊醒。水不断地从卫生间顺着东西走廊涌出，情况非常紧急。假如你身处其中，如何利用你的指挥能力化险为夷？

3. 先以模拟公司为单位进行分组讨论，然后各公司分别制订应急方案。

4. 组织班级交流与讨论。

成果与检验：

根据小组成绩、班级讨论、书面报告等综合评定。

【模块五】 能力测评

你是个有领导能力的人吗

测评目标：

测试领导能力。

测试内容与要求：

拿破仑说过：一只绵羊带领的一群狮子，敌不过一只狮子带领的一群绵羊。好的领导可以带领一个企业不断发展；不具备领导能力的人可能会把一个经营非常成功的企业断送。你是一个领导者还是一个跟随者？通过下面的测试题，来看看自己是不是具有一定的领导能力吧！以下问题请分别用"是"或"否"来回答。

1. 别人拜托你帮忙，你很少拒绝吗？

2. 为了避免与人发生争执，即使你是对的，你也不愿意发表意见吗？

3. 你经常向别人说抱歉吗？

4. 你永远走在时髦的前列吗？

5. 你遵守一般的法规吗？

6. 如果有人笑你身上的衣服，你会再穿它吗？

7. 你经常对别人发誓吗？

8. 你在开车或坐车时曾经咒骂过别的驾驶者吗？

9. 你曾经穿过那种好看却不舒服的衣服吗？

10. 你对反应较慢的人没有耐心吗？

11. 你是个不轻易忍受别人的人吗？

12. 你曾经大力批评电视上的言论吗？

13. 你经常让对方觉得不如你或比你差劲吗？

14. 你惯于坦白自己的想法而不考虑后果吗？

15. 如果雇佣的员工没有做好，你会反对批评他吗？

16. 与人争论时，你总爱争赢吗？

17. 你不喜欢标新立异吗？

18. 你故意在穿着上吸引他人的注意吗？

19. 你总是让别人替你做重要的事吗？

20. 你喜欢将钱投资在财务上，而胜过个人成长吗？

测评结果：

选"是"得 1 分，选"否"得 0 分，最后将分数加总。

得分为 6 分以下的：你是个天生的领导者。你的个性很强，不愿意接受别人的指挥。你喜欢使唤别人，如果别人愿意听从你，你会变得很叛逆，不肯轻易跟从别人。

得分为 7～13 分的：你是个介于领导者和跟随者之间的人。你可以随时带头，或指挥别人该怎么做。不过，因为你的个性不够积极，冲劲不足，所以常常是扮演跟随者的角色。

得分为 14～20 分的：你是个标准的跟随者，不适合领导别人。你喜欢被动地听人指挥。在紧急的情况下，你多半不会主动出头带领群众，但很愿意跟大家配合。

任务二　熟知领导理论

【模块一】 知识精讲

领导理论

领导理论就是关于领导的理论，即把领导活动纳入科学的研究程序中，通过一些实证式的研究和逻辑化的推理，得到一些普遍式的结论。不同的研究者从不同的角度研究领导的本质及领导的有效性问题，从而形成了不同的领导理论。领导理论主要包括领导特质理论、领导方式理论、领导行为理论和领导权变理论。

一、领导特质理论

领导者究竟应该具有什么样的素质，这些素质是来自先天还是后天，与组织所处的环境有无关系，历来就是管理学者争论和研究的重点。关于领导最古老的理论是领导遗传理论。随着环境的变化，领导遗传理论无法解释起初不是领导的人为什么也能够走上领导岗位的问题。"二战"后研究者开始将目光转向领导者身上的一些特殊素质，其认为是这些特殊素质铸就了他们的成功。其中较经典的研究有以下几个。

（一）斯托格迪尔的领导个人因素论

斯托格迪尔在全面研究了关于有效领导应具备的素质方面的文献后，总结出了与领导有关的个人因素，具体如下：

（1）五种身体特征，如精力、外貌、身高、年龄、体重等；

（2）两种社会性特征，如社会经济地位、学历等；

（3）四种智力特征，如果断性、说话流利、知识渊博、判断分析能力强等；

（4）16 种个性特征，如适应性、进取心、热心、自信、独立性、外向、机警、支配力、有主见、急性、慢性、见解独到、情绪稳定、作风民主、不随波逐流、智慧等；

（5）六种与工作有关的特征，如责任感、事业心、毅力、首创性、坚持、对人的关心等；

（6）九种社交特征，如能力、合作、声誉、人际关系、老练程度、正直、诚实、权力的需要、与人共事的技巧等。

（二）鲍莫尔的领导品质论

美国普林斯顿大学的鲍莫尔提出了作为一个领导应具备的 10 个条件：合作精神、决策能力、组织能力、精于授权、善于应变、敢于求新、勇于负责、敢担风险、尊重他人和品德高尚。

（三）吉赛利的领导品质论

吉赛利（E. Ghiselli）在 20 世纪 70 年代提出了影响领导效率的八种品质（个性）特征和五种激励特征。

1. 八种品质特征

才能智力、独创性（创造与开拓）、果断性和决断能力、自信心、指挥能力、成熟程度、同下级亲近、性别。

2. 五种激励方面的特征

对职业成就的需要、对自我实现的需要、对权力的需要、对金钱报酬的需要、对安全（工作稳定性）的需要。

吉赛利认为，影响领导效率最重要的因素有指挥能力、职业成就与自我实现的需要、才能、自信心、决断能力等，其次是对工作稳定性和金钱报酬的需要、同下级亲近、创造和开拓、成熟程度等，至于性别则关系不大。

（四）皮奥特维斯基和罗克的领导品质论

在皮奥特维斯基（Poitwisky）和罗克（Roke）两位管理学家 1963 年出版的一本名为《经理标尺：一种选择高层管理人员的工具》的著作中，对成功经理的个人特性列举如下：

（1）能与各种人士就广泛的题目进行交谈的能力；

（2）在工作中既能"动若脱兔"地行动，又能"静若处子"地思考问题；

（3）关心世界局势，对周围生活中发生的事业感兴趣；

（4）在处于孤立环境和局势时充满自信；

（5）待人处事机巧灵敏，而在必要时也能强迫人们拼命工作；

（6）在不同的情况下根据需要，有时幽默灵活，有时庄重威严；

（7）既能处理具体问题，也能处理抽象问题；

（8）既有创造力，又愿意遵循管理惯例；

（9）能顺应形势，知道什么时候该冒险，什么时候谋求安全；

（10）做决策时有信心，征求意见时谦虚。

按照领导特质理论的观点,领导者之所以成为领导者,是由于他们具有与众不同的优秀品质和特殊能力,研究领导问题主要就是研究领导者应该具有哪些优秀品质的能力,并据此培养、选拔和考核领导者。随着研究的深入,人们发现了领导特质理论无法解释的问题。领导特质理论存在着明显的缺陷,研究的成果很不一致,甚至相互矛盾。往往有的品质在某一项研究中对领导的成就有积极影响,但在另一项研究中则相反。于是学者们将研究的重点转向了领导者的行为方式。

小故事1:奔腾的野牛群

在草原上成千上万头野牛奔腾起来的场面非常壮观。野牛群有一个特点:所有的野牛都服从野牛群首领的指挥,野牛群首领跑在最前面,它走到哪里,所有的野牛都是亦步亦趋地紧紧跟随。早期的移民在捕猎野牛时只需要把野牛群的首领放倒,所有的野牛就在原地待命,任人宰割。

小故事2:飞翔的大雁群

大雁是一种团结精神很强的动物,它们的领导方式非常有特点。大雁在飞翔的时候通常都会排成"人"字形或者"V"字形,因为用这样的方式去飞行可以省时省力。在最前面领航的领头雁在扇动翅膀的时候,后面的大雁可以借力飞行,从而节省相当的体力。显然,领头雁最累,但是大雁这种动物很聪明,它们在飞翔过程中,总是会不断地交换领航权。当领头雁飞累了的时候,它会自动地退居二线,再由后面的大雁自动替补上去。

思考:以上两种自然界情景带给我们什么启示?

二、领导方式理论

由于特质理论无法对领导效力进行充分解释,20世纪40年代末,研究者开始把目光转向具体的领导者所表现出来的行为方式上,希望了解有效工作群体的领导者和无效工作群体的领导者的行为方式上的差别。领导特质理论与行为方式理论在实践意义方面的差异,源于两者深层的理论假设不同:如果特质理论有效,领导从根本上说是天生造就的;相反,如果领导者具备一些具体的行为方式,则我们可以培养领导,即通过设计一些培训项目,把有效的领导者所具备的行为模式植入那些愿意成为有效领导者的个体身上。这种思想显然前景更为光明,它意味着领导者的队伍可以不断壮大。通过培训,可以塑造出更多有效的领导者。

小故事:青蛙的国王

青蛙们没有国王,看到别的动物都有国王,所以认为自己也应该有一个国王来统治。于是请神指派一个国王给他们。神觉得它们的行为特别可笑,便将一根又圆又粗的木头扔进池塘里。青蛙们听到木头落下的声音吓了一大跳,全都潜到深水里去了。这个由神扔下来的木头,被青蛙们认为是神赐予的国王,其实它只是一根普通的木头,没有什么特别的,但当它出现在水面时,整个池塘比平日安静多了。或许是畏于这个一言不发的国王的威严,他们彼此说话的声音小多了,而且当要爆发一场口角或武斗时,他们会顾及国王的存在,便互相地克制,一场战争也就在无声中平息了。但好景不长,平静的日子并没有持续太久。青蛙们每天面对这个木头国王,很快就厌倦了。而且当他们做出一些出格的事情时,这个国王并没有任何的反应,更谈不上处罚他们。于是青蛙王国里又恢复了往日的热闹与喧哗。王国里比以前还多了一个游戏的场所,那就是他们的木头国王。经过一段时间疯狂与混乱后,又有青蛙向神提出他们必须要有一个国王:请重新给我们派一个新国王,我们需要一个活生生的、而且十分强健的国王。于是,青蛙王国新的国王从空中下来了,竟然是一只强健的鹤。鹤一落到池塘里,连招呼都没打,就把一只只青蛙吞进肚子里了。

公司就是一个微型的小王国,你就是这个王国的国王。好的国王是威严而仁慈的。威严表示你一丝不苟,赏罚分明;仁慈则表示你有爱心并且有情谊。在公司中对员工进行管理时,有两大忌:第一,与员工太亲近;第二,对员工太严厉,会让他们没有安全感。

(一) 勒温的领导方式理论

心理学家勒温(P. Lewi)根据领导者如何运用职权,在领导过程中表现出来的极端的工作作风把领导方式分为三种类型。

1. 专制式的领导

专制式的领导从不考虑别人的意见,所有决策都由自己做出;很少参加群体的社会活动,与下级保持相当的心理距离。其主要依靠行政命令、纪律约束,罚多而奖少;下级没有权力,没有参与决策的机会,只能服从。

2. 民主式领导

民主式的领导鼓励下属与决策,下属个人有相当大的工作自由和灵活性;在领导工作主要应用个人权力和威信,而不是靠职位权力和命令使人服从;在分配工作时尽量照顾到个人的能力、兴趣和爱好;积极参加团体活动,与下级没有任何心理上的距离。

3. 放任式的领导

放任式的领导权力完全给予组织成员或群体,自己对于工作尽量不参与,也不主动干涉,毫无规章制度。工作进行几乎全赖组织成员自负其责。

勒温根据试验认为,放任式的领导方式工作效率最低,只能达到组织成员的社交目标,而完不成工作目标。专制式的领导方式虽然通过严格管理达到了工作目标,但组织成员没有责任感,情绪消极、士气低落。民主式的领导方式工作效率最高,不但完成工作目标,而且组织成员关系融洽,工作积极主动、有创造性。

(二) 利克特的领导方式理论

以美国管理学家利克特(Rensis Likert)为首的美国密执安大学社会调查研究中心,通过对大量企业的调查访问和长期研究,于1961年在《管理的模式》中提出领导系统模式,将领导方式归为如下四种系统。

1. 系统一:专制独裁式

在专制独裁式的领导方式下,领导者非常专制,其主要特征是:决策权力集中于最上层,上级对下属没有信心、缺乏信任，下属根本不能参与决策，也没有任何发言权，只有执行权，下属对组织目标没有责任感，组织内部几乎不存在相互协作关系；上级经常以威胁、恐吓、惩罚及偶尔的奖赏来调动下属的工作积极性，下级对上级心存戒备和恐惧；沟通采取自上而下的方式。

2. 系统二：温和独裁式

在温和独裁式的领导方式下，领导者对下属有一定的信任和信心，其主要特点是：领导者仍然是专制的，但采取了家长制的恩赐式领导方式；权力控制在最上层，但也授予中下层部分权力；领导人对下属态度较谦和，有主仆之间的那种信赖关系，一般员工都不参与决策，但有时也能听取他们的某些意见；下属人员对组织目标几乎没有责任感，组织中极少有相互协作的关系：运用奖励和有形、无形的惩罚调动下属的工作积极性；有一定程度的自下而上的沟通。

3. 系统三：协商式

在协商式的领导方式下，领导者对下属有一定程度的但并不是完全的信任，其主要特征是沟通是上下双向的，但重要问题的决定权仍掌握在上层手中，下属只能对某些特定问题参与决策；大部分组织成员尤其是上层人员对组织目标具有责任感；主要运用奖励、偶尔也运用惩罚手段激励下属。

4. 系统四：民主参与式

在民主参与式的领导方式下，对于一切问题，领导者对下属都能完全信任，其主要特点是：上下级之间对工作问题可以自由地交换意见，上级尽力听取和采纳下属的意见，组织内形成了紧密的协作关系；有双向沟通和平行沟通，上下级共同制定目标，协商讨论问题，最后决策由最高领导者做出；以参与决策、经济报酬、自主地设定目标、自我评价等手段调动下属的工作积极性，因而组织的各类成员对组织目标都具有真正的责任感，实行集体参与、自我管理。

民主参与式的领导行为方式是利克特的理想体系，他认为，领导者的职责在于：要使每个成员都能在组织中真实地感觉到尊重和支持，在上下级之间形成相互信任、相互支持的关系，建立有效的协作，真心实意地让员工参与管理以充分发挥他们的智慧和潜力，并保证决策得到迅速的贯彻实施，共同实现组织的目标。这时，群体的所有成员，包括主管人员之间形成一种相互支持的关系，在这种关系中，所有成员感到在需求、愿望、目标与期望方面有真正的共同利益。

三、领导行为理论

领导行为理论认为，所谓领导就是领导者推动和影响集体成员或下属，引导他们的行为按领导预期的方向发展，为共同的目标而努力。因此，它必然涉及领导者与其下属成员之间的相互关系，这就要求人们不仅要考察领导者的个人特性，还要着重考察领导者的行为对其下属成员的影响，因而应把研究的重点转到领导行为上来。

小故事：都是我的错

在营救驻伊朗的美国大使馆人质的作战计划失败后，当时美国总统吉米·卡特即在电视里郑重声明："一切责任在我。"仅仅因为上面那句话,卡特总统的支持率骤然上升了 10% 以上。

做下属的最担心的就是做错事,特别是花了很多精力又出了错,而在这个时候,老板来了句"一切责任在我",那对这个下属来说,又会是何种心境?

卡特总统的例子说明:下属对一个领导的评价,往往决定于他是否有责任感。勇于承担责任不仅使下属有安全感,而且也会使他们进行反思,反思过后会发现自己的缺陷,从而在大家面前主动道歉,并承担责任。

领导这样做,表面上看是把责任揽在了自己身上,使自己成为受谴责的对象,实质上不过是把下属的责任提到上级领导身上,从而使问题解决起来容易一些。假如你是个中级领导,你为你的下属承担了责任,那么你的上司是否也会反思,他也有某些责任呢? 一旦公司里上行下效,形成勇于承担责任的风气,便会杜绝互相推诿,上下不团结的局面,使公司有更强的凝聚力,从而更有竞争力。

当问题发生时,首先要做的事情是寻找解决方法,而不是找代罪羔羊。

(一) 领导行为四分图模式理论

20 世纪 40 年代,美国俄亥俄州立大学工商企业研究所在罗尔夫·斯托基尔(Ralph M-Stogdill)和卡罗·沙特尔(Carroll L Shartle)两位教授的领导下,开始了领导行为的研究。他们首先提出了 1 800 项标志领导行为特征的因素,然后经过反复筛选,最后归纳出两大类。这两大类可以代表员工所描述的领导行为的绝大部分内容,研究者称之为"结构"维度(关心任务)和"关怀"维度(关心人)。

结构维度是指领导者为了实现组织目标而对自己与下属的角色进行界定和建构的程度。结构维度越高,表示领导越重视工作任务的完成,如领导者建立明确的组织模式,明确上下级职责、权力和相互关系,确定工作目标和要求,制定工作程序、工作方法和制度。

关怀维度是指领导者尊重和关心下属的看法与情感、建立相互信任的工作关系的程度。关怀维度越高,表示领导对下属的生活、幸福、地位和满意度等问题越关心,如尊重下属,满足下属的需要,给下属较多的工作主动权,平易近人,作风民主。

调查表明,在领导者行为中以人为重和以工作任务为重经常同时存在,只是强调的侧重点不同。根据结构维度和关怀维度,可以把领导行为划分为四种类型,如图 6-1 所示。

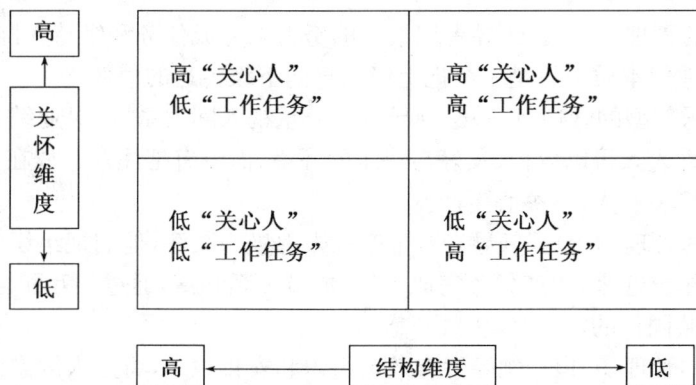

图 6-1　领导行为四分图

　　研究者进一步提出"双高假说",即认为最好的领导方式是兼具高结构、高关怀两方面,一个领导者只有把这两方面结合起来,才能进行有效的领导。但是,双高风格并不是总能产生积极效果。比如,当员工工作时,高结构维度的领导行为会导致员工的投诉率高、缺勤率高和流动率高,同时,其工作满意度也很低。

　　(二)管理方格图理论

　　在俄亥俄州立大学提出的领导行为四分图基础上,美国管理学家布莱克 Robert R. Blake 和莫顿(Jane S. Mouton)于 1964 年提出了"管理方格图"理论。该理论将对人的关心度以及对工作的关心度分为 9 个等分,相互交叉结合后形成 81 个方格,从而将领导者的领导行为划分为许多不同的类型,如图 6-2 所示,在评价领导者的领导时,可根据其对生产和员工的关心程度在图上寻找交叉点,即他的领导类型。当领导者在纵轴的积分越高时,表示他越重视人的因素,纵轴 9 分表示领导者对员工最为关心。当领导者在横轴的积分越高时,表示他越重视生产的因素,横轴 9 分表示领导者对生产最为关心。

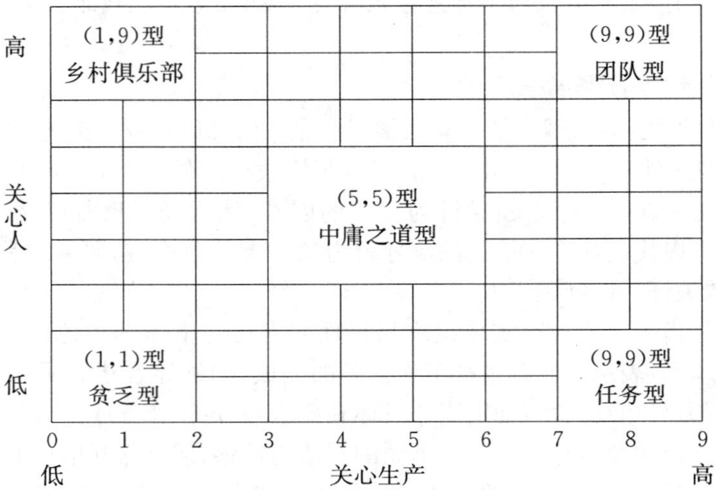

图 6-2　领导方格图

　　罗伯特·布莱克和简·穆顿在管理方格中列出了 81 种领导方式,其中有 5 种典型的领导方式。

　　(1) 贫乏型的管理(1,1)。领导者用最少的努力来完成任务和维持人际关系,对业绩和对人关心都少。他们本质上只是一个把上级信息向下级传达的信使。

　　(2) 乡村俱乐部型的管理(1,9)。领导者充分重视人际关系,但对业绩关心少。他们在组织内部促成一种人人得以放松、友好与快乐的环境,而没有把注意力放在协同努力去实现组织的目标上。只关心人,不关心生产。

　　(3) 团队型的管理(9,9)。领导者对生产和人都极为关注,他们把组织的需要和成员的个人利益完美地结合起来,生产任务完成得好,成员关系和谐,通过相互配合、相互信赖和尊重来达到组织的共同目的,组织内士气旺盛。

　　(4) 任务型的管理(9,1)。领导者有效地组织和安排生产,将个人因素的干扰减少到最低程度,以求得到效率,不理会人际关系。其只关心生产,不关心人。

(5) 中庸之道型的管理(5,5)。领导者对人与生产都有适度的关心,保持完成工作与满足人们需要的平衡。他们可以得到一定的士气和适当的产量,但不是卓越的。他们不设置过高的目标,对人的态度则是开明与专断兼有。

上述五种典型的领导行为,都仅仅是理论上的描述,也是极端的情况。在实际生活中,很难见到纯而又纯的范例。一般人都认为最有效的领导行为是(9,9)型,这就是一般情况而言的。在实际工作中,到底哪种方式更有效,要依情况而定。

管理方格图理论更多的是为领导风格的概念化提供了框架,同其他领导行为理论一样,它并不能证明(9,9)型风格在所有情境下的有效性。虽然领导行为理论没能找到一种正确的领导风格,但还是为我们理解领导的本质做出了很大的贡献。上述理论把人们的注意力从早期的天赋因素和特质转移到了后天学得的东西上,并且提出了更加复杂的领导观。这种更加复杂的领导观促使后来的研究者去考察领导风格、领导能力、领导技巧和具体需要之间的关系。

小故事:亚历山大的领导方式

亚历山大是某便利连锁店的片区经理,他全面负责片区七家分店的经营管理。这些店24 小时营业,在每个轮班时间内只有一个人当班。每家店的销售现金都存放在保险柜中,等下周一的时候再统一清点。这样,周一早上当班的店员就要花费较多的时间来清点现金。

公司规定,当清空店里的保险柜时,片区经理必须同店员一起清点,而且店员必须将钱分成 1 000 美元一捆置于棕色袋中,标记后让经理再次核实数额。

比尔在这家店当店员,他想提高工作效率,预先将现金清点好。有一天店里生意忙碌,比尔在为顾客打包时不慎将一袋现金当作装了食品的袋子放在顾客的购物车中。

随后,亚历山大来了,复核中发现问题。幸运的是,过了几天,顾客主动将钱送回。公司有规定,任何人违背了清点的程序,必须解雇。

比尔非常伤心,说他妻子病了,需要大笔医药费,他很需要这份工作。亚历山大提醒说:"你是知道公司政策的。"比尔说:"我知道错了,但是只要你不解雇我,我会保证比其他店员做得更好。"亚历山大向总部汇报情况后,经过总部的批准,决定不解雇比尔。

思考:根据管理方格理论,亚历山大的领导方式属于哪一种呢?

四、领导权变理论

20 世纪 60 年代之后,随着权变理论的出现,产生了领导权变理论或情势理论。该理论认为领导行为的有效性不单单取决于领导者个人的行为,在实践中也并不存在绝对固定的有效领导类型,应当根据具体情景和场合(情势)的不同,采取不同的领导方式。即领导是一种动态过程,其有效性将随着被领导者的特点和环境的变化而变化。它是在领导特质理论和领导行为方式理论的基础上发展起来的。

小故事:船长的智慧

一艘载有不同国籍游客的游船在海面上航行,突然发生触礁,船很快就要沉没了,船长必须要所有的游客穿上救生衣跳海逃生。但是船长意识到,如果在甲板上马上宣布这个消息,一定会引起极大的恐慌,船长灵机一动,将不同国籍的游客分别召集至不同的船舱部位,然后依次发布不同的命令。

船长对德国游客说:"我以船长的名义命令你们,立即跳海求生,否则以军法论处!"德国游客跳了海。

来到中国人面前,船长说:"你们家有父母和妻儿在等着你们照顾,快点逃生吧!"中国游客跳了海。

在英国人面前,船长说:"你们看,那么多妇女儿童都落水了,可爱的绅士们,快点去救救他们吧!"英国人也跳了海……

作为一个管理者,你是要求不同风格的下属尽量适应自己,还是采用不同的方式去区别对待不同下属,让他们发挥各自的优势? 联想到一些部门主管或企业领导的"一言堂"作风,他们近乎偏执地她迷信自身的判断力,从上而下地贯穿一成不变的所谓个人管理风格,这将无法顺应当今人力素质异化程度不断加深的趋势。如果从人力资源与管理有效的角度去审视"变色龙","变色龙"管理风格也会带来意想不到的效果。

（一）领导行为连续统一体

由美国管理学家坦南鲍姆 Robert Tannenbaum)和施密特（W. H. Scbmidt）于 1958 年提出了领导行为连续统一体理论,其很好地说明了领导风格的多样性和领导方式所具有的因情况而异或随机制宜的性质。领导行为连续统一体理论如图 6-3 所示。

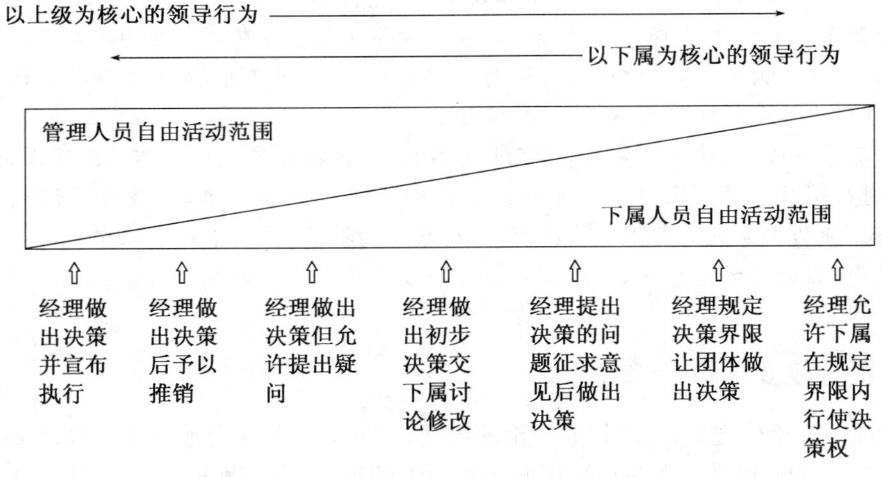

图 6-3　领导方式的连续统一体理论

图的两端分别是民主和独裁两种极端的领导行为。从左至右,领导者运用职权逐渐减少,下属的自由度逐渐加大,从以工作为重逐渐变为以关系为重。领导者授权程度以及决策方式的不同,形成了一系列的领导方式。

坦南鲍姆与施密特认为说不上哪种领导方式是正确的,哪种领导方式是错误的。应当根据具体情况考虑各种因素,选择适当的领导方式。在确定领导方式时,应主要考虑以下三个方面的因素。

（1）领导者因素。领导者因素包括领导者自己的价值观念，对下属的信任程度，他的领导个性（是倾向于专制的，还是倾向于民主的）等。

（2）下属因素。下属因素包括下属人员独立性的需要程度，是否愿意承担责任，对有关问题的关心程度，对不确定情况的安全感，对组织目标是否理解，在参与决策方面的知识、经验、能力等。

（3）环境因素。环境因素包括组织的价值准则和传统、组织的规模、集体的协作经验、决策问题的性质及其紧迫程度等。

总之，必须全面考虑以上各方面的条件，才能确定一种适当的领导方式。成功的领导者是在具体情况下采取适当行动的人。当需要果断指挥时，他善于指挥；当需要下属参与决策时，他必须提供这种机会。

（二）菲德勒权变理论

领导的权变理论不是孤立地研究领导者的个性、行为，而是从研究环境角度出发，观察环境对个性、行为的影响。强调领导环境的作用的同时，并不否认领导者个性和行为的作用，而是强调这三个方面或三种因素都影响领导者的领导效率。换句话讲，有效的领导是三种因素共同作用的结果。这种关系可以用以下公式来表示。

$$E=f(L,F,S)$$

其中：E——领导的有效性；L——领导者；F——被领导者；S——环境；F——函数关系。

在权变理论方面菲德勒的权变理论是典型代表。

美国管理学家菲德勒（F. E. Fiedler）在大量研究的基础上提出了有效领导的权变理论。他认为，任何形态的领导方式都可能有效，其有效性完全取决于领导方式与环境是否适应。决定领导方式有效性的环境因素主要有三个。

（1）职位权力。职位权力指领导者所处的职位具有的权威和权力的大小，或者说领导的法定权、强制权、奖励权的大小。权力越大，群体成员遵从指导的程度越高，领导环境也就越好。

（2）任务结构。任务结构指工作的程序化、明确化的程度，如工作的目标、方法、步骤等是否清楚，有无含糊不清之处等。这些工作任务越明确、越容易理解、越有章可循，并且下属责任心越强，领导环境就越好。

（3）上下级关系。上下级关系指领导者与组织成员的关系。双方信任程度越高、互相尊重、互相支持和友好，下属越乐于追随领导者，则相互关系越好，领导环境越好。

菲德勒研究了两种领导风格，即关系导向和任务导向。他以一种被称为"你最不喜欢的同事"（LPC，Least Preferred Co-worker）的问卷来反映和测试领导者的领导风格。一个领导者如果对其最不喜欢的同事仍能给予好的评价，领导者 LPC 值较高即被认为对人宽容、体谅、提倡人与人之间关系友好，是关心人（关系导向）的领导。如果对其最不喜欢的同事评价很低，领导者 LPC 值较低，则被认为是惯于命令和控制，不关心人而更多关心任务（任务导向）的领导。

菲德勒将这三种情境因素组合成 8 种不同的情况，对 1 200 个团队进行了抽样调查，收集了将领导风格与工作环境情况关联起来的数据，得出了在各种不同的情况下的有效领导方式，结果如表 6-2 所示。

表 6－2　菲德勒模型

环境类型	好			中等			差	
人际关系	好	好	好	好	差	差	差	差
工作结构	简单	简单	复杂	复杂	简单	简单	复杂	复杂
职位权利	强	弱	强	弱	强	弱	强	弱
环境	Ⅰ	Ⅱ	Ⅲ	Ⅳ	Ⅴ	Ⅵ	Ⅶ	Ⅷ
领导目标	高			不明确			低	
低 LPC 领导	人际关系			不明确			工作	
高 LPC 领导	工作			不明确			人际关系	
最有效的方式	低 LPC			高 LPC			低 LPC	

菲德勒认为,对于各种领导情境而言,只要领导风格能与之适应,都能取得良好的领导效果。在对领导者最有利和最不利的环境下(例如Ⅰ、Ⅱ、Ⅲ、Ⅶ、Ⅷ,采用低 LPC 领导方式),即工作任务导向型领导方式,其效果较好:在对领导者中等有利环境下(如Ⅳ、Ⅴ、Ⅵ),采用高 LPC 领导方式,即关系导向型领导方式,效果较好。

另外,领导行为与领导者个性是相关的,所以领导者的风格是稳定不变的。要提高领导有效性的方法仅有两条途径:替换领导者以适应环境:改变环境以适应领导者。

菲德勒主张,要提高领导的有效性,应从两方面着手:一是,先确定某工作环境中哪种领导者工作起来更有效,然后选择具有这种领导风格的管理者担任领导工作,或通过培训使其具备工作环境要求的领导风格;二是,先确定某管理者习惯的领导风格,然后改变他所处的工作环境(即在上下级关系、任务结构、职位权力等方面做些改变),使新的环境适合领导者的风格。同时,菲德勒认为,第一种方法是传统的人员招聘和培训方式,第二种方法(即让管理者改变自己的领导作风以适应工作)更容易做得到。这说明,组织设计和变革(即改变组织环境)可能成为一种非常有用的工具,使得管理阶层的领导潜能得以更充分的利用和发挥。

【模块二】 案例分析

李广与程不识

李广和程不识都是汉武帝时的大将,但两个人治军的风格迥异。李广是有名的飞将军,而程不识则很少有人听说过他。其实在汉朝前期,特别是汉武帝时代,两个人是齐名的。他们一个是现在河北省的太守,一个是今天山西省北部的太守。当时的太守大多是边境上的守将。

李广和他的孙子李陵都是名声很大的人物。司马迁是李陵的好朋友,司马迁由于为李陵辩护受了宫刑。李广由普通军人成长为一代名将,史书说,他能叫出部下士兵的名字。李广是边郡太守,领军万人之众,他不可能叫出那么多名字来。实际上,他是和周围的亲兵关系密切。李广训练部队以恩义相结,不重纪律,因此每位将领都与他交情好。作战时,行军布阵采用自由的作风,不拘一格,他所带领的骑兵非常精良,以机动性代替当时中国传统的行军布阵,所以李广的部队常常获胜,有时即使士兵比较少,也能以少制众,反败为胜。李广时常带领少量精锐突击队突袭匈奴,有时成功,有时失败。比如有一次就被匈奴俘虏,但他夺了匈奴的马逃出来了。还有一次是用类似"空城计"的险计脱围:他自己骑着马,缓缓后退,匈奴以为这是诱敌,不敢贸然前进。其实,李广的做法不是带领大兵团作战的方式。打匈奴时,大军五道出击,汉武帝不让他领导正面的军队,只让他率领辅助部队,未尝没有道理。"冯唐易老,李广难封",李广的悲剧,造成他的英雄事迹传诵至今。

李广的孙子李陵带五千名荆楚健儿出塞。这些汉军都是步卒,无法和匈奴的骑兵对抗。李陵率军从居延(在今天的额济纳河流域)出发,进入大漠,自然条件非常恶劣。李陵的敌人是匈奴的右贤王,他的部队人数多,战斗力很强,李陵要想取得胜利是极其困难的。最后五千人全军覆灭,他本人也被俘。李广和李陵作战很勇敢,但靠个人英雄主义无法打赢一场大的战争,这不是统帅的做法。

程不识和李广、李陵相比,有鲜明的特点。他是非常严谨的将领,将部队按照最严格的要求训练,分成部伍,有职责明确的层级指挥系统。部队出战时,总是处在人不解甲、马不卸鞍的戒备状态。他的军队以步兵为主,行军很慢,但很坚实。凡是他率军作战,行动起来,全军一起行动;扎下营来,敌人冲不动。他从未让匈奴人得逞,但他自己也没有取得过重大的胜利。程不识应当算是极为稳重的将领。在西汉,人们都知道程不识是名将,因为他战不败,能够不断地积累胜利;而李广呢,不是大胜,就是大败,就好比在赌场赌钱,不是大赢,就是大输。

李广、程不识代表了两种指挥管理的典型,各有所长,也各有所短。这两个人之间难作必然的好坏评断。就亲和力与团结力来说,李广军队的五千人可以顶五万人来用,而程不识的一万人则永远是一万人,但也不至于轻易被打垮。程不识指挥军队的风格在汉朝延续了很长的时期,所以汉朝时"军中只闻将军令,不闻天子诏"。换句话说,指挥的命令只能下达到第二级,无法下达到第三级以下。这样的部队非常坚实,但扩张性与活动性都受到相当大的限制。

思考:

1. 依据菲德勒的领导权变理论,李广和程不识各属于低 LPC 型领导方式还是高 LPC 型领导方式?

2. 在什么情境下李广的领导方式更有效,在什么情境下程不识的领导方式更有效?

3. 李广和程不识各属于哪种领导风格?

成果与检验:

根据小组成绩、班级讨论、书面报告等综合评定。

【模块三】　管理游戏

搭积木

游戏目的:

比较不同的管理风格。

游戏道具：

三盒积木。

游戏时间：

30 分钟。

游戏程序：

1. 选出 6 位同学，分成 3 组，每组 2 人。

2. 告诉每个小组，一个人是主管，一个人是下属。每个主管按照发放的材料（见"附：主管的卡片"）内容指挥下属，下属听从主管的指示操作。

3. 小组 A 上台，主管 A 指挥下属活动。

4. 询问同学，主管 A 是如何领导下属的。

5. 小组 B 上台，主管 B 指挥下属活动。

6. 询问同学，主管 B 是如何领导下属的

7. 小组 C 上台，主管 C 指挥下属活动。

8. 询问同学，主管 C 是如何领导下属的。

9. 教师把发给主管们的材料与黑板上学生的回答一一对比，并进行归纳、总结。

10. 由学生举手表决，选出最受欢迎的管理风格。

游戏规则：

1. 主管 A 实行直接管理的方法，每一步都要给予特别的、详尽的指示，不允许下属做任何独立的决定。

2. 主管 B 只是简单陈述要做什么，不提供任何进一步的指导和反馈，下属可以做任何他想做的事。

3. 主管 C 描述一下需要做什么，让下属自己尝试各种技巧，必要的时候给予正确的反馈。

教师任务：

1. 事前准备 3 盒积木。

2. 组织活动。给每个小组编号，按照编号顺序指挥相关人员进行搭积木活动。

3. 控制整个活动，确保每个小组不违反规则。

4. 根据"程序 4"，教师把学生的回答写在黑板上。

5. 根据"程序 6"，教师把学生的回答写在黑板上。

6. 根据"程序 8"，教师把学生的回答写在黑板上。

7. 教师总结：有效的管理能够恰当地分派任务，但并不提供足够的指导与支持，放手让下属自己处理。适度授权，相信下属能够依靠自己的经验来处理工作中的事务。如果授权过度，任由下属自己做，不提供足够的反馈，下属可能会认为自己做对了——即使是错误的，也会这样认为。这就使得最终发现问题时，员工不得不修正许多错误，改进许多不足，既提高了成本，降低了效率。

附：主管的卡片

主管 A

下属的任务是建造一座公寓，公寓的周边环境具有浓郁的乡村风格。你实行的是直接管理的方法，每一步都要给予特别的、详尽的指示，不允许下属做任何独立的决定。

例如："首先,拿拱形的积木,并把它放在右边一点。"

主管 B

下属的任务是建造一座公寓,公寓的周边环境具有浓郁的乡村风格。你只是简单陈述要什么,不提供任何进一步的指导和反馈,下属可以做任何他想做的事。

例如："首先,拿拱形的积木,然后在两边放上两个长方形积木。"

主管 C

下属的任务是建造一座公寓,公寓的周边环境具有浓郁的乡村风格。你只要描述一下需要什么,让下属自己尝试各种技巧,必要的时候给予正确的反馈。

例如："首先,拿拱形的积木。"(如果主管觉得下属放置的位置不合意,可给些建议,如:我认为,这个拱形的积木放在右边比放在中间更好些。)

成果与检验:

由学生举手表决,选出最受欢迎的管理风格。根据学生的参与程度以及得出的结论或观点评定活动的成效,并评定成绩。

【模块四】 实战任务

无领袖团队

实战目标:

了解人的领导力、合作性等非智力因素特征。

实战内容与要求:

在该种测验中安排一个无领导的情境,要求一组素不相识的人共同完成一项任务,大家必须通力合作,否则将受惩罚。这种原本没有领导的情境下,如有人自动出面领导并获得他人的支持能顺利完成任务,那么此人必具备领导能力。

成果与检测:

根据学生的参与程度以及表现看游戏的效果,并评定成绩。

【模块五】 能力测评

测试你的领导作风

测评目标:

测试领导作风。

测评内容与要求:

请阅读下列各句,对于(a)句最能形容你时,请打[o];对于(b)句,若对你来说,不正确,请打[o]。请你务必认真作答,以便求得更正确的积分。

1.(a)你是个大多数人都会向你求助的人。

　(b)你很激进,而且最注意自己的利益。

2.(a)你很能干,且比大多数人更能激发他人。

    （b）你会努力去争取一项职位,因为你可以对大多数人和所有的财务掌握更大的职权。

3.（a）你会试着努力去影响所有事件的结果。

    （b）你会急着扫除所有达成目标的障碍。

4.（a）很少人像你那么自信。

    （b）你想取得世上有关你想要的任何东西时,你不会有疑惧。

5.（a）你有能力激发他人去跟随你的领导。

    （b）你喜欢有人依你的命令行动;若必要的话,你不反对使用威胁的手段。

6.（a）你会尽力去影响所有事件的结果。

    （b）你会做全部重要的决策,并期望别人去实现它。

7.（a）你有吸引人的特殊魅力。

    （b）你喜欢处理必须面对的各种情况。

8.（a）你会喜欢面对公司的管理人,咨询复杂的问题。

    （b）你会喜欢计划、指挥和控制一个部门的人员,以确保最佳的福利。

9.（a）你会与企业群体和公司咨询,以改进效率。

    （b）你对他人的生活和财务会做决策。

10.（a）你会干涉官僚的拖拉作风并施压,以改善其绩效。

    （b）你会在金钱和福利重于人情利益的地方工作。

11.（a）你每天在太阳升起前,就开始了一天的工作,一直到夜晚 6:00。

    （b）为了达成所建立的目标,你会定期而权宜地解雇无生产力的员工。

12.（a）你会对他人的工作绩效负责,也就是说,你会判断他们的绩效,而不是你们的绩效。

    （b）为求成功,你有废寝忘食的习性。

13.（a）你是一位真正自我开创的人,对所做的每件事都充满热忱。

    （b）无论做什么,你都会做得比别人好。

14.（a）无论做什么,你都会努力求最好、最高和第一。

    （b）你具有积极性的人格和奋斗精神,并能坚定地求得有价值的任何事情。

15.（a）你总是参与各项竞争活动,包括运动,并因有突出的表现而获得多项奖牌。

    （b）赢取和成功对你来说,比参与的享受更感到重要。

16.（a）假如你能及时有所收获,你会更加坚持。

    （b）你对所从事的事业,会很快厌倦。

17.（a）本质上,你都依内在驱动力而行事,并以实现从未做过的事为傲。

    （b）作为一个自我要求的完美主义者,你常强迫自己有限地去实现理想。

18.（a）你实际中的目标感和方向感远大于自己的设想。

    （b）追求工作上的成功,对你来说是最重要的。

19.（a）你会喜欢需要努力和快速决策的职位。

    （b）你是坚守利润、成长和扩展概念的人。

20.（a）在工作上,你比较喜欢独立和自由,远甚于高薪和职位安全。

    （b）你是安于控制、权威和有强烈影响的职位上的人。

21. (a) 你坚信凡是对自身分内的事,最能冒险的人赢得金钱上的最大报酬。
    (b) 有少数人判断你应比你本身更有自信。
22. (a) 你被公认为是有勇气的、生气蓬勃的乐观主义者。
    (b) 作为一个有志向的人,你能很快地把握住机会。
23. (a) 你善于赞美他人,而且若是合宜的,你会准备加以信赖。
    (b) 你喜欢他人,但对他们以正确的方法行事的能力,很少有信心。
24. (a) 你通常宁可给人不明确的利益,也不愿与他人公开争辩。
    (b) 当你面对"说出那像什么时",你的作风是间接的。
25. (a) 假如他人偏离正道,由于你是正直的,因而你会无情地纠正。
    (b) 你是在强调适者生存的环境中长大的,故常自我设限。

成果与检测:

你的得分:计算一下你圈(a)的数目,然后乘以 4,就是你领导特质的百分比。同样地,(b)所得的分数,就是你管理特质的百分比。

领导人(a 的总数)×4＝　　　％

管理者(b 的总数)×4＝　　　％

任务三　善用领导艺术

【模块一】 知识精讲

领导艺术

一、"领导艺术"的含义

所谓领导艺术,就是领导者在管理活动中,为了实现一定的组织目标,在自身知识、经验的基础上,富有创造性地运用领导原则和方法的才能。也可以说,领导艺术就是创造性地灵活运用管理原理和领导方法,提高领导活动效果,促进组织目标实现的技能。

"领导艺术"既然称为"艺术",就意味着它与领导方式、领导方法是不同层面的东西,它应该是一种超越了一般化领导方式和方法的、具有创造性的、达到完美程度的、技巧性的领导方式方法,或者说是具有艺术性的领导方式方法。

领导工作一旦达到艺术的高度,就会产生质的飞跃。因此,提高领导艺术,对于搞好领导工作具有重要意义。

小故事:燕昭王黄金台招贤

《战国策·燕策一》记载燕国国君燕昭王(公元前 311—前 279 年)一心想招揽人才,而更多的人认为燕昭王仅仅是叶公好龙,不是真的求贤若渴。于是,燕昭王始终寻觅不到治国安邦的英才,整天闷闷不乐。

后来有个智者郭隗给燕昭王讲述了一个故事,大意是,有一国君愿意出千两黄金去购买千里马,然而时间过去了三年,始终没有买到,又过去了三个月,好不容易发现了一匹千里马,当国君派手下带着大量黄金去购买千里马的时候,马已经死了。可被派出去买马的人却用五百两黄金买来一匹死了的千里马。国君生气地说:"我要的是活马,你怎么花这么多钱弄一匹死马来呢?"

国君的手下说:"你舍得花五百两黄金买死马,更何况活马呢? 我们这一举动必然会引来天下人为你提供活马。"果然,没过几天,就有人送来了三匹千里马。

郭隗说:"你要招揽人才,首先要从招纳我郭隗开始,像我郭隗这种才疏学浅的人都能被国君采用,那些比我本事更强的人必然会闻风千里迢迢赶来。"

燕昭王采纳了郭隗的建议,拜郭隗为师,为他建造了宫殿,后来没多久就引发了"士争凑燕"的局面。投奔而来的有魏国的军事家乐毅,有齐国的阴阳家邹衍,还有赵国的游说家剧辛等。落后的燕国一下子便人才济济了。从此以后一个内乱外祸、满目疮痍的弱国逐渐成为一个富裕兴旺的强国。

思考:落后的燕国为什么一下子就人才济济了? 燕昭王运用了什么样的领导艺术?

二、领导艺术的特点

领导艺术是一种无固定模式可循的既确定又不确定的领导技能,是领导者个人品德、才能、情感、知识、经验、气度等各种因素的综合反映,与领导方法相比,表现出三个鲜明的特点。

1. 创造性

领导艺术之所以为艺术,全在于创造。其实质是领导者对领导方法的创造性运用,是领导者在科学思维方式的指导下的标新立异。如:古人论行军打仗,把"实以虚之,虚以实之"作为迷惑敌人的一条原则。但三国时期,诸葛亮偏要"虚以虚之",以空城计吓退了统兵 15 万、兵临城下的司马懿。可以说,领导艺术的本质和核心就是创造性。或者在思路的选择上,别出心裁,反其意而为之;或者在判断的结论上,独辟蹊径,发人之所未发;或者在行为方式上,选择机动、迂回,在没有路的地方走出一条新路。

2. 非模式性

领导方法是众多领导经验的总结和概括,具有一般性和共同性;领导艺术则主要是个人经验、智慧的积累、提炼和升华,具有鲜明的个性。领导艺术可以借鉴,但绝无现成的模式可以机械地照抄照搬,也很难单纯从讲台、书本上套用。"师傅领进门,修行在个人",方法和艺术的关系正如同"菜谱"和烹调艺术的关系。按照同一张菜谱,不同的厨师炒出来的菜肴肯定大不一样,这里就有经验的因素,重点是对火候的把握。领导艺术就是《孙子兵法》讲的"运用之妙,存乎一心"的艺术。因此,可以说领导艺术没有万能模式,同一种领导艺术,由不同的人掌握效果各异,不同的领导艺术被同一个领导者应用,效果也会相差甚大。

3. 灵活性

领导艺术不是永恒不变的,是因人、因事、因时、因地而宜的。因此,领导者必须从实际出发,根据具体情况灵活运用,以适应不断变化的情况。

三、领导艺术的具体内容和体现

（一）人际关系艺术

影响人际关系的因素主要有四个方面：人们之间空间距离的远近；人们彼此交往的频率；人们观念态度的相似性；人们彼此需要的互补性。除此之外，人们的性格、品德、气质各异也是影响人际关系的重要方面。

由于人际关系的复杂性，其协调的方法也是多种多样的，没有一套能普遍适用于不同素质的员工和不同环境的通用方法，应当随机制宜地从企业管理的角度分析，掌握协调人际关系的艺术，例如经营目标协调法、制度规则协调法、心理冲突协调法、随机处事技巧法等。

1. 如何处理与上级的关系

（1）摆正自己的位置，不越位。

明确自己的职、权、责，遵守角色规范，出力而不越位。在决策上不要越位，在重大问题上坚持请示汇报。在表态上不越位，还要注意在公共场合上不要越位。

（2）尊重上级，维护上级威信。

对待上级的指示，一要态度坚决，二要认真负责，这是下级应尽的职责，是尊重上级、维护上级威信的具体表现，令行禁止，落实到位。

（3）理解上级，支持上级工作。

当上级决策出台时、当上级工做出现失误时、当受到上级批评时，要设身处地地站在上级的位置上，进行换位思考，理解上级的难处和出发点。

（4）要主动调适与上司的冲突。

若在工作中和上司发生分歧或冲突，我们要能做到顾大局，识大体，求大同，以对上司忠诚、服从、尊重的态度主动调适与上司的冲突。

2. 如何处理好与下级关系

（1）平易近人

要得到下级的拥护和支持，就必须尊重自己的下级。作为领导，必须摒弃敬上易、敬下难的心理，经常换位思考，充分认识到虽然在领导体系中下级处于从属的被动的地位，但在真理面前和人格上，下级和上级是平等的，应该相互尊重。

（2）信任对方

信任下属，下属便会努力工作，下属与领导的距离也会更近，员工的积极性往往建立在领导的一句不经意的言语、动作之中。作为领导，既然你选择用此员工，那就要给他一定程度的发挥的空间。

（3）关爱下属

上级要了解下级的性格、特长、爱好、生活状况等基本情况。这是上级与下级相处的前提和基础，每个人的成长环境和先天遗传不同，形成独立于其他社会成员的个体。管理者应该及时了解群众情绪，把握下属思想脉搏，既去力所能及地帮助部属解决具体问题，又要及时进行思想政治工作，体贴人，关心人，沟通思想，理顺情绪。关心下属，重要的不是说，而是做，让下属感觉到你真正在为他们的期待而努力，而行动。

（4）一视同仁

凡事"不患寡而患不均"，这是下级与上级产生离心力机会最多的环节。这就要求上级在处理与下级关系时做到：一视同仁，不搞"圈子""带子"，避免资历、关系、感情产生的负效应；赏罚公平，当赏则赏，当罚则罚，避免有功不赏，有过不罚。使下级处于一种公平的工作竞争环境中。

（二）选人的艺术

选用什么样的人才，作为领导者应掌握以下几个方面的原则：

（1）坚持德才兼备，切勿求全责备。一般来说以德为主，但有德无才也不行。一个成功的领导者在选拔人才时应做到兼容宽人，不以己律人，不强人所难，应能正确地自我认识和认知他人。要合理地确立人才标准，使组织内部人人都能各得其所，各得其用，各尽职守。

（2）大胆选拔新人，切忌论资排辈。领导者在选才时，要正确处理德才与资历的关系，以德才为准，在同等的条件下，以选拔新生力量为准。

（3）举荐有胆有识之才，戒唯顺唯亲之风。我们要选拔大批胆识过人、人格健全、个性鲜明的开拓型人才。这些人往往有独立见解，不以领导者的眼色为准，而以是否有利于组织目标的实现为行为准则。

（三）科学用人的艺术

科学用人的艺术主要表现在：一是知人善用的艺术。也就是用人用其德才，要用人所长，避人所短。二是量才适用的艺术。要帮助职工找到自己最佳工作的位置。三是用人不疑的艺术。对安排在与自己才能品德相适应岗位上的员工，就应当放手使用，合理授权，使他们能够对所承担的任务全权负责。四是用养并重的艺术。有眼光的领导，不仅善于选拔和使用人才，而且重视培养和造就人才，能坚持用养并重。

小故事：子贱放权

孔子的学生子贱有一次奉命担任某地方的官吏。到任以后，他并不是忙于政务，而是时常弹琴自娱，不管政事，可是他所管辖的地方却治理得井井有条，民兴业旺。这使那位卸任的官吏百思不得其解，因为他每天即使起早贪黑，从早忙到晚，也没有把地方治好。于是他请教子贱："为什么你能治理得这么好？"子贱回答说："你只靠自己的力量去进行，所以十分辛苦。而我却是借助别人的力量来完成任务。"

启示：现代企业领导人喜欢把一切事揽在身上，事必躬亲。这样，使得他整天忙忙碌碌不说，还会被公司的大小事务搞得焦头烂额。一个聪明的领导人，应该是"子贱再世"，善于正确地利用员工的力量，发挥团队协助精神，不仅能使团队很快成熟起来，同时也能减轻管理者的负担。在公司的管理方面，要相信"少"能带来"多"的道理，即你抓得少些，反而收获得多些。

（四）表扬和批评的艺术

表扬奖励人和批评或指责人，也需要有良好的技巧。一是要弄清需要表扬、批评的原因。即掌握事实的真实情况，确保批评的准确性。二是要选择表扬、批评合适的时机。三是要注意表扬、批评的场合。四是要讲求表扬、批评的态度。五是要正确运用表扬、批评的方式。

（五）时间管理的艺术

时间也是管理过程中重要的资源,时间管理也是有效管理的重要方面,时间管理的艺术主要包括时间分配艺术和时间节约艺术。

第一,时间分配的艺术。这主要有以下几种:一是重点管理法。即分清事情的主次及任务的缓急,集中时间和精力把它做好,即能把有限的时间分配给最重要的工作。二是最佳时间法。把最重要的工作安排在一天中效率最高的时间去完成,而对于零碎事务或次要工作放在精力较差的时间去做。三是可控措施法。把自己不可控的时间转化为可控时间,以提高管理效率。

第二,时间节约艺术。可以详细记录自己每周及每月或每季一个区段使用的时间,再加以分析综合,做出判断,从而了解哪些时间内的工作是必要的、有用的,哪些是不必要、无用的、浪费的,以便改进,促进对时间更好地管理和运用。也可以召开会议,科学地计算会议成本,提高会议效率。

（六）创新艺术

创新是指人们发现了新方法、新技术或提供了新观点、新思想。创新是按照自然和社会发展的规律,提出改造自然、改造社会的新设想、新方案。创新应贯穿于整个领导活动之中,作为一个合格的领导者应具备开拓创新能力。所以合格的领导者观察事物时具有独特的细致的敏锐性。能根据形势的发展变化,结合新的实践经验和时代条件,在思路的选择上、思考的技能、技巧上、思维的结论上有独到之处。与众不同,又合乎情理,比别人想得更深入、更透彻,提出人们想象不到、表达不出的新见解。同时也善于从生活的细微之处,从常人司空见惯、习以为常或熟视无睹的事情上发现问题,开动脑筋,引发思考,获得思维成果,这也是创新型领导者应具备的一种思维特征。

（七）指挥处理紧急事件的艺术

在管理活动中,经常会发生一些突发、紧急和棘手事件,因而领导者也要掌握处理这种事件的艺术。

第一,迅速控制事态。紧急事件发生后,能否先控制住事态,使其不扩大、不升级、不蔓延,是处理整个事件的关键。这既是关系整个事件处理成败的基础和前提,又是寻找更好的、彻底的处理方法的重要条件。突发事件发生后,面临紧急事件的组织成员,大都情绪激动,一触即发。领导者进行心理控制,运用弱化员工的激动情绪、舒缓紧张气氛等具体的技巧;减轻群众的心绪不稳、思想混乱、不知所措等心理压力。迅速地在组织内部和广大群众中开展正面教育,使大多数人认清形势,稳住阵脚,以防局面失去控制;迅速查清紧急事件的重要人物和地点,予以重点控制。

第二,收集事实材料,分析紧急事件产生的原因。紧急事件产生的原因可能是难于控制的自然灾害;复杂多变的政治、经济环境;变化多端的市场竞争;组织的内部管理不善;主观人为的因素等。领导者要带领下属,动用一切可行的手段,准确地掌握大量的现象和事实材料。在掌握全面材料的基础上分析各种现象背后的联系,找到造成整个事件的根本症结,确认事件的性质。然后,迅速地制定处理事件的总体方案。

第三,果断实施方案,处理事件。领导者必须果断决策,周密组织,统筹安排,层层落实责任,人人承担责任,各司其职,各负其责,找准突破口,集中优势兵力去攻克关键环节和难关。

第四,总结工作。领导者要深入群众,做好善后的思想稳定工作;要总结紧急事件的教训,查找原因,堵塞漏洞,提高认识,避免类似事件再次发生;对于紧急事件处理过程中的工作失误也要及时总结。

【模块二】 案例分析

做一个领袖,而不是老板

屈指一算我的公司已成立了 55 年,由 1950 年数个人的小型公司发展到今天全球 52 个国家超过 20 万员工的企业。我不敢和那些管理学大师相比,我没有上学的机会,一辈子都努力自修,苦苦追求新知识和新学问。管理有没有艺术可言? 我有自己的心得和经验。

翻查字典,Art——艺术的定义可简单归纳为人类发自内心的创作、行为、原则、方法或表达,一般带美感,有超然性和能引起共鸣,是一门能从求学、模仿、实践和观察所得的学问。光看这些表面现象,管理学几乎和艺术可混为一谈,那我今天就应该没有可讲的了。

老板,还是领袖?

我常常问自己,你是想当团队的老板还是一个团队的领袖? 一般而言,做老板简单得多,你的权力主要来自地位之便,可以来自上天的缘分或凭你的努力和专业的知识。做领袖较为复杂,你的力量源自人性的魅力和号召力。要做一个成功的管理者,态度与能力一样重要。

领袖领导众人,促动别人自觉甘心卖力;老板只懂支配众人,让别人感到渺小。

想当好的管理者,首要任务是知道自我管理是一项重大责任,在流动与变化万千的世界中,发现自己是谁,了解自己要成什么样是建立尊严的基础。儒家之修身、反求诸己、不欺暗室的原则,西方之宗教教律,围绕这一题目落墨很多,书店、网上自我增值的书和秘诀多不胜数。我认为自我管理是一种静态管理,是培养理性力量的基本功,是人把知识和经验转变为能力的催化剂。

这"化学反应"由一系列的问题开始,人生在不同的阶段中,要经常反思自问,我有什么心愿? 我有宏伟的梦想,我懂不懂什么是节制的热情? 我有拼战命运的决心,我有没有面对恐惧的勇气? 我有信息和机会,我有没有使用智慧的心思? 我自信能力天赋过人,我有没有面对顺流和逆流时懂得恰如其分处理的心力? 你的答案可能因时、因事、因处境,审时度势而有所不同,但思索是上天恩赐人类捍卫命运的盾牌,很多人总是把不当的自我管理与交厄运混为一谈,这是很消极无奈和在某一程度上不负责任的人生态度。

14 岁穷小子一个的时候,我对自己的管理方法很简单,我知道必须赚取足够一家勉强存活的钱。我知道没有知识改变不了命运,我知道今天的我没有本钱好高骛远,我也想飞得很高,在脑袋中常常记起祖母的感叹:"阿诚,我们什么时候能像潮州城中某某人那么富有?"我可不想像希腊神话中伊卡罗斯一样,凭蜡做的翅膀翱翔而堕下。我一方面紧守角色,虽然当时只是小工,但我坚持每样交托给我的事做得妥当出色,一方面绝不浪费时间,把任何省下来的一分一毫都购买实用的旧书籍。我知道,要成功怎能光靠运气? 欠缺学问和知识,与人相距甚远,运气来临的时候也会不知道。还有一个重要小点,我想和同学们分享,讲究仪容整齐清洁是自律的表现,谁都能理解贫困的人包装选择不多,但能选择自律心灵态度的人更容易备受欣赏。

　　22 岁成立公司以后，进取奋斗的品德和性格对我而言层次便有所不同，我知道光凭能忍、任劳任怨的毅力已是低循环、过时的观念，成功也许没有既定的方程式，失败的因子却显而易见，建立降低失败的架构，是步向成功的快捷方式。知识需要和意志结合，静态管理自我的方法要伸延至动态管理，理性的力量要加上理智的力量，问题的核心在如何避免聪明的组织干愚蠢的事。"如果"一词对我有新的意义，多层思量和多方能力皆有极大的价值，要知道"后见之明"在商业社会中只有很狭隘的贡献。人类最独特的是我们不仅有洞悉思考事物本质的理智，而且有遵守承诺、矫正更新的能力，坚守价值观及追求目标的意志。

　　商业架构的灵活性要基于实事求是、能自我修正挽回的机制。我指的不单纯是会计系统，还有在张力中释放动力，在信任、时间、能力等范畴建立不呆板、能随机应变的制度。你们也许听过我说企业应在稳健中寻找跳跃的进步，大标题下的小点要包括但不局限于：开源对节流、监督管治对创意和授权、直觉对科学观、知止对无限发展等。

　　每一个机构都面对不同的挑战，很难有绝对放之四海而皆准、皆适用的预制组件，老实说我对很多人云亦云的表面专家的分析是"尊敬有加"，心里有数，说得俗一点，有时大家的方向都正确，耍的却是花拳绣腿，姿势又不对。管理者对自己负责的事和身处的组织有深层的体验和理解最为重要。了解细节，经常能在事前防御危机的发生。

管理者，都是伯乐

　　成功的管理者都应是伯乐，伯乐的责任在甄选、延揽"比他更聪明的人才"，但绝对不能挑选名气大但妄自标榜的企业明星。高度竞争的社会中，高效组织的企业也无法负担那些滥竽充数、唯唯诺诺、灰心丧志的员工，同样也难负担光以自我表演为一切出发点的"企业大将"。挑选团队，有忠诚心是基本，但更重要的是要谨记只有忠诚但能力低的人和道德水平低下的人同样迟早会累垮团队、拖垮企业，是最不可靠的人。要建立同心协力的团队第一条法则就是听得到沉默的声音，问自己：团队成员和你相处有无乐趣可言？你是否开明公允、宽宏大量，能承认每一个人的尊严和创造的能力，有原则和坐标而不是费时失事、矫枉过正的执着者？

　　领袖管理团队要知道什么是正确的"杠杆"心态，"杠杆原理"的始祖阿基米德是古希腊学者，他曾说："给我一个支点，我可以撬动整个地球。"支点是效率和节省资源、策略、智慧的出发点，和海克力士单凭个人力气相比，阿基米德有效得多。不知从什么时候开始，人们把这个概念简单扭曲为叫人迷信四两拨千斤，教人以小搏大。聪明的管理者专注于研究精算出支点的位置，支点的正确无误才是核心。这门功夫倚仗你的专业知识和综合力，能否洞察出那些看不见的联系之层次和次序。今天很多公司只看见千斤和四两的直接可能而忽视支点，因过度扩张而陷入困境。

　　我不如你们幸运能在商学院聆听教授指导。我年轻的时候，最喜欢翻阅的是上市公司的年度报告，表面上挺沉闷，但别人会计处理方法的优点和弊端、方向的选择和公司资源的分布对我有很大的启示。

　　对我而言，管理人员对会计知识的把持和尊重，正现金流的控制，公司预算的掌握，是最基本的元素。还有两点不要忘记，第一，管理人员要特别花心思在脆弱环节；第二，在任何组织内优柔寡断者和盲目冲动者均是一种传染病毒，前者的延误时机和后者的盲目冲动均可在一朝一夕间给企业造成毁灭性的灾难。

　　好的管理者真正的艺术在其接受新事物、新思维与传统中和更新的能力。人的认知力由理性和理智交融贯通,我们永远不是也不可能成为"无所不能的人"。有时我很惊讶地听到今天还有管理人以"劳累"为单一卖点。"天行健,君子以自强不息",自强不息的方法重要,君子的定义也同样重要,要保持企业生生不息,管理人要赋予企业生命,这不是时下流行的介绍企业时在幻灯片打上使命,或是懂得说上两句富有人文精神的语言,而是在商业秩序的模糊地带力求建立正直诚实的良心。这条路并不好走,企业的核心责任是追求效率及盈利,尽量扩大自己的资产价值,这一立场是正确及必要的。

商场每一天都如严酷的战场,负责任的管理者捍卫企业和股东的利益已经天天精疲力竭,永无止境的开源节流、科技更新及投资增长,却未必能创造就业机会,市场竞争和社会责任每每两难兼顾,很多时候也只能是在众多社会问题中略尽绵力而已。

思考题:

1. 文中的"领袖"和"老板"有何本质区别?

2. 文中谈及"领袖管理团队要知道什么是正确的'杠杆'心态",请谈谈你对"杠杆"的理解,并回答管理者在运用杠杠原理时,何种管理技能最为重要。

【模块三】 管理游戏

对别人的肯定

游戏目的:

鼓励人们说出对别人的肯定的看法。

游戏时间:

15 分钟。

游戏程序:

将大家分成两人一组,要求每个人写下 4~5 件在同伴身上注意到的事,但必须全部是肯定的(如:穿着整齐、声音悦耳、善于倾听等)。在他们写了几分钟后,每两人组成一个小组进行讨论,每人说出他/她写了同伴哪些事。

讨论:

1. 这个练习让你感到自在吗? 如果不自在,为什么?(对别人给出肯定的看法或接受对自己肯定的看法可能都是一种全新的经历)

2. 怎样才能让我们更容易对别人给出肯定的看法?(建立一种亲密关系;给出确切的证据;选择适当的时机)

3. 怎样才能让我们更容易接受别人肯定的看法?(试着欣然接受;在质疑之前先拿定主意思考一下其真实性;允许自己自我感觉良好)

成果与检验:

根据学生的参与程度以及得出的结论评定活动成效,并评定成绩。

【模块四】 实战任务

应该谁付打车费

实战目标：

掌握领导的艺术。

实战内容与要求：

时间：3 月 14 日

某顾客：喂，今个儿天气挺好，陪我去买双鞋，好吗？

同伴：好呀，听说友谊鞋城挺便宜，我们到那去看看吧！

（他们来到友谊鞋城。）

营业员：欢迎光临，今天我们商场实行折价销售，请问你要买什么鞋？

顾客：我吗？ 想买双旅游鞋。

营业员：哦，我们今天这里皮鞋打折特别多，要不你找双皮鞋？

顾客（对同伴）：要不，我买双皮鞋，你看行吗？

同伴：好，让营业员帮忙介绍一双吧！

营业员：那你看看这双怎么样，原价 160 多元，现价才 98 元，挺便宜的，而且款式还是今年流行的，你穿多大号？

顾客：40 号。

营业员：你看一下这双！

顾客：还可以，穿着挺舒服的。这样打折，质量能保证吗？

营业员：它是中外合资上海著名鞋厂 TOPONE 生产的，质量绝对没问题。

顾客：那好，就这双了吧！

时间：3 月 15 日

（顾客对刚穿了一天的皮鞋感到有些不太满意。正好发现鞋帮有一点要开胶的迹象，于是来到柜台前。）

营业员：您好！ 那双鞋穿起来还算舒适吧！

顾客：对不起，麻烦你仔细瞧瞧！

营业员：怎么了？

顾客：你仔细看看！

营业员：（营业员看了看）没什么呀？

顾客：你看这，看这。

营业员：（仔细检查）哦，这里似乎有点开胶了。好，我们给你免费修补，保证看不出痕迹来。

顾客：修？ 不，我要退货！ 虽然开胶只有一点点，但说明质量有问题。

营业员：就这么点毛病，完全不影响使用，不能退。况且，鞋已被你穿过，有磨损的鞋还卖给谁？

顾客:废话! 不穿怎能发现质量问题? 你不给退,我去找经理!

(顾客拎鞋直奔经理办公室。)

顾客:你是楼层经理?

经理:请坐,请坐,有话好说。

顾客:不必了,你看看你们商场卖的鞋。

经理:(仔细检查)哦,好像有点开胶了,那我们负责为你免费修补。

顾客:刚才那个营业员就说修,不行! 我要把鞋退了!

经理:可是你要退鞋不够条件呀!

顾客:不够条件? 什么条件? 就凭今天是 3 月 15 日,你就得给我退!

经理:(经过一番沉默)好! 那今天就把鞋退了!

顾客:那来时的打车费谁给我报啊?

(面对这个要求,双方进入僵持状态。)

(总经理办公室)

顾客:你看你们商场啊? 我说要买旅游鞋,你们营业员非说皮鞋好,还打折。可是价格打折,质量也给我打折。不行,你得给我一个说法!

总经理:嗯,看得出你是一个热爱运动的人,打篮球不错吧!

顾客:(听到经理在夸奖自己,心里很高兴)还可以吧!(态度缓和)

总经理:要不这样,我给你换一双价值 148 元的安踏运动鞋,这就等于按进价给你。你看行吗? 于是,顾客高兴地离去了。

讨论:

为什么总经理能让顾客满意而去?

成果与检测:

根据学生的参与程度以及得出的结论或观点评定活动的成效,并评定成绩。

【模块五】 能力测评

团队领导测评

测评目标:

测试你的团队领导能力。

测评内容与要求:

团队的领导工作有很多方面,就像下列自测题中所展示的那样。如果你正领导这一团队,它将测试你领导方式的质量和管理队员的能力。如果你是团队的队员,自测一下你自己的领导潜力。要尽可能实事求是:如果你的答案是"从不",选 1;如果是"总是",选 4;等等。有关测评结果我们会在培训中与您分析讨论和共享。

选项:1. 从不　2. 有时　3. 经常　4. 总是

1. 与其他队员在一起分享领导角色。

(1)　　(2)　　(3)　　(4)

2. 激励队员诚实地设定他们自己的任务范围。

(1)　　(2)　　(3)　　(4)

3. 与公司内部及外部的客户碰头,以保证满足他们的需要。
(1)　　(2)　　(3)　　(4)

4. 为建立团队精神和队员们社交,并非正式地交换意见。
(1)　　(2)　　(3)　　(4)

5. 当信任是必要时,给予信任;但如果需要,则毫不犹豫地给予批评。
(1)　　(2)　　(3)　　(4)

6. 在团队内有一个代表小组,向他们了解团队情况。
(1)　　(2)　　(3)　　(4)

7. 给团队和队员明确的目标并清楚地与他们沟通。
(1)　　(2)　　(3)　　(4)

8. 与团队发起人保持联系,以保证团队外部联系的畅通。
(1)　　(2)　　(3)　　(4)

9. 努力让队员们明白我对他们绝对信任。
(1)　　(2)　　(3)　　(4)

10. 向队员解释,如在解决问题时,必须否决一位队员的意见。
(1)　　(2)　　(3)　　(4)

11. 将整个任务移交给团队执行,如果队员们认为合适。
(1)　　(2)　　(3)　　(4)

12. 允许队员对有关团队的任何决定发言。
(1)　　(2)　　(3)　　(4)

13. 向队员询问他们对于当前团队工作方式的看法。
(1)　　(2)　　(3)　　(4)

14. 探寻任何可能导致问题产生的潜在因素。
(1)　　(2)　　(3)　　(4)

15. 有意识地变换管理方式,以适应变化的情况。
(1)　　(2)　　(3)　　(4)

16. 鼓励队员有问题就问。
(1)　　(2)　　(3)　　(4)

17. 在开会之前认真筹备并提供议程。
(1)　　(2)　　(3)　　(4)

18. 采用任何可用的方式与队员交流。
(1)　　(2)　　(3)　　(4)

19. 将所有得到的信息传达给队员,只要它不是保密材料。
(1)　　(2)　　(3)　　(4)

20. 努力消除不必要的团队级别。
(1)　　(2)　　(3)　　(4)

21. 向发起人及其他能给予帮助的人咨询,使团队工作能够顺利进行。
(1)　　(2)　　(3)　　(4)

22. 鼓励队员以创新的方法思考。

(1)　　(2)　　(3)　　(4)

23. 召开集体讨论会,在团队中开发新想法。

(1)　　(2)　　(3)　　(4)

24. 经常关心团队的精神状态和队员的士气状态。

(1)　　(2)　　(3)　　(4)

25. 将解决问题看作一个持续发展的机会。

(1)　　(2)　　(3)　　(4)

26. 消除因团队角色重叠而引起的冲突。

(1)　　(2)　　(3)　　(4)

27. 通过坚定地站在最前面领导的方式,来鼓励团队。

(1)　　(2)　　(3)　　(4)

28. 一旦产生个人问题,立刻在团队内解决。

(1)　　(2)　　(3)　　(4)

29. 用一本日志记录各种可用来改进工作的方法。

(1)　　(2)　　(3)　　(4)

30. 在处理事情时,对事不对人。

(1)　　(2)　　(3)　　(4)

31. 跟踪队员个人正在从事的项目。

(1)　　(2)　　(3)　　(4)

32. 寻找一切可长期改进工作方法的机会。

(1)　　(2)　　(3)　　(4)

现在你已完成了自我评估,将所有的分数加起来,并根据下面相应的评语衡量自己的表现,不管你最终获得了哪个层次的成功,或是有潜力获得。总还有提高的余地。确定你的薄弱环节,然后仔细听本次培训,你可以找到有用的建议和提示,帮助你建立和提高团队的领导技巧。

成果与检测:

32~63 分:你跟不上变化的脚步,需要努力更新你的领导技巧。

64~95 分:你的某些领导技巧不错,但还需要注意和提高薄弱环节。

96~128 分:你是优秀的领导人,但你不能自我陶醉、安于现状,而应努力提高自己。

项目七　沟　通

内容提要

沟通是管理活动的重要组成部分，也是企业和其他组织中所有管理者最重要的职责之一。本项目介绍了沟通的概念、过程、条件、方式和作用，探讨了沟通障碍产生的原因，提出了解决沟通障碍的方法。

知识目标

认识沟通过程，区分各种沟通方式；学会克服人际沟通和组织沟通的障碍；描述有效沟通的六个基本步骤；学会说、听、问三大沟通技巧，实现有效沟通。

技能目标

培养学生有效的表达艺术；学会应用沟通技巧，提升沟通能力。

情意目标

通过本项目的学习，教师能够通过一些特定的教学活动，使学生充分体验沟通的重要性，并在生活、实践中乐于沟通、善于沟通。

典型任务

- 识别沟通条件
- 克服沟通障碍

任务一　识别沟通条件

【模块一】 知识精讲

沟通概要

组织是由一群性格各异、习惯不同、背景不同的人所组成的群体。在这样一个群体中，人们要共同生活、通力协作，通过实现组织目标以最终实现个人目标。要实现组织目标和个人目标，就必须建立有效的沟通机制以消除组织与其成员以及组织成员间认知等方面存在的种种差异，以防止因沟通不善而可能引发的认知、态度乃至行为上的冲突。没有沟通，组织就无法协作；沟通不善，个人就无法融入集体。

一、沟通过程

沟通即信息的交流，是沟通主体将一定的信息传递给特定的对象，并获得预期反馈的整个过程。我们可以这样理解：首先，沟通可以在人与人之间、群体与群体之间、组织与组织之间进行，也可以在人与机器之间、机器与机器之间进行；其次，沟通是信息的传递与理解，与管理的成效密切相关。在知识经济时代，沟通越来越显示出重要作用。

一个完整的信息沟通过程由以下步骤组成：

（1）发送者需要向接收者传递信息或者需要接收者提供信息。这里所说的信息是一个广义的概念，包括观点、想法、资料等内容。

（2）发送者将所要发送的信息译成接收者能够理解的一系列符号，如语言、文字、手势等。为了有效地进行沟通，这些符号必须适应沟通方式的需要。例如，如果沟通方式是书面报告，可以选择文字、图表或照片；如果媒体是沟通方式，就应选择语言、板书和手势等。

（3）通过某种方式将发送的符号传递给接收者。由于选择的符号种类不同，传递的方式也不同。传递的方式可以是书面的，如信件、备忘录等；也可以是口头的，如交谈、演讲、电话等；甚至还可以通过身体动作来表述，如手势、面部表情、姿态等。

（4）接收者接受符号。接收者根据发送来的符号的传递方式选择相应的接收方式，以便接收这些信息符号。例如，如果发送来的符号是口头传递的，接收者就必须仔细地倾听来接收这些信息符号，否则信息将会丢失。

（5）接收者将接收到的符号译成具有特定含义的信息。由于发送者翻译和传递能力的差异，以及接收者接收和翻译水平的不同，信息的内容和含义经常被曲解。

（6）接收者理解被翻译的信息内容。

（7）发送者通过反馈来了解他传递的信息是否被对方准确地接受。

一般来说，由于沟通过程中存在着许多扭曲信息传递的因素（通常把这些因素称为噪声），使得沟通的效率大为降低。因此，发送者了解信息被理解的程度也是十分必要的。信息的传递与沟通过程（见图 7-1）中的信息反馈相结合便构成了信息的双向沟通。

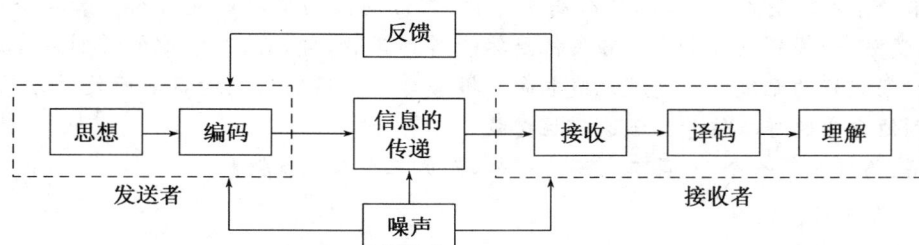

图 7 - 1　沟通的过程

二、沟通条件

从沟通过程可以看出,沟通必须具备以下四个条件。

1. 信息发送者

信息发送者是制造信息的人。组织中的任何部门或个人都有可能成为信息的发送者。

在组织沟通的过程中,信息既可由发布命令、制订计划、颁布规章制度的部门或个人发送,也可由提供情况、反馈意见的部门或个人发送。

信息发送者在沟通中居于主动的地位,他首先要确定沟通的目标,明确要传送的内容,考虑采用什么形式进行传送,然后把所要传送的思想、情报、情感等内容通过转换变成对方所能理解的信息传送出去,经过一定的渠道让对方接受。因而信息发送者是首要的沟通者。

2. 信息接收者

沟通具有一定的目的性,总是要把一定的信息传送给特定的对象。一般情况下,在组织沟通中,上级是主要的信息发送者,下级和一般管理人员是主要的信息接收者。

信息的发送者和接收者共同构成沟通主体。因为沟通多以双向沟通的形式出现,所以沟通中发送者和接收者的划分也是相对的,当接收者将自己的反应或问题反馈到发送者那里的时候,二者的位置互换。

当发送者发出信息后,接收者通过一定的渠道收到信息并有选择地解析这些信息,进一步转化为自己理解的内容和意念,经过判断并采取相应的行为,因而接收者是响应的沟通者。

3. 信息内容

传递过程中的信息内容包括观点、情感、情报和消息等。信息内容需要转换成发送者和接收者都能理解的符号,即语言、文字等。

4. 信息传递渠道

信息传递的途径和方式称为渠道(或通道、路径),是指由发送者选择的、借由传递信息的媒介,包括口头、书面以及感官等。渠道的选择直接关系到信息传递或反馈的效果。选择什么样的信息传递渠道,要看沟通双方是否方便、沟通双方所处环境、拥有的条件等。不同的信息内容要求不同的渠道。

小故事：三位幸存者

有一条船在海上遇难了,留下三位幸存者。这三个幸存者分别游到三个相隔很远的孤岛上。第一个人没有无线电,他只有高声呼救,但他周围两里以内没有人。第二个有无线电,但已受潮,一架从他头上飞过的飞机虽然能听到声音,却无法听清他的呼叫内容。第三个人有一架完好的无线电他通过无线电向外报告自己受难的情况和目前所处的方位,救援飞机收到他发出的呼救信号后迅速前往搭救。

思考:为什么第一个人、第二人不能得救,而第三个人能得救?

三、沟通方式

在沟通过程中,信息传递的形式多种多样,沟通按照不同的标准有不同的划分方式。

（一）按所借助的中介或手段划分

按所借助的中介或手段划分,沟通可分为口头沟通、书面沟通、非语言沟通和电子沟通。

1. 口头沟通

口头沟通又称语言沟通,是指借助于口头语言实现的信息交流,它是日常生活中最常用的沟通形式。口头沟通主要包括:口头汇报、面谈、讨论、开会、演讲、电话联系等。口头沟通的优点是用途广泛、信息交流充分、反馈迅速、实时性强、信息量大,可以用声音和姿势来加强沟通效果。其缺点是口说无凭、事后无据、核查困难。当一个信息要经过多人传递时,由于每个人的理解、记忆、表达的差异,可能会造成信息内容的严重扭曲与失真。

小故事:哈雷将军开彗星牌汽车

据说,美军 1910 年的一次部队的命令传递是这样的。

营长对值班军官说:明晚大约 8 点钟左右,哈雷彗星将可能在这个地区看到,这种彗星每隔 76 年才能看见一次。命令所有士兵着野战服在操场上集合,我将向他们解释这一罕见的现象。如果下雨的话,就在礼堂集合,我为他们放一部有关彗星的影片。

值班军官对连长说:根据营长的命令,明晚 8 点哈雷彗星将在操场上空出现。如果下雨的话,就让士兵穿着野战服列队前往礼堂,这一罕见的现象将在那里出现。

连长对排长说:根据营长的命令,明晚 8 点,非凡的哈雷彗星将身穿野战服在礼堂中出现。如果操场上下雨,营长将下达另一个命令,这种命令每隔 76 年才会出现一次。

排长对班长说:明晚 8 点,营长将带着哈雷彗星在礼堂中出现,这是每隔 76 年才有的事。如果下雨的话,营长将命令彗星穿上野战服到操场上去。

班长对士兵说:在明晚 8 点下雨的时候,著名的 76 岁哈雷将军将在营长的陪同下身着野战服,开着他那彗星牌汽车,经过操场前往礼堂。

思考:这种误会是怎样产生的?

2. 书面沟通

书面沟通又称文字沟通,是指以书面、电子邮件或手机短信等文字、符号的形式沟通信息的方式。书面沟通主要包括以文件、报告、信件、书面合同、备忘录等形式进行的沟通。其优点是以文字为依据、比较规范、信息传递准确、传递范围广、效果持久、便于核查,适用于比较重要的信息传递与交流。其缺点主要是在传递过程中耗时太多,传递效率低,一般缺乏实时反馈,信息发送者往往无法确认接收者是否收到信息,是否理解准确。

3. 非语言沟通

非语言沟通是指非口头和非书面形式进行的沟通。例如,十字路口的红绿灯通过灯光变换的形式告诉行人可不可以通过该路口;对不听话的小孩,父母常常通过严厉的目光予以制止。人们在沟通过程中,常用的非语言沟通方式有人的面部表情、眼神、眉毛、嘴角、身体姿势和语调等。非语言沟通的信息内涵丰富,方式灵活,能对语言表达和书面沟通起到补充说明的作用,但是信息传递距离较短,界限模糊,不同情境下即使是同一个动作,含义也可能是不同的。

小故事:"身体距离"的文化差异

两种不同文化可能对沟通时双方保持的距离喜好不同。英国人在谈话时喜欢两个人保持一定距离,以手伸直后指尖不要碰到地方为宜。因此,与英国人面对面地沟通,不要靠得太近,你靠近一点,他就会退一点。地中海国家和穆斯林世界的人则倾向于在谈话时与对方亲密无间。例如,穆斯林人在沟通时双方的气哈到对方脖子上,感觉到对方的呼吸就是好兄弟。东方人的身体距离刚好处于前两种距离的中间。

思考:你还能举出一些身体距离差异的例子吗?

4. 电子沟通

电子沟通是以电子符号的形式通过电子媒介而进行的沟通,如利用电报、电视、通信卫星、计算机、数据卡、可视会议系统作为沟通媒介进行信息交流。电子沟通传递速度快,信息容量大,远程信息传递时可以同时传递给多个人。但其缺点是离不开电子设备,成本相对较高;属于单向传递,缺乏非语言沟通,某些电子媒介不能直接提供信息反馈。

(二)按组织系统划分

按组织系统划分,沟通可分为正式沟通和非正式沟通。

1. 正式沟通

正式沟通是指以正式的组织系统为沟通渠道,依据组织明文规定的原则进行的信息传递与交流,如组织与组织之间的公函来往、组织内部的文件传达、召开会议、上下级之间的定期情报交换等。

(1)正式沟通的优缺点。正式沟通的优点是沟通效果好、行为严肃、约束力强、易于保密、可以使信息沟通保持权威性。重要消息和文件的传达、组织的决策等一般都采取正式沟通的方式。其缺点在于,这种方式依靠组织系统的层层传递,形式比较刻板,沟通速度慢。

(2)正式沟通的形式。按照信息的流向,组织内的正式沟通可分为下行沟通、上行沟通、平行沟通和斜向沟通四种形式。

① 下行沟通即自上而下的沟通,是上级向下级传递信息的形式。这种形式常用于命令、指导、协调和评价下属。当管理者给下属设置目标、布置任务、通报组织的有关政策和规定,指出需要注意的问题时,他们用的都是下行沟通方式。这种沟通常带有权威性、指令性,有利于增强合作意识,有助于管理者的决策和控制。单单采用下行沟通方式,信息可能在传递途中遗漏、缺失或被曲解(见图7-2),上级的指示下级未必能够全部接收和理解,所以需

要有一个信息反馈系统。

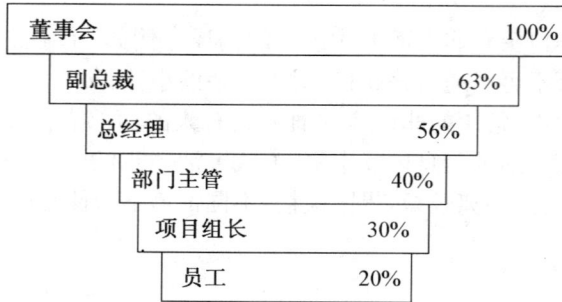

图 7 - 2　下行沟通中的信息缺失

②上行沟通即自下而上的沟通,是下属向上级传递信息的形式。它使管理者可以广泛地听取下级的意见,以便发现存在的问题,并及时更正,而且也可以通过给员工参与决策的机会来提高他们的满意度和积极性。下属提交的工作绩效报告、合理化建议、员工意见调查表、上下级讨论等都属于上行沟通。这种沟通有时会受到不同层次上的主管人员的阻碍,速度一般较慢,他们在向上传递信息时常对信息进行过滤,以去掉对自己不利的信息,出现下级报喜不报忧现象,容易造成信息失真(见表 7 - 1)。

表 7 - 1　上行沟通的信息失真过程

管理者	接收到的信息
董事长 ↑ 副董事长 ↑ 总经理 ↑ 主管 ↑ 员工	管理和工资结构是非常出色的,福利和工作条件是好的,而且会更好
	我们非常喜欢这种工资结构,希望新的福利计划和工作条件将会改善,我么非常喜欢这里的工作
	工资是合理的,福利和工作条件还可以,明年还会进一步改善
	工资是合理的,福利和工作条件勉强可以接受,我们认为应该更好一些
	我们感到工作条件不好,工作任务不明确,保险计划很糟糕,然而我们确实喜欢竞争性工资结构,我们认为公司有能力解决这些问题

③平行沟通即横向沟通,是指组织结构中处于同一层次上的成员或群体之间的沟通。

平行沟通的主要目的是谋求相互之间的理解和工作中的配合,因此,它通常带有协商性。有效地加强平行沟通可以增进相互之间的了解,克服本位主义。

④斜向沟通是指发生在组织中非属同一部门和等级上的个人或群体之间的沟通。它时常发生在职能部门和直线部门之间。斜向沟通的目的是加快信息的传递,所以它主要用于相互间的情况通报、协商和支持,带有明显的协商性和主动性。

(3)正式沟通的网络形式。由组织正式沟通的四种形式可组合成组织信息传递的多种模式,即信息沟通网络。它表明了在一个组织中,组织信息是怎样传递或交流的。美国心理学家莱维特把组织中常见的沟通网络归纳为链式、Y 式、轮式、环式和全通道式五种(如图8 - 3 所示)。

①链式:信息传递是逐级进行的,信息可由上而下传递,也可由下而上传递,表达的是典型的上下级权力关系。链式沟通的信息传递速度较慢,容易失真。同时,链式沟通没有横

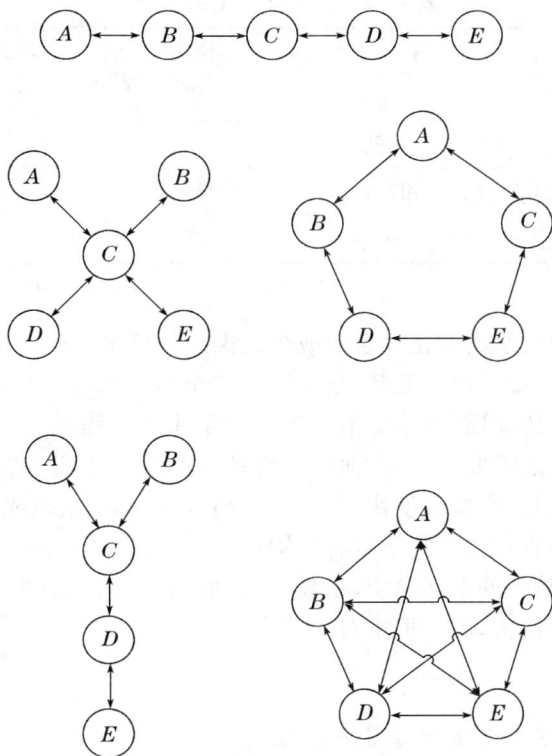

图 7 - 3　五种正式沟通网络

向联系,成员的满意程度低,只适合组织庞大、需分层授权管理的企业。

②Y式:有一个成员处于沟通中心的地位,成为网络中因拥有信息而具有权威感和满足感的人,大致相当于从参谋机构到组织领导再到下级之间的纵向关系,是典型的直线制权力关系。这种沟通网络容易出现信息失真,影响组织成员的士气,阻碍组织提高工作效率。

③轮式:属于控制型网络,其中只有一个成员是各种信息的汇集点与传递中心。这种网络大致相当于一个主管领导直接管理几个部门的权威控制系统。居中心地位的主管因情报多,有较大的权力,因而比较自信和有自主性,心理上也比较满足,解决问题的速度快。但是,由于缺乏联系,各下级成员之间互不了解,信息闭塞,成员满意程度低,士气可能低落。

④环式:可以看作是链式沟通的一个封闭控制结构,表示各级之间依次联系沟通,其中每个人都可以同时与两侧的人沟通信息。这种沟通网络具有群体士气高、满意感强的特点,但信息传递速度慢,效率不高。

⑤全通道式:是一个开放的网络系统,其中所有成员之间都有一定的联系,组织中的集中化程度及主管领导的预测程度均很低。由于沟通通道多,组织成员的平均满意度高且差异小,所以士气高昂,合作气氛浓厚。这对于解决复杂问题、增强组织合作精神、提高士气均有很大的作用,但由于沟通通道多,容易造成混乱,且费时,也会影响工作效率。

上述沟通网络的研究虽然是在实验条件下进行的,而且主要是小型群体的沟通类型,但在企业管理实践中具有不可否认的启发意义。一个组织要达到有效管理的目的,应采取哪一种网络,应视不同的情况而定。五种沟通网络形式的比较如表 7 - 2 所示。

表 7 - 2　五种沟通网络的比较

比较点	链式	Y式	轮式	环式	全通道式
传递速度	适中	适中	快	慢	快
准确性	低	低	高	高	适中
领导突出性	相对显著	相对显著	相对显著	不明显	不明显
成员士气	适中	适中	低	高	高

2. 非正式沟通

非正式沟通是指以组织的非正式系统或个人渠道的信息传递。这类沟通主要是通过个人之见的接触来进行,不接受组织监督,是由组织成员自行选择途径进行的,如团体成员私下交换看法、朋友聚会、传播谣言、小道消息等都属于非正式沟通。非正式沟通一方面可以满足组织成员社会交往的需要,另一方面可以弥补和改进非正式沟通的不足。与正式沟通相比,非正式沟通具有信息交换速度快、沟通效率高、可以满足组织成员的心理需要等优点。但非正式沟通由于不负有正式沟通所具有的责任且不必按一定的程序,因此,其传递的信息随意性较强,往往带有较强的主观色彩,易被夸大、曲解,导致信息失真的可能性也较大,有时会给组织带来一定的危害,需要慎重对待。

小故事：李开复的"午餐会"沟通法

李开复在2000年回到微软总部出任全球副总裁,管理一个拥有600名员工的部门。作为一个从未在总部从事领导工作的人,他需要倾听和理解员工的心声。为了达到这样的目标,他选择了"午餐会"沟通法。

每周选出10名员工,与他们共进午餐。在进餐时,详细了解每个人的姓名、履历、工作情况以及他们对部门工作的建议。为了让每位员工能畅所欲言,他尽量避免与一个小组或一间办公室里的两个员工同时进餐。

另外,还会要求每个人说出他在工作中遇到的一件最让他兴奋的事情和一件最让他苦恼的事情。午餐后,李开复会立即发一封电子邮件给大家,总结下"我听到了什么""哪些是我现在就可以解决的问题""何时可以看到成效"等。

思考：作为新上任的领导者,李开复午餐会的沟通有何特点?

组织中的非正式沟通有四种不同的传递形式。

（1）单线式。通过一连串地把消息传播给最终的接受者。

（2）流言式。信息发送者主动寻找机会,通过闲聊等方式向其他人散布信息,犹如其独家新闻。

（3）偶然式。每个人都是通过偶然的机会将信息传递给其他人,信息通过一种随机的方式传播,即碰到什么人就转告什么人,并无一定的中心任务或选择性。

（4）集束式。即信息发送者有选择地寻找一批传播对象传播信息,这些对象是一些与其较亲近的人,而这些对象在获得信息后又传递给自己的亲近者。

集束式是最普遍的非正式沟通方式。在非正式沟通中,谁是信息发送者取决于所传递的信息内容。如果某个人对这一信息内容比较感兴趣,他就会忍不住告诉其他人;如果一个人对所听到的信息不感兴趣,那他就不会再进一步传播这一信息。所以,从信息传递效果分析,集束式传播速度最快,面最广;而单线式和偶然式传播速度最慢,失真的可能性最大。

（三）按是否进行反馈划分

按是否存在反馈,沟通可划分为单向沟通和双向沟通。

1. 单向沟通

单向沟通是指发送者和接收者之间的地位不变(单向传递),一方只发送信息,另一方只接收信息,双方没有信息反馈,如做报告、发指示、下命令等。单向沟通只有单方面的信息传递,没有交流、提问,沟通速度较快,但沟通的准确性较差。

2. 双向沟通

双向沟通中,发送者和接收者之间的位置不断交换,且发送者是以协商和讨论的姿态面对接收者,信息发出以后还需及时听取反馈意见,必要时双方可进行多次重复商谈,直到双方共同明确和满意为止,如交谈、协商等。双向沟通中由于存在反馈,需要交流、提问,因而速度比较慢,但沟通的准确性较高。表7-3给出单向沟通和双向沟通的主要特点及适用情况的比较。

表 7-3 单向沟通和双向沟通的比较

比较因素		单向沟通	双向沟通
主要特点	传递速度	快	慢
	准确性	低	高
	信息发出者态度	自信度高	需要全面了解信息
	信息接收者态度	自信度低	自信度高
	沟通秩序	好	差
适用情况	时间与问题	时间紧张,问题简单	时间充裕,问题复杂
	接收者接受程度	接收者易于接受解决方案	接收者对解决方案的接受程度很重要
	接收者建议程度	无充分信息提出建议或意见	能提供有价值的建议与意见
	信息发出者处理反馈的能力	弱	强

（四）按沟通的功能划分

按沟通的功能进行划分,沟通可分为工具式沟通和情感式沟通。

1. 工具式沟通

工具式沟通是发送者将信息、知识、想法、要求传达给接收者,目的是影响改变接收者的行为,以完成任务为目的,最终达到组织目标。

2. 情感式沟通

情感式沟通指沟通双方互相表达情感,获得对方精神上的同情和谅解,最终改善相互间的人际关系,以影响情感为目的。

四、沟通的作用

企业员工与员工之间、企业部门与部门之间、企业内部与外部之间以及其他各个方面之间，都需要彼此进行沟通，互相理解，互通信息。然而，在现实生活中，人与人之间却常常横隔着一道道无形的"墙"，妨碍彼此的沟通。尽管现代化的通信设备非常便利且普及，但却无法穿透这种看不见的"墙"。如果沟通的渠道长期堵塞，信息沟通不流畅，感情不融洽，关系不协调，就会影响个人的工作，甚至危及企业的生存和发展。美国普林斯顿大学曾对1万份人事档案进行分析后发现，"智慧""专业技术"和"经验"只占成功因素的25%，其余75%决定于良好的人际沟通。哈佛大学就业指导小组的一项调查结果显示，在500名被解雇的男女中，82%的被调查对象失去工作与个人沟通不良有关。由此可见，沟通无论对于组织还是个人都有重要的作用，具体表现在以下几个方面。

1. 沟通有助于改进个人以及群体做出的决策

决策主要就是解决干什么、怎么干、何时干等问题。为此，管理者就需要从广泛的企业内部的沟通中获取大量的信息情报，为决策提供支持，或者建议有关人员做出决策，以迅速解决问题。下属人员也可以主动与上级管理人员沟通，提出自己的建议，供领导者做决策时参考，或经过沟通，取得上级领导的认可，自行决策。企业内部的沟通为各个部门和人员进行决策提供了信息，并使员工增强了判断能力。

2. 沟通促使企业员工协调有效地工作

企业中各个部门和各个职务是相互依存的，依存性越大，对协调的需要就越高，而协调只有通过沟通才能实现。没有适当的沟通，管理者对下属的了解也不会充分，下属就可能对分配给他们的任务和要求有错误的理解，使工作任务不能正确圆满地完成，导致企业在效益方面产生损失。

3. 沟通有利于激励员工建立良好的人际关系

除了技术性和协调性的信息外，企业员工还需要鼓励性的信息。它可以使领导者了解员工的需要，关心员工的疾苦，使领导者在决策中考虑员工的要求，以提高他们的工作热情。人一般都会要求对自己的工作能力有一个恰当的评价。如果领导的表扬、认可或者满意能够通过各种渠道及时传递给员工，就会形成某种工作激励。同时，企业内部良好的人际关系更离不开沟通。思想上和感情上的沟通可以增进彼此的了解，消除误解、隔阂和猜忌，即使不能达到完全理解，至少也可取得谅解，使企业有和谐的组织氛围。所谓"大家心往一处想，劲往一处使"就是有效沟通的结果。

4. 有效的沟通有助于激活思想与增进创新

如果将自己的一元纸币与别人的一元硬币相交换，交换后，你会发现没有损失，当然也没有使自己的一元纸币增值。但如果是两种想法的交换，那么彼此就会发现自己多了一种想法或思维方式。两种思想的碰撞甚至可以产生两种思想之外的火花，起到$1+1>2$的协同效应。

5. 沟通是组织与外部环境之间建立联系的桥梁

企业要发展，就必须处理好与行业环境、宏观环境的关系，对环境的适应性是企业生存发展的前提。在市场情况瞬息万变的情况下，企业要与外界保持良好的有效沟通状态，了解客户的真实需求，市场信息、供应商信息，合理预测宏观环境发展的方向与动态，为企业与外部环境之间架起协调互动的桥梁与纽带。

【模块二】　案例分析

《杜拉拉升职记》中成功的"上行沟通"

拉拉(中层经理)指使海伦(下属员工)取得上海办行政报告(玫瑰曾负责的区域)的格式,经研究确认大致适合广州办使用后,她就直接采用上海办的格式取代了广州办原先的报告格式。

这一举措果然讨得玫瑰(上级领导)的欢心,由于拉拉使用了她惯用的格式,使得她在查阅数据的时候,方便了很多,也让她获得被追随的满足感。

对拉拉来说,玫瑰(上级领导)自然不会挑剔一套她本人推崇的格式,因此拉拉也就规避了因报告格式不合玫瑰(上级领导)心意而挨骂的风险。

拉拉一眼瞧出海伦(下属员工)腹诽自己,于是把海伦叫到自己座位边,问她:"如果你是玫瑰(上级领导),你是愿意几个办事处每个月的报告各有各的格式,还是更希望大家用统一的格式呢?"

海伦(下属员工)不假思索地说:"那当然是统一的格式方便啦。"拉拉说:"既然得统一,你是喜欢用你自己用熟了的格式呢,还是更愿意用你不熟悉的格式呢?"

海伦(下属员工)说:"肯定选自己用熟的格式啦。"拉拉继续说道:"那不结了,玫瑰(上级领导)也会喜欢用自己熟悉的格式嘛。"海伦(下属员工)无话可说了,憋了半天又不服气道:"我们原来的格式没有什么不好。现在这一换,要多花好多时间去熟悉表格。"

拉拉憋住笑,摆出循循善诱、诲人不倦的架势说:"那你就多努力,早日获得提升,当你更重要的时候,你的下级就会以你为主,和你建立一致性啦。谁叫现在经理是玫瑰不是你呢?"从以上的片段中我们看得出,主人公"拉拉",为了实现有效的上行沟通,的确用了很多心思。其中最重要的一点,就是要懂得采取"同理心"的沟通方式,进行换位的思考,如"如果你是玫瑰(上级领导),你是愿意呢"? 在考虑清楚了这个问题,"拉拉"就很清楚在向上级领导(玫瑰)汇报时,应该采用上级领导更为熟悉、更加方便的方法。这种沟通的结果自然能够达到"这一举措果然讨得玫瑰(上级领导)的欢心,由于拉拉使用了她惯用的格式,使得她在查阅数据的时候,方便了很多,也让她获得被追随的满足感"。

思考分析题:杜拉拉用什么方法实现了与上级的有效沟通?

【模块三】　管理游戏

撕　纸

游戏目标:

为了说明我们平时的沟通过程中经常使用的单项沟通方式,结果听着总是见仁见智,个人按照自己的理解来执行,通常都会出现很大的差异。但使用了双向沟通后,又会怎样呢?差异依然存在,虽然有所改善,但增加沟通过程的复杂性。所以,什么方法是最好的? 这要依据实际情况而定。

游戏程序：

1. 给每位学生发一张纸。

2. 老师发出单项指令。

3. 大家闭上眼睛（全程不允许问问题）：把纸对折、再对折、再对折、把右上角撕下来，转180度，把左上角也撕下来，睁开眼睛，把纸打开，看看都是什么样的形状。

4. 老师可请一位同学上来，重复上述指令，不同的是这次学生可以问问题。

5. 组织讨论：第一步后为什么有那么多不同的结果，第二步后为什么还有误差？

游戏准备：

1. 准备为总人数2倍的A4纸。

2. 每班分成四组，每组确定一组长。

3. 时间15分钟。

成果与检验：

根据游戏效果及讨论结评定成绩。

【模块四】 实战任务

分析维多利亚沟通成败原因

实战目标：

准确判断故事中沟通成败的原因。

内容与要求：

学生对照"有效沟通检核表"分析维多利亚女王与其丈夫阿尔伯特沟通成功经验和失败教训。

有效沟通检核表如下：

是否应经掌握并组织好沟通过程中所需要的相关信息？

是否了解或掌握有关个体和组织的背景资料和环境状况？

是否明确要实现和能实现的目标？

是否清楚听众的需要？

是否清晰、生动和有说服力地表达你的观点？

是否选择了正确的沟通渠道？

阅读材料如下：

英国著名的维多利亚女王，与其丈夫相亲相爱，感情和谐。但是维多利亚女王乃是一国之君，成天忙于公务，出入于社交场合，而她的丈夫阿尔伯特却和他相反，对政治不太关心，对社交活动也没有多大的兴趣，因此两人有时也会闹些别扭。有一天，维多利亚女王去参加社交活动，而阿尔伯特却没有去，已是深夜了，女王才回到寝宫，只见房门紧闭着。女王走上前去敲门：

房内，阿尔伯特问："谁？"

女王回答："我是女王。"

门没有开,女王再次敲门。

房内阿尔伯特问:"谁呀?"

女王回答:"维多利亚。"

门还是没开。女王徘徊了半晌,又上前敲门。

房内阿尔伯特仍然问:"谁呀?"

女王温柔地回答:"你的妻子。"

这时,门开了,丈夫阿尔伯特伸出热情的双手把女王拉了进去。

成果与检测:

以小组为单位,就故事进行讨论,并分组推举代表发言。

根据学生的参与程度及得出的结论或观点评定活动成效,并评定成绩。

【模块五】 能力测评

测评你的沟通技巧

回答下列问题,测评你的沟通技巧。选择与你的经历最相近的答案,请尽量如实作答。

如果你的回答是"从不"就选 1,"偶尔"就选 2,"经常"就选 3,"总是"就选 4。把得分加起来,参考评测结果,评定你的沟通技巧。根据自己的回答找出你在哪些方面仍然需要改进。

1. 我适时地把适当的信息传递给合适的人。

2. 在决定该如何沟通前,我认真思考信息内容。

3. 我表现出自信,讲话时信心十足。

4. 我希望对方就我的沟通提供反馈。

5. 我注意聆听并在回答前检查我的理解是否正确。

6. 评价他人时,我努力排除各种个人成见。

7. 会见他人时,我态度积极,礼貌周到。

8. 我及时向他人提供他们需要与想要的信息。

9. 我单独会见员工,检查他们的表现并指导他们。

10. 我通过提问了解他人的想法以及他们的工作进展。

11. 我分发书面指示以提供关于某一任务的所有相关信息。

12. 我运用专业的电话技巧改进沟通。

13. 我通过所有可以利用的电子媒介进行沟通。

14. 我把写文章的规则应用到外部与内部沟通中去。

15. 会见、调查或做会议记录时,我使用有效的记录方法。

16. 写重要信件或文件时,在定稿前,我常征求可信赖的批评者的意见。

17. 我运用快速阅读技巧来提高工作效率。

18. 演讲前,我认真准备并多次试讲,演讲取得了成功。

19. 进行内部培训时我发挥着明显的积极作用。

20. 我安排的大型会议已达到了专业水平。

21. 我用软性和硬性推销技巧说服他人接受我的观点。

22. 谈判前我已经对问题进行了深入研究,并熟知对方的需要。

23. 我写的报告结构合理,内容准确、简明、清晰。

24. 提出提议前我往往进行彻底的调查。

25. 我努力了解有关听众对组织的看法。

26. 我认真考虑技巧娴熟的顾问如何帮助我解决公关问题。

27. 我与记者及其他媒体工作人员进行有益的接触。

28. 我确保由合格的专业人员来完成设计之类的专门工作。

29. 我交给广告代理商的书面指示是以明确的商业目标为基础的。

30. 我把定期与员工沟通看作重要工作。

31. 我积极接收并回应来自员工和他人的反馈。

32. 我确定了沟通目标,并且不允许任何行为阻碍这一目标实现。

测评结果:

将各题得分加总,然后通过阅读相应评语检查自己的表现。无论你在沟通方面取得了多么大的成功,一定要记住:永远有改进的余地。检查一下你在哪一方面做得最差,然后参看本书中的有关章节,找到实用的建议和提示以改进沟通技巧。

得分为 32~64 分的:你不能有效地沟通,要注意倾听反馈,努力从失败中吸取教训。

得分为 65~95 分的:你在沟通方面表现一般,要针对弱点,努力提高。

得分为 96~128 分的:你能极好地沟通,但要记住,沟通多多益善。

任务二　克服沟通障碍,提升沟通技巧

【模块一】 知识精讲

沟通障碍

所谓沟通障碍,是指信息在传递和交换过程中,由于信息意图受到干扰或误解而导致沟通失真的现象。在人们沟通信息的过程中,常常会受到各种因素的影响和干扰,这些障碍往往会降低沟通效果,使沟通受到阻碍。

沟通障碍主要表现为人际沟通中的障碍和组织沟通中的障碍两个方面。

一、人际沟通障碍

人际沟通是指人们之间的信息交流过程,也就是人们在共同活动中彼此交流各种观念、思想和感情的过程。这种交流主要通过言语、表情、手势、体态以及社会距离等来表示。管理者在一个组织中充当着各种不同角色,而这些角色又要求管理者掌握人际沟通的技能。例如,作为上级,管理者要指导下属开展工作;作为下级,管理者要向上级汇报情况,接受指示;作为组织部门的主管,管理者要了解外部的情况,并协调组织与外部的关系;等等。为了提高人际沟通技能,管理者一定要清楚影响沟通的各种障碍,并采取各种措施克服障碍,实现有效沟通。

（一）造成人际沟通中的障碍因素

根据对沟通模式和人们日常沟通行为的分析,人际沟通中的障碍因素主要有以下几个方面。

1. 地位障碍

由于阶级、政治、宗教、职业的不同而形成的不同意识、价值观和道德标准,使人们对同一信息会有完全不同的解释,从而带来沟通障碍。地位障碍主要包括以下两个方面。

（1）从沟通方向来看,由上而下的沟通和由下而上的沟通看似为一类沟通的两个方向,实质却大有不同。因为地位上存在的差异会产生一些微妙的心理变化。例如,下级在向上级汇报工作或主动沟通中,常常带有担心说错、怕承担责任、焦虑等心理,从而致使沟通不畅,形成沟通障碍。而在上级管理者向下沟通的过程中,虽然上级会受到欢迎拥护,但毕竟有时会居高临下,会给下属造成紧张和压迫感,从而也会形成沟通障碍。即使对于横向沟通,虽然双方地位的差距不大,但并不会有地位完全相等的两个人,所处位置职务的重要与否、职称的高低、资历的深浅、组织中成员的认可度不同等,都会或多或少形成地位的优越感、重要感或压迫感、低下感,从而引发心理障碍,造成沟通的不畅。

（2）从专业术语使用上看,不同职业的人在沟通中常有"隔行如隔山"的困扰。每个人都会有意或无意地炫耀自己的专业素养,在讲话的时候,往往会自觉不自觉地冒出一些专业术语。其实,各行各业都有它的专业术语,所以在与客户沟通时,或跟非本专业的人沟通时,不要过度地搬弄专业术语,因为这将令人产生隔阂感,使对方理解不了自己的意思,从而导致沟通失败。如果沟通过程中必须使用到一些专业术语,也应注意表述方式,尽量使其通俗化,以对方能够理解的方式进行沟通。

📚 **小故事：李先生为何沟通失败**

李先生从事寿险时间不足两个月,一上阵,就一股脑地向客户炫耀自己是保险业的专家,电话中把一大堆专业术语塞向客户,每个客户听了都感到压力很大。当与客户见面后,李先生更是接二连三地大力发挥自己的专业,什么"豁免保费""费率""债权""债权受益人"等一大堆专业术语,让客户如坠入五里云雾中,似乎在黑暗里摸索,反感心态也由此产生,拒绝便是顺理成章的了。李先生便在不知不觉中误了促成销售的商机。

思考： 李先生沟通失败的主要原因在哪?

2. 组织结构障碍

组织机构过于庞大,中间层次繁多,必然加大人们之间的距离。信息从最高决策层到基层单位经过多级停滞和过滤,不仅会造成信息的流失和失真,还会影响传递速度,反馈也较慢,沟通的效率会大大降低。而组织结构不健全,沟通渠道堵塞,也会导致信息无法有效传递。处于不同层次组织的成员,对沟通的积极性不相同,也会造成沟通的障碍。

3. 语言障碍

现代交往中,"横看成岭侧成峰,远近高低各不同"的现象非常明显:对于同一事物,不同行业有不同的要求;不同人员站在不同的角度,看到的问题也会不同。同样一件事情,有人表达得很清楚,有的人则表达不清楚;有人是这样理解的,有人则是那样理解的。组织中员工常有不同的生活背景,有不同的说话方式和做事风格,因而对同一件事物也会有不同的认识。因此,单纯利用语言表达思想和事物有很大的局限性,尤其在脱离沟通的语言情境时,有可能理解不正确。

小故事:逻辑上的误差

有个人请客,眼看约定的时间已过,却还有一大半的客人没来。主人心里很焦急,便说:"该来的怎么还不来?"一些敏感的客人听到了,心想:"该来的没来,那我们是不该来的啰?"于是悄悄地走了。主人一看又走掉好几位客人,越发着急了,便说:"怎么这些不该走的客人反倒走了呢?"剩下的客人一听,又想:"走了的是不该走的,那我们这些没走的倒是该走的了!"于是又都走了。最后只剩下一个跟主人较亲近的朋友,看到这种尴尬的场面,就劝他说:"你说话前应该先考虑一下,否则说错了,就不容易收回来了。"主人大叫冤枉,急忙解释说:"我并不是叫他们走哇!"朋友听了大为恼火,说:"不是叫他们走,那就是叫我走了。"说完,头也不回地离开了。

思考:请客人为何把人都"请"走了?

4. 心理障碍

心理障碍主要是指由于人们不同的个性倾向和个性心理特征所造成的沟通障碍。需要和动机的不同、兴趣和爱好的差异等都会造成人们对同一信息有不同的理解。气质、性格、能力不同,也会造成人们对同一信息的不同理解,给沟通带来困难。此外,沟通双方缺乏和谐的心理关系,某一方或双方存在人格缺陷,都会对沟通产生不良的影响。例如,一个上班经常开小差的人作工作经验交流报告,大家只会觉得可笑,而不会认真听他讲些什么。同样的信息,由不同的人传达,效果大不一样,有时人们对"谁讲的"比"讲什么"更关心。此外,当人们过于紧张或恐惧时,往往只关心与已有关的信息,遗漏掉其他的信息,并对信息做出极端的理解。

5. 文化习俗差异障碍

首先,思维方式因人而异,来自不同文化背景的人之间差别更大。比如中国人见面习惯问"你吃了吗"? 如果双方较为熟悉还会问"你现在在哪工作呢"? 这对于我们中国人来说是很正常的,而西方人却有可能认为这是多管闲事、不礼貌,甚至认为侵犯了他们的隐私,而这种文化差异常常会使沟通难以顺利进行。

其次,习俗的差异也会影响沟通的质量。习俗即风俗习惯,是在一定文化历史背景下形成的具有固定特点的调整人际关系的社会因素。在福建一带的疍民(水上居民)有这样的一个风俗习惯:在他们的船上吃鱼时,千万不能将鱼身翻过来食用,否则就是预示出海的渔船可能翻船。因为在他们心中"翻鱼=翻船",是不好的预兆。这虽然有些迷信的色彩,但是传统文化在此积淀已久,惯例由来如此,所以如果你在"居民"家中吃鱼时翻动鱼身,主人家是会不高兴的。因此,忽视文化习俗因素常常导致沟通质量下降甚至沟通失败。

（二）人际沟通障碍的来源

人际沟通障碍主要来自三个方面：信息发送者的障碍、信息接收者的障碍和信息沟通渠道的障碍。

1. 信息发送者的障碍

沟通过程中，信息发送者的情绪、倾向、个人感受、表达能力、判断力等都会影响信息的完整传递。它主要表现在以下几点。

（1）表达能力不佳。信息发送方采用某种渠道传递信息时，如果对信息内容表达的含混模糊、词不达意、层次不清、逻辑混乱，甚至标点符号错误等，都会使接受人产生理解困难，从而理解错误，甚至无法理解。

（2）信息传送不全或传递不及时。发送者有时为了"攥着拳头让别人猜"，故意说一半留一半，缩减信息，使信息变得含糊不清，让别人去猜想，造成沟通不畅。

小故事：你们究竟留着"千斤顶"干什么用？！

一个人开汽车时在荒郊野外抛锚了。他好不容易看到远处有一户人家，便想到这家去借"千斤顶"。于是，他一边朝着灯光走，一边琢磨开了：也不知道他家里有没有"千斤顶"？就是有会不会借出去了？不知这家人会不会大方地把"千斤顶"借给我？要是他们家里没有大人在家呢？就是都在家，要是男主人同意借，女主人不同意借怎么办呢？这荒郊野外的没有"千斤顶"怎么修车呀？不知道他家的"千斤顶"是不是还能用？要是他们怕我把"千斤顶"弄坏了，不肯借给我呢？…

于是，越想头越大，到了那家一推门便大声嚷道："你们究竟留着'千斤顶'干什么用？！"

思考：这个借千斤顶的人在表达上有什么问题？

（3）信息传递形式不协调。信息发送者在用语言符号和肢体语言（手势、表情、动作）表达同一内容时，要相互协调。如果不协调，就无法让信息接收者理解所传送信息的真实意思。例如，口中讲着训斥别人的语言，而面部的表情却在笑，这就使人无从猜测你所传信息的真实意图。

（4）知识经验的局限。在信息沟通中，如果双方经验水平和知识水平差距过大，就会产生沟通障碍。如果双方有共同的经验区，就比较容易实现沟通信息的目标。此外，个体经验差异对信息沟通也有影响。在现实生活中，人们往往会凭经验办事。一个经验丰富的人往往会对信息沟通作全盘考虑，谨慎细心；而一个初出茅庐者往往会不知所措。

（5）对信息的过滤。过滤是指故意操纵信息，使信息显得对接收者更有利。例如，某管理人员向上级传递的信息都是对方想听到的，这位管理人员就是在过滤信息。过滤的程度与组织结构层次、组织文化有关。组织纵向管理层次越多，过滤的机会也就越多。组织文化则通过奖励系统鼓励或抑制这类过滤行为。如果奖励只注意形式和外表，管理人员便会有意识地按照上级的习惯品位调整和改变信息的内容，现实生活中"报喜不报忧"就是典型的信息过滤行为。

2. 信息接收者的障碍

从信息接收者的角度看，影响信息沟通的因素主要有四个方面。

（1）对信息的理解。由于一个人的知觉过程受多种因素的影响，使得人们对同一事物会有不同的理解。当人们面对某一信息时，往往是按照自己的价值观、爱好等来选择、组织、理解这一信息的含义，一旦对信息理解不一致，就会产生沟通障碍。特别是在国际环境中，由于各国文化的差异，导致因理解不同而使沟通受阻。

例如，拇指和食指合成一个圈，其余三个手指头伸直或者略屈的手势，对于不同地区和国家的人代表着不同的含义：对于中国和世界很多地方而言，这个手势表示零或三；在美国、英国等国家表示"OK"，即赞同、了不起的意思；在法国表示零或没有；在泰国表示没问题、请便；在日本、缅甸、韩国表示金钱；在印度表示正确、不错；在突尼斯则表示为傻瓜的意思。

（2）对信息的筛选。接收者在接收信息时，有时会按照自己的需要对信息进行筛选，取其对自己有用和喜欢的信息，过滤掉对自己不利或不喜欢的信息。

（3）对信息的承受力。当接收者收到的信息量过大时，就必然产生烦恼。例如，文件堆积如山、电话铃声不断、会议接踵而至，凡此种种过量信息，令人应接不暇，无所适从，反而会遗漏掉关键的信息。这一现象对信息发送者和接收者都应当重视，信息传递要适度，并且要有所选择。

（4）心理上的障碍。如果信息接收者对信息发送者怀有敌意、不信任或有某种偏见，或者心理紧张、恐惧，就会拒绝传递来的信息或歪曲信息内容，从而给信息沟通带来不良影响。

（5）情绪的影响。在沟通的过程中要注意情绪与沟通的关系，因为情绪在很大程度上影响着沟通的效果。不同的情绪感受会使个体对同一信息做出不同的解释。狂喜或悲伤等极端情绪都可能阻碍信息沟通，因为这种情况下，人们会出现意识狭隘的现象而不能进行客观的理性思维活动，而代之以情绪性的判断，所以在沟通中遇到不如意的事情时一定要防止出现情绪化反应，不能被情绪所左右，而应该去控制或者引导自己的情绪，这是至关重要的一点。

小故事：田丰谏袁绍

田丰是东汉末年袁绍部下的一个谋士。他为人正直，曾多次向袁绍进言而不被采纳，曹操部下荀彧曾评价他是"刚而犯上"。

当时，袁绍要跟曹操打仗，田丰对此持有不同意见，他直谏了两次，苦劝袁绍不要开战。袁绍对此很不高兴，不听他的，执意开战。田丰跪在袁绍跟前磕头，对袁绍说："你要不听我的话，将会出师不利。"袁绍这个人心胸狭窄，便说："我已经下令大军行动了，而你说我会出师不利，给我关起来。"于是就把田丰关了起来。

后来袁绍果然打了败仗。消息传回，看监狱的人就和田丰说："田先生，我告诉您一个好消息，此次大将军被曹操打败了，正往回跑呢，您马上就能出来了，您说对了呀。"田丰说："如果他打了胜仗我还能活，他打了败仗就羞于见我，他一定会把我杀了，我命难保。"

通过这个案例可以看出，这个事件的发生与袁绍和田丰两个人都脱不了干系。

袁绍的这种沟通方式和行为是非理性的，他的情绪在左右他的行为，从而导致了战败，也导致了田丰的死亡。

此外，田丰也要为自己的死亡负责。田丰虽然对袁绍这个人的个性把握得特别准确，甚至连自己会不会死都想得很明白，但他在与上级沟通时却缺乏技巧，不能以对方乐于接受的形式向对方提建议,因而从一定程度上而言,他自己也是一个比较情绪化的人,缺少变通思想。

思考:在沟通上,田丰和袁绍各有什么问题?

3. 信息沟通渠道的障碍

沟通渠道的问题也会影响到沟通的效果。沟通渠道障碍主要有以下几个方面。

(1) 选择沟通媒介不当。比如对于重要事情而言,口头传达效果较差,因为接受者会认为是"口说无凭""随便说说",而不加重视。

(2) 沟通媒介相互冲突。当信息用几种互不协调的形式传送时,会使接受者难以理解传递的信息内容。如领导表扬下属时面部表情很严肃甚至皱着眉头,就会让下属感到迷惑。

(3) 沟通渠道过长。如果组织机构庞大,内部层次较多,信息传递的中间环节太多,则容易使信息失真。因此在沟通过程中,沟通的层次应尽可能减少,以防止信息被过多地过滤。

(4) 外部干扰。信息沟通过程中经常会受到自然界各种物理噪声、机器故障的影响或其他事物的打扰,也会因双方距离太远而沟通不便,影响沟通效果。外部干扰往往造成信息在传递中的损失和遗漏,甚至失真变形,从而造成错误的或不完整的信息传递。

(三)改善人际沟通的方法

沟通是生活中的重要内容,人们不论是为了更好地生活还是为了更有效地工作,都需要进行有效沟通。人际沟通的效果取决于沟通行为主体的个体行为,要提高人际沟通效果,就必须提高信息发送者和信息接收者的沟通水平。

1. 对信息发送者

作为信息发送者,要注意以下几点。

(1) 要有勇气开口。作为信息发送者,首先是要有勇气开口。只有当你把内心所想表达出来后,才有可能与他人正常沟通。人与人之间存在矛盾、产生误解的一个主要原因,就是当事人都只在自己心里想,而没有勇气把自己的想法说出来。

(2) 态度诚恳。人是有感情的,在沟通中,当事者相互之间所采取的态度对于沟通的效果有很大的影响。只有当双方坦诚相待时才能消除彼此间的隔阂,从而求得对方的合作。

(3) 提高自己的表达能力。对于信息发送者来说,无论是采用口头交谈还是书面交流形式,都要力求准确、完整地表达自己的意思。为此,要了解信息接收者的文化水平、经验和接受能力,根据对方的具体情况来确定自己的表达方式和用词等;选择准确的词汇、语气、标点符号;注意逻辑性和条理性,对重要的地方要加上强调性的说明;借助手势、动作、表情等来提高沟通效果,以加深对方的理解。

(4) 注意选择合适的时机。由于所处的环境、气氛会影响沟通的效果,所以信息交流要选择合适的时机。对于重要的信息,可在办公室等正规的地方进行交谈,这将有助于双方集中注意力,改善沟通效果;而对于思想上或感情方面的沟通,则适宜于在比较随便、独处的场合进行,这样便于双方消除隔阂。

(5) 注重双向沟通。由于信息接收者容易从自己的角度来理解信息而导致误解,因此信息发送者要注重反馈,提倡双向沟通,请信息接收者重述所获得的信息,或表达他们对信息的理解,从而检查信息传递的准确程度和偏差所在。为此,信息发送者要善于体察别人,鼓励他人不清楚就问，注意倾听反馈意见，并根据反馈的信息做出下一步反应。

（6）积极地进行劝说。由于每一个人都有情感，为了使对方接受信息，并按发送者的意图行动，信息发送者常有必要进行积极的劝说，从对方的立场加以开导，有时还需要通过反复的交谈来协商，甚至采取一些必要的让步或迂回。

2．对信息接收者

作为信息接收者，则要注意仔细地聆听。以前人们常常只注重说、写能力的培养，而对听的能力不那么重视。事实上，倾听的技术对于进行有效的沟通来说同样是非常重要的。在一个组织中，管理者不善于听会导致相互间沟通受阻，相互协同难以进行。作为管理者，要花大量的时间与其他人接触，以收集和发布信息，若不善于听，则可能难以收集到有用的信息。因此，作为管理者，要想掌握沟通的艺术，首先必须养成积极倾听的习惯，学会倾听这门艺术。

3．采用适当的沟通方式

选用适当的沟通方式对增强沟通的有效性也十分重要。因为组织沟通的内容千差万别，针对不同的沟通需要，应该采用不同的沟通方式，这样沟通效果才会更好。

（1）对于必须当面才能讲清楚的事情，就要选择口头沟通的方式，这样才能达到良好的沟通效果。而如果采取电话、电子邮件等沟通方式，则可能无法准确地传递信息，从而直接影响沟通质量。如果需传递的文件量较大，则宜选用电子邮件的沟通方式。

（2）应根据不同的沟通对象选择沟通方式。比如，和年轻人沟通时要多讲时髦的话；和老年人沟通时一般采用传统的字眼；和工人、农民沟通时说话就要淳朴、直爽。这样与对方的语言文字就是同步的，会让对方产生亲切、被理解的感受，否则会使对方难以认同，容易产生沟通障碍，必然会大大影响沟通的质量。

（3）要根据沟通时的情景和环境选择合适的沟通方式。例如，在优雅温馨的场所，大多数情况下比较适合商谈合作事宜，一般采用正式沟通，并保持轻松的心情来调动对方的情感；而在不受拘束的场所，如球馆、酒吧等，则适宜非正式沟通等方式。

二、组织沟通障碍

我们知道，组织是按一定规则和程序为实现其共同目标而结集的群体，组织目标的实现与否取决于组织沟通是否畅通。如前所述，组织沟通有正式沟通和非正式沟通两种形式，两种沟通形式又都采用不同的信息沟通网络。但在组织沟通过程中，无论采用何种信息沟通网络，除了会发生人际沟通过程中发生的同样问题外，还会遇到一些组织沟通所特有的问题。

（一）影响组织沟通的障碍

组织的内部结构以及组织长期形成的传统及氛围对内部的沟通效果会直接产生影响。组织之间的沟通障碍主要表现在以下方面。

1．等级观念的影响

我国是一个受封建专制主义统治长达两千多年的国家，因此一些落后的文化传统观念长期存在。在我国，"级别"是很重要的。住房、工资、汽车的配备、出差期间的待遇（住多少钱一天的旅馆，乘坐什么样的火车和飞机座位，多少钱一天的伙食，按多少钱一桌的标准举行宴会等）……都要视"级别"而定。所以同样的信息，由不同级别、地位的人来发布，效果会大不一样。正是由于这种等级观念的影响,使得地位较低的人即使传递的是非常重要的信息也不被重视,而地位较高的人发布的即使是无足轻重的信息也会得到不必要的过分的重视,从而造成信息传递的失误。

小故事:从小品《拜年》中看等级观念

在赵本山的小品《拜年》中,赵本山饰"老姑夫",范伟饰"范乡长"。在"老姑夫"误以为"范乡长"已经"下来"时,脱鞋上炕,说"咱们俩平级了,我也不用怕你了"。后来听说"范乡长"升县长了,一下子惊吓得从炕上掉下来,竟然表示"鱼塘也不包了,把王八捞出来挨个放血"。这个小品真实地表现出许多人心里的等级观念。见了同级理直气壮,见了上级点头哈腰(但也有相当的人不这样),时间长了,习惯成自然。但我们心里都应该清楚,这种等级观念是有害的,是应该消除或抛弃的。

思考:等级观念是如何影响沟通的?

2. 部门本位主义的影响

为了实现企业的整体目标,组织在形成过程中依据分工协作的原则建立了各种各样部门或机构,从而把组织分成了若干群体。部门与部门之间、岗位与岗位之间、分管领导与主管领导之间的沟通,往往存在的主要问题是"脑袋随着屁股转",都只从自己的角度来处理问题,本位思想严重,主动沟通较少,出现"县官不如现管"的现象。为了维护本部门自身利益,他们可能扭曲甚至掩盖、伪造信息,使信息变得混乱而不真实,给企业带来非常不利的负面效应。

小故事:县官不如现管

很久以前,县衙门口贴出一张告示,说是3月将进行乡试,金秋进行大考。但此时县太爷恰好生病,无奈之下只好将此美差委托给心腹主簿单淦。

那些文人墨客,有的是一心想凭借自己的才学来个独占鳌头;有的则破囊捐钱,倾财加码忙着给主簿送钱送礼。时光飞逝,不觉期限已到,单淦看着堆成小山似的财礼喜在心头。正要关门时,一名衙役报告说,来了一个后生赶来应试。单淦心想:真是老天有眼,又为我送来一位财神。于是,赶忙叫人请他进来。只见此人身穿绸缎,挺胸凸肚,一看就是富家子弟。单淦见状,马上喜笑颜开。孰料,那人却是一只"铁公鸡",半天也未见其献上一两银子,更不用说财礼了。单淦不由脸色阴沉,合上花名册便再也不搭理那个人了。那人赶忙解释说:"我是……"单淦一下子火冒三丈,大声吼道:"滚!此乃枉读诗书不知礼,哪里还配应什么试?"

原来那位富家子弟正是县太爷的小舅子,他怒气冲冲闯进县太爷家号啕大哭起来。刚开始,县太爷对此感到有点愕然,待慢慢问明缘由后,便唉声叹气地说:"真是县官不如现管呀!"

思考:本位主义如何影响沟通?

3. 利益的影响

由于信息在组织中的特殊作用,人们在传递信息时常常会考虑所传递的信息是否会对自身的利益产生影响。如果此信息对自己的利益会产生不利影响,人们就会从心理上到行动上对所需传递的信息采取抵制的态度,有意无意地截留或修改来自上级或下级的信息,导致信息走样,从而妨碍了组织沟通。同时,由于信息在组织中是一种稀缺资源,一定程度上是权力的象征,很多人为了炫耀这种权力,会故意将信息过滤掉。

4. 信息超载

现代组织中的信息传递有两个特点:一是快,二是多。当需要处理的信息超过我们的加工能力时,就出现了信息超载。在高节奏的工作环境中,信息传递的任何延误都会造成很大损失;而信息过量,以至管理人员无法及时处理时,有些信息只好被搁置起来,或被拖延处理,从而形成沟通障碍。例如,1941 年 12 月,日本偷袭了珍珠港,结果 1942 年,罗斯福总统在他的档案里面突然间发现一份文件,说:"哎呀,中国在去年 4 月就通知我们,日本人可能偷袭珍珠港。"原来第一个知道日本可能偷袭珍珠港的是中国情报部门,他们通知美国人要防范日本人发动太平洋战争,偷袭珍珠港。只是没有想到这么重要的一条信息却被淹没在了一大堆的档案里面,等到罗斯福在第二年 4 月看到的时候,珍珠港已经偷袭完了五个月,这就是明显的信息超载。

5. 组织氛围

组织氛围又叫组织温度表,是指在特定环境下工作的感觉,是"工作场所的氛围"。它是一个复杂的综合体,包括影响个人和群体行为模式的规范、价值观、期望、政策、流程等。简言之,就是人们对在这儿做事的感觉。

组织氛围与组织的价值观和经营理念有直接的关系,同时也与组织领导者的个性有直接的关系。例如,一个个性外向、开朗的领导者,可能比较善于调节组织内的气氛,比较愿意花时间去与下属沟通,比较善于组织一些集体活动,这样使得整个组织充满了轻松的气氛;而一个个性内向的领导者会比较沉闷,他更习惯于独立思考,因此在组织氛围的营造方面会显得比较缺乏内心的主动性和言语方面的表现,并且可能会让下属觉得该领导比较可惧,沟通起来就比较费劲。

6. 信息

所谓反馈,就是在沟通过程中,信息的接收者向信息发送者做出回应的行为。一个完整的沟通过程,既包括信息发送者的"表达"和信息接收者的"倾听",也包括信息接收者对信息发送者的反馈。许多经理人误认为沟通就是"我说他听"或"他说我听"。例如,与客户讲完话后,不管客户有没有反应就没有下文了;领导做完报告、讲完话,不管底下的人听没听明白就走了。这些都是没有反馈的表现。不反馈往往直接导致两种后果:一是信息发出的一方不了解接收信息的一方是否准确地收到了信息,如常常遇到一言不发的"闷葫芦",你所表达的信息往往"泥牛入海"——毫无消息;二是信息接收方无法澄清和确认是否准确地接收了信息。

小故事:海军操炮

海军训练有一个动作叫作操炮,就是一个水兵把一个炮弹递给另一个水兵,让他装进炮膛。海军规定,将炮弹送过去的水兵要说"好",接炮弹的水兵也要说"好",这样才可以把手松开。在海军操炮的时候,如果没有听到"好""好"两个字炮弹就上膛了,海军长官就会走过去,"啪啪"两个耳光打过去。因为在操炮时,士兵若保持沉默,炮弹一不小心砸到甲板,就有可能发生弹药爆炸的毁灭性危险。

海军对操炮过程的要求,其实是最简单的信息反馈。送炮弹的水兵说"好",就是说我准备放手了,接炮弹的水兵说"好",表示你可以放了。

思考:海军操炮说明了沟通的哪一环节?

(二) 改善组织沟通的方法

针对以上多种影响组织沟通障碍的情况,有效改善组织沟通应从以下几方面进行。

1. 创造信任和公开的组织气氛

组织气氛是一个组织与其他组织区别开来的相对稳定的内部环境,类似于组织的"人格",是组织成员对组织客观特性的总体认知。企业要想顺利实现组织目标,首先应该创造一种相互信任、沟通顺畅的企业文化。如果员工与管理者之间互不信任,那么员工在向上级汇报工作时就不太可能坦率地表达自己的观点和看法。我们知道,企业内部如果没有起码的信任,就没有团队成员黏合在一起的基础;没有信任,就没有团队成员之间的优势互补、协同增效,也就没有了 1+1>2 的奇迹发生;没有了信任,就没有融洽、没有快乐、没有默契,不能借力、不敢借力,沟通成本加大,也就没有效益。

其次,要在组织中形成良好的沟通氛围。由于上、下级之间的权力不对等,在沟通过程中下属总存防卫心理,难以百分之百地将沟通意图充分表达出来,往往因此而造成误解,导致沟通无效,所以管理者应鼓励开诚布公地与他人沟通,针对不同的管理人群开通多种沟通,尤其对于 80 后、90 后员工更是如此。上级对于下属提出的意见和看法,不管可笑不可笑、幼稚不幼稚、赞同不赞同,都要以某种形式给予响应,不能给下属"穿小鞋",更不能进行打击报复。

2. 开发使用多种沟通渠道

信息的传递需要通过相应的渠道才能够实现沟通,企业要合理使用正式沟通,鼓励有益的非正式沟通。有人建议说,管理者需要敞开办公室的大门,实行高层领导的"开门政策",以便经常和员工打招呼或者沟通。管理者需要主动找下属沟通,而不是等待下属来找自己。企业要制定完善的投诉程序,开设合理化建议邮箱,定期召开主管见面会与员工座谈会等,以利于改善自上而下的沟通环境。

现代企业常用的电子邮件或音频、视频对话,因其快捷的特点,成为沟通中的重要方式。

同时,企业还可以通过开设咨询、发放态度问卷和进行离职访谈,允许员工正式或非正式地参与决策,外聘独立调查员等方法来促进组织沟通。当然,随着网络逐步进入千家万户,也可将公司内部网站、BBS论坛、微博、QQ、MSN、飞信等网络工具作为沟通渠道,方便下层员工随时随地用这种较为隐蔽和间接的方式向上层表达自己的真实想法。

小故事:惠普公司"敞开式的办公室"与"直呼其名"的沟通政策

惠普公司的办公室布局采用美国少见的敞开式大房间,惠普公司的每个人,包括最高主管,都是在没有隔墙、没有门户的大办公室里工作的。尽管这种随时可以见到的做法也有其缺点,但是惠普公司发现这种做法的好处远远超过其不利之处。

"开放式管理"政策是惠普目标管理哲学中不可分割的一部分。而且,这个做法鼓励并保证了沟通不仅是自上而下的,而且是自下而上的。同时,为了扫清企业内部因为等级差异而产生的沟通障碍,惠普公司要求对内不称头衔,即使对董事长也直呼其名。这样有利于创造无拘束和合作的气氛,以利于个人之间的沟通。

思考:从沟通的原理说明敞开式办公室有什么好处?

3. 克服本位主义

本位主义是为自己或所在的小团体利益打算而不顾整体利益的思想作风或行为,考虑问题时往往以自我或小团体为中心。在本位主义的影响下,各部门员工之间的信任危机导致团队凝聚力下降,从而也为团队成员的相互沟通制造了障碍。例如,公司某个部门负责组织某项活动,需要其他各部门提供人员支持时。总有少数部门从自身利益出发,以各种理由和借口推脱。这种现象若一再发生,以后遇到其他需要分工协作的情况时,大家彼此也很难坦诚沟通,当然就更谈不上合作完成共同的任务了。因此,要确保组织沟通渠道的畅通,就必须铲除本位主义。同时,本位主义会导致企业目标缺位,而共同的目标是建立有效沟通渠道的基础。为使企业能够顺畅地进行沟通,就必须要克服本位主义,进行换位思考。如果换位思考多一点,本位意识就会少一点;本位意识少一点,沟通就会多一点;而沟通多一点,换位思考也就更多一点。因此,在沟通中增进理解,在理解中促进沟通,多一点宽容,多一份责任感,少找一点理由与借口,我们就能扫除本位主义的消极影响,使一个公司、一个团队更加团结,更富战斗力。

4. 充分运用信息反馈

充分运用信息反馈是指在情况允许的条件下更多地使用双向沟通,从而在较大程度上避免沟通障碍。组织中许多管理问题都是由于误解或理解不准确而造成的,如果在沟通中信息发送者能充分运用反馈,则会减少这些问题的发生。作为管理者来说,可以通过提问、评论或让下属回头报告的形式来获得反馈信息,也可以通过仔细观察对方的动作、表情、神态或行动来获得反馈信息。

例如,学生们可以从多方面得到反馈信息。从作业或考试的成绩、老师的批语,或者是与老师面对面的交谈中,都可以了解到自己学习的表现、与同学的比较以及与老师的期望之间的差距的信息。通过这些反馈,可以得到相关的针对目前表现和未来努力方向的信息,这些信息可以帮助学生学会如何扬长避短,如何提高成绩。假如这些反馈是具有建设性的,是真实、公正的,而不是具有个人攻击性的,那么这些信息对于改进工作、帮助我们个人成长和完成工作就具有重要意义。

讲原则的模范

有位妇女把她的儿子拉来见甘地,说:"我儿子最佩服您了,谁的话都不听,你跟他说让他不要吃糖果。"甘地说:"哦!那你半个月以后领他来。"妇女说:"啊!半个月呀,那好吧,就半个月吧。"过了半个月她又把孩子领来说:"您跟他说,他最佩服您,您跟他说他肯定听。"甘地说:"宝贝! 过来我跟你讲啊,你不要吃糖了,吃糖对身体不好。"那个妈妈说:"你半个月以前怎么不讲啊,你还让我跑两回,你这半个月以前讲这么句话,不就得了吗?"

甘地说:"因为半个月以前我也在吃糖,这半个月以来,我没有吃糖,所以我才能跟他讲,你不要吃糖。"他说的和他做的是一样的,这个人格力量是很难得的,是非常崇高的人格。

思考:信息反馈有什么作用?

三、有效沟通的技巧

有人说,这个世界上有两件事最难,第一件是把你的想法装到别人的脑袋里,第二件是把别人的钱装到自己兜里。自己的想法是如何装到别人的脑袋里去? 很多人会以为自己说完了,他人听明白了,就该认同自己。但事实不是这样的,只要想法没有完成传递,这个沟通就是一个低效率的沟通。因此,要想实现高效、有效的沟通,就要形成一个双向的沟通,必须包含三个行为,即说、听和问。

（一）说的技巧

人们常说"鸟不会被自己的双脚绊住,人则会被自己的舌头拖累",意思是说人往往会因为说错话而自找麻烦,甚至会因为说了不该说的话而闯下大祸。语言是沟通最有效、最基本的途径,如何运用语言去表达心声、透露意见,并得到预期效果,就成为有效沟通要讲述的问题。

1. 沟通三要素

在工作和生活中一般采用两种不同的沟通模式:一是语言沟通,二是肢体语言沟通。语言是人类特有的一种非常好的、有效的沟通方式。语言的沟通包括口头语言、书面语言、图片或者图形。肢体语言包含的内容非常丰富,如人们的动作、表情、眼神等。

人与人之间的沟通,要遵循 7：38：55 法则(旁人对你的观感,只有 7％取决于你真正谈话的内容;有 38％在于辅助表达这些话的方法,也就是口气、手势等;而有高达 55％的比重决定于你的外表,即你看起来够不够分量、够不够有说服力等)。一是所使用的语言和文字,在沟通中避免使用专业术语,要使用与客户相同的语言,这样才能达到有效沟通的效果;二是语气或音调,要确保"声调"与"文字"表达意思一致,音调要抑扬顿挫,音量大小要适中;三是所使用的肢体语言,包括表情、手势、姿势、呼吸等需合时宜。例如,某人向你说"我爱你"三个字时,是用一种咆哮愤怒的音调和语气,你会有什么感觉? 你可能感觉到的是"我恨你"。但若有一个人用轻柔感性或嗲声嗲气的方式说"我讨厌你"时,你可能感受到的是一种反语或爱意了。

2. 语言表达的沟通技巧

西班牙作家塞万提斯认为,"说话不考虑,等于射击不瞄准"。鲁迅则把信口开河称为"乱发的矢箭"。所以在说话前,必须要有充分的准备。做好说话前的准备主要从以下几方面考虑。

（1）要了解信息的接收对象是谁。人际交往过程中,由于语言交流的对象在年龄、性格、思想、习惯、爱好等各方面都有很大的差异,所以其需求也是各种各样。听话者的需求情况决定着他们的兴趣和爱好。但人们的需求是隐藏于内心深处的,所以你只能通过表面的"语言"和"非语言"信息来判断和了解,如合适的目光接触、非语言声音(如咳嗽)、脸部表情和肢体语言等。例如,在一个友好的交谈氛围中,听话者突然将身体向后靠,双手环抱,这时你应该知道——情况可能有变了。

小故事:孔子尽人之用

孔子带着他的弟子周游列国。有一回,他的马跑了,吃了农民的庄稼。那个农民十分愤怒,就把马扣下了。孔子的学生子贡去向农民求情,说了许多好话却没有把马取回来。孔子感叹地说:"用别人不能理解的话去说服人,好比用最高级的牺牲—太牢(牛羊猪各一)去贡奉野兽,用最美妙的音乐—《九韶》去取悦飞鸟,有什么用呢?"于是他派养马的人前往。养马人对那个农民说:"你不是在东海耕种,我也不是在西海旅行,我们既然碰到一起了,我的马怎么能不侵犯你的庄稼呢?"农民听了,十分痛快地解下马,还给了他。

思考: 结合故事说说孔子的语言沟通技巧。

(2) 选择双方感兴趣的话题。众所周知,让听话者感兴趣的不仅是你本身,更重要的是话题。双方都感兴趣的话题,才是沟通得以进行的关键。为此,在沟通前通过收集对方一些信息,找出听话者感兴趣的话题,与对方亲近,打开沟通的局面。一些常见的沟通话题有:时事新闻、热门话题、天气状况、旅游、休闲娱乐、运动、体育比赛、时下热播的电影、电视剧、投资、小孩、交通、音乐、异性,等等。上述话题可根据听话者所在的场合、时间而分别使用。

选择话题时切记以下五项:对于自己不知道的事,不要不懂装懂,冒充内行;不要向陌生人夸耀自己的成绩;不要在公共场合谈论朋友的失败、缺陷和隐私;不要讨论容易引起争执的话题;不要到处诉苦和发牢骚,这不是获取同情的正确方法。

(3) 选择恰当的表达。"说话说得好,不如说得巧",一个真正懂得说话的人,不见得字字珠玑,句句含光,但是,他总是能说出对方想听到的话,这就是恰当的表达。那怎样才能进行恰当的表达呢?

① 注意说话的具体场合。大家都知道,沟通都是带着一定目的,针对一定对象,在一定场合下进行的。如果不考虑以上因素,即使话语的观点正确,内容组织得也很好,也不见得能收到好的效果。所以说话时要根据场合决定话语的内容和表达方式,绝不能不看场合,随心所欲,信口开河,想到什么说什么。

著名作家李存葆说过:在战斗最激烈的时候,宣传鼓动不会是长篇大论,有时面对敌人痛骂一声,回头向战友一招手,喊一声:"有种的,跟我上!"这比宣传鼓动更有效。这种动员方式在电视剧《亮剑》中表现得尤为突出。例如,在《亮剑》第一集,李云龙在发起攻击坂田联队时说:"弟兄们,都说小鬼子拼刺刀有两下子,老子就不信这个邪,都是两个肩膀担一个脑袋,谁怕谁啊?我们新一团不是被吓大的,别说几个小鬼子,就是阎王爷来了,我也得薅他几根胡子下来,我跟你们说过,狭路相逢,勇者胜。"

② 说话必须考虑听话者的性别、年龄、文化层次和背景等因素。根据这些因素的差异来选择恰当的语言,才能让对方真正理解。见什么人说什么话,在什么山头唱什么歌,正是这个理。

小故事：中国的罗密欧与朱丽叶

1954 年，周总理出席日内瓦会议，准备放映我国新拍摄的戏剧电影《梁山伯与祝英台》招待与会的外国官员和新闻记者。出于帮助外国观众看懂这部电影的目的，有关人员将剧情介绍与主要唱段用英文写成长达 16 页的说明书，剧名也相应地改为《梁与祝的悲剧》。有关人员拿着说明书样本向总理汇报，满以为会受到表扬，不料却受到了批评。总理认为这样的说明书是"对牛弹琴"。周总理当场设计了一份请柬，上面只有一句话："请您欣赏一部彩色歌剧影片《中国的罗密欧与朱丽叶》。"收到这份请柬的外国官员和记者兴趣大增，纷纷应邀出席，电影招待会取得了成功。

思考：该故事说明沟通中应注意什么问题？

③ 充分利用说话的时机。孔子认为，陪君子说话容易有三种失误：还没轮到自己说话却抢先说了，这叫急躁；轮到自己说了却不说，这叫阴隐；不察言观色而说话，这叫盲人。说话要选择时机，重要的不是说过什么话，而是在什么时候说了话表了态。"一句话说得合宜，就如金苹果放在银网子里。"懂得合宜的说话会使你更受欢迎。

小罗的"好意"

某宾馆服务员小罗第一天上班，被分配在酒店 A 楼 5 层做前台。由于刚经过 3 个月的岗前培训，她对工作充满信心，自我感觉良好，一上午的接待工作也还算顺手。

午后，电梯门打开，走出两位来自香港的客人。小罗立刻迎上前去，微笑着说："你好，先生。"看过客人的住宿证后，小罗接过他们的行李，礼貌地说："欢迎入住本饭店，请跟我来。"小罗领他们走进房间后，随手为他们倒了两杯茶，说"先生，请用茶"。

接着她开始一一介绍房间设备，这时一位客人说"知道了"。但是小罗没有什么反应，仍然继续介绍着。还没说完，另一位客人在自己的钱包里拿出一张百元人民币，不耐烦地递给小罗。

"不好意思，我们不收小费的。"小罗嘴上说着，心里却想，自己是一片好意，怎么会被误解了。这使小罗十分委屈，她说了一句，"对不起，如果您有事就叫我，我先告退"。

其实，做服务行业的人要有眼力。这个案例中，两名客人也许刚下飞机很累，需要休息；也许他们是该酒店的常客，对房间设施都十分熟悉。因此，小罗应该学会识客，对其提供有针对性的服务，而不是喋喋不休地说。

思考：该故事证明什么问题？

④ KISS 原则。KISS(keep it short and simple)原则就是指说话要抓住重点，言简意赅。话不在于多而在于精，言简意赅的言语最能吸引听话者的注意力。

首先，抓住重点，理清思路。这是说话的基本要求，也是说好话的前提。我们平时与人寒暄或做简短的交谈，是比较随便的，谈不上条理清晰。但在正式场合，比如报告会、讲座、演讲等，情况就不一样了。它要求说话者对所说的内容应有深刻的理解，并对整个说话过程做出周密的安排。讲话时要时刻牢记主题,不管怎样加插,不管转了多少个话题,都不偏离说话的中心;要按照过去、现在、未来的时间顺序进行安排,使之言之有序,方便听话者记住,要开场清晰,过渡自然,结尾突出主题,使之连贯一致,以加深听话者的印象。

其次,言简意赅,短小精悍。言简意赅、以少胜多,听话者感兴趣,也便于理解,容易记住。那种与主题无关的废话、言之无物的空话、装腔作势的假话,会让听话者极为厌烦。

再次,善用比喻,化繁为简。即使很复杂的问题,也可以用简单的比喻讲出来。善用比喻,就是举例子给人家听,例子因为生动,真实可信,非常容易让人产生触动,使听者一听就明白了。

小故事:相对论的另一种解释

爱因斯坦有一次参加一个晚会,有一位老太太跟他说:"爱因斯坦先生,你真是不得了啊,得诺贝尔奖了。"爱因斯坦说:"哪里,哪里。"老太太接着问道:"爱因斯坦先生,我听说你得诺贝尔奖的那个论文叫作什么相对论,相对论是什么东西啊?"什么叫作相对论呢? 问他这个话的是一个70多岁的老太太,爱因斯坦要怎么回答呢? 能量等于质量乘以光速的平方,这种相对论的公式,你跟她讲她能听懂吗? 爱因斯坦思考片刻就用比喻的方法告诉她了:

"亲爱的太太,当晚上12点钟你的女儿还没有回家,你在家里面等她,10分钟久不久?"

"真是太久了。"

"那么亲爱的太太,如果你在纽约大都会歌剧院听歌剧《卡门》,10分钟快不快?"

"真是太快了。"

"所以太太,你看两个都是10分钟,相对不同,这就叫作相对论。"

"哦。我明白了。"

思考:该故事说明沟通应该注意什么原则?

(4)说话时要情理相融。以情动人,以理服人,这是说话的两个方面,二者有机统一,互相交融,可以使说话取得良好的效果。

① 要真诚。说话者应该具有真诚的态度,博得听话者的好感,融洽感情,消除隔膜,缩短距离。如果你对人持一种不信任态度,说话时必然闪烁其词,或故弄玄虚,或扭捏作态,或夸张失实,或遮遮掩掩,其结果往往给对方留下浮夸的印象,不利于相互理解和感情上的沟通,使你的说话黯然失色。当然,说话时要坦率真诚,并不等于可以百无禁忌,对别人不愿谈及的事应该尽量避免提及。

② 要尊重。尊重是人的一种精神需要。尊重对方能启发对方产生自尊自爱的感情。如果你没有架子,平易近人,使对方感到你是他的知己,是他的良师益友,那么,你们之间的心理距离将会大大缩短。相反,如果你高高在上,目空一切,指手画脚,其效果只会令人不服。因此,要是你的讲话被对方接受,就必须尊重对方。

③ 同情和理解。心理学研究表明,人们是有一种偏向于"相信知己"的心理倾向,特别是当一个人处于矛盾之中或遇到某些困难而又一时无法解决时,他非常需要别人的同情和理解。此时此刻,强烈的同情心及满怀深情的言语,将使对方不由自主地向你打开心扉诉说

一切。理解可以激起心灵的火花,产生信任感和动力。

动之以情,晓之以理。要使听话者对你的说话内容感兴趣,并且乐意接受,使他们信服,就要有充分的理由,要摆事实,讲道理。那么怎样才能做到以理服人呢?首先,材料和事实要准确可靠。俗话说,"事实胜于雄辩",事实是说话的基础。其次,说理充分透彻,有的放矢。利用已有材料进行分析说理,抓住事物的本质,一切问题都可迎刃而解。

3. 肢体语言的沟通技巧

在沟通的过程中,有效的肢体语言可以赢得别人对你的信任,进而改善沟通效果。调查表明,超过一半的面对面的交谈是以非语言形式进行的,这就是肢体语言。肢体语言沟通方面应遵循 SOFTEN 原则。

(1) S:smile,微笑。微笑来自快乐,它能带来快乐也创造快乐。在沟通过程中,微微笑一笑,双方都能获得这样的信息——"我们是朋友",这样就容易被对方真正地接受。真诚、适度、得体的微笑能使气氛变得轻松、自然和愉悦,使人在与其交往中自然放松,不知不觉地缩短了心理距离。

(2) O:open posture,开放的姿态。随时处于开放的聆听姿态能够给对方积极的暗示:你已经准备好了听他讲话,并且关注他的每一个观点和看法。聆听的姿态往往表现为面对讲话人站直或者端坐。站直身体时全身要稳,站立时不要显得懒散,也不要交叉双臂抱在身前。

(3) F:forward lean,身体前倾。当与他人交谈时,身体轻微前倾表明你正在听对方讲话,并对其很感兴趣,这对于他人来说通常是一种尊敬,他将愿意继续与你交谈。需要注意的是,不要太近或太快地侵犯他人的私人空间。

(4) T:touch,接触。最容易接受的接触是一个热情的握手,几乎在任何情况下,热情而有力的握手都表示你对见到的人持一种热情而友好的态度。

(5) E:eye communication,眼神交流。眼睛是心灵的窗口,通过眼神交流表达的非语言信息可能是最强烈的。眼神交流应该是自发的,而不是被迫的,或者过于主动的。对商务人士来讲,眼神的交流会影响他人对你的信任和评价。做眼神交流时,中间最好有一个简短的间隔,目光接触要适度,切记不要一直盯着他人,这样反而会让人感到不适。

(6) N:nod,点头。点头表示你正在听,并能理解对方所谈的内容。然而需要注意的是,点头不一定意味着赞同。

(二)倾听技巧

苏格拉底曾经说过:自然赋予我们人类一张嘴、两只耳朵,就是让我们多听少说。倾听是取得智慧的第一步,有智慧的人都是先听再说。倾听是有效沟通的重要基础,要想与人们进行有效沟通,首先就要学会倾听。

小故事:飞机的驾驶员

美国著名的主持人林克莱特在一期节目上访问了一位小朋友,问他:"你长大了想当什么呀?"小朋友天真地回答:"我要当飞机驾驶员!"林克莱特接着说:"如果有一天你的飞机飞到太平洋上空时,飞机所有的引擎都熄火了,你会怎么办?"小朋友想了想:"我先告诉飞机上所有的人绑好安全带,然后我系上降落伞,先跳下去。"

思考:该故事说明倾听应该注意什么问题?

当现场的观众笑得东倒西歪时,林克莱特继续注视着孩子。没想到,接着孩子的两行热泪夺眶而出,于是林克莱特问他:"为什么要这么做?"他的回答透露出一个孩子真挚的想法:"我要去拿燃料,我还要回来! 还要回来!"

主持人林克莱特与众不同之处在于他能够让孩子把话说完,并且在"现场的观众笑得东倒西歪时"仍保持着倾听者应具备的一份亲切、一份平和、一份耐心。

启示:你听别人说话时,真的听懂他说的意思了吗? 如果不懂,就请听别人说完吧,这就是"听的艺术"。听话不要听一半,不要把自己的意思投射到别人所说的话上。

听与倾听有很大区别。听仅仅是用耳朵接收听得见的声音的一种行为,只有声音,没有信息;而倾听不仅获得了信息,而且还包含情感,它是一种主动的、积极的、有选择性地接受。所以真正的倾听是暂时忘却自己的思想、成见与愿望,全神贯注地去理解对方所讲的内容,与讲话者一起去亲身感悟、经历整个过程,而这又是需要技巧和训练才能达到的。

1. 倾听的五种层次

实际上,有效的倾听是可以通过学习而获得技巧的。认识自己的倾听行为将有助于你成为一名高效率的倾听者。按照影响倾听效率的行为特征,倾听可以分为五种层次。

第一层次——听而不闻。倾听者不做任何努力,完全没有听见对方说什么。听的过程中左顾右盼,眼神不与对方交流,身体倾向一边,充耳不闻。例如,孩子对妈妈的唠叨如同耳边风,完全没听进去。

第二层次——假装聆听。在工作中也常有假装聆听的时候。如客户访谈时,出于礼貌,员工会假装在听;上下级沟通时,下级因惧怕上级而假装聆听。假装聆听的人通常会努力做出聆听的样子,他的身体大幅度地前倾,甚至用手托住下巴,实际上是没有听。

第三层次——选择性聆听。选择性聆听是只听一部分内容,倾向于聆听符合自己的意思或口味的内容,与自己意思相左的一概自动过滤掉。例如,朋友之间聊天、领导在大礼堂做报告时往往会出现选择性聆听。

第四层次——专注地聆听。专注地聆听是倾听者积极主动地听对方讲话,能够专心地注意对方,能够吸纳对方的话语内容。这种层次的倾听常常能够激发对方的注意,但很难引起对方的共鸣。

第五层次——设身处地地聆听。设身处地地聆听,不仅是用耳朵听,而且是在用心理解。聆听者能够设身处地地站在对方的利益上真正地去听,去理解,"他为什么要这样说,他这样说的目的是表达什么样的情感?"这种注入感情的倾听方式在形成良好人际关系方面起着极其重要的作用。

2. 倾听的四个步骤

要成为一个有效的、优秀的倾听者,一般要具备以下四个步骤。

(1) 准备聆听。首先给出一个明确的信号,让对方知道自己正在做准备,给讲话者以充分的关注;其次是让自己从心里做好接受不同意见的准备,报以开放的态度。如当着客户的面关上手机或调到静音状态、合上笔记本电脑或者放下报纸。

(2) 发出准备聆听的信息。通常在听之前会和讲话者有一个眼神上的交流,显示你给予发出信息者的充分注意,这就告诉对方:我准备好了,你可以说了。

(3) 在沟通过程中采取积极的行动。在沟通过程中给予积极的回应,包括频繁点头、微笑,以鼓励对方去说。用积极的姿态表示"我愿意听,我努力地在听",这样对方也会有更多的信息发送给你。

（4）理解对方的全部信息。聆听的目的是理解对方的全部信息,在沟通过程中若没有听清楚、没有理解时应该及时告诉对方,请对方重复或者解释,直到清楚为止。

很多优秀而专业的沟通者通常会在演讲前说"在我讲的过程中,诸位如果有什么不明白的地方,可以随时举手提问",而不是说"大家安静一下,请听我说"。

3. 有效倾听的技巧

掌握倾听的技巧,有时比多说更为重要。学习和掌握一些有效的行为及语言技巧有助于收到良好的倾听效果。

（1）集中精力,专心倾听。这是有效倾听的基础,也是实现良好沟通的关键。要听得投入、全神贯注,不仅要用耳朵去听,还要用整个身体去听对方说话。

（2）不要随意打断对方谈话。随意打断对方的讲话会打击讲话者说话的热情和积极性,如果讲话者当时的情绪不佳,而自己又打断了他们的谈话,那无疑是火上浇油。打断对方的讲话意味着不赞同对方的观点,或者没有足够的耐心听人家讲话。只有当需要对方就某一问题进行澄清时,才可以在对方稍做停顿的间隙插话询问对方。例如,当听到对方作自我介绍时,如果对方的名字听起来很拗口,这时可以询问具体是哪个字,为了减少打断他人讲话可能造成的负面影响,最好先说"对不起,请原谅"。如果没有打断对方谈话,将给对方带来很好的感觉,使其心里舒服,就可以让对方打开话匣子多说话,可以让对方把话说得更加完整,这样自己得到的信息也就越多。

（3）换位思考。换位思考是设身处地为他人着想,即想人所想、理解至上的一种处理人际关系的思考方式。将心比心、设身处地是达成理解不可缺少的心理机制。它客观上要求我们将自己的内心世界,如情感体验、思维方式等与对方联系起来,站在对方的立场上体验和思考问题,从而与对方在情感上得到沟通,为增进理解奠定基础。它既是一种理解,也是种关爱。

小故事:有谁能感受猪的悲哀

一头猪、一只绵羊和一头奶牛,被牧人关在同一个畜栏里。有一天,牧人将猪从畜栏里捉了出去,只听猪大声号叫,强烈地反抗。绵羊和奶牛讨厌它的号叫,于是抱怨道:"我们经常被牧人捉去,都没像你这样大呼小叫的。"猪听了回应道:"捉你们和捉我完全是两回事,他捉你们,只是要你们的毛和乳汁,但是捉住我,却是要我的命啊!"

立场不同,所处环境不同的人,是很难了解对方的感受的。因此,对他人的失意、挫折和伤痛,我们应进行换位思考,以一颗宽容的心去了解、关心他人。

思考:该故事说明倾听应该注意什么问题?

（4）清楚地听出对方的谈话重点。找出对方谈话中的重点,并把注意力集中在重点上面,这样才能从对方的观点中了解整个问题。能清楚地听出对方的谈话重点也是一种能力。因为并不是所有人都能清楚地表达自己的想法,特别是在不满、受情绪影响的时候,经常会有类似于"语无伦次"的情况出现。而且,除了排除外界的干扰,专心致志地倾听以外,还要排除对方的说话方式给自己带来的干扰,不要只把注意力放在说话人的咬舌、口吃、地方口音、语法错误或"嗯""啊"等习惯用语上面。

（5）适时地表达自己的意见。谈话必须有来有往,所以要在不打断对方谈话的原则下,适时地表达自己的意见,这是正确的谈话方式。这样做可以让对方感受到,你始终都在专注地听,而且听明白了。还有一个效果就是可以避免你走神或疲惫。

（6）配合表情和恰当的肢体语言。当你与人交谈时,对对方话语的关心与否直接反映在你的脸上,所以聆听者无异于是你的一面镜子。光用嘴说话还难以造成气势,所以必须配合恰当的表情,用嘴、手、眼、心灵等去说话。但要牢记切不可过度地卖弄,如过于丰富的面部表情、手舞足蹈、拍大腿、拍桌子等。

（7）使用鼓励性言辞与肢体语言。在与人交流时,我们要通过一些鼓励性的语言或神态示意对方继续说下去。比如对方讲到一句话时可以这样说:"王总,你刚才那句话太经典了,麻烦你再说一遍我把它记下来。"这足以让说话者感到内心舒爽,若接着再说:"然后呢?"将会使说话者继续滔滔不绝地说下去,从而得到更有用的信息。同时,在沟通过程中,我们要与说话者始终保持眼神交流,并不时地点点头,也代表了对说话者的认可。

（8）养成记笔记的习惯。在跟客户面对面的沟通过程中,我们要养成善于记笔记的习惯,把客户讲的话有重点地记录下来。让客户从中看到我们很谦虚、很负责任、很认真,从这个小小的动作当中体现出我们的认真、我们的诚恳、我们的用心、我们的尊敬。所以记笔记有让对方感觉到被尊重,记下重点便于后面进行沟通,避免遗漏重要的信息这三大好处。

（9）停顿三五秒。对方的话说完了以后,不急于马上就讲话,可以停顿三五秒时间,一是让对方可以继续说下去;二是可以利用这点时间组织语言;三是让对方感觉到自己讲出来的话是经过思考后讲出来的,而不是随口而出,这样能使对方感觉到我们的话更可信、更可靠。

（10）及时总结和复述对方观点。这样做的好处是:一方面,可以向讲话者传达你一直在认真倾听的信息;另一方面,有助于保证你没有误解或歪曲讲话者的意见,从而使你更有效地找到解决问题的方法。例如:"您的意思是如果在合同签订之后的 20 天内发货,就能再得到 5％的优惠吗?""如果我没理解错的话,您更喜欢弧线形外观的深色汽车,性能和质量也要一流,对吗?"

（三）问的技巧

问是了解别人思想的一种最佳途径,问能引导对方的话语走入自己的思想轨道,从而让我们获取更多更全面的信息,所以提问在沟通中会经常用到。

1. 提问的方式

提问是非常重要的一种沟通行为。在沟通过程中或沟通结束时都可以根据实际情况适时提问,如"您还有什么不明白的地方吗?""是否还有什么要补充?"在沟通中,提问的方式一般分为开放式和封闭式。

（1）开放式提问。开放式提问能够给予对方发挥的余地,谈论范围较大的问题以便获取信息。这种提问方式并不能促使对方做出特定回答,需要对这个问题进行解释和说明,同时向对方表示你对他说的话很感兴趣,还想了解更多的内容。开放式提问常用词语有:谁? 什么时候? 什么地方? 为什么? 怎么样? 然后呢?

（2）封闭式提问。封闭式提问是相对于开放式提问而言的,封闭式提问有点像对错判断或多项选择题,回答只需要一两个词,对方只能用"是"或"不是"来回答问题。封闭式提问的常用词汇有:能不能?是不是?会不会?可不可以?对吗?多久?多少?如果问句中带有以上词汇,一般就是封闭式的提问。

由于平时我们在提问的过程中没有注意到开放式和封闭式提问的区别,往往会造成收集的信息不全面或者浪费了很多的时间。举几个简单的例子来说明这两种提问方式的不同之处。

封闭式提问:"请问一下会议结束了吗?"对此,对方只能回答"结束了"或者"还没有"。

开放式提问:"会议是如何结束的?"对此,对方可能会告诉你非常多的信息,如会议从几点开始到几点,最后达成了什么协议,然后在什么样的氛围中结束。

又如,你正准备向航空公司订一张去上海的机票。

封闭式提问:"有 4 点去上海的航班吗?"

其回答可能是没有。

"那有 5 点的吗?"

回答很有可能是没有。

"有 6 点的吗?"

回答还可能是没有。

但如果你一开始就采用开放式提问:"请问去上海都有哪些航班,时间都是几点?"

服务人员会告诉你:"有 4 点 10 分、4 点 40 分、5 点 15 分、5 点 45 分的航班。"

可见,开放式的提问可以帮助我们收集更多的信息。在工作中,有些人习惯用开放式提问方式与人交流,而有些人却习惯于用封闭式提问方式,为此,我们需要了解两者的区别,以便更加准确地运用这两种方式。

2. 两种提问方式的优劣比较

(1)封闭式提问的优劣势。封闭式提问可以节约时间,容易控制谈话的内容,但不利于收集信息。简单地说,封闭的提问只是确认信息,如确认是不是、认可不认可、同意不同意,不足之处就是收集信息不全面。此外,用封闭式提问方式问问题的时候,对方会感到谈话气氛紧张。

(2)开放式提问的优劣势。开放式提问收集信息全面,可以得到更多的反馈信息,谈话的气氛轻松,有助于帮助分析对方是否真正理解自己的意思。但其劣势是浪费时间,谈话内容容易跑偏,很可能在沟通的过程中问了很多开放式的问题,但谈到最后,却发现不知何时开始话题就跑偏了,离开了最初设定的谈话目标。因此,一定要注意收集信息要用开放式方式,特别是在确认某一个特定的信息时更适合用开放式提问方式。

3. 提问技巧

在沟通中,通常是一开始沟通时,人们都希望营造一种轻松的氛围,所以在开始谈话的时候问一个开放式的问题;当发现话题跑偏时可问一个封闭式的问题;当发现对方比较紧张时,又可问开放式的问题,使气氛轻松。

在与别人沟通中,经常会听到一个非常简单的提问:"为什么?"此时,自己就应当思考:是自己没有向对方传达有效、正确的信息,还是自己表达有误,或是对方理解出现偏差,等等。然后可以根据具体情况向对方再详细地复述一遍刚才说过的话,或者与对方直接沟通,了解对方具体不明白的问题。

小故事：记者提问知首相

在第二次世界大战中期，日本决定选举新一任首相，西方记者都急于想知道选举的结果，因为整个投票选举都是秘密进行的，而新当选的首相会影响整个二战局势的发展。但大臣们都守口如瓶。

有一个西方记者问了一个问题："请问内阁大臣阁下，新任的总理大臣是不是秃顶？"记者根据对方迟疑、思考的表情判断出新任日本首相是东条英机。（圈定的候选人一共有三个人，一个是秃顶，一个满头白发，而东条英机是半秃。）

通过这个例子可以看出，这个记者很好地运用了提问技巧。通过提问，能够准确地挖掘出信息发起者所要传达的信息，以及判断这种信息是不是有效。

思考：该故事说明提问应该注意什么问题？

此外，我们还应注意避免使用以下常见的不利因素来收集信息。

（1）少说为什么。在沟通过程中，一定要尽可能少说为什么，而应用其他的话来代替。例如："您能不能再说得详细一些？""您能不能再解释得清楚一些？"这样给对方的感觉会相对缓和，既能得到自己想要的信息，又不至于令对方反感。

（2）少问带有引导性的问题。如"难道你不认为这样是不对的吗？"这样的问题不利于收集信息，会给对方留下不好的印象。

（3）少提多重问题，即一口气问了对方很多问题，使对方不知道如何回答。这种问题也不利于收集信息。

总之，提问的艺术在于知道什么时候该提什么问题，如何来提问；提问时我们要选择有助于实现自己目标的问题，如果只是为了了解情况则使用开放式的问题，如果为了促成某事则用封闭式问题；针对具体问题要具体发问；在沟通前要列出所有需要问的问题，在发问的过程中，要适当控制自己的语气。

【模块二】 案例分析

《撞车》里的倾听障碍

背景：一家小店的店主波斯老板，认为自己店里的锁坏了，叫来修锁匠，来修锁。修锁匠完成修锁工作后，开始了与波斯老板的对话。

主人公：修锁匠与波斯老板

修锁匠与波斯老板的对话：

修锁匠："打扰了，先生。"

波斯老板："你干完活了？"

修锁匠："我把锁换了，但是你的门还有大问题。"

波斯老板："你修好了锁？"

修锁匠："不！我换了新锁！但是你应该把门也修好！"

波斯老板："修好锁就完了！"

修锁匠:"先生,听我说,你需要换个新的门。"

波斯老板:"我需要一个新的门?"

修锁匠:"是的。"

波斯老板:"好吧,多少钱?"

修锁匠:"我不知道,您得问修门的人。"

波斯老板:"你想骗我,是不是? 你有个朋友会修门?"

修锁匠:"不,我没有朋友修门,老兄。"

波斯老板:"那么就去把锁修好,你这个骗子!"

修锁匠:"那好吧,你就付我锁的钱,我的工钱我不要了!"

波斯老板:"你没有修锁就让我付钱? 你以为我傻了吗? 给我修好锁,你这个骗子!"

修锁匠:"我会很感激,如果你叫我的名字。"

波斯老板:"那就去给我修好锁!"

修锁匠:"我给你换了新锁! 你得把你的破门换了。"

波斯老板:"你是骗子!"

修锁匠:"好,你不用付钱了。"

波斯老板:"什么?"

修锁匠:"祝你晚安。"

波斯老板:"什么? 不! 等等! 你给我回来,把锁修好! 回来! 把锁修好!"

请同学分析这次沟通失败的原因。

【模块三】 管理游戏

信息传递

游戏目标:理解影响沟通的因素有哪些

游戏内容:

1. 教师在是上课前准备一份"道具"的复印件,然后将每条消息剪开。

2. 将全部同学分成若干小组,确定每组传递信息的第一人和最后一人。

3. 把纸片发给小组的第一人,给第一人 3~4 分钟时间,看完后交给老师。

4. 消息由小组的第一人依次向小组其他成员传递,直到最后一人,传递者轻轻地将自己理解的信息告诉他旁边的人,并依次传递下去,只有当轮到小组某个成员,他才可以听。每次传递只允许将消息说一遍,完全按照自己的理解告诉下一名成员。

5. 最后一名成员将听到的消息写在纸条上交给老师。

6. 在规定的时间内传递信息准确者获胜。

游戏准备:

1. 将全班分成几组,确定人员信息传递顺序;

2. 准备与分组数量对应的"消息"。

成果与检验:

根据学生参与程度以及传递信息准确度、时间等评定活动成效,并给定成绩。

【模块四】 实战任务

实地交流与沟通

实战目标：

1. 培养学生与陌生人交际的能力；
2. 培养与别人的沟通能力。

内容与要求：

1. 主动与一位相关专业的陌生人交流，交流某个专业问题。
2. 同一个认识的人通过沟通解决一个难题。
3. 运用交际与沟通理论，讲究交际与沟通艺术。
4. 事先要有精心策划，必要时进行简要的小结。

成果与检验：

1. 完成沟通实录卡；
2. 班上组织一次交流，介绍沟通过程及体会；
3. 由老师与学生代表进行评估及打分。

【模块五】 能力测评

倾听技能测评

回答下列问题，测评你的倾听技巧。选择与你的经历最相近的答案，请尽量如实作答。如果你的回答是"从不"就选 1，"很少"就选 2，"偶尔"就选 3，"经常"就选 4，"总是"就选 5。把得分加起来，参考评测结果，评定你的倾听技能。根据自己的回答找出你在哪些方面仍然需要改进。

态度方面：

1. 你喜欢听别人说话吗？
2. 你会鼓励别人说话吗？
3. 你不喜欢的人在说话时，你也注意听吗？
4. 无论说话人是男是女、年长年幼，你都注意听吗？
5. 朋友、熟人、陌生人说话时，你都注意听吗？

行为方面：

1. 你是否会目中无人或心不在焉？
2. 你是否注视讲话者？
3. 你是否忽略了足以使你分心的事务？
4. 你是否微笑、点头以及使用不同方法鼓励他人说话？
5. 你是否深入考虑说话者所说的话？
6. 你是否试着指出说话者所说的意思？

7. 你是否试着指出他为何说那些话?

8. 你是否让说话者说完他的话?

9. 当说话者在犹豫时,你是否鼓励他继续下去?

10. 你是否重述他的话,弄清楚后再发问?

11. 在说话者讲完之前,你是否避免批评他?

12. 无论说话者的态度和用词如何,你都注意听吗?

13. 若你预先知道说话者要说什么,你也注意听吗?

14. 你是否询问说话者有关他所用字词的意思?

15. 为了请他更完整解释他的意见,你是否询问?

评分标准:

90～100 分:你是一个优秀的倾听者;

80～89 分:你是一个很好的倾听者;

65～79 分:你是一个用于改进、尚算良好的倾听者;

50～64 分:在有效倾听方面,你确实需要在训练;

50 分以下:你注意倾听吗?

项目八　激　励

内容提要

一个组织即使有好的战略和适当的结构，若员工的积极性未被激励起来，即使能创造出高水平的业绩，这个组织也不能称之为有效的。适宜的、具体针对性的激励措施对于吸引和留住人才尤为重要。成功的领导者必须根据激励理论，知道用什么样的方法适时地调动下属的工作积极性。

知识目标

- 阐述激励原理；
- 认识激励过程；
- 描述经典激励理论；
- 学会激励方法。

技能目标

- 培养学生掌握科学的激励方式；
- 能运用激励的手段与方法，提升领导能力。

情意目标

通过本项目的学习，教师能够培养学生学会宽容和一视同仁；体会员工的心理感受，培养真诚合作的意识，使学生能够随机恰当地运用激励的方法和技巧。

典型任务

- 设计激励方法
- 掌握沟通技巧

任务一　熟知激励理论

【模块一】　知识精讲

激励理论

一、激励的含义

现代组织的规模越来越大,人员也越来越多,如何对大型组织中人员进行有效的激励成为管理者必须面对的难题。尽管激励是被普遍运用的词汇,但究竟什么是激励,不同的学者给出了不同的答案,下面是一些知名学者对激励所下的定义。

斯蒂芬·P·罗宾斯(Stephen P. Robbins):通过高水平的努力实现组织目标的意愿,这种努力以能够满足个体的某种需要为条件。

维克托·弗鲁姆(Victor H. Vroom):个人就其自愿行为所做的选择进行控制的过程,是诱导人们按照预期的行为方案进行活动的行为。这些活动可能对被激励者有利,也可能对激励者不利。

爱金森(Atchinson)认为:激励是对方向、活动和行为持久性的直接影响。

坎波尔(J. P. Campbell):激励必须研究一组自变量和因变量之间的关系,这种关系在人的智力、技能和对任务的理解以及环境中的各种制约条件都恒等的情况下,能说明一个人的方向、幅度与持续性。

安德鲁.J.杜柏林(Andrew J. Dubrin):激励是为达到某种结果而花费的努力,而这种努力来自个人的内在动力。

沙托(Shartle)认为:激励是被人们所感知的从而导致人们朝着某个特定方向或者为完成某个目标而采取行动的驱动力和紧张状态。

从前面各位学者的理解来看,他们似乎都强调了同样的内容,一种驱动力或者诱发力。基于此,我们对激励进行如下定义:激励(motivation)就是组织通过一系列的适当的制度设计来影响人们内在需求或动机,激发、驱动和强化人的行为,从而有效地实现组织及其成员个人目标的系统性活动。

在理解激励的定义时要把握以下几点。

(1)激励的出发点是满足组织成员的需要,通过系统地设计适当的工作环境和工作氛围,以满足员工的需要。

(2)激励贯穿于组织工作的全过程,包括对员工个人需要的了解、个性的把握、行为过程的控制和行为结果的评价等。

(3)激励是一种制度设计。在组织中,通过设计一系列的激励制度,促使员工积极完成工作。要建立有效的激励制度,就要分析能调动员工积极性的各种激励资源,在对员工需求进行调查、分析的基础上设计各种激励方案。同时还要建立行为导向制度,也就是规范员工的努力方向、行为方式应遵循的价值观等。这种激励制度不仅要着眼于现实的条件,还要同组织的愿景、使命等有机结合,建立起组织激励的长效机制。

(4) 激励的最终目标是在实现组织成员目的的同时实现组织绩效提高的目标。

二、激励的心理机制

在组织中激励水平越高,组织成员完成目标的努力程度和满意度也越强,工作效能就越高;反之,激励水平越低,则缺乏完成组织目标的动机,工作效率也越低。心理学的研究表明,人的行为都是由动机支配的,而动机则是由需要所引起的,人的行为都是在某种动机的策动下为了达到某个目标的有目的的活动。需要、动机、行为、目标,这四者之间的关系可以如图 8-1 所示。

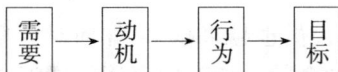

```
┌───┐   ┌───┐   ┌───┐   ┌───┐
│需 │ → │动 │ → │行 │ → │目 │
│要 │   │机 │   │为 │   │标 │
└───┘   └───┘   └───┘   └───┘
```

图 8-1　动机激发的心理过程模式图

1. 需要

需要是指人类或有机体缺乏某种东西时的状态,管理中的需要特指人对某事物的渴求和欲望。它是一切行为的最初原动力和出发点。

2. 动机

动机是指推动人们从事某种活动并指引这些活动去满足一定需要的心理准备状态。动机在激励行为的过程中,具有以下功能:

(1) 推动功能。动机唤起和驱动人们采取某种行动。

(2) 导向和选择功能。动机总是指向一定目标,具有选择行动方向和行为方式的作用。

(3) 维持与强化功能。长久稳定的动机可以维持某种行为,并使之持续进行。

一般说来,当人产生某种需要而尚未得到满足时,会产生一种不安和紧张的心理状态。在遇到需要的目标时,这种紧张的心理状态就会转化为指向目标的动机,推动人们去行动,趋向目标。当人达到目标时,需要得到满足,紧张的心理就会消除。这时,人又会产生新的需要。动机来源于个人的需要和组织的激励,完成目标后产生两种结果:既满足了个人的要求,同时也实现了组织的绩效。这是一个不断循环往复的过程。

三、激励的作用

(一) 对员工的作用

(1) 有效的激励要求管理者准确识别员工的需求,并采取相应的措施来满足这种需求,这就有利于员工个人目标的实现。

(2) 有效的激励要求组织与员工之间能进行有效沟通,这种沟通有利于员工产生被重视或被尊重的感觉,从而有利于员工产生良好的工作心情。

(3) 有效的激励制度和措施有利于员工对行为结果有清晰的认识,从而增强对自己行为结果的安全感,增强对自己行为收益估计的信心。

(二) 对组织的作用

有效的组织激励对员工某种符合组织期望的行为具有有效驱动和不断强化的作用,在这种作用下,组织持续稳定地向前发展。具体表现在以下几个方面。

1. 调动员工工作积极性,提高企业绩效

组织要有较高的绩效水平就要求员工有较高的个人绩效水平。在组织中,我们常常可以看到有些才能卓越的员工个人绩效却并不高。可见好的绩效水平不仅仅取决于员工的个人能力还与激励水平、工作环境有很大的关系。激励水平也是工作行为表现的决定性因素。员工个人能力再高,如果没有工作积极性,也是不可能表现出好的绩效水平的。

2. 有利于避免组织的人力资源浪费

一般情况下,人的潜能只是得到了小部分的发挥。美国哈佛大学威廉·詹姆士(William James)教授研究表明,在缺乏激励的环境中,人的潜力只能发挥出20%～30%,如果受到充分的激励,个人潜力可以发挥出80%～90%。显然,通过激励可以挖掘员工潜力,显著地提高劳动生产率,避免了人力资源的浪费。

3. 有利于员工的目标与组织目标的一致

由于对员工激励的最终目的是实现组织的目标,而激励的效果取决于激励措施对员工个人需求的满足状况,所以在组织的激励过程中就必须考虑如何使员工个人目标与组织整体目标相一致,调整并引导员工个人目标,从而实现员工个人目标与组织整体目标的统一。

4. 有利于提高员工的满意度,降低人才流失

有效的激励能满足员工的需求,提高员工的满意度,进而提高员工对组织的忠诚度,减少人才流失,降低组织的人力成本。

小故事:不要忽视激励的作用

马戏团的猴子正在做精彩的表演,它先是翻了一连串干净利落的筋斗,博得了观众一阵阵的喝彩和掌声。紧接着它又拿起一面铜锣,一面敲一面绕观众一周,之后又表演了一套精彩的舞蹈。最后当马戏团的领班要猴子表演跳火圈的绝技时,猴子说什么也不肯,引得周围观众的一片嘘声。这时领班从箱子里拿出一根香蕉在猴子面前晃了晃,猴子正要伸手去拿,领班却把香蕉举过头顶,用另一只手指着火圈,示意猴子只要跳过这个火圈就可以享用这根香蕉。猴子搔了搔脑袋,忽然一个纵跃就穿过了火圈,赢得观众一阵长时间的热烈掌声。猴子也从领班手里接过香蕉美美地吃了起来。

二、内容型激励理论

弗洛伊德将人的自我分成三个层次:第一层是本我,按照快乐原则;第三层是超我,服从社会伦理原则;而中间的第二层则是自我,按照现实原则行为,最为痛苦,既要照顾生物本能的愿望,又要服从社会的规则,而本能的愿望与社会的规则有时又是相互矛盾的,因此人就常常出现困扰,并且痛苦不堪。如何在不影响组织和谐的情况下,满足个人的需求,并进一步驱动和强化的行为,就是激励理论和技术需要解决的问题。早期的激励理论着重于对引发行为动机的因素即激励的内容进行研究。回答了以什么为基础或根据什么才能激发调动起工作积极性的问题,包括马斯洛的需求层次理论、赫茨伯格的双因素理论和麦克利兰的成就需要理论等。

（一）马斯洛的需要层次理论

马斯洛（Abraham Maslow）是著名的人本主义心理学家，从历史上看，马斯洛是在反对弗洛伊德的人性恶、行为主义将人动物化等基础上，提出的以需求层次理论为特色的激励思想。该理论的特色是综合了人的各种发展动力，将复杂的需要分成五类，并区分了相应的等级和结构。这五个层次的需要从低到高依次是生理的需要、安全的需要、社交的需要、尊重的需要以及自我实现的需要（如图 8-2 所示）。

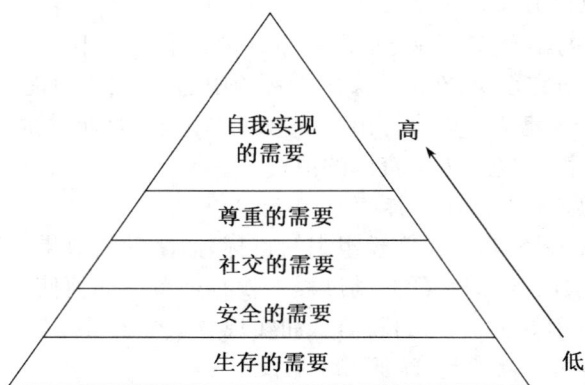

图 8-2　马斯洛的需要层次图

生理的需要是任何动物都有的需要，只是不同的动物这种需要的表现形式不同而已。对人类来说，这是最基本的需要，如衣、食、住、行等。中国有句古话叫"仓廪实而知礼节，衣食足而知荣辱"，也突出强调了基本生活需要的重要性。

安全的需要是保护自己免受身体和情感伤害的需要。它又可以分为两类：一类是现在的安全的需要，避免受到意外伤害；另一类是对未来的安全的需要。即，一方面要求自己现在的社会生活的各个方面均能有所保证，另一方面，希望未来生活能有所保障。如工作的安全，没有了工作，就失去了生活资源失去了持久生存的前提。

社交的需要包括友谊、爱情、归属及接纳方面的需要。这主要产生于人的社会性。马斯洛认为，人是一种社会动物，人们的生活和工作都不是孤立地进行的。行为科学研究早已证明这一点。人的社会性，体现在加入一定的群体，在群体中得到关心、爱护、友谊和爱情，对所处群体产生归属感。人们希望在一种被接受的情况下工作，而不希望在组织中成为离群的孤岛。

尊重的需要分为内部尊重和外部尊重。内部尊重因素包括自尊、自主和成就感；外部尊重因素包括地位、认可和关注或者说受人尊重。自尊是指在自己取得成功时有一种自豪感，它是驱使人们奋发向上的推动力。受人尊重，是指当自己做出贡献时能得到他人的承认。

自我实现的需要包括成长与发展、发挥自身潜能、实现理想的需要。当最终前面四个层次的需要都基本得到满足时，人们还会产生一种追求，即自我实现需要，即将自己的潜能充分释放出来，有所发明、有所创造、有一些成就。这是一种追求个人能力极限的内在动机。这种需要一般表现在两个方面。一是胜任感方面，有这种需要的人力图控制事物或环境，而不是等事物被动地发生与发展。二是成就感方面，对有这种需要的人来说，工作的乐趣在于成果和成功，他们需要知道自己工作的结果，成功后的喜悦远比丰厚的薪酬重要。

　　在从低一级需要向高一级需要发展的过程中,低一级的需要相对满足后,就不再成为人的主导需要或主要动力,紧在其后的高一级需要则变成主导需求和动力,整个需要的出现和转换都是逐步由低级向高级发展的。将马斯洛的思想运用到管理中,管理者应该顺应人的需要的发展规律,在了解和判断员工基本需求的基础上,采取种种管理政策和措施,满足员工的基本需要,将员工的需要和愿望转变成对个人、对组织有利的行为,实现组织和员工的双赢。

小故事:小猴进城

　　小猴想进城,可没人拉车。他想呀想,终于想出了一个好主意。他在车上系了三个绳套:一个长,一个短,一个不长也不短。他叫来了小老鼠,让他闭上眼,拉长套;又叫来小狗,让他闭上眼,拉短套;他再叫来小猫,在小猫背上系了一块肉骨头,让小猫闭上眼,拉不长不短的绳套。小猴爬上车,让大家一齐睁开眼。小老鼠看见身后有猫,吓得拉着长套拼命跑;小猫看见前面有只老鼠,拉着套使劲地追;小狗看见猫背上的肉骨头,馋得直往前撵。小猴快快活活地坐在车里,不一会儿就进了城。

　　启示:调动员工的积极性,最重要的是要分析员工的不同需要,为员工设置看得见的目标,让他们感到有奔头、有动力,领导者在激励时要考虑到人的不同需求从而"投其所好"。

(二) 阿尔德福(Clayton Alderfer)的生存关系成长理论

　　马斯洛的理论特别得到了实践中的管理者的普遍认可,这主要归功于该理论简单明了、易于理解、具有内在的逻辑性。但是,正是由于这种简单性,也产生了一些问题,如这样的分类方法是否科学等。其中,一个突出的问题就是这种需要层次是绝对的高低还是相对的高低,马斯洛理论在逻辑上对此没有回答。1969 年,美国耶鲁大学教授阿尔德福于提出了生存、关系、成长理论(existence, relatedness, growth, ERG),这是对马斯洛需要层次理论的一个修正。ERG 理论不仅仅是将马斯洛理论简单地压缩,而且还有如下特色。

　　1. 愿望加强率

　　每个层次的需要满足得越少,人们的需求就越强。比如,工资仅能维持基本生活的人,对金钱的需求比较强烈;在组织中地位低下的人,对歧视异常敏感,越发需要尊重。这一规律在管理中需要注意,相对于管理者而言,收入较低的员工,收入微小的改变就可以发挥很大的激励作用;满足他们社会需要的,也许是微笑、表扬,但都能收到意想不到的激励效果。1927 年至 1932 年梅奥在芝加哥西屋电气公司霍桑工厂的实验结果就是最好的证明,不管工作场所的灯光是变亮还是变暗,工人的工作效率都有很大提高,这说明员工在获得基本的生活保障之后,对于关心和尊重异常地敏感。如果管理者一味地通过物质方式去引导和激励,比如改善工作条件、增加物质生活待遇,效果还不如让人参与、尊重人。人的能力有高低之分,但作为社会人,对尊重和尊严的维护是必不可少的。

　　2. 满足前进率

　　与马斯洛的理论一样,较低层次的需要满足后,就出现向高层次需要前进的可能性。比如,当生存需要得以满足时,人们对社会交往、相互尊重、和谐的人际关系的追求就会上升为主导需求;而当关系需要得到满足,又可能出现更高层次的需要时,人们则希望自己能够充分展示自身的潜力、在事业上有所成就。

3. 挫折倒退率

与马斯洛的需要层次理论不同，马斯洛认为人总是处于一个主导的需要层次，只有前进，没有倒退。但阿尔德福则认为，当高层次需要的满足受到挫折时，人们会将重心向下投放，使低层次需要得到更好的满足，以补偿心理的挫折感受。

满足前进率和挫折倒退率对于组织管理意义尤其重大。随着我国物质生活水平的极大改善，人们的需要发展的趋向逐步定位于成长的需要，希望接受挑战性的工作，希望通过组织学习、锻炼得到快速地成长，希望有所作为。但组织管理者不能仅仅满足于生存条件、人际关系的改善，还应该从工作本身发掘价值，使员工处于一个愉快的工作氛围中，能最大限度地发挥自己的才能，成就自己的价值梦想。

（三）赫兹伯格（Frederick Herzberg）的双因素理论

这种激励理论也叫"保健—激励理论"（Motivation—Hygiene Theory），是美国心理学家弗雷德里克·赫兹伯格于20世纪50年代后期提出的。赫兹伯格和他的同事在匹兹堡地区对11个工商业机构中的200位工程师和会计师进行了一次大规模的调查研究。他们设计了许多问题，如"什么时候你对工作特别满意""什么时候你对工作特别不满意""满意和不满意的原因是什么"等。他们的调查获得了1 844个与不满意有关的具体事件，而导致不满意的因素往往是由外界的工作环境引起的。还收集了1 753个与满意有关的具体事件，导致满意的因素主要由工作本身产生。由于导致员工感到满意和不满意的因素是不同的，赫兹伯格1959年将导致满意和不满意的原因分成两个方面，导致满意的称为激励因素（motivation factor）；导致不满意的因素称为保健因素（hygiene factor），即双因素理论。由此，赫兹伯格提出，影响人们行为的因素主要有两类：保健因素和激励因素。保健因素是那些与人们的不满情绪有关的因素，如公司的政策、管理和监督、人际关系、工作条件等。这类因素并不能对员工起激励的作用，只能起到保持人的积极性、维持工作现状的作用，所以保健因素又称为"维持因素"。激励因素是指那些与人们的满意情绪有关的因素。与激励因素有关的工作处理得好，能够使人们产生满意情绪，如果处理不当，其不利效果顶多只是没有满意情绪，而不会导致不满。他认为，激励因素主要包括：工作表现机会和工作带来的愉快，工作上的成就感，由于良好的工作成绩而得到的奖励，对未来发展的期望以及职务上的责任感。

赫兹伯格双因素激励理论的重要意义，在于它把传统的满意—不满意（认为满意的对立面是不满意）的观点进行了拆解，认为传统的观点中存在双重的连续体：满意的对立面是没有满意，而不是不满意；同样，不满意的对立面是没有不满意，而不是满意。这种理论对企业管理的基本启示是：要调动和维持员工的积极性，首先要注意保健因素，以防止不满情绪的产生。但更重要的是要利用激励因素去激发员工的工作热情，努力工作，创造奋发向上的局面，因为只有激励因素才会增加员工的工作满意感。

不过，正如马斯洛的需要层次论在讨论激励的内容时有固有的缺陷一样，双因素理论主要是通过调查的结果进行理论概括，虽说该理论简洁明了，但较为粗糙，对于员工满意度与劳动生产率之间的关系之类的关键问题并没有涉及。

赫兹伯格的激励理论的提出顺应了时代潮流，对管理有着重要的意义。在泰勒时代人们追求生存需要的满足，梅奥时代人们追求尊严和社会性满足，再后来的就是个人价值的追求。按照双因素理论,管理者要提高员工的积极性,仅仅依靠人际关系的营造、薪酬物质待遇的提高、工作硬环境的改善等办法,效果不一定好,还需要正确处理激励因素与保健因素的关系,让员工的个人利益与组织利益一致。

首先不能忽视人的保健因素,但也要引导员工,不能仅仅停留在保健因素上。人是生物性、社会性的统一体,满足人基本的生物和社会性需要是管理的基础,人加入某个组织一定是带着目的的,这种目的首先是作为人最根本的需要的满足。然而仅仅停留在这些因素上,无论对于个人还是组织都是不利的。而且物质待遇、职位的高低等都是可以比较的,容易引起矛盾。而将人的注意力集中到工作本身,有利于转移人们的注意力,减少矛盾和冲突。其次将保健因素与激励因素结合起来。比如,将事业的成就与升职、加薪等待遇结合起来,有利于刺激员工奋发向上,追求事业的成功。

小故事:李强的困惑

李强已经在智宏软件开发公司工作了 6 年。在这期间,他工作勤恳负责,技术能力强,多次受到公司的表扬,领导很赏识他,并赋予他更多的工作和责任。几年中,他从普通的程序员晋升到了资深的系统分析员。虽然他的工资不是很高,住房也不宽敞,但他对自己所在的公司还是比较满意的,并经常被工作中的创造性要求所激励。公司经理经常在外来的客人面前赞扬他:"李强是我们公司的技术骨干,是一个具有创新能力的人才……"

去年 7 月份,公司有申报职称指标,李强属于有条件申报之列,但名额却给了一个学历比他低、工作业绩平平的老同志。他想问领导,谁知领导却先来找他,说:"李强,你年轻,机会有的是。"最近,李强在和同事们的聊天中了解到他所在的部门新聘用了一位刚从大学毕业的程序分析员,但工资仅比他少 50 元。尽管李强平时是个不太计较的人,但对此还是感到迷惑不解,甚至很生气,他觉得这里可能有什么问题。在这之后的一天下午,李强找到了人力资源部宫主任,问他此事是不是真的? 宫主任说:"李强,我们现在非常需要增加一名程序分析员,而程序分析员在人才市场上很紧俏,为使公司能吸引合格人才,我们不得不提供较高的起薪。为了公司的整体利益,请你理解。"李强问能否相应提高他的工资。宫主任回答:"你的工作表现很好,领导很赏识你,我相信到时会给你提薪的。"李强向宫主任说了声"知道了!"便离开了他的办公室,开始为自己在公司的前途感到忧虑。

思考:请用双因素理论解释李强的忧虑、困惑;谈一谈企业应如何做才能更好地、有效地激励员工。

(四) 麦克里兰(David C. McClelland)的成就动机理论

美国哈佛大学心理学教授麦克里兰根据自己的研究,也对人的需要进行了分类,不过他注重的是较高层次需要的研究和分类,并提出了三种需要:权力需要、亲和需要和成就需要。其中,影响最大、研究最深入的是成就需要。权力需要即影响和控制他人的欲望。这种需要比较强的人,很喜欢出头露面,对领导岗位表现出特别的兴趣。亲和需要即与他人建立友好和亲密的人际关系的欲望。亲和需要比较强烈的人,喜欢人与人之间和睦相处、不喜欢过度竞争。成就需要即追求卓越、实现高水平目标的内部欲望。成就需要比较高的人,喜欢有一定挑战性的工作,更加看重工作的成功与否,对成功比较执着。成就需要比较高的人,通常具有以下几种行为特征。

（1）有很强的事业心和责任心，喜欢寻求解决问题的办法。他们喜欢工作，希望做出成就，把出色地完成工作本身看得比完成工作后所得到的外在奖励更重要。

（2）有进取心，但不会冒太大的风险，比较现实。他们对于太容易或太困难的任务都不喜欢，因为太容易的任务没有挑战性，不能反映其成就；对太困难的任务，他们缺乏耐心，影响其成就感。他们更偏爱中等难度的任务或工作，中等难度的工作既有一定的挑战性，又可以通过努力实现，从中获得成就感。

（3）重视反馈信息并希望通过信息的反馈了解目标的实现情况，便于及时调整以尽快接近目标。反馈本身就是告诉行为者目标完成的情况。由于他们选择的多半是能力范围内经过努力可以实现的目标，大多数情况下，反馈都是积极的结果，即赞扬，这种积极的评价是谁都喜欢的。

（4）从完成工作中获得的成就感远比物质奖励更重要。薪酬、奖金等物质报酬仅仅是衡量个人成就的工具，不是目的。

衡量成就动机的办法有多种，其中一种是投射测验，即在不告诉被测试者目标的情况下，让被测试者进行看图作文，通过图片所呈现的模糊背景资料让被测试者撰写一篇完整的故事，讲述故事的人物、时间、地点，发生了什么事情，过程如何，为什么等。由于事先没有介绍测验的意图，许多人就会按照自己的心态、愿望，将自己的想法表现在故事作文中。然后由专家对他们的故事进行分析，提炼出与成就动机联系紧密的素材，从而对个体的成就动机进行推测。

值得注意的是，有研究表明：高成就动机的人，不一定是优秀的管理者。因为他们关心的是个人的成就，而不是影响其他人。相反，高权力需要和低亲和需要的人更可能成为优秀的管理者，因为他们都注重与他人的关系，高权力需要的人希望控制和影响他人，低亲和需要的人以控制为导向，不会为了简单地搞好关系而牺牲目标任务。

三、过程性激励

过程性激励理论认为，通过满足人的需要实现组织的目标有一个过程，即需要通过制订一定的目标影响人们的需要，从而激发人的行动，包括弗洛姆的期望理论、洛克和休斯的目标设置理论、波特和劳勒的综合激励模式、亚当斯的公平理论、斯金纳的强化理论，等等。

（一）弗洛姆（V. H. Vroom）的期望理论

1964 年弗罗姆提出了期望理论（expectancy theory）。期望理论认为，人的行为受两个重要因素的制约，即期望值和效价。期望值是达到所期望的目标的可能性，效价则是目标对个人的价值大小。对人的激励程度可用如下公式表示：

$$M = f(EV)$$

其中，M 表示激励力量（motivation），E 表示期望值（expectancy），V 表示效价（valence）。

期望值与主观和客观的因素有关。主观上，如果个人能力强，过去有较好的成绩，可以提高期望值。客观上，如果外部条件较好，也可能很好地实现目标，期望值也可能提高。效价则是目标在个人心目中的价值，其大小受个人主观感受影响，对一个人有价值的东西未必对另一个人也具有同样的价值。比如，苹果的 iPad5 对于有的人可能很有吸引力，而对于其他人则可能没有什么意义。从激励要素上看,期望理论与需要理论应该紧密地联系起来,从某种意义上说,期望理论是对需要理论的进一步发展和完善,需要是人的行为的很重要的部分,但要考虑到完成任务的期望值或可能性。如果期望值高,但效价低,激励的效果较差;如果期望值低,效价高,激励效果也不一定高;只有期望值和效价都比较高,激励效果才比较高。期望值和效价的不同组合,会产生不同的激励效果。

从本质上说,期望理论是将目标和需要结合起来考虑的理论。所谓目标也就是自己或组织设定的任务或奋斗目标,其实现本身就是一种有激励价值的事物,是人们换取个人所需要的东西的前提或交换品,人们希望在完成某一目标后,得到自己想要的东西或回报。因此,目标能否达到,就成为人们行为前需要考虑的重要事项。此外,还需要衡量实现目标后所能带来的回报或效价。如果目标实现后所带来的回报不是个人看重的,这种激励价值就会打折。

事实上,组织目标的实现,本身具有双重意义:于组织,达到了组织目标;于个人,则是进一步换取个人目标的手段或工具,组织目标达成并不是个人的终极目标。考虑到这种情况,弗罗姆对其早期的理论进行了修正,增加了一个工具性指标。具体如公式:

$$M = f(EIV)$$
$$激励力量(努力) = (概率 \times 工具目标) \times 效价目标$$

期望理论丰富了激励理论并对管理工作产生了一些启示。

(1) 确定适当的目标,提高期望值。设定适当的目标,是激励个人行为的基础。如果制定的是合理的、大多数人都能实现的目标,少数不能达到目标的人压力很大,就有可能充分挖掘潜力,达到目标。有些组织,由于不了解企业的实际业务水平,或没有很好地搜集市场信息,在制定目标时,过低估计了员工的能力或市场的潜力,制定了较低的目标标准和较高的奖励标准。当员工完成了自己的目标任务时,组织后悔、不履行承诺,给员工造成了较大的伤害,也给企业的信用造成了损害。

(2) 提高组织绩效目标与效价的关联性。凡是通过个人努力达到组织规定目标的,就应该按照组织的承诺,给员工以应得的回报,树立组织良好的组织信用和雇主品牌,在员工中建立起良好的口碑。

(3) 提高效价在员工心中的价值。人性化的管理往往是差异化的管理,人文关怀就是按照个人的需求进行激励,不可对所有的人都用同一种激励模式,企业需要通过组织社会化的途径,建立企业自身的价值体系和企业文化,来凝聚人心,并提高效价在员工心中的价值。

📖 **小故事:军民的期望**

宋朝时期,某位将军被派驻边地镇守。他到了边地之后发现守城的尽是些老弱残兵,虽然人人都会武艺,但全都是些花拳绣腿,根本无法打仗。用这样的军卒来防守,根本抵挡不了如狼似虎的金兵,怎么办?这位将军计上心头。他颁布了一条命令,即用一块银子作靶,凡是射中者,银子便归其所有。此后,边地军民争以习箭为任,箭术均有提高,个个精于箭术。不久,金兵入侵,边地军民同仇敌忾,把金兵打得抱头鼠窜,成功地守住了边城。

正是这位将军把军民期望得到银子的心理运用到训练中,使得军民人人习箭,最终达到了守城的目的。作为领导者,也可以将这种心理应用于激励下属的措施中,定会取得良好的效果。

(二)目标设置理论

人的行为大多是有目的的,有目的行为的结果与无目的行为的结果是大不相同的。心理学的研究表明,漫不经心地练习没有什么效果,一旦目标确定,练习效果就会极大地提高。只要人们确定了一个奋斗目标,就可能被该目标牵引,努力奋斗,尽快地接近目标。对组织来说,不论需要与满足需要的目标是否一致,目标都是一个重要的拉力,是人行为的导向。为了完成组织的目标,组织将整体目标分解成为部门和个人的目标。而组织中的个人,为了保住岗位、获得报酬、得到人们的认可,需要完成或超额完成组织规定的目标。这样就为个人目标和组织目标的共同实现找到了一个结合点。

激励理论不仅要考虑需要的推动力(外部拉力),也要考虑如何通过目标设计和分解,使需要成为外部拉力,拉动人的行为,达到激励个人完成组织目标的目的。洛克(EdwinLocke)的目标设置理论(goal setting theory)强调目标在激励个人实现目标行为中的作用。该理论系统地探讨了目标的具体性、挑战性和绩效反馈的作用。

美国著名管理学家德鲁克(Peter F. Drucker),他在《管理的实践》(1954)一书中提出了目标管理(Management By Objective, MBO)的概念。目标管理是目标设置理论的运用。目标管理是指通过设定目标,并运用这些目标来衡量组织和个人目标的完成情况。后来,沃迪因(G. Ordiorne)把参与目标管理的人员扩大到整个企业范围,主张将上下级结合在一起来确定共同的目标,强调员工的参与性,使员工从中受到激励。

目前许多组织开展绩效管理,基本上都包含了目标管理的部分思想。这种将组织的总体目标通过组织所包含的部门、部门中的个人层层分解下去的管理方法,一旦哪个环节出现问题,管理者很容易进行判断,并提出改进措施。这些改进可能是组织管理流程的改变,也可能是员工激励措施的调整。

根据目标管理的理论与实际,合理而科学的目标设定是保证目标管理成功的关键。目标设定的基本规律有 SMART 法则,这五个基本规律的具体内容如下,Specific——目标要清晰、明确,让考核者与被考核者能够准确地理解目标;Measurable——目标要量化,考核时可以采用相同的标准准确衡量;Attainable——目标要通过努力可以实现,也就是目标不能过低和偏高,偏低了无意义,偏高了实现不了;Relevant——目标要和工作有相关性,不是被考核者的工作,别设定目标;Time-bounded——目标要有时限性,要在规定的时间内完成,时间一到,就要看工作的结果。

目标管理的优点很清楚,就是将复杂的任务目标化,将总体任务目标数量化,将复杂的总体目标分解为公司、部门、个人的目标,层层进行过程管理,狠抓落实,有利于总体目标的最终实现。

目标管理的不足是:第一,有些部门的目标不是很清楚,或者分解比较困难;而有的部门目标比较清楚,操作比较容易,给目标制定造成困难。比如,销售部、生产部的目标容易数量化,但往往难于实现;而行政部门的目标则很难数量化,却相对容易实现,可能影响公平性。第二,有些长期目标和短期目标冲突,协调比较困难。比如,员工的成长性、产品研发等目标,对于组织的长期可持续发展比较重要,但标准制定不容易,而且变化的周期比较长,不容易考核评价。第三,目标分解的过程非常烦琐,操作起来也比较麻烦,管理运行成本较高。

（三）公平理论

公平理论(equity theory)又称社会比较理论,它是美国行为科学家亚当斯(Adams)在《工人关于工资不公平的内心冲突同其生产率的关系》(1962,与罗森合写),《工资不公平对工作质量的影响》(1964,与雅各布森合写)、《社会交换中的不公平》(1965)等著作中提出来的一种激励理论。该理论侧重于研究工资报酬分配的合理性、公平性及其对职工生产积极性的影响。在亚当斯看来,人是在比较中生活的,人们经常会和周围的人,或者过去的自己比较投入和回报的比率,如果一个人将自己的回报与投入之比与比较对象的回报和投入之比比较,自己的比值小于比较对象,就会产生不公平感。当然,自己的比值大于比较对象,个人也会产生不公平感,但和前一种情况的行为反应方式是不同的,前一种常常导致消极的情绪和行为。

该理论的基本要点是:人的工作积极性不仅与个人实际报酬多少有关,而且与人们对报酬的分配是否感到公平更为密切。人们总会自觉或不自觉地将自己付出的劳动代价及其所得到的报酬与他人进行比较,并对公平与否做出判断。公平感直接影响职工的工作动机和行为。因此,从某种意义来讲,动机的激发过程实际上是人与人进行比较,做出公平与否的判断,并据以指导行为的过程。

$$A 回报/A 投入＝B 回报/B 投入$$

亚当斯认为,如果个人的回报和投入大于比较对象,个人也会感到不公平,通常的行为不是退回所得的回报,而是选择增加投入,这种投入不再增加产量,而是提高质量,通过为组织多做贡献,获得相对的公平和心理的安宁。但是,亚当斯的公平理论只是一个美好的愿望。因为在实际操作中,投入和回报都是比较复杂的事物,由于评价的复杂性,分配公平只是相对合理的。比如,工资、奖金、住房公积金、股票期权等是可以量化的回报,但个人的成长、得到的尊重、享受的特殊待遇以及承担风险时的精神压力、恶劣的环境、不规律的生活、却无法精确地计量。因此,在实际操作中,客观的公平是很难实现的。

考虑到亚当斯公平理论的不足,瑟宝和沃克尔(Thibaut, Walker, 1975)提出了另一种公平,即程序公平。程序公平更强调分配资源时使用的程序,以及分配过程的公平性。他们发现,如果人们认为过程是公平的,即使得到了不理想的结果,也能接受,因此过程控制(process control)和决策控制(decision control)是关键。只要当事人在过程阶段具有一定的控制权,他们就愿意放弃对决策阶段的控制。换句话说,假如公平争执者认为他们能控制做决策的过程(如可以提出自己的证据、有机会表述自己的意见),他们的公平感就会提高。这种现象被称为"公平过程效应"或"发言权(voice)效应"。

在瑟宝和沃克尔的基础上,莱温瑟尔(Leventhal, 1980)等进一步提出了程序公平的六个标准。他也非常关注程序对结果的影响,认为控制了导致结果的程序的公平性,就可能使分配结果更公平。为了评估程序公平,他们不是直接针对程序本身,而是针对分配程序、分配过程的属性。他们的六个标准是:(1)一致性法则(consistency rule),即分配程序对不同的人员或在不同的时间应该维持一致性,做到分配始终如一;(2)避免偏见法则(biassuppression rule),即在分配过程中应该摒弃个人的私利和偏见,做到不偏不倚,公平公正;准确性法则(accuracy rule),即分配决策应该依据正确的信息,保证信息来源的客观性,制定科学的分配决策;(3)可修正法则(correctability rule),即分配决策应该有可修正的机会,允许犯错误,但要及时改正错误,不能将错就错;(4)代表性法则(representative rule),即分配程序能代表反映所有相关人员的利益,覆盖面要广;(5)道德与伦理法则(moral and ethical rule),即分配程序必须符合一般能够接受的道德与伦理标准,令人信服。事实上,如果能够充分体现过程控制权,或者对分配程序有发言权,上述六个公平法则就有可能实现,要避免偏见、保持准确性,要能够改正错误,要体现代表性,都需要有发言权。

几年以后,比斯和牟格(Bies,Moag,1986)通过研究,又提出了互动公平理论。该理论主要关注的是实施分配程序时,人际处理(interpersonal treatment)方式的重要性。互动公平有两种:一种是"人际公平"(interpersonal justice),其反映的是在执行程序或决定结果时,上级领导是否考虑到了下属员工的尊严,礼貌地对待了对方等;另一种是"信息公平"(informational justice),主要指是否给当事人传达了必要的信息,如为什么要用某种形式分配报酬。实验结果表明,即使是分配程序有问题而且分配结果也不公平,但只要互动公平,人们的公平感也会提高。

从激励的效果上看,分配公平的作用最大,程序公平次之,互动公平居后。公平理论对企业管理的启示是非常重要的,他告诉管理人员,员工对工作任务以及公司的管理制度,都有可能产生某种关于公平性的影响作用。因此,企业在制定和执行各种管理制度时都要谨慎。

(1)薪酬政策的制定必须考虑合适的参照对象。亚当斯的公平理论认为人是在比较中生活的,人们习惯于将自己的收获与投入之比同内部和外部相比较,同自己的过去相比较。虽然有的企业制定了薪酬保密的制度,但员工还是可以通过各种方式了解到薪酬信息。如果薪酬差异过于悬殊,人们就会在心理上产生不公平感,从而滋生消极的工作行为。在制定薪酬制度时需要注意内部公平与外部公平。首先需要考虑竞争对手相似岗位的工资水平;其次,需要考虑组织内部不同岗位之间的差异幅度。

(2)合理评估投入和产出,并给予相应的回报。人有自利(self-interest)的倾向,如果缺乏客观标准,就可能引发"公说公有理,婆说婆有理"的局面。每个人都可以找到对自己有利的投入。随着人力资源管理的科学化,使得许多组织采用科学的业绩评估方法来带动工资、奖金和福利的发放。这样可以逐步在业绩中突出组织看重的指标,引导员工成长和进步的方向。

(3)注重程序公平。根据过程控制理论,分配制度的制定,需要通过民主集中制的原则体现。民主集中制原则的体现,既符合梅奥社会人假设的理论,也能保证分配制度的充分代表性、准确性、可修正性。在制定和执行一个合理制度的过程中,需要各种利益群体和当事人参与,在充分民主的基础上进行集中,既体现员工意志,也体现领导艺术,这项工作需要耐心地引导和推进。

(4)注重互动公平。不管分配的结果是否对当事人有利,都需要管理者进行事前和事后的沟通。制度无情,操作有情,既要保证制度的公平、公开,也要体现人情味。再合理的制度,有时可能因为情境因素的制约而变得不合理,这时就需要管理者进行引导和沟通,通过适当的管理措施消除矛盾和对立,达到激励人的目的。在许多情况下,资源有限,而符合条件的人较多,出现"僧多粥少"的局面。此时,为避免误会就需要与当事人进行沟通,以求得当事人的理解和支持。

小故事：公平感的个人差异

斯蒂芬·P·罗宾斯在其所著《管理学》一书中提到，在公平的问题上，存在着众多的付出与报酬项目，而员工对其重要性的认识也存在差异。美国一项关于白领、蓝领员工的对比研究确定出近20项付出与所得对比的项目。结果发现，白领员工将工作质量、工作知识列在付出因素的首位，而蓝领员工却将这些因素列在付出因素的末位；蓝领工人认为最重要的付出因素是智力和个人对完成任务的投入，而这两个要素对白领员工的重要程度却很低。在报酬方面同样存在差异，但不太明显。比如，蓝领工人将晋升放在第一位，白领员工将晋升放在第三位。这些差别意味着他们对公平的感受不一样。所以，理想的激励系统应当能够区别对待不同的员工。

（四）强化理论

最早提出强化概念的是俄国著名的生理学家巴甫洛夫。在巴甫洛夫经典条件反射中，强化是指伴随于条件刺激物之后的无条件刺激的呈现，是一个行为前的、自然的、被动的、特定的过程。巴甫洛夫的实验对象的行为是刺激引起的反应，因而被称为"应答性反应（respondents）"。

具有现代意义的强化理论是美国的心理学家和行为科学家斯金纳（B. F. Skinner）提出的，也称为行为修正理论或行为矫正理论。在该理论中，斯金纳系统阐述了强化（reinforcement）的思想，他认为人是没有尊严和自由的，人们做出某种行为，或不做出某种行为，只取决于一个影响因素，那就是行为的后果。据此，他提出了一种"操作条件反射"理论，认为人或动物为了达到某种目的，会采取一定的行为作用于环境。当这种行为的后果对他有利时，这种行为就会在以后重复出现；不利时，这种行为就减弱或消失。人们可以用这种正强化或负强化的办法来影响行为的后果，从而达到修正其行为的目的。

根据强化理论，如果对人的某种行为给予肯定和奖赏，使之得到保持并增强，就是正强化；反之，对于某种行为给予否定和惩罚，使之减弱、消失，就是负强化。管理者应根据组织的需要和个人行为在工作中的反映，来不定期、不定量的实施强化，使每次强化都能起到较大的效果。人总是趋利避害的，对于有利的事物往往比较敏感，只要发现某人的行为可以获得较高的回报，就会纷纷效仿和学习。对于一个组织来说，如果投机取巧者成功的可能性很大，就会造就一批钻营者，这样就奖励了投机取巧者而惩罚了组织中踏实肯干的员工。要进行强化，首先要判断哪些行为是需要鼓励的，哪些行为是需要控制的，对于不同类型的行为选择不同的强化办法。对于积极的、组织希望的行为，应该采取积极的正强化办法，如对吃苦耐劳的人，应该予以奖励。对于消极的、组织不希望的行为，应该采取负强化的方法，如对那些只会宣传自己、不见行动的人则需要进行惩罚，改变他们华而不实的作风。

管理类畅销书《奖励员工的一千零一种方法》的作者鲍勃·纳尔逊说："在恰当的时间从恰当的人口中道出一声真诚的谢意，对员工而言比加薪、正式奖励或众多的资格证书及勋章更有意义。这样的奖赏之所以有力，部分是因为经理人在第一时间注意到相关员工取得了成就，并及时地亲自表示嘉奖。"在任何一个组织中，进行激励的措施和办法都不是单一的，往往需要综合考虑各种行为规律，采取不同的奖励措施，使人们的行为朝着有利于组织目标实现的方向活动。

小故事：民营企业老板的困惑

某民营企业的老板通过学习有关激励理论，受到很大的启发，并着手付诸实践。他给予下属员工更多的工作和责任，并通过赞扬和赏识来激励下属员工。结果事与愿违，员工的积极性非但没有提高，反而对老板的做法强烈不满，认为他是在利用诡计来剥削员工。

思考：请根据所学习的有关激励等理论，分析该老板做法失败的原因并提出建议。

四、激励理论的发展趋势

在西方许多国家，一直存在着大胆试验，小心求证的科学探索的传统。进入 21 世纪以来，大量西方学者对激励实践的效果开展了丰富的实证研究，并以多学科交叉的视角，对主流激励理论的基本问题和理论模型进行了重新思考和拓展，在以下几个方面开展了卓有成效的研究。

1. 自我实现基础上的员工授权研究

管理者将自己所属的部分权力授予下属，使部分权力责任由下属分担，有利于发挥下属的积极性、主动性和创造性。松下幸之助曾经说过，"领导再强，但员工冷漠，仍难推动工作，必须设法使每个人都是负责人"。在物质文化较为丰富的今天，大多数人的低层次需要得到了广泛的满足，更多的人开始追求"自我实现"需要。尤其是现在的 80 后和 90 后的员工，如何对他们适度授权，使员工的自我管理与目标管理结合，从而提高组织的绩效是管理者所必须面对的难题。

2. 团队激励模式的研究

从 20 世纪 90 年代以来，团队激励问题就受到了学者们的广泛关注。团队激励包括传统激励理论在团队中的应用、团队绩效的考核、团队薪酬制度安排、团队成员的工作授权、团队工作环境的营造、团队信息的共享等。团队激励模式研究的进展与和团队理论研究的进展是密切相关的。

3. 扁平化组织中员工激励模式的研究

在激烈竞争的环境中，扁平化的企业组织结构能大大提高企业应对环境变化的速度，因而成为当今组织管理的一大趋势。但是企业组织扁平化的直接后果之一就是企业内部行政等级化水平降低，行政层级较少，使得组织无法再给员工提供大量的职位晋升机会。因此，在扁平化组织中激励模式将向四个方向发展：以工作成就为导向；以组织总体目标为导向；以相互合作为工作方式取向；以组织文化、组织氛围为手段。

4. 基于行为主义的激励约束机制研究

进行行为主义研究的学者将经济学中的非对称信息博弈的激励约束机制引入研究模型中，产生了"隐性激励机制""代理人市场声誉模型"及"股票期权激励"等激励方法。

【模块二】 案例分析

硅谷高科技员工的激励

一些人认为,典型的加利福尼亚人与世界上别的地方的人有所不同。尽管这是人们的某种成见,但是至少有一部分加州人确实与众不同。这部分人在硅谷工作,就职于那些推动科技与信息发展前沿的高科技公司。

以他们当中的一员凯西小姐为例,她典型的一天是这样度过的:白天工作12个小时后,晚上9点锻炼身体,然后接着工作。这就是她一贯的作息安排,每周6天,并一直能坚持好几个月。凯西是娱乐产品部的项目经理,主管电脑游戏光盘的制作。她一般每周工作100个小时左右。和她在硅谷的那些同事们一样,她并不需要遵守严格的时间规定,而只是在自己想工作的时候才工作,只不过她大多数时候都想工作而已。

什么可以激励人们过这样一种生活呢?在硅谷,很多特殊的机会层出不穷,这就为某些人提供了强大的激励机制。在这里,一种普遍的激励因素是金钱。在今天,硅谷有1/3以上的高科技公司给员工以股权,而对非高科技公司,这一比例不到1/12。因此,在这一行业中,短时间内暴富是完全可能的。而且即使有人赚不到钱,他能得到的基本补偿金也非常诱人。例如,硅谷的软件、半导体工人每年平均可以得到7万美元的补偿金,而美国普通工人平均每年只能得到27 000美元。

对于这个行业的人来说,对所从事工作的热爱是另一个重要的激励因素。虽说钱很重要,但很多人承认,如果只是为钱,他们是不会像现在这么努力的。事实上,很多人都认为自己的工作可以与音乐家的工作相媲美,因为工作给了他们发自内心的快乐,工作本身就是最吸引他们的地方。

第三个激励因素是,在硅谷的工作有很高的显示度,容易为人所认可。相对于其他行业的人来说,他们有更多的机会在顾客中闻名。比如说,娱乐产品部发行了凯西监制的游戏光盘。成千上万的顾客会来买这种光盘,并在他们的电脑上使用。她的名字就会出现在制作人员的名单中,就像电影制片人的名字出现在影院中一样。

来自同行业的压力和认同也是非常重要的激励因素。这个行业中的人工作时间都很长,这也成了整个行业通行的一种"标准"。人们去上班时就知道自己必定要工作很长时间,这是既定的事实。他们这么做是因为每个人都这样,不这么做的人就会遭到同行的讥讽。

最后一个激励因素是这些工作所提供的自主性。事实上,现在流行的很多管理方式,比如说授权,就诞生于硅谷。诸如惠普和苹果电脑一类的公司已经放弃了传统组织机构中指令控制式的管理。公司从不对员工的工作时间安排、工作进度以及服装规范等方面加以规定。相反,员工可以来去自由,可以带宠物上班,也可以在家工作。简而言之,他们可以自主选择在何时、何地以及以什么方式开展工作。对于今天的很多员工来说,这种弹性是非常有吸引力的。

案例讨论题:
1. 如何用马斯洛的激励理论来解释硅谷员工的行为?
2. 如何用赫茨伯格的双因素理论对员工的行为加以解释?
3. 对于成就、归属和权力的需要是否对这些员工有激励作用?

成果与检验：

根据小组成绩、班级讨论、书面报告等综合评定。

【模块三】 管理游戏

彩圈飞舞

游戏目的：

让学生通过游戏体验在三个不同的团队活动中由于反馈激励方法不同而产生不同的工作效果。

游戏程序：

1. 把学生分成 3 个小组，组长角色实施布置，分别扮演"积极鼓励""疯狂打击""无声无息"三个角色（角色说明书另附）。

2. 每个组每个学生发 30 个铁丝环，在规定的距离（2 米），扔套玻璃杯。记录套中率，即扔若干圈的命中率。每个学生套中后，可选择是否扔完铁丝圈。

游戏规则：

1. 学生不可越线扔圈。

2. 学生必须一个一个地扔圈。

3. 每次命中后，学生如选择继续扔圈，多次命中，选择命中率最高的一次为该学生的成绩。

4. 最后成绩取小组的平均命中率。

5. 游戏大约为 30 分钟。

游戏准备：

1. 90 个铁丝圈。

2. 3 个玻璃杯。

3. 3 名组长的角色说明书。

角色 1——正面激励的领导

你是一个提倡正面激励的领导。在游戏的过程中，你始终鼓励你的小组成员。

角色 2——无反馈的领导

你是一个不给予成员任何反馈的领导。不管你的小组成员取得了什么样的成绩，你都是面无表情，不说话。

角色 3——负面激励的领导

你是一个给成员不断打击的领导。在游戏的过程中，你不断地打击成员的积极性。

游戏成绩统计表：

组别	总圈数	个人命中率记录	小组平均命中率

注意事项：

1. 辅导老师必须指导三个组长忠实执行角色要求。

2. 每个组长必须正确记录每个学生的扔圈成绩。

3. 游戏完成后，公布三个组的成绩；其次，请三个小组的成员代表各自谈游戏感受；再次，请三个组长说明自己事先受命扮演的不同角色以及自己的感受；最后，讲师道出游戏的目的：三种不同的反馈激励模式产生不同的团队工作效果。

成果与检验：

根据学生的参与程度以及表现看游戏的效果，并评定成绩。

【模块四】　实战任务

为班级制订一份激励计划

实战目标：

1. 培养对实际管理系统进行观察分析的能力；

2. 培养运用激励理论进行有效激励的能力。

实战内容与要求：

1. 调查与深入研究本班学生学习的积极性以及包括奖学金在内的激励状况。

2. 以模拟公司为单位，就如何在本班进一步调动学习的积极性、实现有效激励组织研讨。

3. 每人为班级起草一份激励计划。

4. 在班级组织研讨，深入分析目前的激励状况，研讨如何有效激励及充实和完善同学们的激励计划。

成果与检测：

根据小组成绩、班级讨论、书面报告等综合评定。

【模块五】　能力测评

你是一名好的激励者吗

测评目标：

测试激励能力

测试内容与要求：

管理的实质是通过激发他人的动机来提高工作绩效，以实现组织的目标。作为一个管理者，你的激励技能的高低直接决定了你工作的好坏。测一测你激励员工的能力如何，在下列的选项中选择与你经历最为相似的答案，尽量做到诚实作答。选择 1 表示"从不"，2 表示"有时"，3 表示"经常"，4 表示"总是"。

1. 我努力说服并影响员工使他们按我的要求去做，我不去强迫他们。

2. 尽量使员工能享受工作的乐趣。

3. 我运用非语言沟通方面的知识能力来影响他们。

4. 只要有可能,我就向员工提供足够多的真实信息。

5. 我会与跳槽的员工见面,查明他们离开的原因。

6. 如果我进行了员工意见调查,就会特别注意按调查结果采取行动。

7. 我采取行动或当我与他人持不同意见时,向他说明我的理由。

8. 我不用 X 理论而是用 Y 理论的管理原则进行管理。

9. 我争取尽早使员工参与到工作事务中来。

10. 我尽力避免"办公室宗派",并且制止他人耍"政治手腕"。

11. 我对员工的奖励、认可及提升都只以功绩为依据。

12. 我不断地调整基准尺度,以使目标具有激励作用。

13. 我在牢牢监督和给予员工充分自主权之间寻找一种平衡。

14. 行动和计划失败时,我不是责备别人,而是认真分析并加以更正。

15. 我努力寻求共识,并鼓励他人也这样做。

16. 我对体制加以修正,扫清工作中的障碍。

17. 在评估员工工作绩效时,我不仅仅注重经济效益。

18. 我鼓励员工公开他们与他人所得的报酬。

19. 在评估性会见中,我主动要求别人对我提出批评,并且能接受这些批评。

20. 如果我不得不批评某一员工,我会争取到对方充分而明确的反馈。

21. 我采取行动以避免或解决争端。

22. 如果必须做出某些困难的人事决定,我会毫不犹豫。

23. 我把不一定非要我来完成的工作授权给他人去做。

24. 我把任务与行动看作促进员工发展的途径。

25. 我鼓励员工按自己的思路办事。

26. 我在组织工作时,会考虑由一个人独立完成整个任务。

27. 我总是在征求可能涉及的人的意见后才采取变革行动。

28. 对工作做得好的员工,我要当面或写信表达致谢。

29. 我会突破条条框框,不按教条工作。

30. 我注意观察,并为那些不能充分发挥自己潜能的员工调整工作。

成果与检验:

将所有得分加总,然后通过阅读相应评语,检查自己的表现。

得分为 30~61 分的:可能你经常打击员工积极性而不是激励他们,应该立即检查你的表现,找出哪些地方做得不好,赶快采取行动加以改进。

得分为 62~93 分的:你懂得并实践了许多具有激励作用的做法,然而,如果你不断留心,还可以抓住许多激励员工的机会。这些行动的效果会比另一些更好,若经常采取会立即见效。

得分为 94~126 分的:如果你已对测试诚实作答,那就恭喜你,你创造了激励工作中的奇迹,要继续保持,不要让高水平降下来。

任务二　激励理论的应用

【模块一】　知识精讲

激励理论的应用

行为是由动机引起的,而动机是由人的需要激发的,不同的激励因素,对于不同的人,可能效果不同,如金钱可以激励某些人努力工作,而对另一部分人来说,工作成就是最大的激励因素。管理者应该按需激励,首先就要承认并尽量满足员工的不同需要。在现代企业中,应根据员工的不同需要,采取不同的适宜的激励措施,才能调到人们的积极性,使员工保持旺盛的士气。

一、普通员工的激励

组织在确定激励内容时,最基本的一条原则是激励资源对获得者要有价值。期望理论告诉我们,对普通员工来说,效价为零或很低的奖酬资源难以调动他们的积极性。为了满足不同员工对奖酬内容的不同要求,可列出奖酬内容的菜单,让员工自己选择。对普通员工来说,最常用的激励方式有以下几种。

（一）物质激励

每个人都有自己的物质需求和经济利益,物质激励就是通过满足个人物质利益的需求,来调动其完成任务的积极性。日本著名的人事专家三浦智得认为,普通员工对工资的需求也表现出五个层次:生理需要,包括对满足吃饱的工资水平的要求等;安全需要,即对工资体系中要有一部分固定收入的需要;社交需要,即对能体现与同事平等和公平的工资的需要;尊重需要,即把工资作为与自己能力和工作相称的地位的象征,以及取得高于别人的工资的需要;自我实现需要,即对能促进个人发展和过富裕生活的工资的需要。

在市场经济社会,金钱是人们在社会获得生存及被评价成功的最基本的要素,而且物质奖励与员工努力之间的线性关系更能被管理者所把握,物质激励比精神激励更易量化,更便于比较。如果能将物质激励和员工工作成绩紧密联系起来,它的激励将会持续相当长一段时期。管理者运用金钱激励时应注意以下几点。

（1）物质激励的效果因人而异。个体存在个性差异,个体对物质的偏爱程度不一,相同数量的金钱,对不同的员工有不同的价值。例如,高学历者的需要层次较高,更看重成就、尊重、地位等。

（2）物质激励必须公正。按照公平理论一个人对他所得的报酬是否满意不是只看其绝对值,而更看重相对报酬,员工会把自己的报酬与别人进行比较,同时也会进行历史比较,如果觉得自己是受到了不公平对待,就会影响员工的工作态度。

（3）物质激励必须反对平均主义。除了保证员工基本生活的基本薪酬外,员工的奖金应主要根据个人绩效来分配,否则平均分配不仅起不到激励作用,还会打击绩效高的员工。

（4）物质激励还要同其他激励手段结合使用。金钱不是万能的,物质激励要和其他措施相配合,才能对员工起到持久的激励作用。如管理者还要关心员工,为员工解决个人的实际困难,强化组织归属感等,这样才能使物质激励发挥长久的作用。

（二）认可与赞赏

认可与赞赏可以成为比物质激励更具激励作用的激励方式,而且这种激励方式的成本极低。用认可和赞赏的方式对员工进行奖励,可以采用多种样式。对于实现重要目标的员工,颁发证书、奖品等;在企业内部的网页、报刊等宣传渠道宣传报道典型员工。

（三）提供个人成长发展机会

几乎所有的员工都会在乎自己未来的发展。普通员工未来的发展方向可以是继续沿着原来的职业道路发展,进一步提高技能,也可以转向管理类岗位。例如,对工作成绩优异的员工提供带薪进修的机会,继续提高他们的工作技能。而对那些能够胜任管理工作、并且愿意做管理工作的员工,则可以晋升到管理工作岗位。

（四）工作本身的激励

首先是合理分配工作,尽可能使分配的任务适合员工的兴趣和工作能力。如果员工从事自己喜欢的工作,则工作本身也有激励作用。以泰勒为代表的科学管理把工人的工作简单化、专门化,虽然极大地提高了工作效率,但却不能满足员工成长和发展的需要。与工作简单化相反的是工作扩大化,让工人增加工作种类,同时承担几项工作,以增加他们的工作兴趣。除了在横向增工作种类,还可以在纵向增加工作的丰富性。让员工参加工作计划,得到绩效反馈以修自己的工作,从头到尾完整地完成一项工作,从而增加工人对某项工作的责任感和成就。工作丰富化让员工承担更大的责任,有更多的工作自主性,也需要更复杂的技能才能。

小故事:让大家乐于工作

在马克·吐温小的时候,有一天因为逃学被妈妈罚去刷围墙。围墙有3米高30米长,比他的头顶还高出许多。他把刷子蘸上灰浆,刷了几下。刷过的部分和没刷的相比,就像一滴墨水掉在一个球场上。他灰心丧气地坐下来。

他的一个伙伴桑迪提了只桶跑过来。"桑迪,你来给我刷墙,我去给你提水。"马克·吐温建议。

桑迪有点动摇了。"还有呢,只要你答应,我就把我那只肿了的脚趾头给你看。"马克·吐温。

桑迪经不住诱惑了,好奇地看着马克·吐温解开脚上包的布。可是,桑迪到底还是提着水桶拼命跑开了——他妈妈在瞧着呢。

马克·吐温又一个伙伴罗伯特走来,还啃着一只松脆多汁的大苹果,引得马克·吐温直流口水。突然,他十分认真地刷起墙来,每刷一下都要打量一下效果,活像大画家在修改作品。

"我要去游泳。"罗伯特说,"不过我知道你去不了。你得干活,是吧?"

"什么? 你说这叫干活?"马克·吐温叫起来。"要说这叫干活,那它正合我的胃口,哪个小孩能天天刷墙玩呀?"马克·吐温卖力地刷着,一举一动都显得特别快乐。

罗伯特看得入了迷,连苹果也不那么有味道了。"嘿,让我来刷刷看。""我不能把活儿交给别人。"马克·吐温拒绝了。"我把苹果核儿给你。"罗伯特开始恳求。"我倒愿意,不过……"马克·吐温犹豫道。

"我把这苹果给你!"罗伯特急切地回应着。

小马克·吐温终于把刷子交给了罗伯特,坐到阴凉处吃起苹果来,看罗伯特为这得来不易的权利刷着。一个又一个男孩子从这里经过,高高兴兴想去度周末,但他们个个都想留下来试试刷墙。马克·吐温为此收到了不少交换物:一只独眼的猫、一只死老鼠、一个石头子,还有四块橘子皮。

美国前总统杜鲁门曾说过,领导是具有这种能力的人:让人去做不愿做的事,并喜欢做。

(五)目标激励

企业目标体现了员工工作的意义,对于普通员工尤其重要。普通员工与企业整体绩效的关系联系不够直接,通过目标管理可以让员工了解个人目标与组织目标的相关性,以及自己在企业整体目标实现过程中的作用。科学合理的目标具有持久的激励作用,是一种高层次的激励方式。由期望理论可知,个体对目标看得越重要,实现的概率越大。目标本身就具有激励作用,目标能把人的需要转变为动机,使人们的行为朝着一定的方向努力。目标激励的关键是要加强目标管理,使目标明确而具体。管理者应将主要精力放在帮助员工消除障碍上,鼓励员工主动参与目标的设定。还要不断地检查进度,不断给予阶段性的评价,及时提醒与纠正不足,同时给予员工较大的发展空间。

二、管理者的激励

管理者对企业运行效率起着决定性的作用,是激励的主要对象。企业中的管理者又可分为基层管理者、中层管理者和高层管理者。针对不同层次的管理者,激励方法和强度也有一些区别。

(一)物质激励

1. 管理者的薪酬构成

物质是所有人生存发展的基础,管理者同样需要物质激励。在企业中不同层次的管理者的薪酬构成应该不同。对于基层管理者来说,固定薪酬应该占总收入的70%以上,而奖金等浮动薪酬占30%左右。中层管理者的薪酬构成中,固定薪酬和浮动薪酬应各占50%左右。对于高层管理者浮动薪酬部分则应占总收入的大部分。

2. 股票期权制度

股票期权(stock option)是以股票为标的物的一种合约,给予管理者购买本公司股票的选择权。管理者可按照约定价格和约定时间,以及股票市场价格的差异情况来决定行使或放弃该项购买的权利。通过股票期权能将管理者的长期利益与企业绑在一起,这样就能避免管理者的短期行为,并能让其分享企业的长远利益。自从美国的迪斯尼公司和华纳公司最早引进股票期权制度激励公司管理者以来,股票期权制获得迅速的发展,已成为现代企业制度中用于激励管理者行为长期化的常见手段之一。

3. 经营者持股制度

在现代企业中还可观察到的一种长期激励方式是经营者持股制度。它是指管理层持有一定数量一定期限的本公司股票,使管理层成为公司的股东以减少管理层的短期行为。

4. 虚拟股票制度

这种股票只代表一种权益,没有表决权,不能转让和出售,在离开企业时自动失效,管理层可以据此享受一定数量的分红权和股价升值权益(即未来股价与当前股价的差价)。

这种激励政策可以激励经营者的长远经营行为。

（二）成就激励

员工都会有不同程度的自我实现的愿望,员工认为自己所从事的工作有趣或具有挑战性,能使自己的聪明才智得到发挥或能使自己得到锻炼,就会感到最大的满足,管理者尤其是高层管理者尤其如此。物质激励固然重要,但他们往往也很看重工作能否帮助他们实现自己的理想。企业应使工作本身对于员工而言更具意义和挑战性,满足员工成就的需要。也只有当他们能够清楚地看到自己所取得的成就时,才有动力为企业尽心尽力贡献自己的力量,与组织结成长期合作、荣辱与共的关系。

（三）文化激励

人不仅是"生物人"也是"社会人",其个人选择必然直接镶嵌到社会文化结构之中。因此在基本生活满足以后,社会成员必然面对各种不同的基本价值以及价值选择问题,必然在各自的价值选择之间达成某种方式的谅解和兼容。这种"价值"就属于文化的范畴。文化的作用不是体现在表面层次上,其作用是深层次的,带来的影响也是深远的,文化中包含的价值观为组织带来了更高级的激励。在一个优秀的文化氛围中,组织成员获得的是一种价值的肯定,包括尊重、成就感以及自我发展,这比获得单纯的经济利益更高级,也更有效。

三、激励的误区

对任何企业、任何管理者来说激励都是非常重要的。不同的企业所处的行业不同、内部的环境不同、员工的特点不同,因此不同的企业因采用不同的激励制度和激励方法。

1. 企业中存在盲目激励现象

任何企业只有立足本企业员工的需要,激励才会有积极意义。不少企业看到别的企业有的激励措施,自己没有,便"依葫芦画瓢"。企业的成本增加了,但激励的效果不一定好。所以,要消除盲目激励的现象,必须对员工需要做科学的调查分析,针对这些需要来制定本企业的激励措施。

2. 激励措施的无差别化

许多企业实施激励措施时,并没有对员工的需要进行分析,"一刀切"地对所有的人采用同样的激励手段,结果适得其反!这也没有认识到激励的基础是需要。同样的激励手段不可能满足所有的需要。另外,企业要注重对核心员工的激励。在企业中,核心技术人员、高级管理者、营销骨干等都属于核心员工,他们有着高于一般员工的能力。加强对他们,可以起到事半功倍的效果。对核心员工的激励更要使用长期激励的手段,如股票期权、目标激励。

3. 激励过程中缺乏沟通

企业往往重视命令的传达,而不注重反馈的过程。员工不仅在意结果的公平,也重视程序公平和互动公平。如果缺乏必要的沟通,员工就处于一个封闭的环境中,就容易产生不公平的情绪,就不会有高积极性的。在管理中,管理者注意对员工的正面反馈是很重要的,告诉员工企业感谢员工对企业的贡献,对员工进行肯定,才能对员工产生巨大的激励作用。

4. 重激励轻约束

激励具有正强化作用,可以让组织期望的行为重复出现,而惩罚具有负强化的作用,会促使组织不期望的行为减弱或消失。因此,不仅要有激励措施,同时还要有惩罚制度。而且企业的一项奖励措施往往会使员工产生各种行为方式,其中有部分并不是企业所希望的。因此,必要的约束措施和惩罚措施就很必要。但是,使用惩罚措施时要注意,惩罚力度不能过大,整体来看应该多用奖励,辅以惩罚。

5. 过度激励

有的管理中认为激励的强度越大越好,这是一种错误的观点。尤其是对于物质激励,过高的物质激励不仅会增加企业的成本,而且,由于员工之间的收入差距大得离谱时,还会使员工产生不公平的感觉,造成相反的结果。只有适当的激励才会有积极意义。

【模块二】 案例分析

施科长没有解决的难题

施迪闻是富强油漆厂的供应科科长,厂里同事乃至外厂的同事们都知道他心直口快,为人热情,尤其对新主意、新发明、新理论感兴趣,自己也常在工作里搞点新名堂。

前一阶段,常听见施科长对人嚷嚷说:"咱厂科室工作人员的那套奖金制度,我看,到了非改不可的地步了,是彻底的大锅饭、平均主义。奖金总额不跟利润挂钩,每月按工资总额拿出5%当奖金,这5%是固定死了的,一共才那么一点钱。说是具体每人分多少,由各单位领导按每人每月工作表现去确定,要体现'多劳多得'原则,还要求搞什么'重赏重罚,承认差距'哩。可是谈何容易,'巧妇难为无米之炊'呀!总共就那么一点点,还玩得出什么花样?理论上是说要奖勤罚懒,干得好多给,一般的少给,差的不给。可是你真不给试试看?不给你造反才怪呢!结果实际上是大伙基本上拉平,皆大欢喜。要说有那么一点差距,确定分成三等,那差距也只是象征性的。照说这奖金也不多,有啥好计较的?可要是不给某一个人钱,他就认为这简直是侮辱,存心丢他的脸。唉,难办!一是咱厂穷,奖金拨得就少;二是咱中国人平均主义喷了,爱犯'红眼病'。"

最近,施科长却跟人们谈起了他的一段有趣的经历。他说:"改革科室奖金制度,我琢磨好久了,可就是想不出啥好点子来。直到上个月,厂里派我去管理干部学院参加一期中层管理干部培训班。有一天,他们不知打哪儿请来一位美国教授,听说还挺有名,来给咱们做一次演讲。"

"那教授说,美国有位学者,叫什么来着?……对,叫什么伯格,他提出一个新见解,说是企业对职工的管理,不能太依靠高工资和奖金。又说:钱并不能真正调动人的积极性。你说怪不?什么都讲金钱的美国佬,这回倒说起钱不那么灵来了。这倒要留心听听。"

"那教授继续说,能影响人积极性的因素很多,按其重要性,他列出了一长串单子。我记不太准了,好像是,重要的是'工作的挑战性'。这是个洋名词,照他解释,就是指工作不能太简单,要艰巨点,让人得动点脑筋,花点力气,那活才有干头。再就是工作要有趣,要有些变化,多点花样,别老一套,太单调。他说,他要给自主权,给责任:要让人家感到自己有所成就,有所提高。还有什么表扬啦,跟同事们关系友好融洽了。劳动条件要舒服安全啦什么的,我也记不准,记不全了。可有一条我记准了:工作和奖金是摆在最后一位的,也就是说,最无关紧要。"

"你想想,钱是无关紧要的! 闻所未闻,乍一听都不敢相信。可是我细想想,觉得这话是有道理的,所有那些因素对人来说,可不都还是蛮重要的吗? 于是我对那奖金制度不那么担心了,还有别的更有效的法宝呢。"

"那教师还说,这理论也有人批评,说那位学者研究的对象全是工程师,会计师,医生这类高级知识分子,对其他类型得人未见得合适。他还讲了一大堆新鲜事。总之,我这回可是打开眼界啦。"

"短训班办完,回到科里,正赶上年末工作总结讲评,要发年终奖金了。这回我有了新主意。我那科里,论工作,就数小李子最突出:大学生,大小也算个知识分子,聪明能干,工作积极又能吃苦,还能动脑筋。于是我把他找来谈话。"

"别忘了我如今学过点现代管理理论了,我于是先强调了他这一年的贡献,特别表扬了他的成就,还细致讨论了明年怎么能使他的工作更有趣,责任更重,也更有挑战性……瞧,学来的新词儿,马上就用上了啦。我们甚至还确定了考核他明年成绩的具体指标。最后才谈到这最不要紧的事——奖金。我说,这回年终奖,你跟大伙一样,都是那么多。我心里挺得意:学的新理论,我马上就用到实际里来了。"

"可是,小李子竟发起火来了,真的火了。他蹦起来说:'什么? 就给我那一点? 说了那一大堆好话,到头来我就值那么一点? 得啦,您那套好听的请收回去送给别人吧,我不稀罕。表扬又不能当饭吃'"。

"这是怎么一回事,美国教授和学者的理论听起来那么有道理,小李也是知识分子,怎么就不管用了,把我搞糊涂了。"

案例讨论题

1. 案例中所提到的激励理论,是指管理学中的哪个激励理论? 按照这个理论,工资和奖金属于什么因素? 能够起到什么作用?

2. 施科长用美国教授介绍的理论去激励小李,结果碰了钉子,问题可能出现在什么地方? 根据案例提示的情况,说出你的理由。

成果与检验:

根据小组成绩、班级讨论、书面报告等综合评定。

【模块三】 管理游戏

共度好时光

游戏目的:

学习赞美的技巧。

游戏规则:

每个人都需要别人的认可与正面评价,请他们以 2 人为一组,在整个学习过程中关注他们搭档的任何优点和长处。

请每个人在下面三个选项中至少选择一项,告诉他的搭档。

(1) 一个特别漂亮的身体部位;

(2) 一两个非常迷人的个性特征;

(3) 一两项出众的才能和本领。

要求每个人都记下他的搭档的感情、思想和反应,等到对方"情绪低落的时候",就可以再来重温这段时光。

讨论:

1. 为什么我们中的许多人在想对别人说些赞美的话时感到难以启齿?

2. 为什么有些人经常轻易地对别人做出负面评价,却几乎从来不说别人的好话?

3. "人们总是按照他们认为的那样来行事。"你是否同意这句话? 为什么?

成果与检验:

根据学生的参与程度以及得出的结论评定活动成效,并评定成绩。

【模块四】 实战任务

设计激励方案

实战目标:

掌握激励的方法。

实战内容与要求:

结合在本章所学的知识,分小组为某超市设计提高其店员激励水平的计划,使员工即使在没有人监督的情况下,也能对客户提供迅速、及时、优质的服务。

成果与检测:

根据书面作业评定成绩。

【模块五】 能力测评

激励能力测评

测评目标:

测试你的激励能力。

测评内容与要求:

作为一个领导者和 HR 工作者,激励能力是其重要能力之一。大家可以自己测试一下,看看自己属于什么水平。

下面的 20 题都有四个答案:

A. 完全同意 　B. 有点同意 　C. 有点不同意 　D. 完全不同意

选择最能表达你的看法的选项:

1. 员工工作做得非常好,其工资就应该增加。

2. 好的职务说明很有价值,它使员工知道该做什么。

3. 员工记住，他们是否继续工作下去，要看公司能否进行有效的竞争。

4. 管理人员应该关心员工的工作条件。

5. 管理人员应该尽力制造友好的气氛。

6. 工作绩效高于标准的员工，应该进行表扬。

7. 在管理上对人漠不关心，会伤害人的感情。

8. 要让员工感到，他们的技能和力量都在工作中发挥出来。

9. 公司员工福利和员工子女的安排是员工安心工作的重要因素。

10. 几乎每一种工作都可以使它具有激发性和挑战性。

11. 许多员工都想在工作中干得非常出色。

12. 公司在业余时间安排社会活动。这表明对员工的关怀。

13. 一个人在工作中感到自豪，就是一种重要的报酬。

14. 员工希望在工作中成为佼佼者。

15. 非正式群体中的良好气氛是非常重要的。

16. 个人奖励会改变员工的工作绩效。

17. 员工要有机会与高层管理人员接触。

18. 员工一般喜欢自己安排工作和自己做决定，不需要太多的监督。

19. 员工的工作要有保障。

20. 员工要有良好的设备进行工作。

记分标准：

A 完全同意(3 分)，B 有点同意(2 分)

C 有点不同意(1 分)，D 完全不同意(0 分)

成果与检验：

41～60 分：你十分了解激励对于管理的重要性，而且运用得很好。

21～40 分：你知道激励对于管理的重要性，但还是做得不够。

0～20 分：你不知道如何激励员工，这是十分危险的。

项目九 控 制

内容提要

　　俗语有云:"没有规矩,不成方圆。"同样,没有控制也难成管理。控制是将管理过程连接成一个有机整体的重要管理职能,在实际工作中,控制通过对组织实施的活动能否与计划方案相一致起到保证和监督作用,因而控制是否有效,直接关系到管理系统能否在变化的环境中实现管理决策和组织目标。本项目从理解控制的基本概念入手,介绍几种常见的控制类型,并在此基础上详细讲解控制的重要进程,帮助学习者在面对问题时,确定最合适的控制技术与方法。

知识目标

- 了解控制的含义;
- 理解管理控制的几种基本类型;
- 掌握控制的基本过程;
- 学会运用控制的方法。

技能目标

- 培养检查纠偏的能力;
- 应用现代控制方法的能力。

情意目标

　　通过本项目的学习,能够让学生深刻领悟控制在日常生活中的重要意义;培养学生由外部控制自觉进入内部控制的习惯,优化个人在生活、学习及未来工作的情商控制。

典型任务

- 组织内部出现问题时,到底该采取何种控制方法?
- 描述一个反馈系统。

任务一　理解控制基本概念

【模块一】　知识精讲

控制概述

一、控制的含义

"控制"一词最初来源于希腊语的"掌舵术",指领航者通过发号施令将偏离航线的船只拉回到正确的航向上来;在《辞海》中,"控制"是指:"节制,掌握住,不使任意活动或越出范围。"因此,在早期以经验为基础的控制活动中,我们可以将控制理解为一艘船上的舵,它使组织朝着正确的方向行进,并不时地以工作业绩(财务管理上、生产运作上与其他方面)的形式将组织的实际方位与预期的方位进行比较,控制为组织提供了一种机制,即在工作偏离可接受的范围时调整行进的路线。

作为一门理论体系,"控制"最初来自工程技术系统,称为工程控制。自从维纳的控制论问世以来,控制理论和方法得到了迅速发展,并广泛应用于工程技术系统、生命机体、人类社会和管理系统等各类系统之中。

而在管理学史上,最早给控制下定义的是法国管理学家亨利·法约尔,他认为控制就是保证各项工作与已订计划相符合,与下达的指示以及确定的原则相符合,控制的目的在于找出工作中的缺点和错误,以便纠正并避免重犯。其他一些学者也对控制有着自己的理解:理查德·L·达夫特在《管理学原理》中指出,控制就是调节组织行为,使之与计划、目标和绩效标准相一致,是以某种标准衡量和改进现实工作的过程;弗莱蒙特·E·卡斯特在《组织与管理》一书中,表明控制是管理系统的一个运行阶段,目的在于监控绩效并提供用来调整目标与手段的反馈信息,在具有既定目标和工作计划的情况下,控制职能的含义是度量实际情况,传达协调组织活动的信息,使之向正确方向前进并达到前进中的动态平衡。

综上所述,本书将控制定义为:是一种监督组织各方面工作,以保证组织实际运行状况与计划保持动态适应的过程,即是对计划、组织、领导工作的进一步发展,以计划为依据、以组织为平台,以领导为途径,对工作过程所进行的动态管理。控制是管理功能循环中的最后一环,控制的有效与否,直接关系到管理系统能否在变化的环境中实现管理决策、计划和制订的预期目标。

小故事:违抗命令的连长

在北伐战争时期,曾发生这样一件事:北伐先遣团的一位连长接到了追击敌人的命令。命令中规定:这支队伍只能追到某一处的木桥前,然后就地待命。可是当他们追至桥头时,敌人已逃过桥,并开始点火烧桥。这位连长开始犹豫了:追过桥去,就违抗了命令,一战中英国的一个将军就是在同样情况下因违抗命令,虽打了胜仗仍被处以绞刑;但不追过桥去,就会错失战机,给以后行动带来很大不利。于是,连长毅然下令追击,最后大获全胜。战斗结束后,先遣团团长叶挺大大表彰了这位连长,称赞他主动出击控制了战局,也控制了全团的行动。

思考:为什么说这个连长的主动出击起到了控制战局的作用?

二、控制的意义

哈佛大学教授罗伯特·西蒙斯认为:"今天的管理者所要面对的一个基本问题是怎样在要求具备灵活性、革新精神和创造力的公司中实施足够的控制。在不断变化、高度竞争的市场中,大多数公司的管理者不可能把所有的时间和精力都用来确保每个人都在做预期的工作。有人认为管理者只要启用不错的员工,调整激励手段,并且抱有最好的希望就能实现良好的控制,这种想法也是不现实的。现在的管理者必须鼓励员工主动改进现有的方法和创造新的方法来对客户需求做出反应,但是这些又必须以一种受控的方式进行。"

从西蒙斯关于现代组织控制的见解中不难发现,控制是一项重要的管理职能,任何组织、任何活动都需要控制。控制不仅意味着使组织按预定的计划运作,还意味着预测可能发生的事件,使员工具有积极性,能全力以赴解决组织所面临的重要问题,共同利用以帮助组织获得更好的绩效机会。控制贯穿于管理活动的各个方面,因此,在现代组织管理中,控制具有重要的意义。

1. 应对多变的内外部环境

现代企业面对的并非一个完全静态的市场,而是一个处于不断变化中的动态环境,影响企业活动的各种因素,诸如市场供求、产业结构以及技术水平等都处于日益变化中,在计划实施的过程中,组织内外部环境是处于复杂多变和不确定情形中的。而通过有效控制,组织可以及时了解内外部环境变化的程度和原因,保证组织目标、计划更好实现。

2. 处理分散的管理权力

当企业经营达到一定规模后,时间与精力限制了企业主管们直接、面对面地组织和指挥全体员工的劳动,此时需要高层主管们下放一些权限给助手,因此,企业的管理权限都制度化或非制度化地分散在各个管理部门和层次。控制活动可以帮助主管们定期或非定期地检查直接下属的工作,保证授予下属的权力得到正确的利用,使得这些权力的组织业务活动符合计划与企业目的与要求。

3. 纠正管理中的错误

任何组织在发展过程中都不可避免地出现失误和错误,认识并纠正错误是管理水平提高的重要标志,也是组织发展的必要前提。通过控制活动的管理,即施行检查,管理者可以及时发现失误,分析偏差产生的原因,明确管理中出现的问题,从而帮助管理者及时采取纠偏措施,推动工作不断前进。

4. 提升组织的竞争力

一个组织要在竞争中脱颖而出,就必须在运营效率、产品和服务质量、对顾客的响应、创新等方面有出色的表现。而管理者要提升运作效率,就必须掌握企业利用资源的现状,准确地评估组织已有的生产或服务效率。也正因为通过控制系统获得了信息反馈,一个组织才能不断改进产品和质量,从而在竞争中脱颖而出;通过对员工的绩效评估,管理者可有针对性地指导员工更好地为顾客服务,并取得自身的不断成长;而当一个组织拥有一个有效的控制系统时,组织就可以加大对员工的创新授权,推动组织内部的创新活动。

由此可见,控制是将管理过程连接成一个有机整体的重要管理职能。一个企业就好比一艘行驶在风浪中的船只,正确的计划就像一张航行图,指明了前进的方向;有效的组织和领导就是航行的动力保障;而完善的控制就像舵手一样不断调整航向和航速,使之能够战胜各种风浪和险阻,最终到达成功彼岸。

小故事:"破窗理论"的由来

美国心理学家詹巴斗曾进行过一项实验。他找了两辆一模一样的汽车,把其中一辆摆在帕罗尔托的中产阶级区。而另一辆车停在相对杂乱的布朗克斯街区。他把停在布朗克斯那辆车的车牌摘掉、顶棚打开,结果这辆车一天之内就被人偷走。而放在帕罗尔托的那一辆,摆了一个星期都无人问津。后来,詹巴斗用锤子把那辆车的玻璃敲了一个大洞。结果仅过几个小时,它就不见了。

以这项实验为基础,政治家威尔逊和犯罪学家凯琳提出了一个"破窗理论"。该理论认为:如果有人打坏了一个建筑物的窗户玻璃,而这扇窗户又得不到及时修理,别人就可能受到某种暗示性的纵容去打烂更多的玻璃。久而久之,这些窗户就给人造成一种无序的感觉。结果在这种公众麻木不仁的气氛中,犯罪就会滋生、泛滥。

思考:从"破窗理论"的故事中,你能得出什么启示?

三、控制的类型

在实际的管理活动中,会出现各种偏差问题,通过运用控制职能,可以承担起消除工作中偏差的任务,例如,合理安排消除偏差的人员、在什么时间消除偏差以及怎样来消除偏差。源于不同偏差具有相异的产生原因,因此进行控制工作也有多种方式,对复杂多变的控制方式进行类型划分(如表9-1所示),可以了解不同控制类型的作用特征,帮助组织构建合理的控制机制,从而达到提高控制工作效率和效果的作用。

表 9-1　控制类型

分类依据	类型
控制的主体	外部控制、内部控制
控制的机理	偏差事件的先后关系:事前控制、事中控制、事后控制
	控制信息流向:前馈控制、现场控制、反馈控制
控制的性质	预防性控制、纠正性控制
控制的方式	集中控制、分散控制、分层控制
控制的层次	战略控制、战术控制、作业控制

（一）按照控制的主体分类

对工作状况的控制最终是通过基层员工的努力来实现的，从工作控制的主体性来分析，包括外部控制与内部控制两种类型。

1. 外部控制

其控制源来自工作者之外，是通过改变组织成员的工作情境以达到控制目的，外部控制是组织控制最基本的方式。

工作状况的异常情况常与特定的情景因素有关，找出这些情景影响因素并进行相应处理，就可以达到改进工作、消除异常情况的目的。外部控制的特点主要表现在如下的几个方面。

（1）将工作情境与工作本身相匹配

外部控制的重要工作就是通过改变组织中的工作情境，以此达到改进员工工作状况，使组织成员更能有效开展工作的目的。这里所指的工作情境包括与工作相关的环境、资源等条件。

（2）依托科层结构进行资源调配

一般来说，在正式的组织中，管理者要想实现资源调配需要通过职权界定来实现。具有一定职位的管理者才有权力按照制度规定进行资源调配，并且其所处的管理层级越高，所拥有的资源调配权力就越大，能够进行控制的范围才会越广。所以说，外部控制常常以科层制管理的方式呈现出来，即每位员工的上级就是自己工作状况的控制者。

（3）立足于员工既有能力及素质

外部控制并不是通过提高员工能力和素质来达到改进工作状况的目的，而是立足于员工既有的工作能力及业务素质，通过实施相应的奖惩措施来充分发挥和利用员工的能力和素质，以此改进工作状况。

简而言之，外部控制的主要特征就是以组织机构作为控制主体，将员工能力及素质当作既定条件，把工作情境作为变量，通过调整变量——工作情境来达到改进工作状况的目的。而有效外部控制的关键就在于，采取一定的奖惩措施，将工作条件、工作行为及工作成效有机联系起来。

2. 内部控制

其控制源来自工作者自身，是指组织成员通过自身努力以达到改进工作状况的目的。异常工作状况的出现与员工努力的方式息息相关，员工通过调整自我努力的方式，可以达到改变异常工作情况的目的。内部控制的特点主要表现在以下几个方面。

（1）充分利用工作条件

内部控制的重点在于改变工作者自身，即充分利用工作条件来达到改善工作状况的目的。通过员工的主观努力，使其能自觉行动，合理利用各种资源以此促进工作目标的实现。

（2）推进员工能力及素质不断提升

员工对于自我工作方式、工作技术与方法、工作目标和态度等方面的持续改进，将会产生累积效果，以此使得自身的能力和素质产生变化、不断提高。内部控制的作用不仅仅在于发挥员工的主观能动性，而且在于通过这种自觉努力的方式，使员工在改善工作状况的同时不断提升自身能力和素质。

（3）行为动机与组织目标相一致

在实际情况下，每一个员工都有改变自身状况的愿望和要求，并在此情景下采取一定的行动，但以何种方式、在何时间、采取怎样的行动是各不相同的。而组织环境的塑造可以帮助形成和强化这种行为动机，与外部环境不同的是，在内部控制中，组织环境的塑造主要表现在文化氛围的塑造方面，重点聚焦于影响员工行为动机，使其理解和接受组织目标，并产生为此目标而努力的行为动力上，因此，进行内部控制的环境塑造时，员工的主体状况是改变的对象而非前提。

简而言之，内部控制的主要特征就是以员工为控制主体，将工作环境与条件当作既定前提，把工作能力和动力作为变量，通过调整变量——工作能力和动力来达到改善工作状况的目的。而有效实施内部控制的关键就在于理解和认同组织的目标，并将工作条件、工作努力与工作成效有机联系起来。

小故事：魏文侯与乐羊大将军

公元前408年，我国正处在战国时代，七雄之一的魏国皇帝魏文侯拜一个叫乐羊的人为大将军，率兵征讨中山国，限期两个月攻下，乐羊率领的军队一直打到中山国的国都城下，此时，乐羊的儿子乐舒正在中山国做官，于是中山国君就叫乐舒去求情，请求乐羊暂缓攻城，让国君好好考虑一下。乐羊同意了，令军队围而不打。中山国君见状，以为乐羊碍于儿子，不急于攻城，就让乐舒屡屡去求情，一拖就是数月。这时，魏国朝廷内外、群臣纷纷上奏魏文侯，说乐羊顾子不顾国，期限早过，还不见捷报，应撤职查办。魏文侯不动声色，反而派人送去更多"给养"。这时，乐羊的副将西门豹也忍耐不住了，问乐羊不攻城，是不是心中有私？乐羊回答：我屡放期限，为的是让中山国失信于天下。说罢，他下令攻城，结果大获全胜。乐羊班师之后，不觉居功自傲起来。魏文侯见状，又是不动声色地令人给乐羊抬去一口箱子，作为"赏赐"。乐羊打开一看，箱内不是金银财宝，而是满满一箱的群臣弹劾他的奏章。乐羊看罢，如梦初醒，于是"谦逊如初"了。

思考：魏文侯是如何对乐羊大将军进行控制的？

（二）按照控制的机理分类

按照控制机理来进行分类时，有两种相近的分类方法。

1. 依据偏差事件的先后关系

控制方法按照其控制点的不同进行分类时，包括：

（1）事前控制。即一个组织在一项活动正式开始之前所进行的管理努力，其目的在于保证活动有明确的绩效目标，保证各种资源要素的合理投放。

（2）事中控制。即在某项活动或工作进行过程中的控制，其目的在于及时处理例外情况、纠正工作中发生的偏差。

（3）事后控制。即发生在行动或任务终了之后，关注组织的产出，其目的在于根据实际工作绩效的评价，为今后的事前控制及事中控制打下基础。

在管理实践中，大多数企业会综合运用这三种控制类型，保证控制的有效性，表9-2是事前控制、事中控制和事后控制在一个啤酒厂应用的实例。

表 9-2 事前控制、事中控制和事后控制在啤酒厂的应用

控制类型	核心问题	啤酒生产例子
事前控制	在工作正式开始前应做哪些必要的事情	为保证质量,对所有啤酒生产所需的配料进行筛选,并制定出质量控制计划和标准
事中控制	在工作进行过程中应做什么以改进绩效	对整个发酵过程进行控制,以保证达到适当的发酵比
事后控制	工作完成的质量如何	批量酿造出来的啤酒,在最终装瓶前,应按质量控制标准进行检测以确保质量

2. 依据控制信息流向关系

根据控制信息获取的过程可以将管理控制划分为:

(1)前馈控制。与事前控制基本上是同一个概念,即是一种防患于未然的控制类型。进行前馈控制一方面是要检查组织能否筹措到在质量上符合计划要求的各类资源,另一方面是要检查已经或即将要筹措到的资源经转换后能否符合要求。

(2)现场控制。与事中控制基本上是同一个概念,也称为同步控制或同期控制。进行现场控制主要完成两项职能:

① 监督职能。是指按照预定标准检查正在进行的工作,以保证实现目标。

② 指导职能。是指管理者针对工作中出现的问题,根据自己的经验指导下属改进工作,或与下属共同商讨矫正偏差的措施,帮助员工正确完成工作任务。

(3)反馈控制。与事后控制基本上是同一个概念,这种控制偏重在工作或行为的结果上,通过对已经形成的结果进行测量、比较与分析,发现偏差情况,依此采取措施,纠正日后的活动。

这种按照信息流向的关系进行分类的方法能够比较好地反映管理控制系统结构和原理的分类方式,较多学者都是按照此种划分方法对控制进行分类研究的,三者之间的关系如图9-1所示:

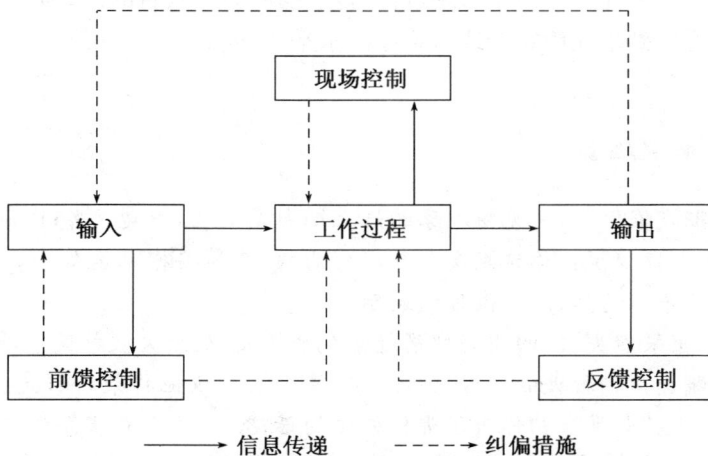

图 9-1 前馈控制、现场控制与反馈控制的关系

小故事：扁鹊三兄弟

魏文王问扁鹊说："你们家兄弟三人，都精于医术，到底哪一位医术最好呢？"扁鹊回答说："大哥最好，二哥次之，我最差。"文王再问："那么为什么你最出名呢？"扁鹊说："我大哥治病，是治病于病情发作之前。由于一般人不知道他事先能铲除病因，所以他的名气无法传出去，只有我们家的人才知道。我二哥治病，是治病于病情刚刚发作之时。一般人以为他只能治轻微的小病，所以他只在我们的村里才小有名气。而我扁鹊治病，治病于病情严重之时。一般人看见的都是我在经脉上穿针管来放血、在皮肤上敷药等大手术，所以他们以为我的医术最高明，因此名气响遍全国。"文王连连点头称道："你说得是。"

思考：扁鹊三兄弟治病的道理与控制有何种关系？

（三）按照控制性质分类

按照控制性质进行分类时，主要包括预防性控制和纠正性控制两种类型。

1. 预防性控制

指在事情发生之前所进行的管理努力。采取预防性控制是为了避免产生错误，尽量减少后续工作的纠正活动，防止时间、物质、人力等其他资源的浪费。

组织在设计预防性控制措施时，要有良好的监控机构保证被设计的预防性相关措施能有效应用。采取预防性控制是为了避免产生错误，尽量减少今后的纠正活动，防止资金、时间和其他资源的浪费。一般而言，规章制度、工作程序、上岗培训等都起着预防控制的作用。在设计预防性控制措施时，人们所遵循的原则都是为了更有效地达成组织目标，但要使这些预防性的规章制度等能真正被遵从，还要有良好的监控机构加以保证。使用预防性控制，要求对整个活动的关键点有比较深刻的理解，能事先预见到问题并提出相应的对策措施。

2. 纠正性控制

指在事情发生之后所进行的管理上的努力。在实际管理工作中，纠正性控制使用得更普遍。采用纠正性控制往往是由于管理者没有预见到问题，其目的是，当出现偏差时采取措施使行为或活动返回到事先确定的或所希望的水平。

小故事：曲突徙薪

有位客人到朋友家做客，看见主人家的灶上烟囱是直的，灶边又堆了不少柴薪，觉得这样很危险，便向主人建议说："你这烟囱要改成弯曲的，柴薪要搬到远处去，否则将来可能会有火灾。"主人听了不以为然，没有做任何表示。

不久，主人家里果然失火，四周的邻居赶紧跑来救火，最后火被扑灭了，于是主人烹羊宰牛，宴请四邻，以酬谢他们救火的功劳，但并没有请当初建议他将柴薪移走、烟囱改曲的人。席间，有人对主人说："如果当初你听了那位先生的话，今天也不用准备筵席，而且没有火灾的损失，现在论功行赏，原先给你建议的人没有被感恩，而救火的人却是座上客，真是很奇怪的事呢！"主人顿时省悟，赶紧去邀请当初给予建议的那个客人来吃酒。

思考：从这则故事中，你能发现预防性控制的奥秘吗？

（四）按照控制方式分类

按照控制时所采用的控制方式,可分为如下三种类型:

1. 集中控制

指在组织中建立一个控制中心,由它来对所有的信息进行集中统一的加工、处理,并由这一控制中心发出指令,操纵所有的管理活动。如果组织的规模和信息量不大,且控制中心对信息的取得、存储、加工效率及可靠性都很高时,采用集中控制的方式有利于实现整体的优化控制。企业中的生产指挥部、中央调度室都是集中控制的例子。

2. 分散控制

当组织十分庞大、规模和信息量极大时,可采取此种控制方式。分散控制对信息存储和处理能力的要求相对较低,且容易实现;由于反馈环节少,因此反应迅速、时间滞留短、应变能力强。分散控制的最大特点在于,即使个别控制环节出现了失误或故障,也不会引起整个系统的瘫痪。

3. 分层控制

指一种把集中控制和分散控制结合起来的控制方式。在分层控制中,要特别注意防止缺乏间接控制,自觉不自觉地滥用直接控制,并多层次地向下重叠实施直接控制的弊病。分层控制的特征主要表现在:

（1）各子系统都具有相互独立的控制能力和控制条件,从而有可能对子系统的管理实施独立的处理。

（2）整个管理系统分为若干层次,上一层次的控制机构对下一层次各子系统的活动进行指导性、导向性的间接控制。

小故事:查克·皮克公司的控制问题

如果你在好莱坞或贝弗利山举办一个晚会,肯定会有这样一些名人来参加,如尼科尔森、麦当娜、克鲁斯、切尔、查克·皮克。"查克·皮克?""当然!"没有停车服务员你不可能开一个晚会,在南加州停车行业内响当当的名字就是查克·皮克公司。查克·皮克停车公司中的雇员有100多人,其中大部分是兼职的,每周至少为几十个晚会办理停车业务。在一个最忙的周六晚上,可能要同时为6～7个晚会提供停车服务,每一个晚会可能需要3～15位服务员。

查克·皮克停车公司是一家小公司,但每年的营业额差不多有100万美元。其业务包括两项内容:一项是为晚会料理停车;另一项是不断地在一个乡村俱乐部办理停车经营特许权合同。这个乡村俱乐部要求有2～3个服务员,每周7天都是这样。但是查克·皮克的主要业务来自私人晚会。该公司每天的工作就是拜访那些富人或名人的家,评价道路和停车设施,并告诉他们需要多少个服务员来处理停车的问题。一个小型的晚会可能只要3～4个服务员,花费大约400美元。然而,一个特别大型的晚会的停车费用可能高达2000美元。

尽管私人晚会和乡村俱乐部的合同都涉及停车业务,但他们为查克·皮克提供的收费方式却很不相同。私人晚会是以当时出价的方式进行的。查克·皮克首先估计大约需要多少服务员为晚会服务,然后按每人每小时多少钱给出一个总价格。如果顾客愿意"买"该服务,查克·皮克就会在晚会结束后寄出一份账单。在乡村俱乐部,查克·皮克根据合同规定,每月要付给俱乐部一定数额的租金来换取停车场的经营权。查克·皮克收入的唯一来源是服务员为顾客服务所获得的小费。因此,在私人晚会服务时,查克·皮克绝对禁止服务员收取小费;而在俱乐部服务时,小费则是他唯一的收入来源。

思考:你是否认为查克·皮克的控制问题在两种场合下是不同的?

(五) 按照控制层次分类

按控制层次可将管理控制分为三类。

1. 战略控制

指以高层战略规划为控制目标,以中层战术管理为控制对象的管理控制活动。

2. 战术控制

指以中层战术计划为控制目标,以基层作业管理为控制对象的管理控制活动。

3. 作业控制

指以基层作业计划为控制目标,以执行层作业活动为控制对象的管理控制活动。战略控制、战术控制和作业控制三个层次的控制既有分工又有联系,较低层的控制是较高层控制的基础,并应服从于较高层的控制措施。

【模块二】 案例分析

壳牌的持续发展与战略创新

长久以来,壳牌公司都拥有引以为傲的财务表现和一套核心经营理念,这些理念树立了壳牌为包括普通社会成员在内的各种人群服务的综合形象。但在 20 世纪 90 年代中期,壳牌陷入了两场社会争论中,使其公共形象大损。第一个事件发生在 1995 年年初,当时壳牌计划通过击沉的方式废弃它在北大西洋的一座储油平台——布兰特·史帕尔号。这一计划尚未实行就遭到了国际绿色和平组织的强烈批评,也引来了全世界媒体的关注。这一环保激进主义者的批评很快演变成了社会公众的抗议,例如壳牌在德国的几座加油站就遭到了当地群众破坏。

布兰特·史帕尔号事件后不久,壳牌发现自己又陷入了另一场社会争论中。公司在石油资源丰富的尼日利亚拥有大量业务。当时,一名当地部落的首领,同时也是一名人权活动人士和环保主义者,被尼日利亚政府关押并最终处决。而由于壳牌仍不断扩大在尼日利亚的投资和业务范围,因而受到了社会公众和媒体的不断批评。以上两个事件使壳牌不得不重新评估其业务经营方式和与利益相关者的关系,以及公司整体战略。

在决意制定新战略后,壳牌在世界范围内开展了对重要利益相关者的调研工作,其中包括 14 个国家的非政府组织、学术界、当地社区领袖和政府部门;之后又对 10 个国家的 7 500 名普通民众、25 个国家的 1 300 名意见领袖、55 个国家的 600 名壳牌员工进行了调查。调查结果显示,客户希望公司经营理念能够从"相信壳牌"转变为"展现壳牌",因为他们希望看到壳牌在获得良好财务表现的同时,也能达到高水平的环保和社会公众要求。

1997 年,新战略开始实行。公司成立了可持续发展部门,其职责是保证公司的可持续发展能力,具体包含三个方面:提供涵盖经济、社会、环境三方面绩效指标的公司年报;建立可持续发展管理框架,即推动旨在公司可持续发展的业务实践,并指导世界范围内各业务单元如何搭建可持续发展管理框架,以及设定公司进行绩效管理的关键绩效指标。

壳牌在1998年的公司年报中汇报了公司可持续发展的相关举措,并将其送到了股东、非政府组织、学者、政府、员工和社会导向投资机构手中。公司年报对内容结构进行了调整,以更好地强调公司可持续发展战略的三大支柱——财务、环境和社会指标,并包括了一个具有明确阶段目标的五年战略计划及其执行方案。随时间推移,壳牌不断改进其中的衡量标准和业务流程。至2001年,公司从世界各地的核心分支机构收集可靠经营数据,并通过第三方组织进行审核。毋庸置疑,公司年报在壳牌与其利益相关者的信息沟通中扮演了最重要的角色。

可持续发展管理框架是公司在所有业务单元推进战略目标的工具。公司高管层通过对下属进行互动指导、委派可持续发展部门员工作为咨询顾问等方式来促进各级管理人员与更高层战略制定者之间的交流。但他们也清楚不可能自上而下地推动框架的落实。因此,公司将可持续发展管理权限下放给世界范围内3 500名经理人员,允许他们使用自己的方法在各自业务中建立此框架。这一授权让每名经理人员得以平衡自己所拥有的各类资源来实现公司的这个战略目标。公司还鼓励优秀案例分享,以促进这一框架与公司业务地更快融合。

关键绩效指标是设定工作指标、衡量员工绩效、推动业务不断改进的平台。它着眼于公司战略的实现,由一系列定量和定性的衡量表标准组成,旨在平衡短期目标与长期需求之间的关系。关键绩效指标在公司的内部控制和外部适应方面都发挥着重要作用。在反复地精简后,壳牌选择了16个关键绩效指标,其中包括11个全新的衡量指标。新关键绩效指标系统中,壳牌仍然会衡量资本收益率、总股东回报、温室气体排放量等指标,但更加入了社会声誉度、社会事业与环保事业表现、新战略的执行度等新的关键绩效指标。

总而言之,壳牌的高管们在公司中成功地推行了一系列举措:平衡财务、环境和社会指标间的关系;将此新理念融入公司战略中,并使新战略全公司范围推广;最后建立评估新战略执行的综合绩效管理系统。

问题:

1. 为什么布兰特·史帕尔号事件会促使壳牌改变其战略?

2. 如何理解控制在壳牌绩效指标实现中发挥的作用?

成果与检验:

根据小组成绩、班级讨论、书面报告等综合评定。

【模块三】 管理游戏

踏数字

游戏目标:

认识前馈控制和现场控制的重要性。

游戏程序:

1. 分组:全班以6～8人为一组进行分组。

2. 赛前计划：小组商讨如何快速且按规则踏数字。

规则：

（1）按 1～33 的顺序踏数字；

（2）在任意时点，正方形内只能出现一只脚；

（3）每位同学至少要踏四个数字。

3. 比赛过程：去活动场地，画正方形、起始线及写数字。

➢该组三名同学画正方形和起始线，组内其他同学写数字，保证每位同学都有任务；

➢教师发动其他组同学控制整个活动过程，若发现有违反规则的同学则淘汰出局；

➢秒表计时，每组所用时间从起始线跑开始到踏完 33 个数字，又回到起始线为止。

游戏准备：

1. 道具准备：彩色粉笔若干支、秒表一个。

2. 场地准备：正式比赛之前，老师选择好游戏空地。

3. 游戏演示：在黑板上演示活动，画正方形，在正方形内任意散落数字从 1～33。

成果与检验：

1. 不违反规则且速度最快的小组获胜；

2. 最后根据学生的参与程度及表现看游戏效果，并评定成绩。

【模块四】 实战任务

会议控制

实战目标：

培养学生管理控制能力。

实战内容与要求：

周五下午是某研究所例行办公会议时间。每次会议从下午 2：00 开始，讨论和处理近期需要做的工作。对一些需要做出决策的问题形成决议。每次会议的议题数量平均在 5～7个。开始，会议要开到很晚，到 7：00 多才会结束。后来，所长要求会议秘书会前向每一位与会人员征集会议议题，由所长确定议题数量并排序，结果会议还是开到很晚。再后来，所长规定例会必须在 6：00 前结束，结果排在前面的议题讨论占用了很多时间，后面的议题没有时间处理，赶上议题紧迫，便无奈又得延长时间。再后来，一些与会者故意把给研究生上的课程挪到周五晚上，到点回家吃饭，晚上上课，会议可以按时结束了，但许多事情被迫推迟到下周或增加会议次数。

针对上述内容，教师在课内组织学生讨论后提出有效的控制措施，学生要写出案例分析报告。

成果与检验：

教师根据学生上交的案例分析报告给予评价。

【模块五】 能力测评

你能控制自己的预算吗

测评目标：

测试学生的预算能力。

测试内容与要求：

大学读书期间，你至少应能掌管自己的财务。你的个人预算管理的好坏或许预示着你将来在工作中管理公司的能力。按照下面的表述评估你的预算习惯，认为符合的回答"是"，认为不符合的回答"否"。

1. 钱一到手我就花光。
2. 每周（月、学期）初，我列出全部的固定支出。
3. 每周（月）末，我好像总是手头拮据。
4. 我能支付所有的花销，但没有钱用于娱乐。
5. 我现在还存不下钱，毕业以后再说吧。
6. 我背负着一些债务。
7. 我有一张储蓄卡，但每月总还能剩点钱。
8. 我用信用卡透支消费。
9. 每周吃饭、看电影及其他娱乐要花多少钱，我心中有数。
10. 我只用现金付款。
11. 买东西时，我追求物美价廉。
12. 朋友需要时，我就会借钱给他们，即使这样做会使我的资金告急。
13. 我从来不向朋友借钱。
14. 我每个月存点钱，以备真正需要时用。

成果与检验：

如果对 1、3、5、6、8、12 题回答为"是"，说明你预算习惯非常糟糕；如果对 2、4、7、9、10、11、13、14 题回答为"是"，则说明你具有训练有素的预算习惯。

任务二 掌握控制过程

【模块一】 知识精讲

控制过程

无论控制的对象是新技术的研究与开发，还是产品的加工制造，抑或是市场营销宣传，是企业人力资源、财务资源还是物质资源，大多数控制活动都按照三个基本过程展开，即确立控制的标准、并据此衡量实际工作绩效、矫正实际执行情况偏离标准和计划的误差。

一、确立控制的标准

控制活动始于标准的建立,标准是衡量实际与预期工作成果的尺度与准绳。标准来源于组织计划,但又和组织计划相区别。控制标准是从一个完整计划中遴选出对工作成果的衡量具有重要意义的关键点,其是控制过程的基础。没有标准,控制就成了没有目的的行动,衡量绩效或纠正偏差也就失去了客观依据。

（一）确定控制对象

进行控制活动,首先解决"控制什么"的问题。组织活动的目标应该成为控制的重点对象,因此,必须分清企业经营与管理中哪些事物是需要加以控制的目标。一般情况下,管理者应对影响组织工作成效的全部因素进行控制,但受到资源条件、管理者能力等诸多方面的限制,最实际的做法就是对影响组织目标实现的重点因素进行控制。为了保证企业取得预期的成果,必须在成果最终形成以前进行控制,纠正那些与预期成果要求不符的活动,需要对影响预期成果形成的各种因素进行分析。

1. 环境特点及其发展趋势

企业在特定时期的经营活动是根据决策者对经营环境的认识和预测来计划和安排的。如果预期的市场环境没有出现,或者企业外部发生了某种无法预料和抗拒的变化,那么原来计划的活动就可能无法继续进行,从而难以为组织带来预期的结果。因此,制定计划时所依据地对经营环境的认识应作为控制对象,列出"正常环境"的具体标志或标准。

2. 资源投入

企业经营成果是通过对一定资源的加工转换得到的。没有或缺乏这些资源,企业经营就会成为无源之水、无本之木。投入的资源,不仅会在数量和质量上影响经营活动的按期、按量、按要求进行,从而影响最终的物质产品,而且其取得费用会影响生产成本,从而影响经营的盈利程度。因此,必须对资源投入进行控制,使之在数量、质量以及价格等方面符合预期经营成果的要求。

3. 组织活动

输入到生产经营中的各种资源不可能自然形成产品。企业经营成果是通过全体员工在不同时间和空间上,利用一定技术和设备对不同资源进行不同内容的加工劳动才最终得到的。

企业员工的工作质量和数量是决定经营成果的重要因素,因此,必须使企业员工的活动符合计划和预期结果的要求。为此,必须建立员工明确的工作规范,各部门和各员工在各个时期的阶段成果的标准,以便对他们的活动进行控制。

需要根据具体情况来确定上述各方面影响因素中哪些才是管理控制工作的重点。比如,在工作成果较难衡量而工作过程也难以标准化、程序化的高层管理和创新性活动中,工作者的素质和技能是主要的控制对象;而在工作方法或程序与预期工作成果之间有比较明确或固定关系的常规性活动中,工作过程本身就是主要的控制对象。

小故事:"英尺"产生

相传,老牌资本主义国家英国在刚刚兴起之时,统治者为了实现"日不落"帝国的"宏愿",派出部队东征西战。在一次"庆功"会上,各个率军征战的将军向女王报告"战绩"。其中,有两个将军为占领地盘的大小而争执不下,他们各自都说自己占领的地盘大。原来,他们争执不下的关键点在于,两个人衡量地盘大小的尺度标准不一样。女王见状,就脱下一只鞋扔下去,告诉将军们:今后就以这只鞋的长度为标准,建立长度单位,以此去测算占领地的大小。于是,"英尺"这个长度单位就产生了。

思考:"英尺"为何能成为长度的标准?

(二)选择关键控制点

确立控制标准的过程,实际上是寻找关键控制点并明确工作标准的过程。

1. 关键控制点

在简单经营活动中,管理者可以通过亲自观察所进行的工作来实行控制,然而在绝大多数的经营实践中,经营活动本身的复杂性以及管理者能力的限制使得这种控制方式不可行。管理者必须选择需要特别关注的地方,以此确保整个工作计划能按既定要求执行。这种需要特别关注的地方是关键性的,其要么是经营活动中的限制因素,要么是能比其他因素更清楚体现计划实施效果的因素。

因此,这种需要特别关注的地方,被称为关键控制点,是指有效控制要求关注那些关键因素,并以此对业绩进行控制。企业控制住了关键点,实际也就控制了全局。

小故事:超预期的海底捞服务

享有盛誉的海底捞饭店,它的设施一般,餐品种类也不是很多,最大的卖点与吸引人之处在于高质量的服务。有几位顾客去海底捞吃饭,吃完饭服务员给上了一个果盘,果盘里的西瓜没有吃完。当结账的时候客人问服务员能不能把剩下的西瓜带走,服务员说不能带。

而当结完账以后这个服务员却给客人送来整个西瓜,说切开的西瓜带回去不卫生。其实客人所要的不过就是剩下来切开的几块西瓜,而服务人员给你整个西瓜,远远超出了顾客的预期。这令他们十分惊讶,并在网上盛传。

对于饭店、餐馆而言,服务质量就是最容易应对顾客抱怨,这同时又是最能提高顾客体验、招徕顾客的关键环节。海底捞正是抓住这一关键因素,并给予顾客超预期满足,使其大获成功。

思考:海底捞的成功靠的是什么?

2. 关键控制点的种类

关键控制点的种类是依据控制标准的种类来进行划分的。

(1)实物标准

其是非货币形式的衡量标准,普遍使用于基层单位。例如在耗用原材料、雇佣劳动力、提供服务中使用。这类标准可以反映在任务或工作的数量方面,也可以反映在任务或工作的质量方面。比如,单位产量工时和所耗用的燃料数、每日门诊的病人人数、每日产品的销售量、服装颜色的牢固度,材料的硬度等。因此,从某种意义上讲,实物标准是计划工作的基石,也是控制的基本标准。

（2）费用标准

费用标准为货币形式的衡量标准,是以货币价值来衡量因作业造成的消耗,适用于基层单位。比如,单位产品的原材料成本、单位面积的土地使用成本等。

（3）资金标准

资金标准是费用标准的变种,指用货币来计量实物项目而形成。资金标准与投入一个企业的资金有关,与经营费用无关,对于新的投资和综合控制来说,投资报酬率被应用的最广泛。流动比率、资产负债率、固定投资与总投资的比率、速动比率、短期负债或债券与股票的比率以及存货周转率和存货规模的大小等也是一些资本标准。

（4）收益标准

收益标准是销售额的货币价值形式。比如,每股收益、每名顾客的平均购货额等。

（5）程序标准

在评估计划的执行情况时,有时需要运用一些主观判断。计划中规定的时间安排或其他因素通常被作为客观的判断标准。比如,管理人员编制的可变动预算方案、新产品开发计划或提高员工素质的计划等。

（6）无形标准

无形标准是指不能用数量来衡量的标准。有些问题要建立清晰的定量和定性的标准是非常困难的。比如,员工对组织的忠诚度、下属人员的道德与能力等。在任何一个组织中,都存在着许多无形标准,这是因为对于一些工作的预期成果还缺乏具体的研究,因此,在这种情况下,主观判断、反复试验,有时甚至是纯粹的直觉便成为衡量的依据。

（7）指标标准

一些管理出色的组织中,上级通过设置一系列的指标来实施对下属的管理。通过对组织内部复杂的计划与管理人员业绩的研究,有可能确定一些指标作为控制的依据,这些指标的使用使得控制领域得到了较大的发展。比如,年度销售指标、市场占有率指标、利润指标等。

3. 影响关键控制点的因素

（1）影响整个工作运行过程的重要操作与事项。

（2）能在重大损失出现之前显示出差异的事项,这一点意味着,并不是所有的重要问题都作为控制的关键点。通常情况下,管理者应该选择那些易检测出偏差的环节进行控制,这样才有可能对问题做出及时、灵敏的反应。

（3）若干能反映组织主要绩效水平的时间与空间分布均衡的控制点,因为关键控制点数量的选择应足以使管理者对组织总体状况形成一个比较全面的把握。

良好的控制来源于关键控制点的正确选择,因而这种选择或决策的能力也就成为判断管理者控制工作水平的一个重要标准。在选择关键控制点的过程中,管理者可以对自己提出下列问题:什么是最好的反映本组织的指标？在计划目标未实现时,什么信息能让我最快最准确地了解工作进展情况并且找出问题之所在？谁应该对失误负责？

小故事：挑碗的技术

有一个人去买碗，别人告诉他一种辨别瓷器质量的方法：用一只碗轻碰其他的碗，凡发出清脆无浊音的是好碗。他到了店里，发现每只碗发出的声音都不够清脆。最后店员拿出价格高昂的工艺碗，结果还是不能让他满意。店员不解地问："你为什么拿碗轻碰它们呢？"那人说这是一种辨别瓷器质量的方法。店员一听，醒悟过来，立即取了一只质地好的碗交给他："你用这只碗试试。"他用这只碗再去轻碰其他的碗，声音就变得清脆起来。原来他手中拿的是一只质地很差的碗，它在碰撞每一只碗时，发出的都是浑浊之音。参照的标准变了，一切都变了。

思考：挑碗技术的关键在于什么？

（三）制定标准的方法与要求

1. 制定标准的方法

一般情况下，常用的制定标准方法主要有三种。

（1）历史性标准

即统计性标准，是以分析企业经营各个历史时期状况的数据为基础，为未来活动建立的标准，这些统计数据可能来自本企业内部，也可能来自其他企业。

优点：利用企业的历史性统计资料为某项工作制定标准，简便易行。

缺点：根据这些资料制定的标准可能低于同行业的先进水平，甚至是平均水平，最终使得企业的经营成果和竞争能力低于竞争对手。

因此，在采用这种方法制定控制标准的时候，需要充分考虑行业的评价水平，研究竞争企业的经验。

（2）依据专家经验与判断建立标准

在实际情况中，并不是所有工作的质量和成果都能用统计数据来表示，也不是所有企业活动都保存着历史统计数据。对于新从事的工作、统计资料缺乏的工作，可以依据专业人员的经营、判断和评估来建立控制标准。

在利用这种方法来建立工作标准的时候，要注意利用各方面人员如老职工、技术人员、管理人员的知识和经验，在充分了解情况、收集意见的基础上，科学综合各方判断，制定出一个相对合理的标准。

（3）工作标准

即工程标准，是通过对工作情况进行宏观的定量分析来制定。比如，机器的产出标准是设计者计算的，在正常情况下的最大产出量；工人操作标准是劳动研究人员在对构成作业的各项动作和要素的客观分析的基础上，经过消除、改进和合并而确定的标准作业方法；劳动时间定额是利用秒表测定的受过训练的普通工人以正常速度按照标准操作方法对产品或零部件进行某个（些）工序的加工所需的平均必要时间。严格上来讲，工作标准也是一种利用统计方法来制定的控制标准。

小故事：洛克菲勒的算计

19世纪石油巨头众多，最后却只有洛克菲勒独领风骚，其成功绝非偶然。有关专家在分析他的致富之道时发现，精打细算是他取得成就的主要原因。

洛克菲勒踏入社会后的第一个工作，就是在一家名为休戚·泰德的公司当簿记员，这为他以后的数字生涯打下了良好的基础。由于他勤恳、认真、严谨，不仅把本职工作做得井井有条，还几次在递交商行的单据上查出了错误之处，为公司节省了数笔可观的支出，因此深得老板的赏识。

后来，洛克菲勒拥有了自己的公司，他更注重成本的节约，提炼每加仑原油的成本也要计算到小数点后第3位。他每天早上一上班，就要求各部门将一份有关净值的报表送上来。经过多年的商业洗礼，洛克菲勒能够精确地查阅报上来的成本开支、销售以及损益等各项数字，并能从中发现问题，以此来考核各个部门的工作。

1879年，他质问一个炼油厂的经理："为什么你们提炼一加仑原油要花1分8厘2毫，而东部的一个炼油厂干同样的工作只要9厘1毫？"他就连价值极小的油桶塞也不放过，曾写过这样的信："……上个月你汇报手头有1 119个塞子，本月初送去你厂10 000个，你厂使用9 527个，而现在报告剩余912个，那么其他的680个塞子哪里去了呢？"

思考：为什么洛克菲勒能从数字当中发现控制的奥秘？

2. 制定标准的要求

制定标准是一个过程，要想科学制定控制标准，应满足以下几个方面的要求：

（1）便于对各部门工作进行衡量

当出现偏差时，能找到相应的责任单位，控制标准的制定要方便对组织各部门的工作进行衡量。例如，进行成本控制，不仅要规定总生产费用，而且还要按成本项目规定标准，为每个部门规定相应的费用标准。

（2）有利于组织目标实现

建立的控制标准要有利于组织目标的实现，因此，对每一项工作的衡量必须有具体的时间幅度、具体的衡量内容与要求。

（3）与未来发展紧密结合

制定的控制标准要与未来的发展相结合。例如，当企业生产了某种产品后，就要密切注意产品的销售量，并考虑是否可以长期发展这种产品，还是要等到时机成熟再大量生产。

（4）体现一致性与公平性

建立的控制标准应尽可能体现一致性。管理工作中制定出来的控制标准实际上就是一种规章制度，它反映了管理人员的愿望，也为人们指明了努力的方向。控制标准应是公平的，如果某项控制标准适用于每个组织成员，那么就应该一视同仁。

（5）具有一定弹性和可实现性

建立的标准应该具有一定的弹性，要能适应一定的环境变化，面对特殊情况可以做到特殊处理。

再者，控制标准的建立必须考虑到工作人员的实际情况，包括他们的专业技能与使用的设备等。标准制定要具有可实现性，是员工通过努力可以达到的。

小故事：麦当劳的标准化

奉行"质量优良、服务周到、清洁卫生、价格合理"宗旨的美国著名的麦当劳公司,为确保其经营宗旨得到贯彻,制定了可度量的如下三条工作标准：

(1) 95％以上的顾客进餐馆后三分钟内,服务员必须迎上前去接待顾客；

(2) 事先准备好的汉堡包必须在五分钟内热好供应给顾客：

(3) 服务员必须在就餐人离开后五分钟内把餐桌打扫干净。

最重要的是对于产品有精细的控制标准,比如面包,面包作为一种食品,很难完全标准化,但麦当劳及其供应商对每一个送到餐厅的面包都有统一标准,其包括统一的形状、颜色、重量、高度、直径、糖分及成分等。正是因为这种高度的标准化指标,所以在世界任何一家麦当劳连锁店都能吃到同一口味的面包、炸薯条、炸鸡翅、汉堡包等。

而中式快餐很难标准化,也就是说没有一个量化标准,不好控制。你看菜谱上一般都说盐少许、花椒少许、500克肉等,并不讲究主料与配料的配比,所以中餐的连锁店很难保证口味统一,也就不能像肯德基、麦当劳等快餐店一样遍地开花。不过我国的一些传统、特色食品已经逐步开始标准化,例如天津麻花、狗不理包子和西安肉夹馍等。

思考：中式快餐的标准化之路瓶颈在何处?

二、衡量工作绩效

确定了控制标准以后,接下来要进行的控制工作就是对实际工作情况与标准进行比较、衡量成效。衡量实际的工作绩效其实也是控制当中信息反馈的过程,因此,管理者首先需要收集必要的信息,考虑衡量什么以及如何衡量。这样做的目的一是在于反映出计划的执行过程,使管理者了解到哪些部门、哪些员工的成绩显著,以便对其奖励；二是在于使管理者及时发现那些已经发生或预期将要发生的偏差。

(一) 衡量的项目

管理者应该针对决定实际工作成效好坏的重要特征进行衡量,但实际中容易出现一种趋向,即侧重于衡量那些易于衡量的项目,而忽视那些不易衡量的、较不明显但实际相当重要的项目。实际衡量应该围绕构成好绩效的重要特征来进行,而不能够偏向那些易于衡量的项目。

确定衡量的项目,实际上就是确定衡量对象的问题,即衡量什么,管理者衡量什么在很大程度上决定员工追求什么。如果有了恰如其分的标准以及准确测定下属工作绩效的手段,那么对实际或预期的工作进行评价就比较容易。

有些控制准则是在几乎所有的管理环境中都可以通用的。诸如,营业额或出勤率可以考核员工的基本情况,费用预算可以控制管理者的办公开支,但是由于控制系统中管理者的多样性,控制的标准也各不相同。例如,一个制造业工厂的经理可以用每日的产量、单位产品所消耗的工时及资源、顾客退货率等来衡量；一个政府管理部门的负责人可用每天起草的文件数、每天发布的命令数,电话处理一件事务的平均时间等来进行衡量；销售经理可以用市场占有率、每笔合同的销售额、下属的每位销售员拜访的顾客数来进行衡量等。

小故事：梅奥诊所衡量业绩的指标

为了控制公司药品服务的质量和效率，梅奥诊所衡量业绩的指标包括取得结果指标，如再住院率和安全记录等。诊所还会衡量与提高患者护理有关的特定过程，包括给予正确的建议和治疗、在合适的时间进行合适的药物治疗以及针对特定的问题进行恰当的诊断性研究等。通过调查，梅奥诊所对客户满意度进行评估以确保每一位病人都能得到梅奥团队每一位成员尊重和热情地医治。

思考：梅奥诊所在进行控制时衡量的项目有哪些？

（二）衡量的方法

衡量实际的工作绩效，首先需要收集反映实际运行状态的信息，然后才能根据这些信息与标准的比较确定是否存在偏差，因此，衡量绩效实质上就是信息的收集与处理过程。

为了获得控制的信息，管理者在实际工作中可以采用如下几种方法来收集信息。

1. 亲自观察

亲自观察能为管理者提供有关实际工作的第一手的、未经他人过滤的信息，其覆盖面广泛，因为各种工作活动都能被观察，因此给管理者提供了寻查隐情的机会，帮助管理者获得其他来源所遗漏的信息，并及时地解决问题，而走动管理是亲自观察的一种典型方法。

走动管理的基本思想是领导者通过深入基层、自由接触员工，进而在企业内部建立起广泛的、非正式的、公开的信息沟通，做到体察民情，沟通意见，共同为企业目标而奋斗。一个运转有效的企业，其领导者很少坐在办公室里发号施令，而是深入现场和基层，发现问题，解决问题。这种新型的领导方式不仅会极大地提高管理的效率，而且会极大地促进上下级之间的思想交流和感情联系，有利于提高全体组织成员的士气，促进组织目标的实现。

小故事：刘协——走动管天下

在汉献帝刘协即位的第五年，全国从4月到7月一直没有下雨，谷价一斛暴涨到五十万钱，很多人买不起谷粮，全国饿死的人不计其数。在长安甚至出现了人吃人的惨状。心系百姓的刘协，便命令御史侯汶取出太仓中储存的米和豆子为饥民熬粥。可奇怪的是，饿死的人还是不见少。对于这个问题，刘协思索很久，觉得是当中有官员作了手脚。于是，刘协便派人取出米和豆子各五升，在他面前熬粥，结果，熬出了两大盆。以此类推，在全国肯定没有粥汤不足而饿死老百姓的道理。刘协据此断定侯汶贪赃枉法、监守自盗，侯汶在事实面前也承认了自己所犯之事，被刘协下令责打五十大板，至此，百姓闹饥荒的问题得以彻底改善。

思考：刘协是如何"走动管天下"的？

亲自观察也有其局限性，当衡量活动所需的信息量很大时，亲自观察需要花费大量的时间和精力，而且易受个人偏见的影响，不同的观察者对同一事件可能会形成不同的印象，而且，这种方式如果不能被员工所正确理解，则会招致员工的抵触。

2. 统计报告

目前，计算机在组织中的广泛应用使得管理者越来越多地依赖统计报告来衡量实际工作。统计报告能提供大量的数据、图表,这些资料不仅一目了然,而且能显示出各项指标之间的相互关系。

这种方法的应用价值受两个因素的制约:一是其真实性,即统计报告所采集的原始数据是否正确,使用的统计方法是否恰当,管理者常常难以判断;二是其全面性,即统计报告中是否全部包括了涉及工作衡量的重要方面,是否遗漏或掩盖了其中的一些关键点,管理者也难以肯定。

3. 口头报告和书面报告

绩效信息可以通过口头报告,比如,通过面对面或电话交谈获得。这种方法的优缺点与亲自观察法相似。它能较为快捷地带来反馈信息,并能借助表情、声调、言语等加深管理者对信息的理解。而书面报告比口头报告更为正式与精确,它比口头报告更为综合、简洁,且易于归档、便于查找。

4. 召开会议

召开会议,可以让各部门主管汇报各自的工作及遇到的问题,这既有助于管理者了解各部门的工作情况,又有助于加强部门间的沟通和协作。

5. 抽样调查

指从整批调查对象中抽取部分样本进行调查,并把结果看成是整批调查对象的近似特征。这种方法可以节省调查成本及时间。例如,随机抽取几件产品来检查成批产品的质量;找几位车间成员谈话,了解整个车间的情况等。

除上述几种衡量绩效的方法外,组织中也会存在很多无法直接测量的工作,只能凭借某些现象进行推断来获取信息。比如,从员工合理化建议的增多可以推断企业民主化管理有所增强;员工工作热情降低可能是管理工作不当所致。在实际的管理控制中,应综合利用不同的方法来衡量工作绩效。

值得注意的是,选取上述方法来对工作进行衡量时,要特别注意所获取信息的质量问题,信息质量主要体现在以下四个方面:

第一,准确性。即所获取的用以衡量工作的信息应能客观地反映现实,这是对其最基本的要求。

第二,及时性。即信息的加工、检索和传递要及时,过分拖延的信息将会使衡量工作失去意义,从而影响整个控制工作的进行。

第三,可靠性。即要求信息在准确性的基础上还要保证其完整性,不因遗漏重要信息而造成误导。

第四,适用性。即应根据不同管理部门的不同要求而向他们提供不同种类、范围、内容、详细程度、精确性的信息。

小故事:一切皆可测:迪士尼 MagicBand 手环

美国迪士尼公司最近投资了 10 亿美元进行线下顾客跟踪和数据采集,开发出 MagicBand 手环。游客在入园时佩戴上带有位置采集功能的手环,园方可以通过定位系统了解不同区域游客的分布情况,并将这一信息告诉游客,方便游客选择最佳游玩路线。此外,用户还可以使用移动订餐功能,通过手环的定位,送餐人员能够将快餐送到用户手中。

这不仅提升了用户体验,也有助于疏导园内的人流。而采集得到的顾客数据,又可以用于精准营销。

思考:迪士尼通过 MagicBand 手环,为其日常控制工作带来了哪些有用信息?

(三)有效衡量

在实际的管理活动中,工作绩效的衡量不仅仅是通过信息收集并进行比较分析的过程,还需要保证绩效的衡量更加有效,以便能更好地为管理者服务。因此,要提高衡量绩效的有效性,可以从以下几个方面来考虑。

1. 运用预警指标

所谓的预警指标是指能够预示可能出现较大问题的一些因素。比如,生产车间发生较多的事故可能预示着工作条件的恶化或是工人出现了不满情绪;产品返工数量的增加可能预示着质量控制有缺陷或是生产组织不合理等。可见,充分利用预警指标就可以及时发现在实际工作中潜藏的一些问题,如果能及早解决就可以避免发生较重大的问题。

值得注意的是,对于预警指标的使用应该是在经过认真分析的基础上,因为有时引起指标变动的因素可能不是企业内部的原因,而是由企业无法控制的外部因素导致的。例如,某企业的新客户减少了,原因既可能是市场拓展投入不够,也可能是市场竞争加剧,因而,需要进一步分析才能最终确定。

2. 确定合适的衡量频度

衡量的频度是指一段时间内对同一控制对象的衡量的次数,通俗地说,就是间隔多长时间衡量一次实绩,是每时、每日、每周,还是每月、每季度或每年?是定期的衡量还是不定期的衡量?当然,对不同的衡量项目,衡量的频度可能不一样。有效的控制要求确定适宜的衡量频度。对控制对象或要素的衡量频度过高,不仅会增加控制的费用,而且还会引起有关人员的不满,也影响他们的工作态度。但是衡量的次数过少则有可能造成许多重大的偏差不能被及时发现和纠正。

因此,衡量频度过大或者过小都会影响衡量的有效性。一般来说,适宜的衡量频度取决于被控制活动的性质、控制活动的要求,如果控制对象处于不稳定状态,或是控制要求较高时,则衡量频度就应该相对高些;而当控制对象处于稳定状态,或是控制要求较低时,则衡量频度就应该相对低些。例如,对产品质量的控制常常需要以件或小时、日等较小的时间单位来进行,而对新产品开发活动的成绩可能需要以月或更长的时间单位来衡量。

3. 及时处理衡量结果

当衡量结果出来以后,及时处置也是对衡量绩效有效性的重要保证。一般而言,衡量结果应该立即送达到有权对偏差做出纠正决策的负责人手中,便于其及时采取措施;同时,还应该及时通知被控制对象的直接负责人以及相关的服务或是配套部门,便于纠正措施能够较好地得到执行。

4. 建立信息反馈系统

担负有控制责任的管理者只有及时掌握了反映实际工作与预期工作绩效之间偏差的信息,才能迅速采取有效的纠正措施。然而,并不是所有的衡量绩效的工作都是由主管直接进行的,有时需要借助专职的检测人员。因此,应该建立有效的信息反馈网络,使反映实际工作情况的信息适时地传递给适当的管理人员,使之能与预定标准相比较,及时发现问题。这个网络还应能及时将偏差信息传递给予被控制活动有关的部门和个人,以使他们及时知道自己的工作状况、为什么错了,以及需要怎样做才能更有效地完成工作。建立这样的信息反馈系统,不仅更有利于保证预定计划的实施,而且能防止基层工作人员把衡量和控制视作上级检查工作、进行惩罚的手段,从而避免产生抵触情绪。

小故事:袋鼠和笼子

一天,动物园管理员发现袋鼠从笼子里跑出来了,于是开会讨论,一致认为是笼子高度过低。所以他们决定将笼子的高度由原来的 10 米加高到 20 米。结果第二天他们发现袋鼠还是跑到外面来,所以他们又决定再将高度加高到 30 米。没想到隔天居然又看到袋鼠全跑到外面,于是管理员们大为紧张,决定一不做,二不休,将笼子的高度加高到 100 米。一天长颈鹿和几只袋鼠们在闲聊:"你们看,这些人会不会再继续加高你们的笼子?"长颈鹿问。"很难说。"袋鼠说,"如果他们再继续忘记关门的话!"

思考:这个小故事当中体现的问题是什么?

三、纠正偏差

对实际工作进行衡量之后,就应该将衡量结果与所建立的标准进行对比分析,通过比较确定实际工作绩效与标准之间的偏差,即利用科学的方法,依据客观的标准,对工作绩效的衡量,可以发现计划执行中的偏差,并分析偏差产生的原因,从而制定和实施必要的纠正措施。

纠正偏差的工作使得控制过程得以完整,并将控制与管理的其他职能相互联结:通过纠偏,使组织计划得以遵循,使组织结构和人事安排得到调整,使领导活动更加完善。

(一)找出偏差产生的主要原因

纠正措施的制定是以偏差原因的分析为依据的,因此,必须花费时间、人力和物力找准产生偏差的真正原因。例如,同一偏差可能由不同的原因造成:销售利润的下降既可能是因为销售量的降低,也可能是因为生产成本的提高。而销售量的降低既可能是因为市场上出现了技术更加先进的新产品,也可能是由于竞争对手采取了某种竞争策略,或是企业产品质量下降,生产成本的提高既可能是原材料、劳动力消耗和占用数量的增加,也可能是由于购买价格的提高。不同的原因要求采取不同的纠正措施。为此,要通过评估反映偏差的信息和对影响因素的分析,透过表面现象找出造成偏差的深层原因,在众多的深层原因中找出最主要的方面,为纠偏措施的制定指导方向。

实际中并非所有的偏差都可能影响企业的最终成果。有些偏差可能反映了计划制定和执行工作中的严重问题,而另一些偏差则可能是一些偶然的、暂时的、区域性因素引起的,从而不一定会对组织活动的最终结果产生重要影响。因此,在采取任何纠正措施以前,必须首先对反映偏差的信息进行评估和分析。首先,要判断偏差的严重程度,是否足以构成对组织活动效率的威胁,从而值得去分析原因,采取纠正措施;其次,要探寻导致偏差产生的主要原因。

小·故事：拉上那道窗帘

美国管理界有一个经典的案例：杰克逊纪念大厦外墙受到腐蚀，政府采取了很多措施，花了不少钱但情况仍无改善。政府非常担心，派专家组调查，调查结果如下：原因是墙壁每日被冲洗，导致受酸蚀损害严重。为什么每日要冲洗呢？因为大厦每天被大量的鸟粪弄脏。为什么有那么多的鸟粪呢？因为大厦周围聚集了很多的燕子。为什么燕子喜欢聚在这里？因为大厦上有燕子最喜欢吃的蜘蛛。为什么这里蜘蛛多呢？因为墙上有蜘蛛最喜欢的飞虫。为什么这里的飞虫多呢？因为飞虫在这里繁殖得快。为什么？因为这里的尘埃也无特别之处，只是配合了从窗子照射进来的充足阳光，特别刺激飞虫的繁殖欲。大量飞虫聚集在此超常繁殖，于是给蜘蛛提供了超常的美餐；蜘蛛超常聚集又引来燕子聚集流连；燕子吃饱了就近在大厦上方便，解决问题的结论就是——拉上窗帘！

思考：在控制中，寻因管理的作用体现在何处？

（二）确定纠偏措施的实施对象

需要纠正的可能不仅是企业的实际活动，也可能是组织这些活动的计划或衡量这些活动的标准。大部分员工没有完成劳动定额，可能不是由于全体员工的抵制，而是定额水平太高；承包后企业经理的兑现收入可高达数万甚至数十万，可能不是由于经营者的努力数倍或数十倍于工人，而是由于承包基数不恰当或确定经营者收入的挂钩方法不合理；企业产品销售量下降，可能并不是由于质量劣化或价格不合理，而是由于市场需求的饱和或周期性的经济萧条等。在这些情况下，首先要改变的不是或不仅是实际工作，而是衡量这些工作的标准或指导工作的计划。

预定计划或标准的调整是由两种原因决定的：一是，原先的计划或标准制定的不科学，在执行中发现了问题；二是，原来正确的标准和计划，由于客观环境发生了预料不到的变化，不再适应新形势的需要。负有控制责任的管理者应该认识到，外界环境发生变化以后，如果不对预先制定的计划和行动准则进行及时的调整，那么，即使内部活动组织得非常完善，企业也不可能实现预定的目标。如消费者的需求偏好转移，这时，企业的产品质量再高、功能再完善、生产成本和价格再低，仍然不可能找到销路，不会给企业带来期望利润。

（三）选择适当的纠偏措施

在选择纠偏措施和实施过程时首先要注意以下几个方面。

1. 双重优化纠偏方案

纠正偏差，不仅在实施对象上可以进行选择，而且对同一对象的纠偏也可采取多种不同的措施。所有这些措施，其实施条件和效果相比的经济性都要优于不采取任何行动、使偏差任其发展可能给组织造成的损失，有时最好的方案也许是不采取任何行动，如果行动的费用超过偏差带来的损失的话。这是纠偏方案选择过程中的第一重优化。第二重优化是在此基础上，通过对各种经济可行方案的比较，找出其中追加投入最少，解决偏差效果最好的方案来组织实施。

2. 充分考虑历史因素

由于对客观环境的认识能力提高，或者由于客观环境本身发生了重要变化而引起的纠偏需要，可能会导致原先计划与决策的局部甚至全局的否定，从而要求企业活动的方向和内容进行重大的调整。这种调整有时被称为"追踪决策"。追踪决策的经营环境或内部的经营条件已经由于初始决策的执行而有所改变,是"非零起点"。因此,在制定和选择追踪决策的方案时,要充分考虑到伴随着初始决策的实施已经消耗的资源,以及这种消耗对客观环境造成的种种影响。

3. 消除疑虑

任何纠偏措施都会在不同程度上引起组织的结构、关系和活动的调整,从而会涉及某些组织成员的利益。不同的组织成员会因此而对纠偏措施持不同态度,特别是纠偏措施属于对原先决策和活动进行重大调整的追踪决策时。虽然一些原先反对初始决策的人会幸灾乐祸,甚至夸大原先决策的失误,反对保留其中任何合理的成分,但更多的人对纠偏措施持怀疑和反对的态度。原先决策的制定者和支持者会害怕改变决策标志着自己的失败,从而会公开或暗地里反对纠偏措施的实施;执行原决策、从事具体活动的基层工作人员则会担心失去某种工作机会、影响自己的既得利益而极力抵制任何重要的纠偏措施的制定和执行。因此,控制人员要充分考虑到组织成员对纠偏措施的不同态度,特别是要注意消除执行者的疑虑,争取更多的人理解、赞同和支持纠偏措施,以保证避免在纠偏方案的实施过程中可能出现的人为障碍。

4. "治标"与"治本"并重

管理者在准备采取偏差纠正措施的时候,应该决定此时此刻面对所出现的问题宜采取应急性矫正行动,还是永久性矫正行动。通俗地说,就是要决定是"治标",还是"治本"。针对所出现的问题立即采取应急性矫正行动,可以及时地将出现问题的工作拉到正常的轨道上,但问题的根源可能得不到发现和根除。就像出现火情时人们的第一反应往往是参与救火和打电话一样,如果企业管理者长期只顾救火,并不去设法根除火灾的隐患,那问题就无法得到根本解决。永久性矫正行动并不是着眼于对症状性质的表层问题马上采取解决措施,而是从"问题的症状→问题的原因→问题的根源"的层层深入分析中,找到彻底解决问题的突破口,然后针对性地采取解决的行动。现实中,许多管理者常常以没有时间为借口而偏好于采取应急性矫正行动,并且因采取这种行动取得的直接效果而沾沾自喜。他们没有想到,不断的救火式的应急纠正措施只会把深层次的问题掩盖得更难发现,而且针对某一问题采取的应急性矫正行动还可能会引致其他问题的产生。结果,管理者就只能不断地疲于解决各式各样的表面问题,最终无法避免"被煮青蛙的命运",这是值得管理者深思的。

为此,在实际纠偏工作中主要有三种方法:

第一种情况,针对工作失误而产生的问题,控制工作主要是加强管理和监督,确保工作与目标的接近或吻合。

第二种情况,针对计划或目标与实际不符合的问题,控制工作主要是按实际情况修改计划或是目标。

第三种情况,针对组织运行环境发生重大变化、计划失去客观依据的问题,控制工作主要是启动备用计划或是重新制定新的计划。

此外,管理者还可以运用组织职能重新分派任务来纠正偏差,也可以采用增加人员、更好地选拔和培训下属,或是最终解雇、重新分配人员等办法来纠正偏差。

小故事：波将金兵变

1905年，在沙俄海军中发生了一起"波坦金"号战舰兵变的事件。事件是由午饭时吃的肉汤引起的：一天，船员们发现他们吃的俄罗斯肉汤是用生了蛆的肉做的，于是全体船员拒绝吃这种肉汤。

船长见状，不得不让军医去检查肉汤。军医报告说，肉中没有白蛆，只有几处苍蝇卵，并建议用醋加水冲洗一下吃。但是，船员们仍然拒绝吃这种汤，有人还借此来煽动反叛情绪。船长警告船员，谁再继续反抗就要被吊死在甲板上，但大多数人仍然采取抵制态度，船长无可奈何，一方面命令将肉汤密封起来分析检查，一方面向司令部报告这一情况。这时，副船长却采取了强硬态度，他重新集合队伍，并要水手长召来了行刑队，要逮捕领头闹事的人。这时，在领头人的带动下，船员们纷纷从各处取出武器，接管了这只船，并把船长、副船长和大多数军官或枪杀，或扔进了大海。

思考：船长的控制为何起到了反作用？

四、有效控制的基本原则

控制作为管理的基本职能之一，也是比较容易出现问题的一项工作。在很多情况中，管理者制定了良好的计划，也建立适当的组织，但由于没有把握住控制这一环节，最后还是不能达到预期的目标。无效的控制会引起计划无效和组织无效，因此，为了保证对组织活动进行有效的控制，控制工作必须遵循以下基本原则。

（一）重点性原则

控制不仅要制定标准、注意偏差，而且要注意制定标准或出现偏差的项目。管理者不可能控制工作中所有的项目，只能针对关键项目，且仅当这些项目的偏差超过了一定限度达到足以影响目标实现时，才予以控制纠正。有效控制的重点原则，就是指抓住活动过程中的关键和重点进行局部和重点控制。

由于组织和部门职能的多样化、被控制对象的多样性以及政策和计划的多变性，几乎不存在有关选择关键和重点的普遍原则，但从一般情况看，在任何组织中，目标、薄弱环节和重大例外是管理者控制的重点。管理者需要在众多的目标中，选择出关键的、反映工作本质的目标加以控制。有些影响目标实现的环节是由于组织力量薄弱导致的，因而在组织运行过程中容易出现问题，管理者也需要特别关注。对于措手不及的例外情况，管理者需要集中精力迅速而专门的加以应对。

因此，管理者越是把控制力量集中在目标、薄弱环节和重大例外上，其控制就越有效。

小故事："把船开进深水区就行了"

有这样一个故事：一位老船长常年在河上驾船，从未发生过事故。有人问他是不是对河中的暗礁险滩全部了然于心。老船长说："不是，其实我只要把船开进深水区就行了，暗礁险滩就会与我无关。"其实，我们很需要有这样的智慧，人的一生有太多的暗礁和险滩，你根本无法一一去了解,也根本不必去个个都记住。你所要做的,只是把船开进深水区就行了,其他的问题就会与你无关。

思考:从这位睿智的船长身上你学会了什么?

(二)经济性原则

是否进行控制、控制到什么程度,都涉及费用问题,因此必须考虑控制的经济性,只有有利可图时才能进行控制。因此,从经济性角度考虑,控制系统并不是越复杂越好,控制力度也不是越大越好。

其一,控制系统越复杂、控制工作力度越大,所需信息反馈的数量和频度就会越大,势必占用更多的时间、精力、资源和资金,从而导致整个控制系统的成本增加。

其二,由于控制力度的加大,可能出现的不利偏差会减少,损失也会减少,从而体现出控制所带来的收益,这两类费用的相互关系如图9-2所示。

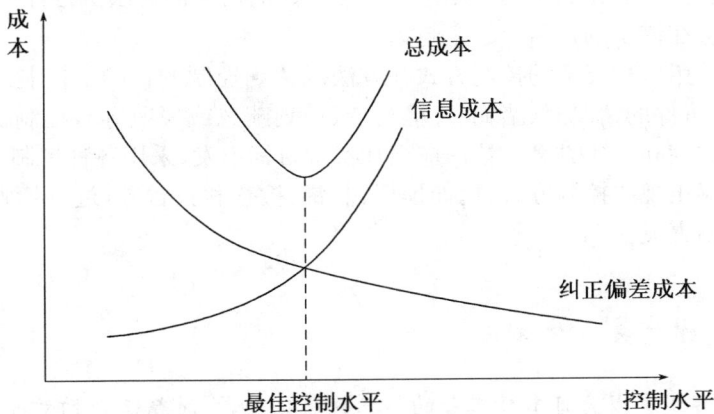

图9-2 控制系统中的成本

从上图中可以发现,控制量的多少有一个最佳水平,在这一水平下可以使总的控制成本最小。因此,要想做到有效控制,必须服从经济性原则。

然而,在实际工作中,选择一个绝对最优的控制水平是很困难的,为此,控制的经济性考虑在很大程度上取决于管理者是否将控制应用于其所认为的重要工作上。

(三)客观及时性原则

高效率的控制系统要求迅速发现问题并及时采取纠偏措施。一是,要求事先制定清楚的控制标准,在过程中及时准确地获得控制所需的信息,避免时过境迁,使控制失去应有的效果;二是,要事先估计可能发生的变化,使采取的措施与已变化了的情况相适应,即纠偏措施的安排应有一定的预见性。

1. 客观性

要使控制准确客观,一是,要尽量建立客观的衡量方法,对绩效用客观的方法记录并进行评价,把定性的内容具体化、客观化;二是,管理者要从组织的角度来观察问题,尽量避免形而上学、个人偏见,尤其是在绩效的衡量阶段,要以事实为依据;三是,要明确这些信息不是整人的证据,以确保信息的可靠性。

2. 及时性

控制工作还必须注意及时性。信息是控制的基础,为提高控制的及时性,信息的收集和传递必须及时。如果信息的收集和传递不及时,信息处理时间过长,偏差便不能得到及时的纠正。

值得注意的是,及时不等于快速,及时是指当决策者需要时,控制系统能适时地提供必要的信息。组织环境越复杂、动荡,决策就越需要及时的控制信息。同时,要尽可能地采用前馈控制方式或预防性控制措施,一旦发生偏差,就对以后的情况进行预测,使控制措施能够针对未来,较好地避免时滞问题。

(四)弹性原则

控制的弹性原则,即灵活性原则,是指要求管理者制定多种应付变化的方案,并留有一定的后备力量。

控制工作本是变化的,其依据的标准、衡量工作所使用的方法等,都可能会随着情况的变化而不断变化,如果事先制定的计划因为预见不到的情况而无法执行,而实际的控制系统仍在运转,那将会在错误的道路上越走越远。

因此,需要采用多种灵活的控制方式和方法以达到控制的目的。控制应保证在发生某些未能预测到的事件的情况时(诸如,环境突变、计划疏忽或失败等),控制仍然有效。换句话说,就是要有弹性和替代方案。控制应当从实现目标出发,采用各种控制方式达到控制目的,不能过分依赖正规的控制方式,比如预算、监督、检查和报告等,过分依赖它们有时会导致指挥失误、控制失灵。

小故事:精工表永不停步

1945 年,服部正次成为日本精工舍的第三任总经理,当时精工舍的对手是强大的"钟表王国"瑞士、瑞士所产的劳力士、卡齐埃、浪琴、欧米茄等机械表世界名牌,而精工机械表的质量还达不到要求。精工怎么办呢?与其跟在人家屁股后面跑,不如另择一条新路!这就是服部正次的回答。1970 年,精工石英电子表研制成功。1974 年,液晶显示石英电子手表投放市场。石英电子表的先进技术指标是机械表所无法企及的。被誉为"表中之王"的劳力士,月误差多在 100 秒左右,而石英电子表却不超过 15 秒。但是在精工石英表尚未形成大气候时,美国、中国香港的厂家也加入竞争的行列,在他们的推动下,电子钟表性能步步提高,出现了多功能化倾向,新产品层出不穷,价格节节下降,手表越来越普及,这对精工舍形成了强大的冲击。1974 年,服部谦太郎出任面临困境的精工舍的第四任总经理,经过审时度势,他坚定地实施"不着急、不停步"的经营战略,全力完善石英表的生产工艺与市场销售渠道。精工石英表的价格从最初的 300 多美元,迅速下降到几十美元,这就使得精工石英表迅速畅销世界。谦太郎还根据各阶层顾客的不同需要,向市场提供几百种不同款式的电子手表,使精工电子手表的市场销量超过了美国,与香港并驾齐驱。20 世纪 70 年代后期,精工舍手表的销量臣跃居世界第一,但它们不停步,又向高级手表的产地瑞士进军。1980 年谦太郎收购了瑞士的"珍妮·拉萨尔公司",以钻石、黄金为主要材料制作手表,使得精工表又成了世界手表市场上高档表的象征。

思考:精工是如何做到有效控制的?

【模块二】　案例分析

客户服务质量控制

　　美国某信用卡公司的卡片分部认识到高质量客户服务是多么重要。客户服务不仅影响公司信誉,也和公司利润息息相关。比如,一张信用卡每早到客户手中一天,公司可获得33美分的额外销售收入,这样一年下来,公司将有140万美元的净利润,及时地将新办理的和更换的信用卡送到客户手中是客户服务质量的一个重要方面,但这远远不够。

　　决定对客户服务质量进行控制来反映其重要性的想法,最初是由卡片分部的一个地区副总裁凯西·帕克提出来的。她说:"一段时间以来,我们对传统的评价客户服务的方法不太满意。向管理部门提交的报告有偏差,因为它们很少包括有问题但没有抱怨的客户,或那些只是勉强满意公司服务的客户。"她相信,真正衡量客户服务的标准必须基于和反映持卡人的见解。这就意味着要对公司控制程序进行彻底检查。第一项工作就是确定用户对公司的期望。对抱怨信件的分析指出了客户服务的三个重要特点:及时性、准确性和反应灵敏性。持卡者希望准时收到账单、快速处理地址变动、采取行动解决抱怨。

　　了解了客户期望,公司质量保证人员开始建立控制客户服务质量的标准。所建立的180多个标准反映了诸如申请处理、信用卡发行、账单查询反应及账户服务费代理等服务项目的可接受的服务质量。这些标准都是基于用户所期望的服务的及时性、准确性和反应灵敏性上的。同时其也考虑了其他一些因素。

　　除了客户见解,服务质量标准还反映了公司的竞争性、能力和一些经济因素。比如一些标准因竞争引入,一些标准受组织现行处理能力影响,另一些标准反映了经济上的能力。考虑了每一个因素后,适当的标准就成型了,所以该公司开始实施控制服务质量的计划。

　　计划实施效果很好,比如处理信用卡申请的时间由35天降到15天,更换信用卡的时间从15天降到2天,回答用户查询的时间从16天降到10天。这些改进给公司带来的潜在利润是巨大的。例如,办理新卡和更换旧卡节省的时间会给公司带来1750万美元的额外收入。另外,如果用户能及时收到信用卡,他们就不会使用竞争者的卡片了。

　　该质量控制计划潜在的收入和利润对公司还有其他的益处,该计划使整个公司都注重客户期望。各部门都以自己的客户服务记录为骄傲。而且每个雇员都对改进客户服务做出了贡献,使员工士气大增。每个雇员在为客户服务时,都认为自己是公司的一部分,是公司的代表。信用卡部客户服务质量控制计划的成功,使公司其他部门纷纷效仿。无疑它对该公司的贡献将是非常巨大的。

问题:
1. 该公司对计划进行有效控制的三个因素是什么?
2. 为什么该公司将标准设立在经济可行的水平上,而不是在最高可能的水平上?

成果与检验:
根据小组成绩、班级讨论、书面报告等综合评定。

【模块三】 管理游戏

马到成功

游戏目标：

让学生体验从混乱到澄清思路，理解有好"马"才会成功。

游戏程序：

1. 请学生看下面的首图。

图 9-3　首图

2. 根据学生反映和回答，提示学生可从不同角度看这张图，并指明看到了什么。
3. 然后请学生看二图。

图 9-4　二图

4. 让学生指明通过此图又看到了什么？

游戏准备：

游戏用的图片，可以是 PPT 形式，也可以是单独做成的卡片。

成果与检验：

根据学生的参与程度及表现看游戏效果，并评定成绩。

【模块四】 实战任务

模拟公司的综合评价

实战目标：

主要培养学生控制与处理信息的能力,具体包括有效控制的能力、搜集与处理信息的能力、总结与评价的能力。

实战内容与要求：

模拟公司的综合评价分两个阶段进行:

1. 第一阶段为自评阶段。由学生利用课余时间按照 6~8 人的分组,模拟一家公司运营(学生分别扮演公司总经理、财务总监、营销总监、人力资源总监、运营总监等部门负责人),经过一段时间的模拟运营,由模拟公司的各个部门按工作性质的不同,责成各部门每名成员写出自检评估报告。总经理写出公司全面工作总结。模拟公司每名成员给自己打出自评分数。重点是搜集和整理有关本公司与本人绩效的信息。

2. 第二阶段为互评和总评阶段。各模拟公司互评与教师总评,本着"公平、公正、公开"的原则,各模拟公司之间根据绩效与日常表现,互相评估打分;课上教师依据绩效及表现对各公司进行综合评估打分;最后将各部分分数进行加权汇总。

成果与检验：

1. 各公司制定评估方案;

2. 总经理写出本公司全面工作总结;

3. 每个公司成员提交自我评估报告或总结;

4. 教师进行成绩汇总与评定。

【模块五】 能力测评

会议控制能力测评

测评目标：

控制能力测验。

测试内容与要求：

你召集 6 位下属开会,研究解决老板布置下来的一个紧急任务,你怎样应付下列情形?

1. 你以什么为开场白? （ ）

　　A. 简述任务内容,请各位与会者发表见解

　　B. 简述任务内容,解释它们的重要性及召开会议的目的

　　C. 直截了当地讲解具体任务

2. 如果与会者中有精通这个问题的专家,你是否_____? （ ）

　　A. 由他自行找机会发言

　　B. 首先征求他的意见

C. 等别人发言后再让他讲

3. 如果某位出名啰唆的人大讲特讲与主题无关的教条理论，耽误很多时间，你是否_____？　　　　　　（　　）

    A. 听任他讲下去，等待其他与会者群起而攻之

    B. 有策略地打断他的话，指出时间很宝贵

    C. 不客气地请他停止，让别人发言

4. 某位很有头脑但很腼腆、害羞的下属一直沉默不语，你是否_____？　（　　）

    A. 轻声地问他"你有什么看法"

    B. 认为没有什么话要讲

    C. 要求听听他的高见

5. 如果两位与会者因持不同的见解而争得面红耳赤，你是否_____？　（　　）

    A. 听任他们争论下去，谁获得多数人的支持就赞成谁的观点

    B. 对他们两位的踊跃发言表示感谢，并提出自己的看法，然后开始讨论新问题

    C. 斥责他们的行为，继续讨论其他问题

6. 如果大家讨论得越来越热烈，议题多而杂，你怎么控制会场？　（　　）

    A. 对大家的意见做一个小结，请大家将无关的问题留待以后讨论

    B. 建议暂时休会

    C. 敲桌子要求肃静

7. 假如会议讨论的问题很复杂，需要做出许多决定，你是否_____？　（　　）

    A. 开会后第二天即将这些决定整理出来，发给参加会议者

    B. 每讨论一个问题，便做出相应的决定，同时落实完成任务的期限并指定负责人

    C. 在会议结束之前做出决定

8. 召开如此冗长而复杂的会议一定要做笔记，你是否_____？　（　　）

    A. 亲自记录

    B. 请秘书记录

    C. 请其中一位与会者记录

9. 如果你在会议上听到了许多与自己观点不同的意见，你是否_____？　（　　）

    A. 随时打断别人的发言，发表自己的意见

    B. 偶尔谈谈对一些重要问题的看法

    C. 不置可否，以免打断别人的思路

10. 你怎么结束会议？　（　　）

    A. 请大家留下再讨论一个你刚刚想到的问题

    B. 感谢大家的合作，预定下次开会检查工作进程的时间

    C. 敷衍地感谢与会者，宣布散会

答案：与下列答案相同者得 5 分，其他情况不得分。

1. B；2. B；3. B；4. A；5. B；6. A；7. B；8. A；9. B；10. B。

成果与检验：

40～50 分：你完全掌握主持会议的要诀，希望你的下属们向你学习。

20～35 分：你可能在主持日常工作会议时游刃有余，而碰上复杂的会议就不那么随心

所欲了,不妨在下次开会时请一位有经验的同事列席,让他帮助你纠正不足。

15 分或以下:你不会主持会议,控制不了会场秩序,为何不向老板或人事部申请进修呢?

任务三 选择控制技术与方法

【模块一】 知识精讲

控制技术

在组织控制系统的构建过程中,由于控制的对象、内容、性质不同,可采用多种控制方法和手段。本书根据管理对象的不同,将控制方法分为预算控制和非预算控制两大类。

一、预算控制

(一) 预算控制的含义

管理控制中广泛运用的手段是预算,其清楚地表明了计划与控制的紧密联系。预算是计划的数量表现。预算的编制是作为计划过程的一部分开始的,而预算本身又是计划过程的终点,是转化为控制标准的计划。

具体说来,预算是以诸如收入、费用和资金等财务术语,或是诸如直接工时、材料、实物销售和生产量等非财务术语来表明组织的预期成果,它是用数字,尤其是财务数字编制的反映组织在未来某一个时期的综合计划。

小故事:风险资本家的预算方法

硅谷地区颇有影响力的利兹伍德资本公司风险资本家埃尔顿·谢尔文在管控他麾下的投资组合企业时,经常采用预算控制的方法。他通常会提出这样的三个问题:① 他们的资金是否充足? ② 他们的资金使用是否适度? ③ 他们的资金使用是否得当?

思考:你从中得到什么启示呢?

(二) 预算的内容

作为一种计划,预算的内容主要表现在三个方面:

(1) 第一个"W"——"What"

有多少,即为实现组织计划目标,规定各种管理工作的投入与产出各是多少。

(2) 第二个"W"——"Why"

为什么,即为什么需要投入(或产出)这么多数量,原因是什么。

(3) 第三个"W"——"When"

什么时间,即什么时候实现投入(或产出)以及什么时候支出(或收入),必须使得收入与支出取得平衡。

预算控制是根据预算规定的收入与支出标准来检查、监督和控制各部门的活动,以此保证各部门或各项活动在完成组织目标的过程中合理有效地利用资源,进而达到控制的目的。

(三)预算的类型

不同企业,由于生产活动的特点不同,预算表中的项目会出现不同程度的差异,但一般来说,可以将预算分为表9-3中几种。

表9-3 预算的种类

划分依据	类别	含义	适用范围
预算控制的力度不同	刚性预算	在执行过程中没有余地的预算	重点项目或特殊时期
	弹性预算	指标留有一定余地,执行者灵活掌握	主要用于成本预算和利润预算
预算控制的内容不同	经营预算	对企业日常基本经营活动的预算	企业采购、生产、销售等
	投资预算	对固定资产的购置、扩建、改造、更新等预算	固定资产投资
	财务预算	在财务管理活动中,对收入、成本、费用和利润等指标的预算	财务管理
预算控制的范围不同	总预算	以组织整体为范围,由最高层领导机构批准的预算	整个组织
	部门预算	以总预算为基础,对各部门的预算	组织各部门
预算的依据不同	增量预算	以上一年度的实际发生数为基础,再结合预算期的情况编制本期预算	预算改革前我国的公共财政
	零基预算	不受前一年度预算水平的影响,只根据预算期的具体情况来编制预算	部分企业、预算改革后我国的公共财政

(四)预算的功能及局限性

1. 预算的功能

预算的实质是用统一的货币单位为企业各项活动编制计划,具有直观性和同期可比性。预算更是一种标准,是控制、绩效评估的依据,为纠偏活动奠定基础。因此,预算的功能主要体现以下几个方面。

(1)提高资金使用效率

得益于预算的严肃性,而且组织管理者通常把预算的执行情况作为考核下属管理人员的依据,因此,各部门管理者在收支方面会尽可能精打细算,这将有助于提高资金使用效率,杜绝浪费。

(2)掌控组织整体活动

资金财务状况对任何组织来说都具有十分重要的意义。通过预算,组织管理者可以清楚地看到资金将由谁、在什么项目上使用,从而可以通过资金状况来了解和控制组织的整体活动。

(3)合理配置资源

组织中各项活动的开展都离不开资金的支持,资金作为一种重要的杠杆调节着组织中各项活动的轻重缓急以及规模大小。因此,组织管理者可以通过预算合理配置资源,以确保组织重点活动的开展,同时对非重点活动规模进行控制。

(4)明确各级管理者职责

根据各部门预算的情况,可以看出各部门资金使用的效率及工作任务的完成情况,从而有助于对各部门工作进行评价。另外,由于预算规定了各项资金的运用范围及资金使用的负责人,因此通过预算可以达到控制各级管理人员的职权,明确各级管理人员职责的目的。

2. 预算的局限性

在预算的编制和执行中,也暴露出一些局限性:

首先,预算只能帮助企业控制那些可以计量的、特别是可以用货币单位计量的业务活动,而不能促使企业对那些不能计量的企业文化、企业形象、企业活力的改善予以足够的重视。

其次,编制预算时通常参照上期的预算项目和标准,从而会忽视本期活动的实际需要,造成了预算编制科学依据不足,使预算成为效率低下的保护伞。

接着,企业活动的外部环境是在不断变化的,这些变化会改变企业获取资源的支出或销售产品实现的收入,从而使预算变得不合时宜。

然后,预算,特别是项目预算或部门预算,不仅对有关负责人提出了希望他们实现的结果,而且也为他们得到这些成果而有效开支的费用规定了限度。这种规定可能使得主管部门在活动中精打细算,小心翼翼地遵守不得超过支出预算的准则,而忽视了部门活动的本来目的。

最后,预算过于琐碎会导致控制过严,从而束缚主管人员的手脚,使主管人员丧失管理的自主性和积极性。

(五)预算的编制

一般情况下,预算的编制是由主管人员来负责,预算部门和预算委员会负责提供预算信息及相关技术。预算部门是由总会计师负责,设计预算系统和形式,把不同部门的预算整合成组织的总预算,并报告预算的实际绩效;预算委员会的职能是审查预算,协调不同的观点,审核预算的变动。

有效的预算过程是"自上而下"与"自下而上"的结合。单纯的"自上而下"有可能会导致预算脱离实际,从而难以成功;单纯的"自下而上"如果控制不严,就会偏离组织的战略发展目标,因此要想有效实施预算控制,需要注意以下几个方面。

1. 需要得到组织中高层管理部门的支持

要使预算的编制和管理最有效果,就必须得到高层管理部门全心全意的支持。一方面,要给下属编制预算的工作提供在时间、空间、信息及资料等方面的方便条件;另一方面,如果公司的高层管理部门积极地支持预算的编制工作,并将预算建立在牢固的计划基础之上,要求各分公司和各部门编制和维护他们各自的预算,并积极地参与预算审查,那么预算就会促使整个公司的工作完善起来。

2. 需要确定各项控制的标准

提出和制定各项可用的标准,并且能够按照这种标准把各项计划和工作转化为对人工、经营费用、资本支出、厂房场地和其他资源的需求量,这是预算编制的关键。许多预算就是因为缺乏这类标准而失效的。一些管理者在审批下属的预测计划时之所以犹豫不决,就是因为担心下属所提供审查的预算申请额度缺乏合理的依据。如果管理者有了合理的标准和适用的换算系数就能审核这些预算中的申请，并提出是否批准这些预算申请的依据，而不至于没有把握的盲目削减预算。

3. 需要及时掌握有效信息

如果要使预算控制发挥作用，管理者需要获得按照预算所完成的实际业绩和预测业绩的信息。这种信息必须及时向管理者表明工作的进展情况，应当尽可能地避免因信息迟缓导致发生偏离预算的情况发生。

4. 需要具有一定的弹性

有效的预算控制工作即使是在面临着计划发生了变动，出现了未预见到的情况或计划全盘错误的情况下，也应当能发挥它的作用。换言之，如果要使预算控制工作在计划出现失常或预见不到的变动的情况下保持有效，那么所设计的预算控制系统就要有灵活性。

5. 需要持有全局的观点

对于一个合格的主管人员来说，进行控制工作时，不能没有全局观点，要从整体利益出发来实施控制，将各个局部的目标协调一致。

小故事：啤酒公司的营销预算控制

X啤酒公司为了进行更好的销售，整理了该公司在当年第一季度某区域市场的预算控制情况。通常而言，第一季度为啤酒行业的铺货阶段即旺季前的准备阶段。在该阶段，营销的重点是宣传、铺货、调整渠道和客户，为即将到来的销售旺季打好基础。营销的预算控制是以预测的年销量为基础，围绕预测销量对该阶段的费用进行控制，达到费用最小化而收益最大化的目的。资料显示，该公司当年第一季度预算情况如下：客户变动成本14万元，渠道扩展成本6万元，促销成本4万元，物流成本30万元，管理成本2万元，共计总费用56万元。

公司通过对以上数据的整理，得知该季度费用的控制主要以物流、客户以及渠道维护为主。因此，拟定了具体的控制措施：第一，对物流运输进行科学管理，减少库位转移，精简装卸环节的费用支出；第二，尽量减少客户变动，维护原有客户，增加客户忠诚度，努力实现大客户制；第三，在努力维护原有渠道畅通的基础上，减少渠道的中间环节，增加直销渠道，减少渠道中间的费用流失；第四，协调物流、客户、渠道三方面的关系，避免由于渠道冲突而带来的物流成本和客户变动成本增加。

最终，该公司第一季度实际发生的营销费用为：客户变动成本6万元，渠道扩展成本4万元，促销成本5万元，物流成本28万元，管理成本2万元，共计总费用45万元。实际费用比预算费用节省了11万元，主要来源于客户变动成本、物流成本和渠道扩展成本的降低，说明公司在初期实行的费用控制措施发挥了积极效果。另外，促销成本有所增加，说明要在下一个阶段加强对促销环节的控制。

思考：啤酒公司的营销预算控制给你带来了哪些启示？

二、非预算控制

随着社会的发展和科学技术的进步,组织规模日益壮大,劳动分工逐渐细化,管理活动呈现复杂化,控制的技术和方法在传统的基础上也得到了巨大的丰富与发展,预算控制的局限性日益增多,此时,非预算控制的多样性起到了很大的补充作用。本文主要介绍了比率控制、审计控制、时间控制、质量控制、人员控制和信息控制六种非预算控制的方法。

(一)比率控制

比率控制是预算控制的延伸。单个去考虑反映经营结果的某个数据,常常不能说明任何问题,只有根据它们之间的内在关系,相互对照分析才能说明一些问题。比率控制是将资产负债和经营收益上的相关项目进行对比,形成比率,用来衡量、评价组织的业务活动成果和财务状况。

表 9-4 常用的比率分析

目标	比率	公式	含义
流动性	流动比率	流动资产/流动负债	衡量组织偿还短期的负债能力
	速动比率	(流动资产—存货)/流动负债	更精确地衡量流动性,存货的周转速度慢或难以售出
杠杆作用	资产负债率	负债总额/资产总额	该比率越高,组织的杠杆作用就越强
	利息保障倍数	息税前利润/利息费用	衡量组织能支付其利息费用的多少倍
活动性	存货周转率	销售额/存货	该比率越高,对存货资产的使用越有效
	总资产周转率	销售额/总资产	获得给定水平销售额使用的资产越少,对组织总资产的使用越有效
获利能力	利润率	净利润/销售额	确定产生的利润
	投资回报率	净利润/资产总额	衡量资产产生利润的效率

表 9-4 是对管理者最常分析的财务比率做了归纳。流动比率用来衡量组织偿还流动负债的能力。债务比率分析组织使用债务、为其资产融资情况以及是否能偿还债务利息。最后,获利能力比率衡量公司使用资产创造利润的效果和效率,管理者用这些比率作为内部控制的工具。

(二)审计控制

审计是对反映企业资金运动过程及其结果的会计记录及财务报表进行审核、鉴定,以判断其真实性和可靠性,从而为控制和决策提供依据。根据审计主体和内容的不同,可将审计划分为如下三种主要类型。

1. 外部审计

外部审计是由外部机构(例如会计师事务所)选派的审计人员对企业财务报表及其反映的财务状况进行独立的评估。为了检查财务报表及其反映的资产与负债的账面情况与企业真实情况是否相符,外部审计人员需要抽查企业的基本财务记录,以验证其真实性和准确性,并分析这些记录是否符合公认的会计准则和记账程序。外部审计实际上是对企业内部虚假、欺骗行为的一个重要而系统的检查,因此起着鼓励诚实的作用。

外部审计的优点：审计人员与管理当局不存在行政上的依附关系，不需看企业经理的眼色行事，只需对国家、社会和法律负责，因而可以保证审计的独立性和公正性。

外部审计的不足：由于外来的审计人员不了解内部的组织结构、生产流程和经营特点，在对具体业务的审计过程中可能产生困难。此外，处于被审计地位的内部组织成员可能产生抵触情绪，不愿积极配合，这也可能增加审计工作的难度。

2. 内部审计

内部审计是由企业内部的机构或由财务部门的专职人员来独立地进行。内部审计兼有许多外部审计的目的。内部审计不仅如同外部审计那样核实财务报表的真实性和准确性，还要分析企业的财务结构是否合理；不仅要评估财务资源的利用效率，而且要检查和分析企业控制系统的有效性；不仅要检查目前的经营状况，而且要提供改进这种状况的建议。

内部审计的作用：

（1）是检查现有程序和方法能否有效达成既定目标和落实政策的手段

比如，制造质量完善、性能全面的产品是企业孜孜以求的目标，这不仅要求利用先进的生产工艺，工人提供高质量的工作，而且对构成产品的基础——原材料提供了相应的质量要求。这样，内部审计人员在检查物资采购时，就不仅限于分析采购部门的账目是否齐全、准确，而且将力图测定材料质量是否达到要求。

（2）能提供合理对策

根据对现有控制系统有效性的检查，内部审计人员可以提供有关改进公司政策、工作程序和方法的对策建议，以促使公司政策符合实际，工作程序更加合理，作业方法被正确掌握，从而更有效地实现组织目标。

（3）有助于推进分权化管理

内部审计，从表面上来看，作为一种从财务角度评价各部门工作是否符合既定规则和程序的方法，加强了对下属的控制，似乎更倾向于集权化管理。但实际上，企业的控制系统越完善，控制手段越合理，越有利于分权化管理。因为主管们知道，许多重要的权力授予下属后，自己可以很方便地利用有效的控制系统和手段来检查下属对权力的运用状况，从而可能及时发现下属工作中的问题，并采取相应措施。内部审计不仅评估了企业财务记录是否健全、正确，而且为检查和改进现有控制系统的效能提供了一种重要的手段，因此有利于促进分权化管理的发展。

内部审计的局限：

（1）进行内部审计可能需要更多的费用。

（2）需要对审计人员进行充分的技能训练，内部审计不仅要搜集事实，而且需要解释事实，并指出事实与计划的偏差所在，要能很好地完成这些工作，就需要对审计人员进行良好的培训。

（3）容易诱发员工的抵触情绪，即使审计人员具有必要的技能，仍然会有许多员工认为审计是一种"密探"或"查整性"的工作，从而在心理上产生抵触情绪，如果审计过程中不能进行有效的信息和思想沟通，那么可能会对组织活动带来负激励效应。

3. 管理审计

管理审计是对企业所有管理工作及其绩效进行全面系统的评价和鉴定。其目的是通过对组织管理工作的检查来评价组织各种资源利用的效果，以提高组织的管理水平。管理审计可以由组织内部的有关部门进行,但为了保证某些敏感领域得到客观评价,企业通常聘请外部专家,利用公开记录的信息,从反映企业管理绩效及其影响因素的若干方面将企业与同行其他企业或其他行业的优秀企业进行比较,以判断企业经营与管理的健康程度。通常,反映企业管理绩效及其影响因素的主要有:

(1)经济功能。即产品对公众的价值,对 GDP 的贡献。

(2)企业组织结构。即组织结构是否能有效地达到企业经营目标。

(3)收入合理性。即赢利的数量、质量是否稳定、可靠。

(4)研究与开发。即新技术、新产品的研发。

(5)财务政策。即财务结构是否健全合理、财务政策和控制能否达到短期和长期目标。

(6)生产效率。即对于维持企业的竞争能力相当重要。

(7)销售能力。即影响企业产品能否在市场上顺利实现。

(8)对管理当局的评估。即对企业主要管理人员的知识、能力、勤奋、正直、诚实等素质进行综合分析和评价。

管理审计对整个组织的管理绩效进行了评价,因此可以为企业在未来改进管理系统方面提供有价值的参考。

小故事:令管理者感到头疼的员工偷窃行为

越来越多的员工小偷把他们偷来的东西拿到 eBay 这样的拍卖网站上去卖。例如,加利福尼亚州政府儿童支持中心机构的一名前采购经理,就因为通过使用州政府签发的无支出限制和无须采购前预批准的信用卡偷窃了纳税人 32 万美元的财产,而受到贪污罪、盗窃罪、持有非法财产等指控。这名员工购买了一些家庭用品供自己使用或放到 eBay 上出售,用出售所获得的钱来购买雷克萨斯跑车等昂贵商品。在申报了一个异常的巨额支出后,该员工的行为引起了政府审计部门的注意,最终将其逮捕。为了防止和减少盗窃行为,儿童服务中心现在对员工的采购都要进行预先批准,并聘请了两名内部审计员。

思考:审计如何帮助这家儿童服务中心进行有效控制?

(三)时间控制

时间是一种重要的资源,从某种意义上来说,时间是比人、财、物等更加重要的资源。任何组织的活动都是在一定的时间内进行的,对时间进行控制的目的是使组织对其实现目标过程中的各项工作做出合理的安排,以求按期实现组织目标。因此,时间控制也是管理控制的一个重要方法。时间控制的关键是要确定各项活动的进行是否符合预定进度表中的时间安排。在时间控制中,甘特图和网络图是最常用的工具,它们都有助于物资、设备、人力等在指定的时间到达预定的地点,使之紧密地配合以完成任务。

小故事:初创公司控制问题的探讨

创业管理人员如何控制其刚刚起步的、基本上无组织框架且高度灵活的公司?

一位硅谷软件公司的 CEO——汤姆·娄尼波斯谈道:"虽然新公司早期主要关注的是其产品,因而往往不采用收入和利润控制方法,但是,公司必须要确定绩效的分项预算,并严格实施。"

他还提到,尤其是销售预算,对销售周期的理解尤为重要。一般来说,高定价产品设计的销售周期往往需要数个月或更长时间,而收入预算则必须建立在充分理解周期并做出相应的计划上。如果收入目标很难完成,则必须建立有效的控制系统监控收入的下调,以便使公司能降低预期的费用。

发起一个新公司的最大优势在于,创业者白手起家,不必面对大型组织出现的既成事实。即使如此,管理人员也必须要确保构建一个能够应对市场变化、能够计划并控制生产流程,满足公司分项预算和市场预期的企业。

思考:初创公司的分项预算如何进行?

(四)质量控制

为达到质量要求所采取的作业技术和活动称为质量控制。这些技术和活动包括:确定控制对象,如某一工艺过程或检验过程等;制定控制标准即应达到的质量要求,如公差范围等;制定具体的控制方法,如操作规程等;明确所采用的检验方法,包括检验工具和仪器等。

迄今为止,质量管理和控制已经经历了三个阶段,即质量检查阶段、统计质量管理阶段和全面质量管理阶段。

1. 质量检查阶段

大约发生在 20 世纪 20 至 40 年代,是一种事后检测,目的是防止废次产品流入下道工序和顾客手中,以保证产品的优质,常以产品合格率来衡量。

2. 统计质量管理阶段

发生在 20 世纪 40 至 50 年代,管理人员主要采用统计方法为工具,对生产过程加强控制,提高产品质量。

3. 全面质量管理阶段

从 20 世纪 50 年代开始至今,其是一种以保证产品质量和工作质量为中心,企业全体员工参与的质量管理体系。如今这种管理体系已风靡全球。

质量控制的目的:

控制产品和服务产生、形成或实现过程中的各个环节并使它们达到规定的要求,把缺陷控制在其形成的早期并加以消除。就制造过程的质量控制来说,应该严格执行工艺规程和作业指导书。同时不仅控制生产制造过程的结果,而且应控制影响生产制造过程质量的各种因素,尤其是要控制其中的关键因素。这就是说,质量控制是为了通过监视质量形成过程,消除质量环节中所有阶段引起不合格或不满意效果的因素,以达到质量要求,获取经济效益,而采用的各种质量作业技术和活动。在企业领域,质量控制活动主要是企业内部的生产现场管理,它与有否合同无关,是指为达到和保持质量而进行控制的技术措施和管理措施方面的活动。

🗂 *小故事：日本的质量控制小组*

在相当长的时间里，日本产品享有盛誉。在很大程度上，这是由于其产品所致。但是，在 20 世纪 50 年代和 60 年代，日本生产的许多产品以低劣而闻名。

为了在世界市场竞争，日本公司不得不提高其产品质量。日本政府通过颁布法律等措施，引发了一场改善质量的运动。第二次世界大战结束后不久，日本人民认识到经济上的成功取决于产品的出口，于是推动其政府制定了一系列法规，强令所有的出口商必须向其政府部门递交产品的样本，其产品必须符合质量标准才能得到出口许可证。

政府质量立法的举措得到了各种鼓励或要求产品质量管理方法的支持。这些有益的方法之一就是质量控制，现在已经在日本广为流行。起初，这个方法集中在质量问题的分析层面上，而现在，其他所有问题都要得到解决，如降低成本、生产设施的改进、安全、员工士气、污染控制以及员工教育。

思考：为什么质量控制的理念源于美国，却被日本人运用到了极致？

（五）人员控制

控制工作从根本上来说就是对人的控制。因为任何组织活动的开展都有赖于员工的努力，其他几方面的控制也都要靠人来实行和推行。怎样选择员工和怎样使员工的行为更有效地趋向于组织目标涉及对员工行为的控制问题。由于人的行为是由人的价值观、性格、能力、社会背景等多种因素综合作用的结果，而这些因素本身又很难用精确的方法加以描述，这就使得对员工行为的控制成了控制中最复杂和困难的部分。

在员工行为控制中经常用到的控制方法主要有如下三种。

1. 理念引导

文化理念表明了一个组织运作过程中所涉及的各个方面的主张和组织的共同价值观，通过明晰和强化企业文化理念，有助于引导员工的思想趋向于组织所希望的方向。

2. 规章约束

规章制度规定了在一个组织中员工必须遵守的行为准则。无论是上班迟到还是工作不尽力，都会给组织目标的实现带来麻烦，正因为如此，绝大多数组织都有一整套的规章制度，表明组织可以接受的行为限度和组织倡导与鼓励的行为，并认真地考核员工遵守规章制度的情况，以规范员工的行为。

3. 工作表现鉴定

对员工的工作表现制定评价标准，定期鉴定，并根据鉴定结果进行奖惩，是最重要的组织控制手段之一。常用的绩效评价方法包括鉴定式评价法和指标考核法。

（1）鉴定式评价法

鉴定式评价法是最简单、最常用的人员绩效评价方法，其是由评价人写出一份针对被评价者长处和短处的鉴定，管理者根据这种鉴定给予被鉴定者一个初步的估计。采用这种方法的基本条件是评价人确切地知道被评价者的优缺点，对其有很好的了解，并能客观撰写鉴定。

（2）指标考核法

通过实现建立一系列评价指标，由管理者列出每一指标的评价标准，然后由评价者在评价标准中选择最适合被评价者的条目并打上标记,最后由管理者据此加权评分,根据得分的高低评定员工的表现。对于这种评价方法,如果评价标准客观,则评价结果相对比较准确客观。

小故事:对员工进行监控

技术发展为雇主提供了复杂的员工监控手段。

例如,美国国内税务局的国内审计组对一个显示雇员接触纳税人账目情况的计算机记录进行监控。这一监控行为使管理层得以检查和了解雇员在他们的计算机上做了些什么。该局通过对其东南地区办公室的审计发现,166位员工未经授权察看朋友、邻居和名人的纳税申报单。

虽然其中大部分用于提高员工的生产率,但它可能已经成为员工隐私的忧虑源泉,有些时候控制员工工作中和工作外的行为显得不是那么公正和正确。

思考:管理者在监控员工工作中和工作外行为时,到底能达到何种程度?

（六）信息控制

任何组织的活动在现实中一般表现为三种运动方式:物流、资金流和信息流。通过掌握和控制信息,就可以掌握和控制物流和资金流的情况,分析和掌握物流和资金流的运动规律,从而实现对物流和资金流的控制。

常见的信息控制方法有管理控制信息系统、会议和报告制度、合同评审等。这里主要介绍管理控制信息系统方法。

1. 管理控制信息系统的概念

管理控制信息系统是管理信息的一种类型,是一类管理控制功能比较突出,以管理控制为主要目的,即面向管理控制的管理信息系统。

因此,管理控制信息系统是一个为组织的管理控制服务的计算机信息系统。它对组织的信息资源进行统一管理;辅助有关管理人员对控制对象的运行状态和运行结果,以及组织环境信息进行采集;对信息进行加工、分析和处理,如环境预测、组织运行状态的评价和分析、运行状态与目标的比较、偏差分析、控制方案的辅助决策等;构成一个多回路管理控制系统的信息网络;并向管理控制系统各类机构提供机会信息、目标信息、反馈信息、前馈信息、过程信息和控制信息等有关信息,以支持组织各个层次、各个领域的管理工作。

2. 管理控制信息系统的特征

（1）管理控制信息系统是一个人机系统,即该系统是由"人"和"机"两部分组成,这两个部分缺一不可,相互联系构成一个具有特定功能的有机整体。

（2）管理控制信息系统不仅是一个技术系统,更是一个管理控制系统和社会系统。其不单单是一个技术系统,已经注入了先进的管理控制理论和思想,实际上规定了组织管理控制新模式、流程和方法,而且管理控制信息系统联系着各类管理人员和被控制人员,实际上也规定了这些人员之间相互作用的组织内部与外部的社会关系。

（3）管理控制信息系统是一个管理控制的集成化系统。这种集成化包括不同管理领域的横向集成、不同管理层次的纵向集成以及不同管理过程的第三维集成。

小故事：UPS 从时向管理到信息技术

在快递业务中，时间对 UPS（美国联合包裹服务公司）和联邦快递这两个冤家对手而言至关重要。20 世纪 80 年代，UPS 以低技术、劳动密集型卡车运输以及深入时间管理研究著称，但是到了 2006 年，公司非常强调信息技术，部分原因是联邦快递公司推出的高速隔夜服务所致。为了提高速度，UPS 公司的客户可以在邮件被提取之前，上网至 UPS 主页，或者使用公司提供的软件自行准备标签。由于使用了全球卫星定位系统，UPS 可以非常准确地掌握交货时间。未来，他们准备在顾客便利服务上投入更多的信息技术，帮助公司高效管理。

思考：信息控制的重要性体现在哪里？

【模块二】　案例分析

日清日毕，日清日高

为了提高企业的生产效率，海尔一直强调用严格、严密的规章制度对每一道工序、每一个环节、每一个人进行有效控制，把每一个要求具体地落实到每一个人身上。这就是海尔以人为本的 OEC 管理。OEC，是英文"Overall，Every，Control and Clear"的缩写。其内容为 O-Overall（全方位）、E-Everyone（每人）、Everything（每件事）、Everyday（每天），C-Control（控制）、C-Clear（清理）。即每天的工作每天完成，每天的工作要清理并有所提高，"日清日毕，日清日高"。

OEC 管理法的具体内容包括区域日清和职能日清。区域日清包括七项内容：质量日清、工日清、设备日清、物耗日清、生产计划日清、文明生产日清、劳动纪律日清。这七项内容是在各职能人员控制的基础上，由区域内的员工进行清理，并把清理情况及结果填入"3E"卡。区域日清所解决的主要问题是：各生产作业现场七项内容的受控状况；发生问题的原因及责任分析；员工当天工资收入测算。职能日清是指各职能部门对本部门的职责执行情况进行的日清，包含两部分是生产作业现场，按"5W3H1S"九个因素进行控制性清理，对发现的问题及时填入相应区域的"日清栏"。"5W3H1S"所代表的含义如下：

What，何项工作发生了何问题；Where，问题发生在何地；When，问题发生在何时；Who，问题的责任者；Why，发生问题的原因；How many，同类问题有多少；How much cost，造成多大损失；How 如何解决；Safety，有无安全注意事项。

OEC 管理法有三个基本组成部分，分别是：目标体系、日清体系和激励机制。目标体系事前确立的工作目标，用于事后的考核和评估；日清体系是每天完成目标规定工作的过程，可以对工作规范和监控措施等进行约定；激励机制是指在达到目标要求即完成日清之后，对员工的工作结果进行奖励。当然，对没有完成目标的员工也应设立相应的惩罚措施。

实施 OEC 管理法后，海尔内部的生产秩序发生了翻天覆地的变化：金吕顺是海尔冰箱总装焊接工，他是经过培训上岗的。他一直以来的梦想就是能够当上海尔的"焊接大王"。开始他由于心急，焊接技术提高得并不快，师父发现了他的情绪变化，就开导说："任何能力的提高都有一个过程，不要心急，工作效果如果日事日毕，日清日高，每天提高 1%，长期坚持下来,就会有几何级数的提高。"师父的话让金吕顺深受触动,从此,他苦练基本功,到处收集废旧的切割管子利用业余时间来练习。功夫不负有心人,他的成长速度一天比一天快,从1996年到1998年他蝉联厂三次海尔的焊接明星,成了真正的焊接大王。如果没有"日清日毕、日清日高"管理方法的督促,可能他很难实现自己"焊接大王"的梦想。

张瑞敏总结道:"我们的日清管理法别的企业也许做不到,或者做一阵子慢慢松懈非常枯燥的。一个一个的数据,一张一张的表格,天天清理,天天上上下下持之以恒,不是一件容易的事,而我们坚持下来了。因为大家明白不这样就没法实现创国际名牌企业、名牌产品的目标。"

问题:

1. 请描述出 OEC 管理法的基本内容,并概括其作用原理。

2. OEC 管理法是一种严格的制度控制机制,你认为它与人性化管理是否冲突?请说出你的理由。

3. OEC 管理法在海尔获得了成功,并被许多企业采用,如果你成为企业的管理者将如何运用?

成果与检验:

根据小组成绩、班级讨论、书面报告等综合评定。

【模块三】 管理游戏

穿针引线

游戏目标:

1. 培养学生自控力,以及在有多方限制和突发情况下的应变能力。

2. 团队的控制能力。

游戏程序:

1. 将全班分组,4～6 人为一组;

2. 将一根长线和 24 根口径不同的缝衣针分配给准备参赛的组;

3. 开始穿针引线,规则如下:

(1) 赛前各组人员商讨穿针顺序和人员安排情况;

(2) 一个同学连穿 4 根针成功后,方可换下一个同学穿针,以此类推;

(3) 其他组同学与老师一起监督参赛组人员的穿针引线情况,监督参赛组同学是否成功穿针 4 根后换人接力,若违反规则,则重新穿针。

4. 老师计时,24 根针全部穿过即为结束。

游戏准备:

1. 24 根口径不同的缝衣针

2. 穿针线

3. 计时器

成果与检验:

1. 按照要求完成穿针引线、且用时最少的组为获胜组;

2. 根据各组学生的参与程度及表现看游戏效果,评定学生成绩。

【模块四】 实战任务

利润从何而来

实战目标：

熟悉利润的控制。

实战内容与要求：

1. 将学生分组，6～8 人为一组，去考察一家企业。

2. 通过考察这家企业了解企业的经营过程，特别是其销售渠道，了解企业的产品成本和经营费用；计算单位产品的利润率和企业经营的年盈利率；分析其利润来源。

3. 各组对不同企业类型企业经营方式进行差异讨论，对不同企业利润来源进行差异分析。

成果与检验：

针对不同的资料，分组讨论完成；根据每个同学在对话中的表现和课后书面材料进行评估。

【模块五】 能力测评

管理杰出人才测评

测评目标：

测试学生是否在将来具备对人才的管理和控制能力。

测试内容与要求：

请对下面的问题用"√"表示你对杰出人才的态度。

1. A. 派他们去参加有助于其发展的进修课程 （ ）

   B. 不给他们深造的机会，以免他们水平太高超过自己 （ ）

2. A. 督促他们定期递交工作报告 （ ）

   B. 只要求他们递交必需的报告 （ ）

3. A. 定期评估他们的工作成绩 （ ）

   B. 在他们提出要求时再评估 （ ）

4. A. 与他们共同探讨发展前途，制订发展规划 （ ）

   B. 即使他们要求指点迷津，也持袖手旁观的态度 （ ）

5. A. 极少向老板汇报他的进步和成绩 （ ）

   B. 经常骄傲地向老板汇报他的成绩和进步 （ ）

6. A. 大力推荐他们去其他部门担当重任 （ ）

   B. 因不愿失去他们而阻碍他们提升 （ ）

7. A. 如果他们触犯其他同事，一定严厉指责 （ ）

   B. 向他们传授与同事搞好关系的窍门 （ ）

8. A. 把管理他们当作对自己管理技能的挑战 （　　）

　　B. 把他们当作与自己争权夺利的威胁 （　　）

9. A. 任由他们随便制定工作目标 （　　）

　　B. 为他们规定明确的工作方向及完成任务的期限 （　　）

10. A. 从不检查他们的工作,因为你"无暇顾及" （　　）

　　B. 抽出时间与他们讨论问题,听取意见 （　　）

11. A. 用积极的态度分析他们的合理化建议 （　　）

　　B. 对他们的建议与想法不屑一顾 （　　）

12. A. 经常提醒他们你是上级,他们是下级 （　　）

　　B. 不摆任何架子,把他们当作朋友 （　　）

13. A. 及时表彰他们的突出贡献 （　　）

　　B. 隐瞒他们的贡献或据为己有 （　　）

14. A. 根据他们的工作实绩而调整工资 （　　）

　　B. 给他们与别人同样的报酬 （　　）

15. A. 你遇到问题时主动向他们请教 （　　）

　　B. 你欢迎他们参与自己的事情 （　　）

评分标准:与下列答案相同者得1分。

1. A;2. B;3. A;4. A;5. B;6. A;7. B;8. A;9. B;10. B;11. A;12. B;13. A;14. A;15. A。

成果与检验:

13～15分:能够培养与自己同样优秀甚至超过自己的人才的管理者非常了不起,你就是一位了不起的管理者。

8～12分:虽然有些人认为你有点保守,但大多数人愿为你效劳。

3～7分:你讨厌有真才实学的人,其实这大可不必,应该认识到,他们取得的成就越大,就越证明你领导有方。

0～2分:你对公司的损害大于贡献,有本事的人都会被你吓跑。

参考文献

[1] 陈传明,周小虎.管理学原理(第2版)[M].北京:机械工业出版社,2012.

[2] 闫飞龙.管理学[M].北京:中国人民大学出版社,2015.

[3] 吴鸽,周晶,雷丽彩等.行为决策理论综述[J].南京工业大学学报(社会科学版),2013(3).

[4] 斯蒂芬·P·罗宾斯.组织行为学精要[M].郑晓明,译.北京:电子工业出版社,2005.

[5] 丹尼尔·A·雷恩..管理思想的演变(第1版)[M].李柱流,赵睿,等,译.北京:中国社会科学出版社,2004.

[6] 王栓军.管理学基础[M].北京:北京邮电大学出版社,2013.

[7] 刘盈丰,金明.管理学实训教程[M].上海:上海财经大学出版社,2017.

[8] 席波,时应峰.管理学基础[M].北京:高等教育出版社,2015.

[9] 张逸昕,赵丽.管理学原理[M].北京:清华大学出版社,2015.

[10] 汪继红.管理学原来这么有趣[M].北京:化学工业出版社,2015.

[11] 李贺,付征,卢海萍.管理学基础[M].上海:上海财经大学出版社,2014.

[12] 吴岜.管理学基础[M].北京:高等教育出版社,2012.

[13] 徐艳梅.管理学原理[M].北京:北京工业大学出版社,2006.

[14] 程国平,刁兆峰.管理学原理[M].武汉理工大学出版社,2006.

[15] 张祎,凌云.管理学原理[M].合肥:合肥工业大学出版社,2007.

[16] 李维刚,白瑷峥.管理学原理[M].北京:清华大学出版社,2007.

[17] 于干千,卢启程.管理学基础[M].北京:北京大学出版社,中国林业出版社,2007.

[18] 陈传明,周小虎.管理学原理[M].北京:机械工业出版社,2007.

[19] (美)里基·w.格里芬著.管理学[M].刘伟译.北京:中国市场出版社,2008.

[20] 陈锐等编.管理学原理[M].电子科技大学出版社,2009.

[21] 谭力文,刘林青.管理学[M].北京:科学出版社2009.

[22] 张智光等编.管理学原理领域、层次与过程[M].北京:清华大学出版社,2010.

[23] 秦志华著.管理学[M].东北财经大学出版社,2011.

[24] 梅强等编.管理学——创业视角[M].化学工业出版社,2011.

[25] 高振峰,于琼.组织行为学新编[M].电子工业出版社,2012.

[26] 刑以群著.管理学[M].北京:高等教育出版社,2011,7.

[27] 周三多,陈传明,鲁明泓.管理学原理[M].北京:复旦大学出版社,2011.

[28] 安景文.现代企业管理[M].北京:北京大学出版社,2012.

[29] 郑煜.现代企业管理:理念、方法与应用[M].北京:清华大学出版社,2011.

[30] 杜娟.人力资源管理[M].北京:中国原子能出版社,2012.

[31] 张钢.现代企业管理实务[M].北京:北京理工大学出版社,2011.

［32］宁凌,唐楚生. 现代企业管理［M］. 北京：机械工业出版社,2011.

［33］王卫华,邢俏俏. 现代企业管理教程［M］. 第 2 版. 北京：高等教育出版社,2010.

［34］彭加平. 新编现代企业管理［M］. 北京：北京理工大学出版社,2010.

［35］徐沁. 现代企业管理：理论与应用［M］. 北京：清华大学出版社,2010.

［36］谢和书,陈君. 现代企业管理：理论、案例、技能［M］. 北京：北京理工大学出版社,2009.

［37］戴淑芬. 管理学教程［M］. 北京：北京大学出版社,2009.

［38］高闯. 管理学［M］. 北京：清华大学出版社,2009.

［39］黄顺春. 现代企业管理教程［M］. 上海：上海财经大学出版社,2011.

［40］扬文士,张雁. 管理学原理［M］. 北京：中国人民大学出版社,2000.

［41］纪娇云. 管理学—理论与案例［M］. 北京：中国电力出版社,2011.

［42］刑以群. 管理学［M］. 北京：高等教育出版社,2011.

［43］安景文. 现代企业管理［M］. 北京：北京大学出版社,2012.

［44］吴亚平. 管理学原理教程［M］. 武汉：华中科技大学出版社,2008.

［45］周俊宏. 阿里巴巴管理模式［M］. 杭州：浙江人民出版社,2012.

［46］单凤儒,金彦龙. 管理学——互联网思维与价值链视角［M］. 北京：高等教育出版社,2015.

［47］斯蒂芬 P. 罗宾斯等著. 管理学原理与实践(第 8 版)［M］. 北京：机械工业出版社,2014.

内容摘要

　　本书借鉴西方有关学者的管理思想,结合国内外企业的管理实践,以项目为导向,以任务为驱动,以管理的计划、组织、领导和控制等主要职能为线索展开各部分内容。本书编排新颖,内容凝练,每项目都设有"知识目标""技能目标""情意目标"的要求,每个"任务"都设有"知识精讲""案例分析""管理游戏""典型任务""能力测评"等内容。

　　本书可作为应用型高等院校的教学用书,也可供相关在职人员学习和参考。

图书在版编目(CIP)数据

　　应用管理学 / 陈媛,王其和主编. — 南京 :南京大学出版社,2018.7

　　ISBN 978 - 7 - 305 - 20489 - 0

　　Ⅰ. ①应… Ⅱ. ①陈… ②王… Ⅲ. ①管理学—高等学校—教材 Ⅳ. ①C93

　　中国版本图书馆 CIP 数据核字(2018)第 143849 号

出版发行　南京大学出版社
社　　　址　南京市汉口路 22 号　　　　邮　编　210093
出 版 人　金鑫荣
书　　　名　**应用管理学**
主　　编　陈　媛　王其和
责任编辑　张秀梅　尤　佳　　　　编辑热线　025 - 83592123
照　　排　南京南琳图文制作有限公司
印　　刷　南京人文印务有限公司
开　　本　787×1092　1/16　印张 19.25　字数 465 千
版　　次　2018 年 7 月第 1 版　2018 年 7 月第 1 次印刷
ISBN 978 - 7 - 305 - 20489 - 0
定　　价　48.00 元

网址:http://www.njupco.com
官方微博:http://weibo.com/njupco
微信服务号:njuyuexue
销售咨询热线:(025) 83594756